OBSERVATIONS DE MONSIEUR MENAGE SUR LA LANGUE FRANÇOISE.

SEGONDE PARTIE.

A PARIS,
Chez CLAUDE BARBIN, au Palais,
sur le segond Perron de la Sainte
Chapelle.

M. DC. LXXVI.
AVEC PRIVILEGE DV ROY.

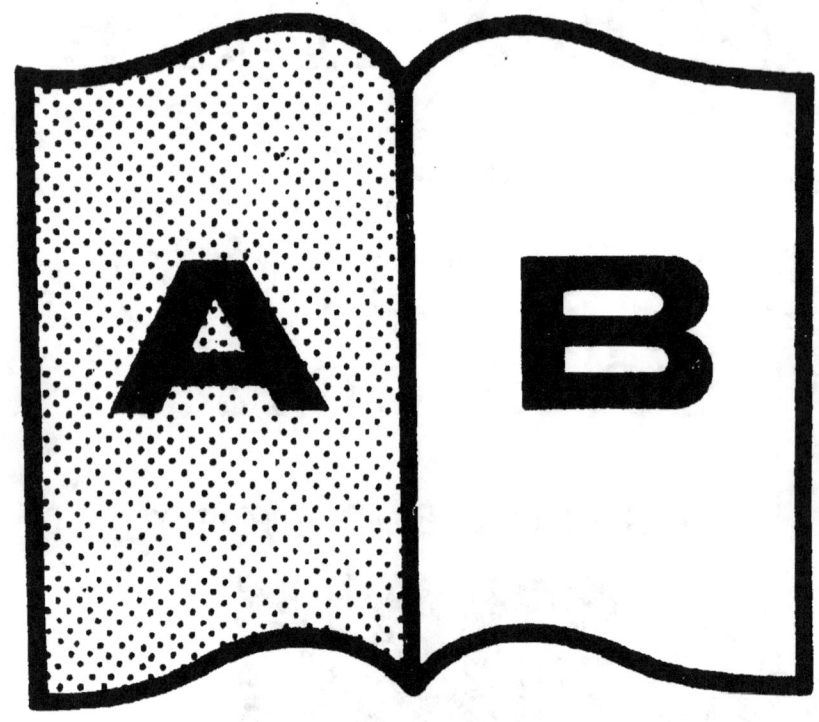

Contraste insuffisant
NF Z 43-120-14

AVIS
AV LECTEVR.

LE Révérend Pére Bouhours, Prestre de la Compagnie de Jésus, a écrit dans ses Remarques contre la prémiére partie de ces Observations, avec une fureur indigne d'un Prestre & d'un Religieus : car il ne s'est pas contenté d'ataquer de toute sa force plusieurs endroits de mes Observations, & de les tourner en ridicule, il m'a ataqué dans ma personne avec emportement. J'ay répondu dans ce volume à ce qu'il a dit contre mes Observations : & je croy y avoir répondu desorte que les rieurs, dont il affecte le suffrage, ne seront pas de son costé. Je répondray dans un autre volume à ce qu'il a dit contre ma

ã ij

AVIS

perfonne : & comme il m'a ataqué dans mon fort, en m'ataquant dans mes mœurs, j'efpére bien avoir plus d'avantage fur lui pour la morale, que je n'ay u pour la doctrine. Mais cependant, comme ceus qui ont lu fes Remarques, pouroient juger par toutes les chofes injurieufes qu'il dit de moi, que je fuis l'aggreffeur ; n'eftant pas vray-femblable qu'on puiffe dire tant de chofes injurieufes de gayeté de cœur; je me fens obligé d'informer icy le public de ce qui s'eft paffé entre ce bon Religieus & moi.

Sur quelque réputation que j'ay dans le monde parmy les gens de lettres, le P. Bouhours qui eft un homme de lettres, fouhaitta, il y a quelques années, de me connoiftre. Nous ne fîmes pas feulement connoiffance, nous fîmes amitié. De ma part je n'ay point manqué à l'amitié que nous nous eftions promife. Lorfqu'il publia fes Entretiens d'Arifte & d'Eugéne, je l'avertis en particulier de toutes les chofes que j'y trouvois à dire. Il n'en a pas ufé demefme en mon endroit. Ayant de mon

AV LECTEVR.

cofté publié des Obfervations fur la Langue Françoife ; où je l'ay cité plufieurs-fois avec éloge ; il les a reprifes publiquement dans fon livre des Doutes, propofés à Meffieurs de l'Académie par un Gentilhomme de Province. Et il les a reprifes en me ridiculifant ; qui eft le genre d'injure le plus injurieus : & il a mefme commancé fon livre par me ridiculifer. Car du refte, comme les avis font libres, & que la plufpart de ces queftions de langue font problématiques, je ne me plaindrois pas de fes répréhenfions. Quand ce livre parut, on fefoit une fegonde édition de la prémiére partie de mes Obfervations : ce qui me donna occafion de répondre aus railleries & à la critique du Gentilhomme de Province. Mais en y répondant, j'ay toujours parlé du P. Bouhours avecque refpect : & j'ay mefme parlé avec eftime du Gentilhomme de Province. Voicy ce que j'ay dit de fon livre dans la fegonde édition de mes Obfervations :

On à icy publié depuis quelques jours un livre intitulé Doutes fur la Langue

AVIS

Françoise, proposés à Messieurs de l'Académie Françoise par un Gentilhomme de Province. *Ce livre est écrit avecque beaucoup d'agrément. Il contient d'ailleurs beaucoup de belles remarques. Et comme Aristote a dit que le doute raisonnable est le commancement de la science, nous pouvons dire de mesme, qu'un homme qui doute aussi raisonnablement que fait l'Auteur de ce livre, est tres-capable de décider. Et c'est peuteftre par cette raison, qu'oubliant le titre de son livre,* Doutes sur la Langue Françoise, *il décide plus souvent qu'il ne propose. L'aversion qu'il a pour ces Messieurs de Port-Royal, qu'on appelle Iansénistes, & la passion qu'il a pour M. de Vaugelas, lui ont pourtant fait reprendre & soustenir plusieurs choses qui ne devoient estre ny reprises ny soustenues. Ie remarqueray toutes ces choses dans la suite de ces Observations, quand l'occasion s'en présentera, afin de desabuser ceux qui les croyent bien décidées ; s'imaginant que le P. Bouhours, qui est un Auteur d'une grande autorité dans nostre Langue, est l'auteur de ce livre. Et comme je n'ay point trouvé à dire, que cet*

AV LECTEVR.

Ecrivain sans nom ait repris avec assés de liberté ce qu'il a trouvé à dire dans mes Observations, je veus croire qu'il ne trouvera point mauvais que je remarque de mon costé, avecque la mesme liberté, ce que je n'approuve pas dans ses Doutes.

Comme la défense est naturelle, le P. Bouhours ne devoit pas en effet trouver mauvais que je me fusse défendu. Cependant il l'a trouvé mauvais: semblable à cet homme injuste & extravagant, dont parle Cicéron, qui fit un procês à son ennemi, pour n'avoir pas souffert qu'il lui donnast de l'épée jusqu'aux gardes. Ce bon Religieus s'est mis en teste, que j'ay fait semblant de croire qu'il n'est pas l'auteur du livre des Doutes, afin d'avoir occasion de lui donner des nasardes sur le nés du Gentilhomme de Province. Il m'accuse en cela de dissimulation : & il prétent que cette dissimulation est injurieuse à nostre amitié. Et dans cette prétention, il a fait un libelle contre moi: car je ne puis donner d'autre nom à son livre des Remarques : & il m'a diffamé par toute l'Europe dans ce li-

AVIS

belle. *Les Prestres de Iesus ont-ils tant de courous ?*

Les raisons aureste que j'avois de douter que le P. Bouhours fust l'auteur du livre des Doutes, sont si fortes & en si grand nombre, qu'on ne peut douter que je n'en aye douté. Prémiérement, ce livre ne me sembloit pas digne du P. Bouhours : nonseulement acause de la matiére qui est au dessous d'un Théologien ; car le P. Bouhours affecte de passer pour Théologien ; mais acause que cette matiére n'y est pas traitée comme il faut. Ces questions de Grammaire demandent un stile simple: & le stile de ce livre est un stile figuré. Il y a dans ce livre plusieurs fautes de langue, plusieurs fautes de jugement, plusieurs fautes d'érudition. Le P. Bouhours estoit de mes amis : & l'Auteur ne m'y traite pas en ami. Le P. Bouhours avoit accoustumé de me faire présent de ses livres : & il ne m'avoit point fait présent de celui-là. L'Auteur y reprent le P. Bouhours : & le P. Bouhours se croit irrépréhensible. L'Auteur y semble douter de plusieurs

AV LECTEVR.

choses : & le P. Bouhours ne doute de rien. Le P. Bouhours est un Prestre & un Religieus : & l'Auteur y traite de ridicules des Prestres & des Religieus. Et il y fait des contes qui ne sont ny d'un Prestre, ny d'un Religieus : car, comme dit S. Bernard, ce qui n'est qu'une badinerie dans un Séculier, est un crime dans un Ecclésiastique. *Inter Sæculares nugæ, nugæ sunt : in ore Sacerdotis, blasphemiæ.* Mais ce qui m'a particuliérement déterminé à croire que le P. Bouhours n'estoit pas l'auteur du livre des Doutes, c'est que je le croiois homme sincére & véritable ; & je lui ay entendu dire qu'il n'avoit aucune part dans cet ouvrage.

Mais quand j'aurois fait semblant de croire que le P. Bouhours n'est pas l'auteur du livre des Doutes, l'aurois-je offensé par cette dissimulation ? Le P. Bouhours est un Prestre de la Compagnie de Jésus. C'est un Bourgeois de Paris, né à Paris, demeurant à Paris depuis plus de vint ans, dans la ruë S. Jaques, au Collége de Clermont : & l'Auteur de ce livre se dit estre un Gen-

AVIS.

tilhomme de Province; qui a long-tans voyagé, & qui s'eſt retiré depuis peu dans un coin de la Baſſe-Bretagne. Le P. Bouhours s'eſtant ainſi déguiſé en Cavalier, n'a-t'-il pas témoigné par ce déguiſement qu'il ne vouloit pas eſtre connu? On demandoit à quelqu'un qui portoit quelque choſe caché ſous ſon manteau, ce qu'il portoit ſous ſon manteau; Je le cache, dit-il, afin qu'on ne le ſache pas. Le P. Bouhours qui eſt un homme de Cour, qui hante le beau monde, qui voit les Dames & les Cavaliers, ne doit pas ignorer que c'eſt offenſer ceus qui vont en maſque, que de les nommer par leur nom. Et s'il a lu Tacite, il ne doit pas ignorer auſſi, qu'il en couſta la vie à un certain Julius Montanus, pour avoir témoigné à l'Empereur Néron, qui couroit les ruës la nuit déguiſé en valet, qu'il l'avoit reconnu.

Je n'ay donc point offenſé le P. Bouhours de le nommer par ſon nom de guerre. Et je l'aurois aucontraire offenſé, ſi je l'avois nommé par ſon véritable nom. J'aurois peuteſtre eſté cauſe

AV LECTEVR.

que son Supérieur lui auroit fait une sévére réprimende, pour s'estre amusé à reigler la Langue, aulieu de reigler ses passions: à apprendre à bien parler, aulieu d'apprendre à bien vivre: à lire sans cesse Voiture & Sarasin, Moliére & Des-Préaus, aulieu de lire sans cesse la Bible & les Péres, l'Histoire de l'Eglise & les Conciles. Pour s'estre amusé à décrier des livres de piété, sous prétexte de quelques mots, qui pour user de ses mots, ne sont pas du grand air & du bel usage : & à lire la Traduction de l'Imitation de Jésus-Chrit, non pas avec un esprit de Chretien, comme le Bienhureus Saint Ignace lisoit l'original de cette Traduction, selon le témoignage du P. Ribadeneira & du P. Louis Gonzales ; mais avec un esprit de Critique, pour y trouver des vers en dépit des Muses, & contre l'intention du Traducteur : comme ce Philosophe Sophiste, qui séparoit un mot en deus, afin de trouver des vers dans les Oraisons d'Isocrate.

Mais j'aurois sans doute esté cause

AVIS

que son Supérieur lui auroit fait connoistre combien il s'est éloigné dans ce livre des Doutes de la fin pour laquelle la Société des Péres Jésuites a esté établie par S. Ignace. *Quicumque in Societate nostra, quam* JESV *nomine insigniri cupimus, vult sub Crucis vexillo Deo militare, & soli Domino, atque Romano Pontifici, ejus in terris Vicario, servire : post solemne perpetuæ castitatis votum, proponat sibi in animo se partem esse Societatis, ad hoc potissimum institutæ, ut ad profectum animarum in vita & doctrina Christiana, & ad Fidei propagationem, per publicas Prædicationes & verbi Dei ministerium, spiritualia exercitia, & caritatis opera; & nominatim per puerorum ac rudium in Christianismo institutionem, ac Christi Fidelium in Confessionibus audiendis spiritualem consolationem, præcipuè intendat. Curetque Deum ; deinde hujus sui instituti rationem ; qua via est quædam ad illum ; semper ante oculos habere ; & finem hunc sibi à Deo propositum totis viribus assequi.* C'est la Reigle que S. Ignace a laissée aus Révérens Péres de la Société de Jésus.

AV LECTEVR.

Si je l'avois nommé par son véritable nom, son Supérieur auroit-il pu se défendre de le couvrir de honte & de confusion, pour avoir contrevenu publiquement au précepte que Nostre Seigneur, dont il fait profession de suivre l'exemple, a donné à ses Disciples, de ne scandaliser personne? Car le P. Bouhours pouvoit-il contrevenir plus manifestement à ce précepte, qu'en prenant plaisir, comme il a fait, & pendant plusieurs mois, & parmy ses sacrifices, à inventer & à rafiner des railleries injurieuses; à dessein de tourner en ridicule des personnes Ecclésiastiques d'un mérite extraordinaire, dont il n'a reçu aucune injure?

Je n'ay donc point offensé le P. Bouhours en le nommant par son nom de guerre. Mais je ne l'ay offensé en aucune chose: Et ce qu'il a dit à plusieurs personnes que je suis l'aggresseur, l'ayant offensé en le citant avecque Rabelais & avecque l'Abbé de Villars, est si ridicule, que cette accusation ne mérite pas de justification. Je veus pourtant m'en justifier, afin de ne

AVIS

laisser à mon ennemi ; car c'est trop peu de dire mon adversaire ; aucun prétexte de plainte contre mon procédé. Voicy l'endroit de mes Observations dont il m'a fait un crime.

Le peuple dit plus ordinairement salemandre, *ou* salmandre : *& je voy plusieurs honnestes gens qui parlent de la sorte. C'est aussi comme a parlé Du-Bellay dans la Satire de Pierre du Cuignet.*

Si on me cuide mettre en cendre,
Je ressemble à la salemandre.

Le P. Bouhours dans ses Entretiens, au traité des Devises ; l'Auteur du livre intitulé Le Conte de Gabalis ; *Rabelais,* 4. 64. *Ronsard, livre* 2. *de ses Amours, au Sonnet qui commance par* J'ay pour Maistresse une étrange Gorgonne ; *& Belleau sur ce Sonnet, ont dit* salamandre. *L'un & l'autre est bon. Ie dirois* salemandre *dans le discours familier, &* salamandre *dans des compositions relevées.*

Y a-t'il rien là d'injurieus au Révérend Pére Bouhours ?

A l'égard de l'Abbé de Villars ; car c'est l'Abbé de Villars qui est l'auteur

AV LECTEVR.

de l'Hiſtoire du Conte de Gabalis ; le P. Bouhours ſe peut-il plaindre de moi de l'avoir mis dans la compagnie d'un homme de qualité, d'un homme d'eſprit, d'un homme de ſavoir ? mais d'un homme qui eſtoit particuliérement de ſes amis, & à qui il avoit obligation. Car l'Abbé de Villars eſt auſſi l'auteur du livre de la Délicateſſe, fait pour la défenſe du P. Bouhours contre les *Sentimens de Cléanthe* ſur les *Entretiens d'Ariſte & d'Eugéne*. Et le P. Bouhours s'eſt trouvé, non-ſeulement obligé, mais honnoré de cette réponſe, comme il l'a lui-meſme témoigné à l'auteur, par une lettre de remerciment. J'ay vu entre les mains de l'Abbé de Villars l'original de cette lettre.

Pour ce qui eſt de Rabelais, non-ſeulement je ne croy pas avoir offenſé le P. Bouhours, mais je croy au contraire lui avoir fait honneur, en le mettant à coſté d'un ſi grand perſonnage. Le P. Bouhours auroit-il bien la vanité de croire d'eſtre ſi fort au deſſus de Rabelais, qu'il ſe trouvaſt offenſé de ſe trouver en paralelle avecque lui ? Ra-

AVIS

belais eſtoit ſans conteſtation un des plus ſavans hommes de ſon ſiécle, qui eſtoit un ſiécle ſavant. Il ſavoit le François, l'Italien, l'Eſpagnol, l'Alleman, le Latin, le Grec, & l'Ebreu. Et il n'eſtoit pas ignorant de l'Arabe, qu'il avoit appris à Rome d'un Eveſque de Caramith, comme il le témoigne lui-meſme dans ſes Notes ſur ſon quatriéme livre. Il eſtoit Grammairien, Poëte, Philoſophe, Médecin, Théologien, Juriſconſulte. Il eſtoit auſſi Aſtronome: & nous avons de lui un Almanach pour l'an 1553. calculé ſur la ville de Lyon, & imprimé à Lyon. Budée, le plus ſavant des François de ſon tans, lui a écrit des lettres Grecques & Latines. Scévole de Sainte-Marthe l'a mis au rang des Hommes Illuſtres de France, dont il a fait les Eloges. Clément Marot, Joachin Du-Bellay, Antoine de Baïf, Théodore de Béze, le Préſident de Thou, Eſtienne Paſquier, & Jan Cécile Frey, en ont parlé avec eſtime, ou pluſtoſt avec admiration. Meſſieurs de Sainte-Marthe n'ont pas dédaigné de

AV LECTEVR.

commenter ſes Lettres Françoiſes. Et un Curé de Meudon a fait imprimer de nos jours tout ce qui ſe trouve dans les livres à la louange de ce ſavant homme. Il eſt vray que Rabelais eſt fort décrié parmy nous pour les mœurs, acauſe des railleries qu'il a faites de la Religion & des Religieus. Mais il n'eſt pas icy queſtion de mœurs : il eſt queſtion du mot de *ſalamandre.* Pour avoir dit que ce mot avoit eſté employé par Rabelais, par Ronſard, par Belleau, par le P. Bouhours, & par l'Abbé de Villars, ay-je offenſé Ronſard, Belleau, le P. Bouhours, & l'Abbé de Villars? Si je diſois qu'un mot Grec, conteſté, ſe trouve dans Ariſtophane, dans Lucien, & dans S. Jan Chryſoſtome, offenſerois-je la mémoire de ce grand Saint ? Si je feſois un Catalogue des Hommes Illuſtres de la Touraine, j'y mettrois ſans doute le P. de la Barre, le P. Rapin, le P. Commire, & le P. Bénier, Jéſuites : mais je n'y oublirois pas auſſi Maiſtre François Rabelais. Et je demande au P. Bouhours, ſi ces quatre Religieus, ſes confréres, pouroient se plaindre de moi avecque raison, disant qu'ils sont Prestres & Religieus, & que je les ay appariés avec un libertin, ou si vous le voulez, avec un athée. En vérité il ne se peut rien imaginer de plus ridicule que la plainte du P. Bouhours.

Mais si j'ay offensé le P. Bouhours en le citant avecque Rabelais, il ne m'a pas seulement offensé, il m'a outragé, en disant que je lis sans cesse Rabelais, & que je le cite à tout propos. Car c'est ce qu'il a dit de moi en termes exprês, à la page 227. de ses Remarques. *Est-ce se moquer de M. Ménage, que de l'appeler savant homme ? Ne l'est-il pas en effet ? Et avons-nous en France un homme plus universel ? En avons-nous un, qui soit tout-ensemble, comme lui, Grammairien, Poëte, Iurisconsulte, Historien, Philosophe ? C'est dommage qu'il ne soit aussi Théologien. S'il avoit leu S. Augustin & S. Thomas, autant qu'il a leu Coquillard & Rabelais, qu'il cite à toute heure, ce seroit le premier homme du monde.*

A peine ay-je lu Coquillard une seule fois : & je ne croy pas l'avoir cité

AV LECTEVR.

plus de quatre ou cinq fois en toute ma vie. Mais nostre Révérend Pére Goguenard, qui ne cherche qu'à faire rire ses Lecteurs, quoyque les facéties soient défenduës par S. Basile, par S. Jan Chrysostome, par S. Ambroise, par S. Jérome, par S. Bernard; a cru sans doute qu'il les feroit rire avecque ce nom de *Coquillard*, qui lui paroist fort plaisant, & qui ne l'est pourtant pas davantage que celui de *Bouhours*.

Pour Rabelais, j'avoue que je l'ay lu plus d'une fois. Mais qui est l'homme de lettres parmy nous qui ne l'ait pas lu plus d'une fois? Rabelais est un mélange de Lucien & d'Aristophane, comme je l'ay dit dans mes Poësies Grecques. Λυκιανὸς μιχθεὶς ἐστὶν Ἀριστοφάνει. Et qui est l'homme de lettres, quelque dévot qu'il soit, qui n'ait aussi lu plus d'une fois & Lucien & Aristophane? Clément Alexandrin cite à toute heure Aristophane. S. Jan Chrysostome le lisoit continuellement, & le mettoit la nuit sous son chevet, si on en croit Alde Manuce dans la Dédicace des Oeuvres de ce Comique: car je ne say

AVIS

point d'auteur plus ancien qui ait fait mention de cette amitié de S. Jan Chryfoſtome pour les Comédies d'Ariſtophane : ſi l'on ne veut attribuer à S. Jan Chryſoſtome ce qui eſt dit d'un certain Preſtre dans les Amours de Clitophon & de Leucippe, qu'il avoit beaucoup d'éloquence, & qu'il eſtoit imitateur d'Ariſtophane.

Lucien, comme dit Lactance, s'eſt moqué des hommes & des Dieux : Iſidore de Péluſe le traite de Cynique : la pluſpart de ſes Dialogues ſont remplis d'impuretés & de blaſphémes : & cependant le Révérend P. Bouhours ne fait point de ſcrupule d'en rapporter des paſſages.

Mais quoyque j'aye lu Rabelais plus d'une fois, cela ne m'a pas empeſché de lire pluſieurs Péres de l'Egliſe, comme il paroiſt par mes Commentaires ſur les Vies & ſur les Sectes des anciens Philoſophes. Et je puis dire avecque vérité, que j'en ay plus lu que le P. Bouhours.

Il me reſte à me juſtifier, ou du moins à m'excuſer, d'avoir répondu au

AV LECTEVR.

libelle de ce bon Religieus.

Non-ſeulement je n'ay jamais offenſé perſonne, ſans y avoir eſté excité par quelque outrage ; mais j'ay toujours rendu à tout le monde tout le ſervice dont j'ay eſté capable : & j'ay eſté aſſés hureux pour n'avoir pas eſté inutile à pluſieurs perſonnes. Cependant, par je ne ſay quelle fatalité, on a fait des bibliothéques de libelles contre moi. Mais j'ay auſſi toujours tellement mépriſé tous ces libelles, qu'à la reſerve de ce dernier, je n'en ay lu aucun. Cela eſtant, comme c'eſt la vérité meſme, on s'étonnera ſans doute ; & je m'en étonne moi-meſme ; que j'aye répondu à celui du P. Bouhours, le plus mépriſable de tous ceus qui ont eſté faits contre moi. J'aurois mieus fait; je l'avoue ; de le mépriſer comme les autres : mais je ne croy pourtant pas avoir mal-fait d'y avoir répondu ; puiſqu'en cela j'ay ſuivi le conſeil de pluſieurs de mes amis, dont les ſentimens me tiennent lieu de loi. Ils m'ont repréſenté, que c'eſtoit atirer ſur moi de nouvelles injures, que de ſouffrir

AVIS

celles du P. Bouhours. Ils m'ont remontré que j'eſtois obligé par honneur de défendre la réputation que je puis avoir aquiſe parmy les gens de lettres : mais que j'eſtois obligé en conſcience de juſtifier mes mœurs en public, puiſqu'on les avoit accuſées en public. Ils m'ont fait entendre que Salomon au meſme endroit où il dit qu'il ne faut point répondre au fou ſelon ſa folie, depeur de lui reſſembler, dit qu'il faut répondre au fou ſelon ſa folie, afin qu'il ne croye pas eſtre ſage. Et ils m'ont perſuadé enfin, que c'eſt une auſſi grande cruauté de pardonner à tout le monde, que de ne pardonner à perſonne : & qu'il y alloit de l'intereſt public de punir l'inſolence de ce petit Grammairien en Langue vulgaire ; qui n'ayant point de jugement, juge ſouverainement de toutes choſes ; qui n'ayant point d'érudition, fait le procês aux plus ſavans Ecrivains du ſiécle; & qui croit eſtre grand Théologien, parcequ'il a trouvé quelques légéres fautes de langue dans quelques livres de Théologie.

AV LECTEVR.

Je finis ce Discours, en suppliant les Révérens Péres Jésuites, de ne point prendre de part dans ma Réponse au P. Bouhours, comme ils n'en ont point pris dans le libelle du P. Bouhours ; & en les assurant, que l'injure que j'ay reçue de leur Confrére, n'a rien diminué de l'estime & de la vénération que j'ay toujours ue pour leur Compagnie.

TABLE
DES CHAPITRES.

Chap. I. Mauvaise satisfaction. page 1

Chap. II. Nonce du Pape. Segretaire d'Estat. 4

Chap. III. Cendre & poussiére. Géans d'une taille énorme, & d'une hauteur prodigieuse. 6

Chap. IV. Gracieux. Malgracieux. 10

Chap. V. Fraischeur. 17

Chap. VI. Sous, *redoublé*. 19

Chap. VII. Marier la plume avecque l'épée. 20

Chap. VIII. Fatuité. 22

Chap. IX. *S'il faut dire* pain de munition, *ou* pain d'ammonition. 23

Chap. X. *S'il faut dire* mounier, monnier, meunnier, meusnier,

DES CHAPITRES.

ou mufnier. 23

Chap. XI. Prince des Poëtes: Prince des Orateurs. 24

Chap. XII. Acacia. 29

Chap. XIII. Brifac, Briffac. Vimar, Vifmar. A Liége, au Liége. 32

Chap. XIV. Tout-de-bon. Tout-a-bon. 33

Chap. XV. Amoureux, Amant. 33

Chap. XVI. *S'il faut dire* ton de voix, ou fon de voix. 34

Chap. XVII. Prodige de fcience. 35

Chap. XVIII. Meffieurs les Eftats des Provinces Unies. 39

Chap. XIX. Joüir des douleurs. Je vous fays à regret de tant d'attraits pourveue. 39

Chap. XX. Les rofes & les fleurs. 42

Chap. XXI. *Synonimes.* 47

Chap. XXII. Avanthier, avanshier, devanthier. aprêsdemain. 49

Chap. XXIII. Quel quantiéme. Nous tenons aujourdhuy le quinziéme du mois. 50

Chap. XXIV. *Deux mais & deux fi en une mefme période.* 50

TABLE

Chap. XXV. Effusion de colére. 52
Cha. XXVI. Inclémence. gentillesses. 57
Chap. XXVII. Magnanime. 59
Chap. XXVIII. Paralelle. *Iustification de l'Auteur, touchant M. de Vaugelas, contre la calomnie du P. Bouhours.* 61
Chap. XXIX. Lettres Royaux : Ordonnances Royaux. 81
Chap. XXX. Commancer *à* : commancer *de.* 83
Chap. XXXI. *Fausses Reigles de Grammaire du P. Bouhours.* 87
Chap. XXXII. Sage femme : Femme sage. 108
Chap. XXXIII. *Si les mots nouveaux doivent estre marquez d'un caractére différent des autres. Sublimité n'est pas un mot nouveau.* 110
Chap. XXXIV. *S'il faut dire* cisterne, *ou* citerne : presbytére, *ou* prébytére. 115
Chap. XXXV. *Fausses Etymologies du P. Bouhours.* 115
Chap. XXXVI. *Superlatifs.* 121
Chap. XXXVII. Mal-habile. Tourner

DES CHAPITRES.

bien un vers. 135
Chap. XXXVIII. *S'il faut dire* Bacha, *ou* Baffa. 137
Chap. XXXIX. *Le pronom perfonnel* je, *& le pronom démonftratif* le, *ne fe mangent point aprés un verbe.* 138
Chap. XL. Epineux. 139
Chap. XLI. Stile fleuri. 139
Chap. XLII. *S'il faut dire* fomme tout, *ou* fomme toute. 141
Chap. XLIII. Oififs. Oifeus. 141
Chap. XLIV. Je fuis accablé de fommeil. Je n'en puis plus de laffitude & de fommeil. 143
Chap. XLV. A droiture. 145
Chap. XLVI. Donner la main. 146
Chap. XLVII. *S'il faut dire* goute crampe, goute grampe, *ou* goute grappe. 149
Chap. XLVIII. Le Soleil, que les Mathématiciens difent qu'il eft plus grand que la terre. 150
Chap. XLIX. Epigramme : Madrigal. Eglogue : Idylle. 151
Chap. L. Indolence. 155
Chap. LI. Atrabile. 157

TABLE.

CHAP. LII. *S'il faut écrire* fur & tant moins, *ou* fur eſtant moins. 158

CHAP. LIII. *C'eſt l'homme du monde que j'aime le mieux.* 158

CHAP. LIV. *S'il eſt permis de faire des mots.* 161

CHAP. LV. *Addition au Chapitre précédent.* 190

CHAP. LVI. *S'il eſt vray que ce mot* ſelon moi *ſoit un mot de vanité.* 195

CHAP. LVII. *La feüe Reine : La feu Reine.* 198

CHAP. LVIII. *Une femme fort arangée.* 202

CHAP. LIX. *Remarques ſur les endroits des livres de Langue du P. Bouhours, qui regardent les Dames.* 204

CHAP. LX. *La nation des Poëtes.* 219

CHAP. LXI. *De la prononciation de la dernière ſyllabe des mots terminez en* eur. 221

CHAP. LXII. *Imiter un exemple.* 223

CHAP. LXIII. *S'il faut dire* bienfacteur, bienfaicteur, *ou* bienfaiteur. 225

CHAP. LXIV. *Vénuſté. aménité,* 233

DES CHAPITRES.

Chap. LXV. *Fautes de Langue du livre des Doutes.* 242
Chap. LXVI. Griéveté. 250
Chap. LXVII. Ridiculiser. Fertiliser. 260
Chap. LXVIII. *Fausse délicatesse du P. Bouhours.* 260
Chap. LXIX. Dix jeunes gens. 263
Chap. LXX. Un portrait enchanté. Un habit enchanté. 265
Chap. LXXI. Mots consacrez. Rendez à César ce qui est à César. 265
Chap. LXXII. Urbanité. 270
Chap. LXXIII. Religionnaire, *pour* Huguenot. 295
Chap. LXXIV. *De l'hyperbole.* 297
Chap. LXXV. *S'il faut écrire* segond *& segret; ou* second *& secret.* 301
Chap. LXXVI. *S'il faut dire* Tedesque, Teudesque, *ou* Tudesque. 310
Chap. LXXVII. Conduire. Reconduire. 311
Chap. LXXVIII. *Diminutifs.* 313
Chap. LXXIX. *Mots composez de deux noms. Mots composez d'un nom & d'un verbe.* 321

ĩ iij

TABLE

CHAP. LXXX. *Des diphtongues* æ & œ. *Du* z *final.* 324

CHAP. LXXXI. Bon Seigneur. 329

CHAP. LXXXII. Stoïque. Stoïcien. 330

CHAP. LXXXIII. Intrépide. Disculper. 334

CHAP. LXXXIV. *Justification du chapitre* 150. *de la prémière partie de ces Observations, touchant les mots qui commancent par* in *dérogatif, contre la Critique de l'Auteur des Doutes.* 336

CHAP. LXXXV. *Remarques de l'Auteur sur la Remarque du P. Bouhours, touchant les mots d'*Insidiateur, *&* d'Insidiatrice. 362

CHAP. LXXXVI. Captif. captivité. 370

CHAP. LXXXVII. Méchanceté. 371

CHAP. LXXXVIII. Trouver mauvais. Il est dommage. 372

CHAP. LXXXIX. *Justification de l'Auteur sur plusieurs de ses Observations. Remarques puériles du P. Bouhours.* 373

CHAP. LXXXX. *Fautes de Langue du Livre des Remarques du P. Bouhours.* 386

DES CHAPITRES.

Chap. LXXXXI. *Je vous demande excuse.* 390

Chap. LXXXXII. *Iustification de l'Auteur touchant plusieurs de ses Etymologies, contre les railleries du P. Bouhours. Véritable etymologie du mot* archive. 394

Chap. LXXXXIII. Fidel : fidelle. *S'il faut dire* puéril *, ou* puérile. 414

Chap. LXXXXIV. *Qu'il ne faut point appeler les Peres de l'Eglise* Messieurs *; & qu'il les faut appeler* Saints *, s'ils sont canonisez.* 415

Chap. LXXXXV. Enfermer : renfermer. 417

Chap. LXXXXVI. *S'il faut dire , en parlant d'une femme ,* Poëte *, ou* Poëtesse *;* Philosophe *, ou* Philosophesse *;* propriétaire *, ou* propriétairesse *;* dépositaire *, ou* dépositairesse. 419

Chap. LXXXXVII. Devancier : devanciére. Avant-propos. 420

Chap. LXXXXVIII. *S'il faut dire* faux du corps ; fort du corps ; fois

TABLE

du corps ; *ou* fais du corps. 421

Chap. LXXXXIX. Covendeur, convendeur. Colfeigneur, confei-
gneur. 422

Chap. C. Brouillas : brouillarts. 422

Chap. CI. A mefme temps : au mefme
temps : en mefme temps : dans
le mefme temps. 423

Chap. CII. Charles Chauve : Charles
le Chauve : Charles Quint :
Charles le Quint. 423

Chap. CIII. Comparoiftre : comparoir. 424

Chap. CIV. Conquéreur : Conquérant. 424

Chap. CV. Monfieur mon pére. Madame ma mére. 425

Chap. CVI. Ferré d'argent. Coup de
moufquetade. L'art militaire
de la guerre. Secours auxiliaire. Paroles verbales. 425

Chap. CVII. Efcarmouche : écarmouche. 427

Chap. CVIII. Les Gardes Françoifes :
Les Gardes François. 427

Chap. CIX. Bohémes : Bohémiens.
428

DES CHAPITRES.

Chap. CX. Hongres : Hongrois. 429
Chap. CXI. Principauté : principalité. 430
Chap. CXII. Juste au corps : Juste à cors. 431
Chap. CXIII. Réfutation de la Remarque du P. Bouhours, *intitulée* Deux ON dans la mesme période, & deux AVEC de suite. 431
Chap. CXIV. Serment décisif : Serment décisoire. Exhériter : deshériter. Chicanier : chicaneur. 432
Chap. CXV. *S'il faut dire* boulevart, *ou* boulevert. 433
Chap. CXVI. Décrire, *pour* transcrire. 434
Chap. CXVII. En, dans. 434
Chap. CXVIII. Turlupinades. Quolibets. 437
Chap. CXIX. Hautesse. Hautain. Rabaissement. 440
Chap. CXX. *Si l'adjectif doit suivre, ou précéder le substantif.* 445
Chap. CXXI. Indisposer. 446
Chap. CXXII. Finesses. 447

TABLE

Chap. CXXIII. Infatiable. 448
Chap. CXXIV. Defireux. 448
Chap. CXXV. Précis. Fermeté de ftile. 449
Chap. CXXVI. Bornes & limites. 450
Chap. CXXVII. Tous mes defirs foupirent vers vous. 451
Chap. CXXVIII. S'en prendre aux aftres. Aftronome, Aftrologue. 451
Chap. CXXIX. Grand. Grande Femme. 452
Chap. CXXX. Plus je luy fais du bien, & moins je fais de bruit. 454
Chap. CXXXI. Décroire. 454
Chap. CXXXII. *Fauſſe reigle du P. Bouhours touchant l'uſage des participes paſſifs dans les prétérits.* 455
Chap. CXXXIII. Fortuné. 457
Chap CXXXIV. Turbulemment. 458
Chap. CXXXV. Vers : envers. Vers ou. 458
Chap. CXXXVI. Chiorme : chiourme : chourme. 459
Chap. CXXXVII. Trouveray : trouverray. 460

DES CHAPITRES.

Chap. CXXXVIII. Chemin fesant. En chemin fesant. 460

Chap. CXXXIX. *Les noms de famille n'ont point de plurier.* Il est mort : Il a esté tué. 460

Chap. CXL. Dorénavant : doresenavant. Derechef. Partant. 461

Chap. CXLI. *S'il faut dire* Indiquer, *ou* Indire un Concile. 463

Chap. CXLII. Décrépitude. 463

Chap. CXLIII. Surement, *pour* assurément. 465

Chap. CXLIV. Conseiller d'honneur. Conseiller honnoraire. 465

Chap. CXLV. *Façons de parler contraires les unes aux autres, qui signifient la mesme chose.* 466

Chap. CXLVI. Le Mans. 471

Chap. CXLVII. Hésiter. 474

Chap. CXLVIII. Ambitionner. 475

Chap. CXLIX. Amasser des préparatifs. 476

Chap. CL. *Gérondifs.* 476

Chap. CLI. *De la prononciation de plusieurs noms propres étrangers.* 477

Chap. CLII. Chifler. Sifler. 477

TABLE DES CHAPITRES.

Chap. CLIII. Nonante. 478

Chap. CLIV. Avoir coustume. Avoir de coustume. 478

Chap. CLV. Délecter : délectation : délectable. 478

Chap. CLVI. *S'il est permis en vers de parler aux personnes de qualité par* tu *&* par toi. 479

F I N.

OBSERVATIONS SVR LA LANGVE FRANÇOISE.

Mauvaise satisfaction.

CHAPITRE PREMIER.

ETTE façon de parler est tres-bonne : & ceux qui la blâment, ne savent pas sans doute que plusieurs célébres Ecrivains l'ont employée de tans en tans, depuis un siécle. Odet de Selve, dans une de ses Depesches, écrite de Rome le 19. Janv. 1557. au Roi Henri II. de qui il estoit Ambassadeur auprês du Pape Paul IV. *Sire, M. le Duc de Paliano a parlé à M. le Cardinal Sermonése de la rétention de son fils par de là : se plaignant de ce que V. M. estant réquise par le Nonce du Pape, de renvoyer les neveus de Sa Sainteté par deçà, lui avoit ré-*

pondu qu'elle n'estoit pas délibérée de le faire encore, jusqu'à ce qu'elle vist comme on se deporteroit par deçà, montrant d'avoir mauvaise satisfaction, ou quelque ombre & soupçon des choses d'icy. L'original de cette Dépesche est dans la Bibliothéque de M. le Premier Président de la Moignon. Le Cardinal d'Ossat, lettre 1. *Et les mauvaises satisfactions que les sujets ont contre le pere, peuvent cesser en lui.* Et lettre 4. Lesquelles lettres, sans y parler de prester l'obédience, devront toujours estre fort honorables, comme le requiert la nature & la condition de l'affaire, & *la mauvaise satisfaction qu'on ut, & montre-t'on d'avoir encore, de celles qui furent baillées à* M. *de Nevers.* Et lettre 67. *Afin d'éviter les différens & mauvaises satisfactions, que des vacances, qui pouroient cependant avenir esdites deux Provinces, pouroient causer de part & d'autre.* Et lettre 172. *Si S. M. fesoit tant que le Concile de Trente fust publié, elle appaiseroit les mauvaises satisfactions, & se mettroit une autre couronne sur la teste.* Le Cardinal du Perron, livre 3. de ses Négotiations, lettre 4. *Au moyen dequoy, il ne se peut empescher d'en montrer une fort mauvaise satisfaction.* Le Maréchal d'Estrée dans ses Mémoires de la Régence de Marie de Médicis: &c. M. *le Prince commança de ménager la mauvaise satisfaction de ceux du Parlement contre le Maréchal d'Ancre, & le Chancelier.* M. de Béthune dans sa 1. Dépesche, écrite au Roi Louïs XIII. *Qu'à la vérité ledit Sieur Duc d'Epernon ne l'est pas venu recevoir au lieu où elle lui avoit mandé : dont elle supplioit V. M. en sa considération, de vouloir* diminuer la mauvaise satisfaction, & l'aigreur qu'elle avoit contre lui. Et dans sa 2. écrite à M. de Ponchartrain, Segretaire d'Estat : *Qu'il n'y avoit que lui (le Duc d'Espernon) de tous les sujets du Roi qui ust osé entreprendre une chose si directement contraire à ce qui est dû au Roi, ny plus préjudiciable à l'autorité de S. M. ayant reçu cette nouvelle avec beaucoup de mauvaise satisfaction de sa part, & de ressentiment.* M. de Montresor, page 10. de ses Mémoires : *Les articles entiérement accordez, Monsieur alla trouver S. M. à Orleans : où je ne me jugeay pas en estat de suivre ; lorsqu'il fut de retour à Blois ; avec la mauvaise satisfaction que l'on peut croire qui me devoit rester de la maniére dont je me voyois abandonné.* M. le Tellier, Segretaire & Ministre d'Estat, dans l'Ordonnance du Roy du 6. Avril 1672. portant défense à tous les sujets de S. M. d'avoir commerce & communication avecque les Hollandois : *La mauvaise satisfaction que S. M. a de la conduite que les Estats Généraux des Provinces Vnies des Païs-bas tiennent depuis quelques années à son égard.* Messire Honoré d'Urfé dans son Astrée, & M. Girard, à la page 72. du tome 1. de la Vie de M. d'Epernon, se sont aussi servis de cette façon de parler.

    Il est à remarquer, que quoyque nous disions *estre bien & mal satisfait*, nous ne disons néanmoins que *mauvaise satisfaction*, & non pas *bonne satisfaction*; & que les Italiens, de qui nous avons emprunté *mauvaise satisfaction*, disent également *buona & mala sodisfazione*.

Nonce du Pape. Segretaire d'Estat.

CHAPITRE II.

Nous appelons NONCE DU PAPE l'Ambaſſadeur du Pape : & qui diroit *Ambaſſadeur du Pape*, parleroit tres-mal. C'eſt cependant comme on parloit du tans de nos aïeuls. Brantoſme dans la Vie du Maréchal de Chaſtillon : *J'ay uſé de ce mot de* Nonce, *puiſqu'il s'uſe aujourdhuy : mais j'ay vu à mon avénement à la Cour, que l'on n'uſoit ſinon d'Ambaſſadeur du Pape. Et quand ce nom de* Nonce *fut introduit, par dériſion on diſoit,* Voilà l'Once du Pape. *Et certes, pluſieurs ne gouſtérent bien ce mot : comme autant vaudroit qu'on diſt* le Meſſager du Pape, *comme* Nonce : *car* nuncius *en Latin n'eſt autre choſe à dire que* Meſſager. *Et par ainſi ces beaux Pindariſeurs de mots, penſant faillir, ou ne dire pas bien* Ambaſſadeur du Pape, *allérent trouver le* Nonce du Pape. *Et, comme je l'ay dit, au commancement que ce nom fut introduit, les Dames, Filles, & Cavaliers de la Cour diſoient ſouvent par dériſion, quand l'Ambaſſadeur, ou le Nonce du Pape, arrivoit de la Chambre du Roi & de la Reine,* Gare l'Once du Pape qui arrive. *Sur quoi feu M. de la Fayette qui rencontroit des mieux, bien qu'il bégayaſt un peu, dit une fois,* Pardieu, l'on changera tant ces noms d'Ambaſſadeur & de Nonce du Pape, qu'a la fin on viendra à dire, Voilà l'Ange, ou l'Annonciateur, ou le Précurseur du Pape, qui vient parler au Roi & à la Reine. ¶ H. Estienne en ses Dialogues du Langage François: *Je croy que je n'ay pas besoin de vous avertir qu'on dit Le Roi est allé à l'assemblée, non pas, à la chasse. Car déja de vostre tans on parlé ainsi. Quant à ces mots, négocier, négociateur, négociation, je ne saurés bonnement dire s'ils ont esté introduits depuis: pour le moins sçay-je bien qu'ils sont beaucoup plus usitez qu'ils n'ont esté. Et ceux qui négocient pour le Roi, sont aussi* appelez Ministres du Roi. *Il y a aussi un autre mot nouvellement venu d'Italie, touchant celui auquel on ne veut faire qu'à demi l'honneur d'Ambassadeur: car on l'appelle* Agent: *& principalement quand il est envoyé à un Prince qui est moins que Roi. Aussi, apropos d'Ambassadeur, celui du Pape, qui soulét estre nommé* Légat, *est par aucuns appelé le* Nonce, *en italianisant.*

SEGRETAIRE D'ESTAT est aussi un mot qui n'est pas ancien dans nostre Langue. Henri Estienne au livre allégué, page 263. *On ne dit maintenant* les Secretaires des Commandemens; *qui aussi ont esté appelez* Secretaires des Finances; *encore qu'il y eust diverses raisons de ces titres; mais* les Secretaires d'Estat. Nicod dans son Dictionnaire: SECRETAIRES DES COMMANDEMENS, *qu'on nomme aprésent* Secretaires d'Estat, *à la façon Espagnole, sont ceux ausquels les commandemens du Roi publiques & particuliers sont adressans pour les diriger par écrit en Lettres patentes, ou closes, ou Brevets.* ¶ Touchant le rans que les Segretaires d'Estat ont esté premiérement ainsi appelez, voyez du Tocq dans son Histoire des Segretaires d'Estat.

Cendre & poussiére. Géans d'une taille énorme, & d'une hauteur prodigieuse.

CHAPITRE III.

LE P. Bouhours estoit un petit Régent de Troisiéme : mais depuis sept ou huit ans il s'est érigé en Précieux, en lisant Voiture & Sarasin, Moliére & Des-Préaux , & en visitant les Dames & les Cavaliers. Il écrit a la vérité avecque beaucoup de politesse : mais il écrit sans jugement : & il n'y a aucune érudition dans ses écrits. Il ne sait, ny Grec ny Ebreu, ny Scholastique ny Droit Canon : Il n'a lu, ny Péres, ny Conciles, ny Histoire Ecclésiastique : Et cependant ce petit Grammairien en Langue vulgaire s'imagine estre un grand Théologien. Et dans cette imagination il a u l'impudence de faire imprimer dans ses Remarques sur la Langue Françoise, que c'estoit dommage que je ne fusse Théologien , & que si j'avois lu S. Augustin & S. Thomas autant que j'ay lu Coquillard & Rabelais , je serois le prémier homme du monde. Un Prestre, un Religieux , & un Religieux de la Compagnie de Jésus , peut-il dire ces choses d'un homme qui ne l'a jamais offensé ? Car je jure par tout ce qu'il y a de plus saint & de plus sacré dans le monde , que non seulement je n'avois jamais offensé le P. Bouhours quand il a parlé de moi de la sorte, mais que j'avois toujours parlé de lui avantageusement en toutes occasions. Et le Lecteur remarquera s'il lui plaist, que c'est au sujet du mot de *vénusté* qu'il parle de moi de cette sorte. Quel rapport de ce mot avecque la Théologie ? Mais que veut-il dire avecque son Coquillard ? Coquillard est un de nos vieux Poëtes, que j'ay cité quatre ou cinq fois : & que j'ay cité à l'exemple des Grammairiens Latins, qui citent Ennius, Attius, Névius, Pacuvius : mais apeine l'ay-je lu une fois. Je prépare un Discours pour répondre à tout ce que le P. Bouhours a dit dans ses Remarques contre mes mœurs & contre ma personne. Et je répondray amplement dans ce Discours à l'injure qu'il prétent me dire, en disant que je ne suis point Théologien, & que je say bien mieux Coquillard & Rabelais, que je ne say S. Thomas & S. Augustin. Mais cependant je vais faire voir dans ce chapitre, que ce petit Grammairien qui veut paroistre grand Théologien, n'a pas seulement lu la Bible: ou s'il la lue, qu'il ne la sait pas si bien, qu'il sait Voiture & Sarasin, Des-Préaux & Moliére.

Il dit dans son livre des Doutes sur la Langue Françoise, proposez à Messieurs de l'Académie par un Gentilhomme de Province ; car il demeure présentement d'accord dans les ruelles qu'il est auteur de ce livre; que *cendre & poussière*, en cet endroit de la Traduction des Homélies de S. Jan Chrysostome de M. de Sassy, *Quoyque les cors aprés* la mort soient réduits en cendre & en poussière, est un synonime vicieux. Je ne suis pas de l'avis de nostre Grammairien Et tant s'en faut que je trouve dans cette expression un synonime vicieux, que j'y trouve au contraire de la beauté & de l'érudition : le mot de *cendre* nous fesant souvenir des cors qui sont bruslez, & celui de *poussiére* de ceux qui sont inhumez. C'est d'ailleurs comme parle S. Jan Chrysostome dont M de Sassy est le Traducteur : μετὰ τὴν κόνιν, ϗ τὴν τέφραν. κόνις en cet endroit, c'est la cendre des cors bruslez : & le *cinis* des Latins a esté fait du Grec κόνις. τέφρα, c'est la terre pulvérisée, en laquelle sont réduits les cors inhumez. τὰ τῶν παλαικμένων νεκρῶν σώματα, ἃ ἐξαίφνης τέφρα γίνεται, dit Aristote au chapitre dernier de ses Météores. Mais c'est encore comme parle l'Ecriture Sainte au chap. 18. de la Genése : *Respondensque Abraham, ait, Quia semel cœpi, loquar ad Dominum meum, cùm sim pulvis & cinis.* Il y a dans la version des Septante γῆ ϗ σποδός : *terra & cinis* : qui sont aussi les termes de l'Ecclésiastique, au chap. 10. *Quid superbit terra & cinis* ? & au chap 17. *Omnes homines terra & cinis.* Or comme les Théologiens employent volontiers les façons de parler de la Bible, il ne faut pas douter que S. Jan Chrysostome n'ait affecté d'employer celle dont nous venons de parler, parce qu'elle estoit de la Genése, & d'un lieu célébre de la Genése. L'Auteur du livre de l'Imitation de Jésus-Christ a dit par la mesme

raison, *Loquar ad Dominum meum, cùm sim pulvis & cinis?* C'est au chap. 8. du livre 3. Ce que M. Corneille a traduit de cette sorte: *Seigneur, t'oseray-je parler?*
Moi qui ne suis que cendre & que poussière.
Et M. de Sassy a traduit le mesme endroit de la mesme façon. *Oseray-je parler à mon Seigneur? moi qui ne suis que cendre & que poussière.* Et il a ajouté ensuite : *Que si je pers tous les sentimens de moi-mesme ; si je m'abaisse ; si je m'anéantis ; si je me réduis jusqu'à la cendre & à la poussière.* M. l'Abbé Fléchier a dit aussi dans l'Oraison Funébre de M. de Turenne : *Pour moi, mon Dieu, si j'ose répandre mon ame en vostre présence, & parler à vous; moi qui ne suis que poussière & que cendre.* Et le P. Paul Duéz, de la Compagnie de Jésus, dans sa Traduction de la Pratique Chretienne du P. Alfonse Rodrigue de la mesme Compagnie, traité VII. chapitre 4. *L'homme qui n'est que poudre & cendre.*

Cendre & poussière n'est donc pas un synonime vicieux dans cet endroit de la Traduction des Homélies de S. Jan Chrysostome, dont je viens de parler. Mais ce qui en est un, c'est ce que dit nostre Précieux à la page 160. du livre de ses Doutes : *Comme si des géans d'une taille énorme & d'une hauteur prodigieuse estoient montez sur des échasses.* Il dit là trois choses, qui ne disent qu'une mesme chose. C'estoit assez de dire, *Comme si des géans estoient montez sur des échasses.* Mais peut-estre que ce savant homme a voulu en cela imiter Virgile, qui a dit demesme en trois façons une mesme chose.

Quem si fata virum servant; si vescitur aura
Ætheria; neque adhuc crudelibus occubat umbris.

Gracieux. Malgracieux.

CHAPITRE IV.

J'Ay dit dans la prémiére partie de ces Remarques, que le mot *gracieux*, que M. de Vaugelas avoit condanné en toutes ses significations, estoit tres-bon : ce que j'ay confirmé par l'autorité de Malherbe, de Duplex, de M. le Vayer, de M. de Segrais, de M. de Marolles, du P. Bouhours, du P. Rapin, du P. Vavasseur : & ce que je pouvois confirmer par l'autorité d'un nombre infini d'autres célébres Ecrivains. Le P. Bouhours dans son livre des Doutes a prétendu que je l'avois cité malapropos : disant qu'il ne s'estoit servi de ce mot que comme d'un terme de peinture : *Les images sous lesquelles il exprime ses pensées, sont comme ces peintures qui ont toute la finesse de l'art, & je ne say quel air tendre &* gracieux, *qui charme ses connoisseurs*: & que pour cette raison il l'avoit marqué d'Italique. J'ay répondu à cet argument tiré de la lettre Italique. J'ay dit que c'estoit un argument puérile, & que le mot de *gracieux* n'estoit pas plus un terme de peinture que celui de *tendre*, qui n'estoit point marqué d'Italique au passage cy-dessus rapporté. En ce tans-là je ne savois pas que le P. Bouhours fust l'auteur du livre des Doutes : si je l'usse sû, je n'usse pas traité de puérile son raisonnement. Il a répondu à ma réponse dans son livre des Remarques sur la Langue Françoise, où il a trahi ses sentimens pour avoir occasion de me berner. GRACIEUX, dit-il, *ne se dit point en prose sérieusement, que quand il s'agit de peinture. Un tableau gracieux : Une figure qui a l'air gracieux. On peut l'employer en vers ; & M. Ménage s'en est servi fort apropos dans son Eglogue pour la Reine de Suéde :*

Pour moy, de qui le chant n'a rien de gracieux.

Il veut dire ; & il s'en est expliqué parmy les Précieuses ; que mes vers n'ont point d'agrément. Je ne me pique point d'estre Poëte, quoyque j'aye fait des vers en Grec & en Latin, en Italien & en François : & si j'ay parlé avantageusement de mes vers dans mes vers, ça esté par le privilége qu'ont les Poëtes de se louer. Mais jamais personne ne m'en a oui parler avantageusement dans le discours familier. Et ce que j'en ay dit dans mon Epitre Dédicatoire à M. de Montausier, est selon ma pensée. *Scripsit summo vir ingenio & scientia singulari Philosophus, artifices omnes opus suum adamare, Poetas autem præcipuè. Et sanè ita se res habet : hîc, nescio quo modo, magis quàm alibi, sua cuique maximè placent: ac nemo umquam Poeta fuit, qui quemquam præstantiorem quàm se crederet, quique se non libenter ceteris anteferret. Ipse vel hoc uno me non esse Poetam intelligo : qui enim carmina mea minùs probet, quàm ipse facio, invenire vix quemquam posse arbitror. Nec certè Poetæ tantum & tam divinum nomen meretur is, qui scribit, uti nos, brevia quædam, & pauca, & sermoni propiora, & quæ rarò assurgunt ; quæ motu carent ; in quibus nulla inflammatio animi ; nullus numinis afflatus.* Mais quoyque je n'aye pas fort bonne opinion de mes vers, je ne croy pas qu'ils soient inférieurs à ceux du P. Bouhours. Le vers qu'il a cité de mon Eglogue, intitulée *Christine*, est de l'endroit où je parle de la Reine de Suéde, & de l'honneur qu'elle m'avoit fait de me convier d'aller en Suéde. Cette Eglogue n'est pas la plus belle de mes Eglogues : & cet endroit n'est pas le plus beau de cette Eglogue : cependant je veux bien l'opposer aux plus beaux vers du P. Bouhours, qui sont sans contestation ceux qu'il a faits sur la mort de Moliére. Je demande permission au Lecteur d'insérer les uns & les autres en ce lieu. Voicy les miens.

DAPHNIS.

Qu'elle est donc cette Nymphe en charmes si fécõde,
Et qui change à son gré l'air, & la terre, & l'onde?

MÉNALQUE.

C'est ce nouveau Soleil, ce ché-d'œuvre des Cieux
Si vanté des Mortels & si cheri des Dieux:
Cette jeune Beauté, cette Nymphe divine,
Ce miracle étonnant, l'adorable CHRISTINE:
Superbe rejeton du Monarque du Nort,
Qui fut des affligez l'asyle & le support:

De ce grand Conquérant, l'invincible GUSTAVE,
Qui fit & la victoire & la fortune esclave,
Et dont le bras fatal, par cent combats divers,
Domtant la Germanie étonna l'univers.
Le Rhin vit ces combats, & jusque dans sa source
D'épouvante surpris en arresta sa course :
Le Danube en trembla caché dans ses roseaux,
Et saisi de frayeur précipita ses eaux.
Tu sais combien de fois le bruit de sa vaillance
De nos sombres vallons a troublé le silence,
Et que du bruit tonnant de ses rares exploits
Cent fois ont retenti les Echos de nos bois.
  Comme de ses estats, de sa vertu guerriére
Tu sauras qu'aujourdhuy CHRISTINE est héritiére.
Iamais du Thermodon le rivage écumeux
Ne vit tãt de hauts faits, ny tãt d'exploits fameux,
Qu'aux rivages bruians des ondes Germaniques,
Qu'aux rivages Danois, qu'aux rivages Balthiques,
Par les vaillantes mains de ses braves Guerriers
Cette jeune Amazone a cueuilli de lauriers.
Vn jour, qui n'est pas loin, ses superbes armées
Ioindront à ses lauriers les palmes Idumées ;
Et l'on verra palir l'infidelle Croissant
A l'aspect lumineux de cet astre naissant.
Mais sache encor, Daphnis, que sa main adorable,
En adresse, en valeur, à nulle autre semblable,
Au milieu de la guerre, & dans les champs de Mars
Cultive les Vertus, & fait fleurir les Arts.
Son esprit grand & vaste embrasse toute chose,
Et l'Histoire & la Fable, & les vers & la prose,
Elle sait des métaux les nobles changemens :
Des globes azurez les divers mouvemens.

Tome II.   B

Des plus brillantes fleurs de Gréce & d'Italie
Tout le Nort étonné voit son ame embellie.
Elle a de l'Orient pillé tous les tresors.
Du Pasteur de Solyme elle entent les accords :
Et son rare savoir, non moins que son courage,
La fait nommer par tout la Pallas de nostre âge.
 Pour voir cette Pallas, le savant Apollon
Quite l'Onde divine & le sacré Vallon :
Les Filles de Mémoire abandonnant la Gréce,
Et le double sommet, & les flots de Permesse,
Vont habiter les monts & les rives du Nort,
Et joüir en ces lieux d'un favorable sort.
De mille endroits divers mille doctes Orphées
Y suivent à l'envy ces neuf savantes Fées.
Mille Cygnes fameux, en mille endroits éparts,
Vers ces lieux fortunez volent de toutes parts :
Ceux qui le long des eaux & de Loire & de Seine
Soupirent doucement leur amoureuse peine :
Ceux qu'aux rives du Tibre on voit en cent façõs
Comme des rossignols varier leurs chansons :
Ceux qui parent les bords & de l'Ebre & du Tage;
Ceux qui du Boristéne habitent le rivage :
Ceux de qui le Danube entent les doux accords,
Et ceux que la Tamise éléve sur ses bords.
Et de tous les accens de tant de voix étranges
Se forme pour CHRISTINE un concert de loüanges.
 Pour moy, de qui le chant n'a rien de gracieux,
Ie n'usse osé, Daphnis, les suivre dans ces lieux,
Sans les ordres sacrez de l'auguste CHRISTINE,
Et les attraits puissans de sa bonté divine.
CHRISTINE, pour ouir mes fresles chalumeaux,
Veut que dans ses vallons je garde ses troupeaux.
Qu'il me tarde, Daphnis, qu'hureux je ne contẽpl
Cette Reine, des Rois le plus parfait exemple.

LANGVE FRANÇOISE.

Animé par sa voix, échauffé par ses yeux,
On me verra porter son nom jusques aux cieux.
Tant d'aimables apas, tant de rares merveilles
Seront le doux objet de mes pénibles veilles.
A ses hautes vertus, à ses fameux exploits
Ie consacre, Daphnis, & ma Muse & ma voix.

Voicy ceux du P. Bouhours:
Ornement du Théatre, incomparable Acteur,
Charmant Poëte, illustre Auteur,
C'est toy dont les plaisanteries
Ont guéri des Marquis l'esprit extravagant.
C'est toy, qui par tes momeries
As reprimé l'orgueil du Bourgeois arrogant.
Ta Muse en jouant l'Hypocrite,*   * C'est le
A redressé les faux Dévots.   Tartuffe.
La Précieuse à tes bons mots
A reconnu son faux mérite.
L'homme ennemi du genre humain,
Le Campagnard qui tout admire,
N'ont pas lu tes écrits en vain:
Tous deux s'y sont instruits, en ne pensant qu'à
   rire.
Enfin tu réformas & la Ville & la Cour.
Mais quelle en fut la récompense?
Les François rougiront un jour
De leur peu de reconnoissance.
Il leur fallut un Comédien,
Qui mit à les polir son art & son étude.
Mais, Moliére, il ne manqueroit rien,
Si parmy leurs defauts que tu peignis si bien,
Tu les avois repris de leur ingratitude.

 Mais, Moliére, il ne manqueroit rien: est-ce là un vers qui ait de l'agrément ? Ce n'est pas mesme un vers. Il y manque une syllabe: car le mot de *Moliére* que nostre Poëte fait de quatre syllabes, n'est constamment que de trois. *Il ne manqueroit rien* : quelle bassesse d'expression ! La prose la plus prose ne l'est pas davantage. Et ce *roit rien* à la fin du vers, peut-il entrer dans une oreille délicate sans l'écorcher ? Le P. Bouhours a fait quelques Madrigaux dans son Entretien des Devises, qui sont encore plus mauvais que son Tombeau de Moliére. Et j'ay veu de lui des Stances entre les mains de Mademoiselle de Scudery, à qui il en avoit fait présent, qui estoient encore beaucoup plus mauvaises que ses Madrigaux. En un mot, tous les vers du P. Bouhours sont pitoyables.

Mais c'est trop parler des vers du P. Bouhours, dont je ne devois point parler du tout : car qui est-ce qui parle des vers du P. Bouhours ? Revenons à nostre mot de *gracieux*. Qui a dit à nostre Critique qu'il ne se dit point en prose sérieusement, si ce n'est lorsqu'il s'agit de peinture ? Je pourrois lui fournir deux mille passages d'Auteurs célébres qui s'en sont servis sérieusement en prose en d'autres matiéres. Et qui doute qu'on ne puisse fort bien dire, *Il y a je ne say quoy de délicat, de tendre & de gracieux dans les écrits de Mademoiselle de Scudéry, qui ne se trouve point dans les écrits du P. Bouhours ?*

Pour ce qui est du mot de *mal-gracieux*, comme M. de Vaugelas demeure d'accord qu'il est bon, & que le P. Bouhours fait profession de suivre aveuglément toutes les décisions de M. de Vaugelas, il ne peut pas contester qu'on ne puisse fort bien dire, *Le P. Bouhours est un homme mal-honneste, & mal gracieux.*

Fraischeur.

CHAPITRE V.

LE P. Bouhours ne parle dans ses Doutes & dans ses Remarques sur la Langue Françoise que de propre & de figuré.

Il dit à la page 101. de ses Doutes : *Il y a des mots qui ne sont bons que dans le propre, comme* fraischeur. *On dit bien dans le figuré, de fraische date, des troupes fraisches, une nouvelle toute fraische : mais on ne dit pas, la fraischeur de la date, la fraischeur des troupes, ni la fraischeur de la nouvelle. Et M. de Balzac ni faisoit pas réflexion sans doute, lors qu'il disoit, en parlant d'une affliction,* Il me souvient des sages propos que vous me tintes dans la fraischeur de la blessure qui vous cuisoit.

Pour parler régulièrement, comme il prétent parler, il devoit dire : *Il y a des mots qui ne sont bons que dans le propre, comme* fraischeur. *On dit bien dans le propre, la fraischeur des bois, la fraischeur des eaux, la fraischeur des rivages : mais on ne dis point dans le figuré*, la fraîcheur de la date, la fraîcheur des troupes, la fraîcheur d'une nouvelle : ces façons de parler *de fraîche date*, *des troupes fraîches*, & *une nouvelle toute fraîche*, n'estant pas moins figurées, que ces autres, *la fraîcheur de la date, la fraîcheur des troupes, la fraîcheur d'une nouvelle*. Et toute la différence qu'il y a entre ces deux locutions, c'est que la prémiére est exprimée avecque l'adjectif, & la seconde, avecque le substantif.

Mais apropos du mot de *fraîcheur*, le P. Bouhours dans son Entretien de la Langue Françoise, à l'endroit où il parle des avantages qu'il prétent que la Langue Françoise a sur la Latine, avoit remarqué que les Latins n'avoient point de mot pour dire *fraîcheur*. Cette remarque estoit absolument fausse, comme il paroist par ces endroits des Eglogues de Virgile, *Vmbras & frigora captant*; *frigus captabis opacum* : & c'est mesme de leur mot *frigidus* que nostre mot *frais* a esté formé. Après avoir lu les Entretiens du P. Bouhours, je luy donnay charitablement avis de cette méprise, & de plusieurs autres plus considérables. Il n'en a pas usé demesme en mon endroit. Aulieu de m'instruire en particulier selon le précepte de l'Evangile, il a repris publiquement dans des livres imprimez toutes les choses qu'il a trouvées à dire dans mes Ouvrages : Et il les a reprises avecque une fureur, indigne, je ne dis pas d'un Religieux, mais d'un Chretien,

Mais j'espére faire voir dans la suite de ces Observations, qu'à la reserve d'un de ses Entretiens que j'ay cité pour un autre, & à la reserve du Lutrin de M. Des-Préaux que j'ay cité pour une des Satires de M. Des-Préaux ; qui sont des méprises de nulle conséquence ; tout ce qu'il a repris dans mes Ouvrages, est tres-mal repris.

Tous, *redoublé.*

CHAPITRE VI.

M{sup}r{/sup} de Vaugelas a dit, en parlant du mot *paralelle, Il y a grande apparence que cet abus d'écrire* paralelle *avecque ces L ainsi transposées, est venu de ce que tous nos noms substantifs, ou adjectifs, terminez en* éle, *ont tous L redoublée.* Le P. Bouhours, qui est son singe, a dit demesme à la page 23. de son livre des Doutes : *J'ay remarqué, il y a long-temps, que tous les mots François qui commancent par* in, *& qui finissent par* able, *viennent tous d'un verbe.* ¶ Je ne tiens pas que la répétition de *tous* soit icy en grace. Et pour moi, je dirois : *Il y a grande apparence que cet abus d'écrire &c. est venu de ce que les noms substantifs, ou adjectifs, terminez en* éle, *ont tous L redoublée. J'ay remarqué, il y a long-temps, que les mots François qui commancent par* in *& qui finissent par* able, *viennent tous d'un verbe.* Néanmoins cette réduplication de *tous* peut estre deffenduë par l'exemple des Grecs, qui ont dit de mesme πάντες τελῶναι, πάντες εἰσὶν ἅρπαγες. C'est un vers de Zénon le Comique, cité par Dicéarchus dans son livre de Géographie intitulé Βίος Ἑλλάδος, *Les Coutumes de la Gréce.* Mais en ce vers, le second πάντες signifie *autant.* Πάντες τελῶναι, πάντες εἰσὶν ἅρπαγες. C'est adire, *Tous les Partisans, sont autant de voleurs.*

Marier la plume avecque l'épée.
CHAPITRE VII.

VEnons donc à nostre *Virtuoso, dont nous nous sommes déja entretenus plusieurs fois,* dit M. de Balzac dans un de ses Entretiens à M. Conrart. *Il ne se peut rien ajouter aux jolies choses que vous dites, du bien & du mal qui est dans ses livres. Et puisque vous voulez que je lui donne aussi des avis à mon tour, je le prie de n'écrire plus* marier la plume avecque l'épée, *parceque, outre que ces mariages sont deffendus depuis quelque temps, & que mesme on ne marie plus le luth avecque la voix, il y a je ne say quoy d'étrange & de monstrueux, puisque c'est marier deux femmes ensemble, que de marier une plume avec une épée.*

Je condanne aussibien que M. de Balzac, cette façon de parler *marier la plume avec-*

que l'épée. Mais je la condanne parcequ'elle n'eſt pas reçue, & non pas par la raiſon qu'allégue M de Balzac, qui eſt, que c'eſt marier deux femmes enſemble. Tous les Auteurs Latins ont marié la vigne avec l'ormeau & le peuplier. Catulle:

At ſi fortè eadem eſt ulmo conjuncta marito.

Horace:

*Ergo aut adulta vitium propagine
Altas maritat populos.*

Pline, XIV. 1. *In Campano agro vites populis nubunt, maritaſque complexæ, cacumina æquant.* Vomanus dans ſon Poëme du Jardin:

Fœcunda vitis conjuges ulmos gravat.

Quintilien, VIII. 3. *An ego fundum cultiorem putem, in quo mihi quis oſtenderit lilia & violas, & amœnos fontes ſurgentes, quàm ubi plena meſſis, aut graves fructu vites erunt; ſterilem platanum, tonſaſque myrtos, quàm maritam ulmum, & uberes oleas præoptaverim.* Columelle, XI. 2. *Vlmi quoque vitibus rectè maritantur.* Apulée en ſon Apologie: *ſub ulmo marita cubet.* Et les noms d'arbres ſont féminins en Latin, acauſe du mot *arbor*, qui y eſt ſouſentendu, & qui eſt féminin. Et à ce propos, le *maritas populos* de Pline, & le *maritam ulmum* de Quintilien, & le *marita ulmo* d'Apulée, ſont remarquables. ¶ Feu M. le Duc d'Orleans diſoit d'un homme gueux qui avoit épouſé une femme gueuſe, que c'eſtoit la faim qui avoit épouſé la ſoif: & ce mot a eſté ſi bien reçu, qu'il paſſe préſentement en proverbe.

Ces mariages aureſte dont parle M. de

Balzac, n'estoient pas défendus du tans de M. Gombaud, qui a vescu du tans de M. de Balzac. En voicy un dans une de ses Epigrammes.

> *De tout temps ils se font l'amour:*
> *Ils se frequentent nuit & jour:*
> *Et maintenant on les marie.*
> *Voulez vous apprendre qui c'est ?*
> *C'est Madame la Fourberie*
> *Avecque Monsieur l'Interest.*

Fatuité.

CHAPITRE VIII.

L'Auteur du livre intitulé l'*Education du Prince*, qui est, à ce que j'apprens, M. Nicole, a dit à la page 104. *Vn de ces voluptueux de Rome se fisant reporter du bain dans une chaise, demandoit à ses valets, Suis-je assis ? C'est apeuprés comme celui qui estant à la chasse, demandoit à ses gens, Ay-je du plaisir ? Ce sont des fatuitez des Grands, qu'il est bon de remarquer.* Je croy qu'il faut dire, Demandoit à ses valets, s'il estoit assis ; Demandoit à ses gens, s'il avoit du plaisir : ou-bien, Disoit à ses valets, Suis-je assis ? Disoit à ses gens, Ay-je du plaisir ? Mais pour le mot de *fatuité* que le P. Bouhours, dans ses Doutes, a condanné au passage cy dessus allégué, il est tres-bon : & il faut estre le Pére Bouhours pour trouver mauvais *fatuitez des Grands* en cet endroit-là.

S'il faut dire pain de munition, *ou* pain d'ammonition.

CHAPITRE IX.

LEs Soldats difent *pain d'ammonition;* mais les Officiers difent *pain de munition.* C'eft donc comme il faut dire.

S'il faut dire, mounier, monnier, meunier, meufnier, *ou* mufnier.

CHAPITRE X.

DE *molinarius*, nos Anciens ont fait *mounier* & *monnier. Molinarius, molnarius,* MOUNIER. *Molinarius, monarius, monier,* MONNIER. Mais ces deux mots ne font plus en ufage. De *monarius*, on a dit enfuite *meûnier*, par le changement d'O en EU : comme en MEULE, de *mola* ; en FEU, de *focus* ; en IEU, de *jocus,* &c. Et de *meûnier*, on a dit *mufnier* Ces deux mots font aujourdhuy en ufage. *Meunier* eft le plus ufité ; & par conféquent le meilleur. Vous trouverez dans l'épigramme 39. du livre 3. des Epigrammes de M. Gombaut :

Plus enfariné qu'un meufnier.

Prince des Poëtes, Prince des Orateurs.

CHAPITRE XI.

L'Auteur des Doutes ne peut souffrir cette phrase. Voicy comme il en parle à Messieurs de l'Académie.

Ie n'ose presque vous dire, Messieurs, *que j'ay toujours esté choqué d'une phrase fort spécieuse, que j'ay oui dire à divers Prédicateurs, & dont plusieurs Ecrivains se servent.* C'est le Prince des Orateurs ; le Prince des Poëtes. *M. Costar dit à M. de Balzac, en parlant de Cicéron :* Il vous a semblé que cette conformité seroit imparfaite, si vous n'imitiez aussi l'humeur de ce Prince des Orateurs. *Cette phrase est tirée sans doute du Latin mal entendu.* Princeps Oratorum, Princeps Poetarum, *ne signifie pas, dans la Langue Latine, le Prince, mais le premier des Orateurs & des Poëtes. C'est une ignorance que de confondre ces deux significations. Et je ne say si M. Pascal ne vouloit point rendre ridicule le bon Pere Iésuite, qu'il introduisit dans ses Provinciales, quand il lui faisoit dire qu'Aristote estoit le Prince des Philosophes : & s'il ne railloit point lui mesme, en lui disant,* N'espérez donc plus rien, mon Pére, de ce Prince des Philosophes, & ne résistez plus au Prince des Théologiens.

Quoyqu'il

Quoyqu'il en soit, si je voulois exprimer que nostre invincible Monarque surpasse tous les Conquérans & tous les Héros de l'Antiquité, je ne dirois pas qu'il est le Prince des Conquérans & des Héros. Et si je voulois faire l'Eloge de l'Académie Françoise, je dirois qu'elle tient le premier rang parmy toutes les savantes Académies de l'Europe ; que vous estes, MESSIEURS, de tous les Académiciens les plus éclairez & les plus polis : mais je ne dirois point qu'elle est la Princesse des Académies, & que vous estes les Princes des Académiciens. Ces Principautez sont, à mon avis, aussi mal fondées, que celles de ces gens entestez de leur naissance, qui ne se contentent pas d'estre Gentilshommes & grands Seigneurs, mais qui veulent à quelque prix que ce soit, estre Princes. Ce qui me surprend, c'est qu'on donne mesme de la Royauté à tout le monde, & qu'on met le Roi & la Reine en mille endroits où ils n'ont que faire. C'est le Roi des hommes, Vous estes le Roi des hommes, disent quelques-uns dans le discours familier. Vn Auteur que j'estime infiniment, dit que la lumiére est la Reine des couleurs. Quand l'usage permettroit de dire que le lion est le Roi des animaux, & que la rose est la Reine des fleurs, il ne s'ensuit pas que tout ce qui excelle en son genre, doive porter le nom de Roi, ou de Reine : & je ne croy pas que vous approuviez l'expression, dont usa derniérement un Bel Esprit provincial, qui a entendu le Pere Bourdaloue à Paris. Pour me faire comprendre le mérite & la réputation de ce grand *homme*, Le Pere Bourdaloue, *me dit-il*, est le Roi des Prédicateurs, & le Prédicateur des Rois. *Cela me fit souvenir du* Roi des merveilles, *& de* la merveille des Rois, *qui ne manca pas de trouver place dans le Discours qui fut dédié autrefois à l'Amiral de Joyeuse, & dont l'Auteur eut dix mille écus de récompense. Selon ce beau stile, ceux qui regardent M. le Brun comme le meilleur Peintre de nostre temps, pourront dire qu'il est* le Roi des Peintres. *D'autres qui sont enchantez des vers de M. Corneille, diront qu'il est* le Roi des Poëtes. *Pour moi, si je parlois de la sorte, j'aurois peur de placer mal* le Roi, *en le joignant avec* les Peintres *&* les Poëtes.

Toute cette critique n'est qu'une pure chicane. Il n'est icy question que de savoir, si cette façon de parler *Prince des Poëtes, Prince des Orateurs*, est bonne ou mauvaise. Et il est sans doute qu'elle est tres-bonne : soit qu'elle ait esté prise du Latin *princeps*, en la signification de *premier*, ou en celle de *Prince* : car elle peut aussi avoir esté prise de ce mot en cette derniére signification ; les Auteurs de la Basse-Latinité ayant dit *princeps* pour *Prince*. Vous trouverez dans le Cartulaire de l'Abbaye de S. Aubin d'Angers, imprimé dans le Gallia Christiana, à l'article de Marbodus, Evesque de Rennes : *Et quamvis eodem tempore variis studiis Gallia resonaret, ipse tamen Oratorum Rex, Gallicana eloquentiæ arcem obtinebat.* Mais quoyqu'on dise fort bien *le Prince des Poëtes, & le Prince des Orateurs*, il ne s'ensuit pas qu'on puisse dire demesme, *le Prince des Peintres.* Mais ce n'est pas par la raison qu'allégue nostre petit Magister : qui est que le Roi seroit mal placé dans la compagnie des Peintres. Cette raison est tout-a-fait ridicule. Mais c'est, parceque l'usage n'a pas reçû cette façon de parler. Il y a plus : quoyqu'on dise *le Prince des Orateurs*, & que les Avocats puissent passer pour Orateurs, on ne dit point *le Prince des Avocats.* On dit, *le premier des Advocats ; le prémier Avocat ; le plus célébre Avocat.*

On dit aussi *le Prince des Apostres*, en parlant de S. Pierre. Et cette locution a esté vray-semblablement introduite, a cause de cette Antienne de S. Pierre, *Tu es Pastor ovium, Princeps Apostolorum.* Mais il ne s'ensuit pas pour cela qu'on puisse dire, *le Prince des Confesseurs ; le Prince des Martyrs,* ny *le Prince des Théologiens* : si ce n'est pas par opposition, comme dans l'endroit des Lettres Provinciales de M. Pascal : *N'espérez donc plus rien, mon Pere, de ce Prince des Philosophes, & ne résistez plus au Prince des Théologiens.*

On dit aussi, *la Rose, la Reine des fleurs.* M. de Voiture:

  La Rose, la Reine des fleurs,
  Perdit ses plus vives couleurs.

Et vous trouverez une épigramme parmy celles de M Gombaut, sur la Guirlande de Julie, laquelle a pour titre, *Amarante, Reine des fleurs.*

On dit aussi *le Roy des animaux*, en parlant du lion : & l'on ne craint point d'offenser le Roi, en le mettant dans la compagnie des animaux. M. de la Chambre dans son Discours de l'amitié & de la haine qui se trouvent entre les animaux : *Comme le lion est le Roi des animaux terrestres, le Dauphin l'est des aquatiques.*

On dit de mesme, *le Roy des Oiseaux*, en parlant de l'Aigle, *Cui rex Deorum regnum in aves vagas, permisit.*

Horace a appelé la Lune *la Reine des astres* : *Siderum regina.*

Et Virgile le Pau, *le Roi des fleuves* : *Fluviorum rex Eridanus.* Et Stace, *regina viarum*, le chemin d'Appius : *Appia longarum teritur regina viarum.* Et Henri Estienne dans la Préface de son livre de la conformité de la Langue Françoise avecque la Grecque, appelle la Langue Grecque *la Reine des Langues.*

On dit dans le discours familier, *la Reine des poires, la Reine des pommes.*

On dit aussi dans le discours familier, *Vous estes le Roy des hommes.* Mais il ne s'ensuit pas qu'on dise pour cela *le Roi des merveilles.* ¶ Ce conte au reste que fait le P. Bouhours *du roi des merveilles, & de la merveille des Rois*, m'est toutafait inconnu. Ce que je say, c'est que Porchéres, parlant du tripot du Louvre, disoit qu'il estoit *le tripot des Rois, & le Roi des tripots.*

Il me reste à parler de cette façon de parler, *la lumiére est la reine des couleurs*, qui est un mot de M. de la Chambre. Il y a

LANGUE FRANÇOISE.

peu d'animaux, dit-il, dans son Discours de l'amitié & de la haine qui se trouvent entre les animaux, *qui n'aiment la lumiére, qui est la source & la reine des couleurs.* Cela est tres-bien dit, supposé que cela soit dit véritablement : mais la lumiére n'est pas une couleur : elle est seulement l'ame & le principe des couleurs ; quoyqu'il y ait u des Philosophes ; & entre-autres Avempacé, le précepteur d'Averroës ; qui ont cru qu'elle estoit une couleur.

Le P. Bouhours ayant su que je n'approuvois pas sa remarque du *Prince des Poëtes* & du *Prince des Philosophes* de son livre des Doutes, s'en est dédit dans son livre des Remarques. Je l'en loue extrémement : & s'il m'en veut croire, il se dedira encore d'une cinquantaine d'autres remarques du mesme livre : car il y en a du moins une cinquantaine dans ce livre qui ne sont pas plus véritables que celle dont je viens de parler, comme je le feray voir dans la suite de ces Observations.

―――――――――――

Acacia.

CHAPITRE XII.

J'Ay fait une remarque sur ce mot d'*acacia* dans la prémiére partie de ces Remarques : qui est, qu'on dit au plurier *des acacia*, & non pas *des acacias*. Le P. Bouhours en a fait une autre dans son livre des Doutes sur la Langue Françoise. La voicy.

Il faut que les mots qu'on invente soient faits selon l'analogie de la Langue. Et comme Horace vouloit que les mots Latins que l'on faisoit de nouveau, fussent dérivez de la Langue Grecque, la raison & l'usage veulent que les mots François que l'on fait nouvellement, soient tirez en quelque façon du Latin, ou des autres Langues, qui comme la Langue Françoise, ont la Langue Latine pour leur mére, &c. Il faut en user toujours de la sorte, à moins que les noms des choses ne nous viennent avec les choses mesmes de quelque autre source. Ainsi le mot d'acacia nous est venu des païs étrangers avec l'arbre qui porte ce nom: pour ne point parler du mot de tulipe, *qui nous vint autrefois de Turquie avec la fleur, selon la remarque de M. Ménage dans ses Origines de la Langue Françoise, &c. En ce cas, les mots nouveaux peuvent estre Allemans, Turcs, Arabes, & mesme Chinois. Il faut seulement leur donner une terminaison Françoise, à moins que leur naturelle n'ait rien de choquant & d'irrégulier. Car alors nous n'y faisons aucun changement, comme on voit dans les mots de* Thé, *que nous avons pris de la Chine, & dans les mots de* Caffé *& de* Sorbet, *qui nous sont venus de Turquie.*

Il paroist par ce discours de nostre Critique, qu'il a cru que le mot *acacia* estoit étranger, comme ceux de *tulipe*, de *thé*, de *caffé*, & de *sorbet*: en quoy il s'est tout-a fait mépris. *Acacia* est un mot Latin, qui se trouve dans Pline XXIV. 12. & dans Marcellus Empiricus ; & qui vient du Grec ἀκακία, qui se trouve dans Dioscoride, l. 133. dans Galien, livre 6. des Médicamens des simples, dans Ætius, dans Oribasius, dans Hésychius, & dans Suidas. Et ce mot Grec a esté formé, par réduplication, de celui d'ἀκά, qui a esté dit, à la Dorique, au lieu d'ἀκή, & qui signifie la pointe aigüe de quelque chose, *cuspis, mucro*. Et l'acacia a esté ainsi appelé a cause de ses épines : d'où vient que Théophraste l'appelle simplement épine, ἄκανθα. De ce mot ἀκή, ou ἀκά, les Grecs ont nommé encore plusieurs autres plantes épineuses : ἄκανθα, ἄκανθος, ἀκάνθιον, ἀκανθίς, ἄκανα, ἄκανος, ἀκάνιον, ἀκόνη, ἀκονιάς, ἀκρεία, comme je le fais voir dans mes Origines de la Langue Grecque & dans mes Botaniques : où je fais voir aussi, que le mot ἀκαλήφη, ou ἀκαλύφη, qui signifie *ortie*, a la mesme origine.

Mais pour revenir au mot *acacia*, l'arbre que nous appelons de ce nom, n'est pas l'acacia de Dioscoride & des autres Auteurs dont nous avons parlé. C'en est un autre moins épineux, & qui nous vint de Barbarie il y a 40. ou 50. ans. Le prémier qui fut apporté à Paris, fut donné à feu M. Robin, célèbre Botaniste du Roi, qui le planta dans le Jardin Royal : d'où vient que les Botanistes appellent cette plante *acacia Robini*. Feu M. Robin m'a souvent montré cet acacia : & il me fouvient qu'en me le montrant un jour, il me dît, que dans le tans qu'on l'apporta à Paris, on y apporta aufsi le prémier maronnier d'Inde qui ait efté vu en France. Ce maronnier, pour le dire en paffant, fut planté dans un des jardins du Temple, où il eft encore préfentement

Il n'eft pas vray aurefte, comme le prétent le P. Bouhours au paffage cy deffus allégué, que les mots François que l'on fait nouvellement, doivent eftre tirez du Latin, ou des autres Langues, qui comme la Langue Françoife, ont la Latine pour leur mére. On en peut tirer de l'Alleman, du Flaman & de l'Anglois : & nous en avons un grand nombre tirez de ces trois Langues, comme je le feray voir ailleurs.

Brifac, Briffac. Vimar, Vifmar. A Liége, au Liége.

CHAPITRE XIII.

IL faut dire *Briffac*, en parlant du Duché de Briffac qui eft en Anjou ; & *Brifac*, en parlant de Brifac, ville fur le Rhin, capitale du Brifgau.

Il faut dire *Vimar*, en parlant du Duc de Vimar ; & *Vifmar*, en parlant de la ville du mefme nom, qui eft dans le Duché de Meklebourg.

LANGUE FRANÇOISE.

Il faut dire *à Liége*, en parlant de la ville de Liége ; & *au Liége*, en parlant du païs de Liége.

Tout-de-bon. Tout-a-bon.

CHAPITRE XIV.

IL faut dire *tout-de bon*, & non pas *tout-a-bon*. Cependant M. de Balzac a dit l'un & l'autre. *Ie brise là, mon cher Monsieur; & vous dis tout-de-bon, ou tout-a-bon, que si vous n'estes tres-persuadé de mon innocence, & de ma bonté*, &c. C'est dans la lettre 10. du livre 3. de ses Lettres à M. Conrart. *Tout-a-bon* est du petit peuple de Province.

Amoureux, Amant.

CHAPITRE XV.

NOs Anciens ont souvent employé le mot d'*amoureux* pour celui d'*amant*: témoin *amoureux de triquenique* : Rabelais 2. 21. *De fait, laissant un tas de longs prologues & protestations que font ordinairement ces dolens contemplatifs amoureux de Caresme*, Malherbe:

  Les ridicules avantures
  D'un amoureux en cheveux gris.

J'ay remarqué sur cet endroit de Malherbe dans mes Observations sur ce Prince de nostre Poësie Lyrique, qu'*amoureux* pour *amant* ne se disoit plus aujourdhuy, ou du moins qu'il ne se disoit plus guére : & je persiste dans ce sentiment. M. de Balzac chap. 3. de ses Remarques sur les deux Sonnets, a pourtant dit, *Mais la raison des Amoureux, est une autre raison que celle des Sages.* Et *amoureux* n'est pas mal en cet endroit là. On pourroit dire demesme à un homme qui diroit qu'il seroit amoureux, *Vous estes un plaisant amoureux.* Mais généralement parlant, le mot d'*amant* est beaucoup meilleur que celui d'*amoureux*. Il faut dire *les Amans de Pénélope ; l'Amant de Laure ; l'Amant de Corinne ; l'Amant de Lesbie*.

S'il faut dire ton de voix, *ou* son de voix.

CHAPITRE XVI.

LE plus grand usage est pour *ton de voix.* Moliére dans la Critique de sa Comédie de l'Ecole des Maris : *Elle affecte toujours un ton de voix languissant, & niais,* &c. *Tout est naturel en vous. Vos paroles, le ton de vostre voix, vos regards, vos pas, vostre action, & vostre ajustement, ont je ne say quel air de qualité qui enchantent les sens.* Le P. Bouhours page 21. de ses Doutes :

Vous me faites pitié, me dit-il avec un ton de voix radouci, d'avoir le goust aussi méchant que vous l'avez. Cependant *son de voix* est plus conforme à la raison : *ton de voix* estant un terme de Musique qui signifie proprement accent, ou inflexion de voix.

Prodige de science.

CHAPITRE XVII.

Mr de Balzac s'est furieusement déchaisné contre cette locution. Voicy comme il en parle dans son Socrate Chrétien :

J'ay esté effrayé du *prodige de dévotion*, & immédiatement aprés de la *prodigieuse piété*. Sans quelque tempérament, & quelque précaution de Grammaire, *prodigieux* ne peut estre pris en bonne part. *Merveilleux, admirable, extraordinaire,* sont les termes receus & approuvez. Ils contentent suffisamment la pensée de l'Ecrivain, & l'attente du Lecteur. Ils ne laissent point de remors aux esprits qui se hazardent le moins, & qui appréhendent le plus de faillir. Pensez-vous qu'on puisse dire, *Vn Orateur, & un Poëte prodigieux ; une Harangue, & une Elégie prodigieuse,* quand on a dessein de louer des Orateurs & des Poëtes, les Harangues & les Elégies ? Pour moi je ne le pense pas : & il me semble que *prodige & prodigieux* ne sont guére plus obligeans ny plus propres à louer que *monſtre* & *monſtrueux*. Les ſtatues qui ſortoient de la main de Phidias, eſtoient admirables : mais celles que Stéſicrate concevoit dans ſon eſprit, euſſent eſté prodigieuſes. Les Héros ſont de belle taille, mais la ſtatuë des Géans eſt prodigieuſe. Moïſe faiſoit des miracles, & les Magiciens de Pharaon faiſoient des prodiges. Dans le langage figuré on peut dire *les prodiges de la vie de Neron*, mais il faut dire *les merveilles de la vie d'Auguſte.* ¶ PRODIGIALE RVBENS ſe dit d'une Comête dont la chevelure ménace la terre, & ne ſe peut pas dire du Soleil, dont les rayons meuriſſent les fruits ; quand meſme le Soleil ſeroit plus rouge que la Comête ; quand il ſeroit entré dans le ſigne de la Canicule, & qu'il verſeroit ſur la terre plus de feu que de lumiére. Une femme accouchée d'un ſerpent ; un corps né avec deux teſtes ; une pluie de pierres ou de ſang, ſont des prodiges, qu'on expioit par des actes de religion, comme des marques de la colére des Dieux. Et vous ſçavez qu'il y avoit autrefois à Rome un JUPITER PRODIGIALIS : non pas qu'il fiſt des prodiges, mais à qui on faiſoit des ſacrifices pour détourner le mauvais effet de ces mauvais ſignes. ¶ Ciceron ayant dit en quelque lieu que les actions de Pompée eſtoient ſemblables à des prodiges, a témoigné par là qu'il n'oſoit dire qu'elles fuſſent prodigieuſes. Il a fait voir qu'en telle rencontre il redoutoit le mot de *prodige*, puiſqu'il s'eſt contenté

de

de s'en approcher, & n'a pas voulu aller jufqu'à lui. Par des actions femblables à des prodiges, il entendoit qu'elles eftoient d'auffi dure & d'auffi difficile créance que les chofes qui arrivent contre le cours ordinaire de la nature: mais par des actions prodigieufes on pouvoit entendre qu'elles eftoient contraires aux lois & à la raifon, & qu'elles porteroient malheur à la République. Lorfque Claudian éléve Stilichon jufques au ciel, il parle des miracles de fes actions: mais quand il fait defcendre Eutropius plus bas, s'il fe peut, que les enfers, il dit que toutes fes actions eftoient des prodiges, *prodigium eft, quodcumque gerit.* ¶ Enfin, il faudroit une figure extrémement violente pour faire changer de place au mot de *monftre*, & à celui de *prodige*: & fans eftre accompagnez de quelque épithéte bien particulier & bien efficace, ils ne peuvent paffer de leur fignification, qui eft mauvaife, en une autre fignification, qui foit, ou bonne ou indifférente. Pour le moins, il ne me fouvient point de l'avoir veu, fi ce n'eft à la vérité dans les livres du Pere ***, qui font tous pleins de *prodiges*, auffi bien que d'*augures* & d'*aufpices*, d'*orages* & de *tempeftes*. Il ne fe dépouilla jamais dans fes livres de cette pompe de langage, & de ces termes illuftres; ainfi les appelle-t'il. On les y trouve fans les y chercher. Et c'eft ce qui obligea un grand Prince à dire de lui, que pour un Preftre de la Religion Chrétienne, il ufoit un peu trop souvent d'*auspices* & de *prodiges*; & que dans ses œuvres il n'y avoit guéres moins d'orages que dans la mer. Mais *orages*, *auspices*, & *augures*, à une autrefois. Contentons-nous aujourdhuy de dire, qu'en la langue du Pere***, Salomon est *un prodige de sagesse*; qu'un autre est *un prodige de sainteté*; qu'il y a des *prodiges de beauté*, & des *beautez prodigieuses*. Sans doute s'il eust esté Poëte, il eust chanté dans ses vers *un jeune prodige*, comme Malherbe a chanté *une jeune merveille*.

Il y a beaucoup de bonnes remarques dans ce discours de M. de Balzac. Il est vray que nous ne disons point *un monstre de beauté*, comme disent les Italiens.

O delle Donne altero e raro mostro.

C'est un vers de Pétrarque, sur lequel le Castelvetro a fait cette Note: *In mala parte si suole prendere* mostro. *Mà il Petrarca consolandolo con l'aggiunto* altero, *lo traporta in buona, a dimostrare bene la dissomiglianza tra lei, e l'altre Donne.* ¶ Nous ne disons point nomplus *un prodige de dévotion*; *une prodigieuse piété*; *un Orateur*, ny *un Poëte prodigieux*; *une Harangue*, ny *une Elégie prodigieuse*. Mais il est vray aussi que nous disons *un prodige de science*; *un savoir prodigieux*, & *une mémoire prodigieuse*. M. Costar a dit dans une de ses Lettres à M. de Balzac: *Eh bon Dieu, craignez-vous qu'on vous accuse de stérilité, après avoir donné tant de marques de vostre prodigieuse fécondité.*

Messieurs les Estats des Provinces Unies.

CHAPITRE XVIII.

Cette façon de parler est toutafait étrange. C'est comme qui diroit *Monsieur le Royaume de France*, & *Madame la République de Venise*. Cependant c'est comme parlent tous nos Ministres dans leurs Traitez avecque les Hollandois. Et comme cette façon de parler est établie, il n'y a plus moyen de s'en dédire : & si nous voulions nous en dédire, les Hollandois ne le souffriroient pas.

Joüir des douleurs. Je vous says à regret de tant d'attraits pourveuë.

CHAPITRE XIX.

J'Ay dit dans la prémiére de mes Elégies :
Vous voulustes joüir de toutes mes douleurs,
Entendre mes soupirs, & voir couler mes
pleurs.
Comme cette locution *joüir de mes douleurs*, est hardie, elle n'a pas esté approuvée de de tout le monde : mais je la tiens hureu-

sement hardie. Les Latins ont dit demesme *frui dolore.*

Illa mihi semper præsenti dura Neæra,
 Me, quoties absum, semper abesse dolet.
Non desiderio nostri, non maret amore,
 Sed se non nostro posse dolore frui.

C'est une Epigramme de Bucanan, que j'avois dans la pensée, lorsque je fis les deux vers François que je viens d'alléguer.

J'ay dit aussi dans la mesme Elégie:
 Mais hélas malhureux, banni de vostre veuë,
 Ie vous says à regret de tant d'attraits
  pourveuë.

Cette locution *Ie vous say pourveuë d'attraits*, n'est pas moins hardie, & elle est beaucoup moins hureuse. Elle est pourtant Françoise. On dit, *quand je vous sauray guéri; quand je vous sauray à Paris:* pour dire, *quand je sauray que vous serez gueri; quand je sauray que vous serez à Paris.* Mais pour en parler franchement, ce vers,
 Ie vous says à regret de tant d'attraits
  pourveuë,
ne me plaist pas; & si quelqu'un vouloit me le changer en mieux, il m'obligeroit.

Mais apropos du mot de *jouir* dont je viens de parler, Cléante a repris ce mot dans deux endroits des Entretiens d'Ariste & d'Eugéne. Voicy le prémier, qui est du commancement de l'Entretien de la Mér: *Comme la fortune les avoit toujours séparez depuis qu'ils sont liez d'amitié, ils furent bien aises d'avoir occasion de jouir un peu l'un de l'autre.* Voicy le segond, qui est de la fin de l'Entretien des Devises : *Il fut contraint de partir brusquement, & de dire adieu à son ami & à la mêr, dans un temps où il pensoit jouir de l'un & de l'autre.* On ne dit point *jouir de la mêr*, non-plus que *jouir de la terre*, dit Cléante. Voyez ses raisons. A l'égard de cette façon de parler, *jouir l'un de l'autre*, quoyque Cléante ne dise point la raison de sa réprehension, il est aisé de la deviner. Le P. Bouhours dans son livre des Doutes a répondu à Cléante, en ces termes : *Aureste, Monsieur le Chevalier m'apprit en me quittant, que certaines Dévotes du grand monde avoient esté fort scandalisées d'une locution qui est au commancement des Entretiens d'Ariste & d'Eugéne. C'est jouir l'un de l'autre. Pour moi, je vous avoue, Messieurs, que je n'ay, ni la conscience, ni l'oreille assez délicate, pour me scandaliser de cette phrase : & je trouve l'Auteur des Entretiens bien simple, de l'avoir changée à la segonde édition. Les personnes les plus réguliéres ne disent-elles pas tous les jours,* On ne sauroit jouir de lui ; Quand pourra-t'on jouir de vous, &c. ¶ Que veut dire le P. Bouhours avecque son *oreille délicate* ? Cléante n'a pas voulu dire que l'oreille fust choquée de cette façon de parler, *Ils furent bien aises d'avoir occasion de jouir un peu l'un de l'autre* : il a voulu dire seulement, que la pudeur en estoit offensée. Il est vray au reste qu'on dit dans le discours familier, *On ne sauroit jouir de vous, Quand pourra-t'on jouir de vous* : mais on ne dit point

J'auray bien de la joye quand je jouiray de vous: On ne sauroit jouir de vous, qu'on n'en soit bien aise. Et le P. Bouhours a tort de blâmer le P. Bouhours d'avoir changé cet endroit dans la segonde édition de ses Entretiens.

―――――

Les roses & les fleurs.

CHAPITRE XX.

MR Des-Marests, dans sa Deffense du Poëme Héroïque, reprenant cet endroit des Satires de M. Des-Préaux, *De fiel & d'amertume*, dit que c'est comme qui diroit, *De roses & de fleurs* : l'espéce & le genre : le fiel estant une espéce d'amertume. Je ne voudrois pas dire *les roses & fleurs* ; *les lis & les fleurs* ; *les violettes & les fleurs* ; car c'est en effet confondre l'espéce & le genre : mais je ne voudrois pas aussi blâmer ceux qui parlent de la sorte : ces façons de parler ayant esté employées de tans en tans par un nombre infini de célébres Ecrivains. C'est ce que je dis il y a quelques jours à un de nos Beaux-Esprits, qui ne pouvoit souffrir cette confusion de genre & d'espéce. Mais comme ma mémoire ne put me fournir aucun exemple de ces maniéres de parler, il crut qu'il n'y en avoit point d'exemples. Depuis ce tans-là j'en ay cherché ; & voicy ceux que j'ay trouvez : qui sont en si grand nombre, qu'on peut dire que ces façons de parler qui estoient mauvaises d'elles-mesmes, sont devenues bonnes par l'usage. Le Cardinal Du-Perron dans ses Stances :

> Puisqu'il faut desormais que j'estaigne ma flame;
> Seul & cruel reméde, avec l'eau de mes pleurs;
> Et que pour m'arracher les épines de l'ame,
> Ie m'oste aussi du cœur les roses & les fleurs.

Belleau, page 36. de la prémiére Journée de ses Bergeries :

> Et toy, Ciel, que l'on répande,
> Par l'air, un fleuve d'odeurs;
> Vne moisson de lavande,
> De lis, de roses, de fleurs.

Pétrarque :

> Lieti fiori, e felici e ben nate erbe,
> Che Madonna pensando premer sole;
> Piaggia, ch' ascolti sue dolci parole,
> E del bel piede alcun vestigio serbe:
> Schietti arboscelli, e verdi frondi acerbe;
> Amorosette e pallide viole.

Fazzio Uberti dans une de ses Chansons, imprimée avecque *La bella Mano* de Giusto Conti :

> Rose, viole, e fiori.

Danté dà Maiano, livre 7. page 73.

> Rosa, e giglio, e fiore oloroso.

Franco Sacchetti dans sa Chanson, qui commance par *Cruda selvaggia* :

> Le bianche rose, e i freschi fiori, e gigli,

Giusto Conti, page 50.

> *Vdite ancora i miei dolenti versi,*
> *Rose, viole, e fiori.*

Et page 47.

> *Ne più qual suole germine il bel viso*
> *Infra le nevi, le viole, & i fiori,*
> *Che fanno in terra un altro paradiso.*

Politien dans la prémiére partie de ses Stances, stance 43.

> *Ma pur di rose e fior dipinta, e d'erba.*

Et stance 77.

> *Ovunque vola, veste la campagna*
> *Di rose, gigli, violette, e fiori.*

Et stance 119.

> *Di rose e mirti, e lieti fior, contesto.*

Et dans sa Ballade, qui commance par *Ben venga Maggio*:

> *E voi, Donzelle, a schiera,*
> *Con li vostri amadori,*
> *Che di rose e di fiori*
> *Vi fate bello il Maggio.*

Laurens de Médicis dans une de ses Ballades :

> *Fatti una guirlandetta*
> *Di rose, e fior novelli.*

Et dans une autre, qui commance *I à preso* :

> *Chi lor mando una corona*
> *A donar di fiori e rose.*

Bernardo Giambullari dans sa Chanson des Mal-mariées :

> *Non portate rose, o fiori.*

L'Alamanni dans sa *Coltivazzione* ;

Quì mille erbe onorate, e mille fiori,
Mille vaghe viole, mille arbusti,
Faccian ricco il terren che'n torno giace.

Le Guidiccioni dans un de ses Sonnets qui commance par *Il Tébro, l'Arno, e'l Pò*:

A l'oscura tempesta d'Occidente
Scossi i bei fior de' prati, e le viole.

Et dans un autre :

Io giuro, Amor, per la face eterna,
E per le chiome, onde gli strali indori,
Ch' a prova ò visto, le viole e i fiori
Nascer sotto il bel piè, quando più verna.

Le Bernia dans son Orlando Inamorato, livre 2. chant 13.

E le fanciulle, e le Dame amorose
Gettan dalle finestre fiori e rose.

Et chant 8.

Nè primavera tanti fiori e rose,
Quanti ivi, à perle, e pietre prezziose.

Et chant 25.

Tra gigli e rose, e fioretti di Maggio.

Et chant 1. du livre 3.

Pieno è di fiori, e rose damaschine.
Tra fresche rose, e fior vaghi d'Aprile,
Tra fiori e rose, quì potrai posare.

Le Coppetta dans le Destin de Corydon, page 57. du Recueuil de ses Poësies :

Tra rose e fiori, il dì sesto di Maggio.

Le Rinieri dans un de ses Sonnets, qui commance *In riva al Tebro* :

I santi fiori, e i vaghi gigli insieme.

Le Cossellini, dans un de ses Sonnets, imprimé dans la seconde partie de ses Poësies, page 267.

*Lasciar l'ape le rose e le viole,
E i vaghi e dolci & odorati fiori.*

Le Bracciolin dans son Amoroso Sdegno act. 3. scéne 2.

Ella si pone a cor viole, e fiori.

Et scéne 2. de l'acte 3.

Cogliendo, or fiori, or pallide viole.

Homére a dit aussi *les anguilles & les poissons.*
Τοὶ μὲν ἄρ' ἐγχέλυές τε ἠ̓ ἰχθύες ἀμφεπένοντο.
Τέρπετ' ἐγχέλυές τε ἠ̓ ἰχθύες, οἱ κατὰ δίνας.
Mais comme plusieurs ont cru que les anguilles n'estoient pas des poissons, n'ayant de poisson que la chair, & ayant la forme de serpent (d'où elles ont esté appelées anguilles) : εἰς μὲν τὴν μορφὴν ὄφις, εἰς δὲ τὴν χρείαν ἰχθύς, dit Achillês Tatius ; & que selon le témoignage d'Athénée, ça esté l'opinion d'Homére ; cet exemple ne conclut rien pour nostre confusion de genre & d'espéce. Mais ce que dit Aristophane au commencement de son Plutus, *ô vous Iuppiter, & vous, Dieux,* ὦ Ζεῦ, ἠ̓ θεοί, est toutafait remarquable à ce propos.

La raison aureste de cette façon de parler, c'est que Juppitêr estant le Roi & le pere des Dieux, il est si fort au dessus des autres Dieux, qu'il doit estre consideré comme estant un Dieu d'un autre genre que le commun des Dieux. Il en est demesme, & de la rose, qui est la reine des fleurs; & du lis & de la violette, qui après la rose ont esté les fleurs les plus estimées des anciens. *Lilium rosa nobilitate proximum. Violis honos proximus,* dit Pline.

Synonimes.

CHAPITRE XXI.

Mr de Vaugelas a fait une belle Remarque en faveur des synonimes, & à laquelle je n'ay rien à ajouter que ce mot de Quintilien: *Potest adscribi amplificationi congeries quoque verborum ac sententiarum idem significantium. Nam etiam si non per gradus ascendant, tamen velut acervo quodam allevantur.* Le Disciple n'est pas toutafait en cela de l'opinion du Maistre: car voicy comme le P. Bouhours parle des synonimes dans son livre des Doutes: *Pour moi, Messieurs, je vous avoue franchement que je ne puis souffrir ces synonimes tout purs, qui n'ajoutent rien au sens, & qui ne servent qu'à remplir, ou à étendre les périodes. Et je trouve la pensée du Cardinal Palavicin sur ce sujet, également juste & plaisante. Il compare ces mots superflus aux Passevolans: & il dit que les Lecteurs délicats ont autant de peine à voir une mesme chose revestue de paroles différentes, que les Commissaires des Guerres en ont à voir passer plusieurs fois en reveue les mesmes soldats.* Cette pensée également juste & plaisante du Cardinal Palavicin, est de Quintilien, à l'endroit où il parle des épithétes superflus. *Similem agmini, totidem lixas habenti, quot milites quoque.* Et un autre homme que le P. Bouhours qui auroit puisé dans les sources, auroit cité l'auteur Latin, aulieu de l'auteur Italien.

Mais pour revenir aux synonimes, le P. Bouhours reprent, comme un synonime vicieux, *pleurs & larmes* en cet endroit de la Traduction des Homélies de S. Jan Chrysostome de M. de Sassy : *Quels pleurs & quelles larmes ne répandent ils point, pour se délivrer des reproches de leur conscience ?*

Marot, le plus exact de tous nos anciens Poëtes, a joint demesme ces mots de *pleurs* & de *larmes* dans l'Epitaphe de Guillaume Du-Bellay, Seigneur de Langeay.

>   *Arreste-toi, Lisant.*
>   *Cy-dessous est gisant ;*
>   *Dont le cœur dolent j'ay ;*
>   *Ce renommé Langeay ;*
>   *Qui son pareil n'eut pas ;*
>   *Et duquel au trépas*
>   *Iettérent pleurs & larmes*
>   *Les Lettres & les Armes.*

Et dans la Déploration de Florimond Robertet :

>   — *Puis avec pleurs & larmes*
>   *Enterré l'ont ses parens & amis.*

Les Latins en ont usé de la mesme sorte. Ennius dans le prémier de ses Annales :

>   *Flentes, plorantes, lacrumantes, ac miserantes.*

Sénéque, épitre 63. *Nec sicci sint oculi amisso amico, nec fluant : lacrimandum est, non plorandum.* Le mot de *pleurs* dit plus que celui de *larmes*. Il signifie des larmes abondantes,

dantes, avecque crieries & gémissemens. Festus: PLORARE, *apud antiquos, est planè inclamare.*

Le P. Bouhours dans cette Traduction de Monsieur de Sassy a repris demesme sans raison le synonime de *cendre & poussiére*, comme je l'ay fait voir au chapitre 3. de cette segonde partie de mes Observations sur la Langue Françoise. Et par ce chapitre-là, & par celui-cy, ce grand Critique peut juger combien il est dangereux de reprendre des personnes du mérite & de la réputation de M. de Sassy.

Avanthier, avanhier, avanshier, devanthier. aprêsdemain.

CHAPITRE XXII.

COmme les Grecs ont dit προχθὲς, qui est le *nudius-tertius* des Latins & *l'altrieri* des Italiens, nous avons dit demesme *devanthier* & *avanthier* : car προχθὲς est composé du mot πρὸ, qui signifie *avant* ou *devant*, & de celui de χθὲς, qui signifie *hier*. Devanthier n'est plus du bel usage. Il ne faut donc plus dire qu'*avanthier*. Ceux aureste qui prononcent *avanhier* ; & plusieurs personnes de qualité prononcent de la sorte ; prononcent tres-mal. Le mot d'*hier* n'est point aspiré : & ainsi il faut dire *avanthier*, en fesant sentir le T. *Avanshier*, est aussi une

OBSERVATIONS SVR LA
prononciation tres-vicieuse.

Comme nous disons *avanthier*, nous disons demesme *aprésdemain* : ce qui est tresbien dit : & je ne fais cette remarque qu'a-cause des Angevins, qui après s'estre servis du mot *aprésdemain* dans le discours familier, ajoutent d'ordinaire ensuite, *comma disent les petits enfans*.

Quel quantiéme. Nous tenons aujourdhuy le quinziéme du mois.

CHAPITRE XXIII.

CEs façons de parler sont toutafait mauvaises. Il faut dire, *Quantiéme du mois avons-nous aujourdhuy ? Nous avons aujourdhuy le quinziéme du mois.*

Deux mais & deux si en une mesme période.

CHAPITRE XXIV.

L'Auteur des Doutes, page 261. reprent cet endroit de la Traduction de Quinte-Curce de son Héros M. de Vaugelas: *Mais la fortune ne s'estoit pas encore emparée de son esprit : & comme elle ne fesoit que de commancer, il la porta modérément : mais a-la-fin il n'eut plus la force de la soustenir,*

Et il le reprent, qui le croiroit ? a cause des deux *mais*. Cette répréhension est tout-a-fait ridicule. Comme le mot de *mais* est une liaison nécessaire, jamais Auteur célébre n'a fait difficulté de le répéter une seconde fois dans une mesme période : soit qu'il ust divers, ou qu'il ust mesme sens. Ciceron, tout Ciceron qu'il est, pour user des termes de nostre Critique, n'a pas mesme fait difficulté d'employer jusqu'à trois fois dans une mesme période le mot de *sed*, qui est la mesme chose que celui de *mais*. *Sed tamen, facilè tacentibus ceteris, reticuissem : sed hac oratio omnis fuit non autoritatis mea, sed publica religionis*. C'est dans son Oraison *de Aruspicum responsis*. Et cette répétition de *mais* dans une mesme période, est moins choquante que deux *mais* dans deux périodes qui se touchent : comme en cet endroit du livre des Doutes, page 13. *Mais pour marquer qu'un homme fait le capable & l'habile, on dit, si je ne me trompe, Il fait le suffisant. C'est à vous, Messieurs, à décider là dessus : l'usage est le maistre de la Langue : mais vous estes les Interprétes de l'usage.* Ce que je ne blâme pourtant pas.

Le mesme Auteur page 260. reprent encore plus malapropos la répétition de *si*, en cet endroit des Lettres de M. de Voiture : *Ie suis si fort touché, que si j'estois capable de vous donner les louanges qui vous sont deues*, &c. ces deux *si* estant employez dans une signification différente.

E ij

Effusion de colére.

CHAPITRE XXV.

L'Auteur des Doutes a repris cette façon de parler *effusion de colére* en cet endroit de l'Histoire du Vieux & du Nouveau Testament : *Il veut bien se contenter d'une playe plus douce, afin que les hommes tremblans aux prémiers coups qu'il leur fera sentir, jugent de ce qu'il fera lorsqu'il les punira dans toute l'effusion de sa colére.*

Ie say bien, dit-il, qu'on dit effusion de sang; une effusion de bile; les effusions, en matiére de sacrifice; & que M. de Balzac a dit sur le coucher du Soleil, Cette riche effusion de couleurs qu'il verse en se retirant. Mais je ne say ce que c'est qu'effusion de colére : & je doute mesme qu'effusion se dise bien dans le propre. Néanmoins le Sieur de Chantéresme dit effusion de charité : le Sieur de Beüil, & les Iacobins du Fauxbourg Saint Germain, effusion de cœur : le Sieur de Mombrigny effusion du cœur & de l'esprit. A vous parler de bonne foi, je ne connoissois en ce sens là que les Quinze Effusions, qui sont dans de vieux livres de priéres, avec les Sept Allégresses.

L'Auteur des Doutes n'a pas raison. Cette façon de parler *dans toute l'effusion de sa colére*, est tres-belle & tres-noble. Les Latins ont dit demesme *iram effundere* ; *iram effundi*. Le prémier de ces mots se trouve dans Tite-Live, & l'autre dans Valerius Flaccus. Voicy l'endroit de Valerius Flaccus:

Ille autem jamjam vultus, vocésque paratas

Antè aperit, rumpitque moras ; inque ipsa morantis

Prosilit ora viri, talique effunditur ira.

Voicy celui de Tite-Livre, qui est du livre 39. *Dimissis iis legationibus, Philippus à suis certior factus, cedendum civitatibus, deducendáque præsidia esse ; infensus omnibus, iram in Maronitas effundit.* Virgile au 12. de l'Eneïde, a dit aussi apeuprés dans le mesme sens, *irarumque omnes effundit habenas*.

Le P. Bouhours dira sans doute, qu'acause de cela mesme que les Latins ont dit *iram effundere*, EFFUSION DE COLERE ne vaut rien en François, & que c'est une Latinisme. C'est ce qu'il a dit au sujet de cette façon de parler, *impatient du joug & de la servitude*, qu'il avoit reprise dans M. de Balzac, aussi mal-apropos qu'il a repris *effusion de colère* dans M. de Saffy, & que j'ay justifiée par l'*impatiens servitutis* des Latins. *Voyez un peu comme les esprits raisonnent diversement*, dit-il à la page 358. de ses Remarques, *M. Ménage croit cette phrase bonne, parceque les Latins disent servitutis impatiens : & moy je la croirois presque mauvaise pour la mesme raison.* C'est ce *servitutis impatiens* qui me fait penser qu'*impatient du joug* est plus Latin que François ; & que

E iij

le Bas Breton a eu sujet de consulter sur cela
Messieurs de l'Académie. Mais je ne m'étonne pas qu'une phrase toute Latine soit au
gré de M. Ménage. Il parle volontiers Latin
en François, tant il aime la Langue Latine:
témoin calvitie ; obscénité ; bien mériter
de nostre Langue ; Il n'est pas donné à
tout le monde, &c.

Il ne se peut rien imaginer de plus ridicule que ce raisonnement du P. Bouhours.
Car nostre Langue ayant esté formée de
la Latine, qui doute que lorsque des Ecrivains célébres, comme M. de Balzac & M.
de Sassy, se servent de phrases extraordinaires, & que ces phrases se trouvent dans
la Langue Latine, elles n'en soient beaucoup mieux receuës parmy nous ?

Il n'est point vray aureste, que j'aye employé dans mes écrits le mot de *calvitie*.
Voicy comme j'en ay parlé au chapitre 21.
de la prémiere partie de ces Observations.
Nos Anciens disoient chauveté. *Vous trouverez ce mot dans Nicod. Et du Verdier a traduit le* Φαλάκρας ἐγκώμιον *de Synesius par la
louange de la chauveté. Nous dirions présentement* calvitie *plutost que* chauveté. Pelade
se dit, mais par mépris, &c. C'estadire, que
s'il faloit necessairement se servir d'vn de
ces trois mots *chauveté*, *calvitie*, *pelade*,
(comme il faudroit necessairement s'en
servir pour la traduction de *Calvitiei encomium* de Synesius) il faudroit plutost se
servir de celui de *calvitie*, que des deux
autres.

Pour ce qui est du mot d'*obscénité*, il est vray que je m'en suis servi en plus d'un endroit. J'ay dit à la page 386. de mes Observations sur Malherbe. *Quelques uns reprennent ce vers*, Je veux bander contre sa vie, *comme présentant à l'esprit une obscénité*. Les Anciens ont repris demesme arrige aures *dans Térence*, & arrigere animos *dans Salluste*. J'ay dit aussi au chapitre 97. de la prémiére partie de ces Observations sur la Langue Françoise : *Marot dans son Eglogue à François I. a dit* fouteau. *Plusieurs autres Ecrivains, & devant & aprés Marot, l'ont dit aussi. On ne le dit plus présentement, acause de quelque pensée d'obscénité que ce mot peut donner.* Mais je soutiens affirmativement que ce mot est tres-bon & tres-usité. Et je soutiens mesme qu'il est aussi bon que celui d'*ordure* & que celui de *saleté* ; & qu'il est meilleur que celui de *vilenie*, dont M. de Balzac s'est servi en une pareille occasion. C'est aureste comme parlent tous les gens de lettres ; & je ne puis m'imaginer ce qui peut avoir donné lieu au P. Bouhours de reprendre ce mot, si ce n'est cet endroit de la Critique de l'Ecole des Maris de son cher ami Moliére : CLIMÉNE. *Ce le a une obcénité qui n'est pas supportable.* ELISE *Comment dites-vous ce mot-là, Madame.* CLIMÉNE. *Obcénité, Madame.* ELISE. *Ah mon Dieu, obcénité ! Je ne say ce que ce mot veut dire : mais je le trouve le plus joli du monde.*

Il faut maintenant réfuter l'objection

que me fait mon Adverſaire touchant ce que j'ay dit au chapitre 230. de la prémiére partie de ces Obſervations : *Mais pour revenir à* proſateur, *non ſeulement je ne croy pas avoir fait un crime, pour avoir fait ce mot : mais je croy aucontraire avoir bien mérité de noſtre Langue, l'ayant enrichie d'un mot qui nous feſoit beſoin.* Qui eſt l'homme de lettres qui ne parle point de la ſorte? Je pourrois icy alléguer mille exemples de cette façon de parler. Mais il ſuffira d'en alléguer un de M. de Balzac, qui en vaut mille, eſtant tiré de cette belle, de cette pompeuſe, & de cette magnifique Lettre au Cardinal Mazarin. Le voicy. *Il ſe pourroit dire en ma faveur; & peu de gens le contrediroient; qu'en ma profeſſion je n'ay pas mal mérité du regne paſſé, quoyque je n'en aye pas eſté trop bien reconnu.*

Il me reſte à répondre à la derniére des objections du P. Bouhours : qui eſt, que j'ay dit, *Il eſt permis à tout le monde, mais il n'eſt pas donné à tout le monde de faire des mots.* Mais cette objection eſt ſi frivole qu'elle ne mérite point de réponſe : car qui eſt l'homme, quelque délicat ou quelque dégouté qu'il ſoit, qui puiſſe trouver à dire à cette expreſſion?

Je reviens à noſtre mot d'*effuſion*. On dit auſſi fort bien *effuſion de charité* & *effuſion de cœur*. Ce dernier mot eſtoit un des mots du célébre M. de Saint Siran. *Ie ſerois au deſeſpoir*, dit M. de Balzac à M. Conrart, lettre 15. du livre 3. *d'avoir perdu tant de* secrets, & tant de paroles passionnées, que le bon Monsieur Saint Cyran appeloit autrefois effusions de cœur, & débordemens d'amitié. Quintilien a dit de mesme *effundere affectus*. C'est au chap. 1. du livre 4.

Je ne say au reste que veut dire le P. Bouhours, en disant qu'il doute qu'*effusion* se dise fort bien dans le propre ; puisqu'il avoue lui-mesme qu'on dit *effusion de sang*, & *effusion de bile*.

Amyot a dit de mesme dans le propre, dans la Vie de Romulus : *Acca Laurentia, à qui les Romains sacrifient encores aujourdhuy, & lui offrent le Prestre de Mars, au mois d'Avril ; les effusions de vin & de lait, accoustumées és funerailles.*

Le P. Bouhours qui ne parle d'autre chose dans ses livres de la Langue que de propre & de figuré ; car la pluspart de ses Remarques roullent sur ces deux mots ; ne sait en vérité ce que c'est que *propre* & que *figuré*. Voyez cy-dessus au chapitre 5. & cy-dessous au chapitre suivant.

Inclémence. gentillesses.

CHAPITRE XXVI.

J'ay fait voir au chapitre précédent, que le P. Bouhours qui ne parle d'autre chose dans ses livres de la Langue que de propre & de figuré, ne sait ce que c'est, ny que propre, ny que figuré. En voicy deux autres preuves, & qui sont toutafait convaincantes.

Il dit à la page 376. de ses Remarques: INCLÉMENCE n'est pas si *établi qu'in-dolence. M. de Balzac l'a employé dans le propre* : L'inclémence de l'air ; l'inclémence du temps. *On commance à s'en servir dans le figuré, & M. Racine fait dire à Vlysse:*

Tandis que pour fléchir l'inclémence des
    Dieux,
Il faut du sang peut-estre, & du plus
    précieux.

Il auroit pu mettre la coléredes Dieux: *mais il a cru sans doute, que* l'inclémence des Dieux *estoit plus beau, & plus poëtique. Ie croy que M. Racine a raison : & je croy mesme qu'avecque le temps* inclémence *pourra passer de la poësie à la prose.* ¶ Le P. Bouhours dit tout le contraire de ce qu'il faut dire: *Inclémence de l'air ; inclémence du tans* est dans le figuré, & *inclémence des Dieux,* dans le propre. *Clemens* se dit de la personne : & Vossius dérive ce mot de *clinans mentem.*

Le P. Bouhours dit demesme à la page 16. de ses Remarques : *On dit* gentillesses *dans le propre, pour de petites choses jolies* : Il a acheté mille gentillesses à la Foire. ¶ Est-il possible qu'un homme qui se pique de sçavoir nostre Langue, & qui en écrit des livres, puisse dire de ces choses là ? Car qui ne sait que *gentillesse* dans le propre se dit de la personne, & que ce mot dans sa prémiére signification signifie *noblesse*? En vérité Cléante a raison de dire, que le P. Bouhours décide avec un esprit d'Ecolier & un ton de Maistre.

Inclémence aureste n'est point un mot nouveau. Vous le trouverez dans le Dictionnaire de Nicod, & dans celui de Charle Estienne.

Magnanime.

CHAPITRE XXVII.

MR Gombaud a fait une épigramme qu'il a intitulée *le Rodomont*. La voicy:

Qu'ay-je fait à ce Magnanime
Qui me regarde de travers,
Et dont le jugement sublime
Ne sait de quoy servent les vers?
Ie ne say pas comme on le nomme;
Mais il fait bien le raffiné:
Et ce doit estre un vaillant homme,
Car il jure en déterminé.

Le P. Bouhours a repris dans cette épigramme le mot de *magnanime*. M. de Gombaud, dit-il dans ses Remarques, *employe mal le mot de* magnanime *dans une de ses Epigrammes, intitulée* le Rodomont.

Qu'ay-je fait à ce Magnanime
Qui me regarde de travers,
Et dont le jugement sublime
Ne sait de quoy servent les vers?

On ne dit point magnanime, *ny férieufement, ny en riant, pour marquer un Rodomont, & un faux Brave.*

Je ne fay en vérité ce que veut dire le P. Bouhours par cette Remarque; & apparemment il ne le fait pas lui-mefme. Il eſt vray qu'on ne dit point *Magnanime* férieufement, pour marquer un Rodomont. Mais M. Gombaud n'a point auſſi appelé férieufement fon Rodomont de ce nom de *magnanime*. Le mot de *Rodomont* du titre de fon Epigramme tombe fur ces vers,

Et ce doit eſtre un vaillant homme.
Car il jure en déterminé,

& non pas fur le mot de *Magnanime*. Mais dans la penſée qu'avoit ce Rodomont d'eſtre *magnanime*, le Poëte l'a pu ainſi appeler ironiquement. *Qu'ay-je fait à ce Magnanime?* C'eſt à dire, Qu'ay-je fait à ce Rodomont, qui croit eſtre magnanime; à ce Faux-Brave, foy difant magnanime? C'eſt dans ce fens que j'appelle le P. Bouhours *un homme favant, & un homme judicieux*. Et pour faire voir que M. Gombaud n'a appelé fon Rodomont magnanime que par ironie, c'eſt qu'il ajoute enſuite; auſſi par ironie;

Et dont le jugement fublime
Ne fait de quoy fervent les vers.

Et comment eſt-il poſſible que le P. Bouhours qui connoiſt ſi bien l'ironie; car c'eſt ſa figure favorite; ne l'ait pas reconnue en cet endroit?

Le P. Bouhours fait enſuite un grand diſcours,

discours, pour prouver que *magnanime* ne veut pas dire *vaillant* en de certains passages qu'il allégue. Pourquoy ce discours? Car qui a jamais dit, qui a jamais cru que *magnanime* se prist en cette signification? Les passages qu'il allégue pour montrer que ce mot se prent en vers dans cette signification, ne le prouvent point du tout.

 Reviens, Prince magnanime.
 Tant de succès éclatans
 Ont assez puni le crime
 De ces orgueilleux Titans, &c.

Et aussi le P. Bouhours, après toutes ces allégations, est enfin contraint d'avouer que *magnanime* dans ces endroits alléguez, dit quelque chose de plus que vaillant. Ainsi la remarque du P. Bouhours sur le mot de *magnanime*, est nulle de toute nullité depuis le commancement jusqu'à la fin.

Paralelle. *Justification de l'Auteur, touchant M. de Vaugelas, contre la calomnie du P. Bouhours.*

CHAPITRE XXVIII.

Mr de Vaugelas a fait plusieurs remarques sur le mot de *paralelle*: mais qui sont toutes fausses: ce qui m'oblige à les réfuter en cet endroit, afin que l'autorité d'un Auteur si célébre n'impose point à ses lecteurs. Car il est des Auteurs célébres comme des Souverains, dont les fautes font contagieuses. *Perniciosè merentur de republica vitiosi principes, quòd non solùm vitia concipiunt ipsi, sed ea infundunt in civitatem: neque solùm obsunt, quòd illi ipsi corrumpuntur, sed etiam quòd corrumpunt ; plúsque exemplo, quàm peccato nocent.*

VAUGELAS.

Le mot de *paralelle* est masculin dans le figuré. Il est vray que dans le propre, selon que les Géométres le définissent, on ne le met guéres tout seul, que l'on ne die *ligne* en mesme temps. *Vne ligne paralelle: Deux lignes paralelles.* Et alors il est adjectif, comme il se voit clairement.

MENAGE.

Je ne say ce que veut dire M. de Vaugelas par ce *propre* & ce *figuré*, selon que les Géométres le définissent. *Paralelle* est un mot Grec, qui signifie ce qui a rapport à quelque autre chose: & quand on dit, au masculin, *Le paralelle d'Alexandre & de César*, ce mot de *paralelle* n'est point dit là figurément. Il est aussi propre, que quand on dit *deux lignes paralelles. Le paralelle de César & d'Alexandre*, c'estadire, *La comparaison de César & d'Alexandre: La Vie de César & celle d'Alexandre comparées l'une à l'autre.* ¶ Les *Vies des hommes illustres Grecs & Romains, comparées l'une avecque l'autre par Plutarque,*

LANGVE FRANÇOISE.

C'est ainsi qu'Amyot a traduit ce titre Grec des Vies de Plutarque, Πλυτάρχυ παράλληλα, ή ϐίοι παράλληλοι. παράλληλα, cestadire, *inter se composita*. M. de Vaugelas devoit donc dire, que le mot de *paralelle* estoit tantost adjectif & tantost substantif, aulieu de dire qu'il se disoit tantost dans le propre & tantost dans le figuré. Son disciple, le savant P. Bouhours, confont ainsi souvent le propre & le figuré.

Il dit ensuite ; je veux dire M. de Vaugelas ; que dans le propre on ne met guére *paralelle* tout seul, qu'on ne dise *ligne* en mesme tans. Je say encore moins ce que M. de Vaugelas veut dire par là. Il ne faut point dire que l'on ne met guére *paralelle* tout seul, quand il est adjectif, que l'on ne dise *ligne* en mesme tans : car on ne le met jamais tout seul, lorsqu'il est adjectif: non-plus que tous les autres adjectifs. Les adjectifs se joignent tous aux substantifs, & c'est de-là qu'ils sont appelez *adjectifs*: mais il arrive souvent que les adjectifs deviennent substantifs. Ainsi on a dit *les paralelles d'une Sphére*, aulieu de dire *les cercles paralelles*.

Il n'est point vray aureste, qu'on ne dise guére *paralelle*, adjectif, sans y ajouter le mot de *ligne*. On dit *Vn cercle paralelle à un autre* ; *Vne fleur paralelle à une autre* : *Vne muraille paralelle à une autre* : & ainsi toutes choses généralement : *une maison, une chambre, un arbre, une allée, un canal*.

VAUGELAS.

Mais dans le figuré il arrive à ce mot deux choses assez extraordinaires, & si je ne me trompe, sans exemple : l'une, que d'adjectif qu'il estoit au propre, il devient substantif au figuré, ne voulant dire autre chose que *comparaison* : l'autre, qu'au propre on l'écrit *paralléle*, selon son origine Grecque, suivie des Latins : & au figuré il change d'orthographe, & s'écrit *paralelle*, par l'ignorance, ou par la bizarrerie de l'usage. *Le paralelle d'Alexandre & de César. Faire le paralelle de deux Capitaines,* ou *de deux Orateurs.*

MENAGE.

Il est assez ordinaire, comme je viens de remarquer, qu'un mot adjectif devienne substantif. On dit *un homme foible*, & *le foible d'un homme*, &c.

Pour ce qui est de l'orthographe de *paralelle*, comme il n'y a point de différence dans la prononciation de ce mot lorsqu'il est adjectif, & lorsqu'il est substantif, il ne doit point y en avoir aussi dans l'écriture. Ceux qui suivent l'étymologie dans l'orthographe plustost que la prononciation, écrivent toujours *paralléle* en l'une & l'autre de ces significations : comme aucontraire, ceux qui suivent dans l'orthographe la prononciation plustost que l'étymologie, écrivent toujours *paralelle*. Selon moi, il faut toujours écrire *paralelle*.

VAUGELAS.

Il y a grande apparence, que cet abus d'écrire *paralelle*, avecque les L ainsi transposées, est venu de ce que tous nos noms substantifs, ou adjectifs, terminez en *éle*, ont tous L redoublée, & jamais simple : comme *pucelle*, *belle*, *modelle*, *fidelle*, &c. Car pour ceux qui ont une S entre l'E & L, ils ne sont pas de ce nombre : comme *gresle* ; adjectif & substantif ; *fresle*, ou *fraile*. Je ne parle que des noms où L est entre deux E à la fin du mot. Et je ne parle point des verbes non-plus : car il y en a qui finissent avec une L seule, comme *céle*, *décéle*, *révéle*.

MENAGE.

Ce n'est point un abus que de redoubler L en la penultiéme du mot *paralelle*, puisqu'on la redouble dans un nombre infini d'autres mots. Ainsi de *querela*, *tutela*, *curatela*, *candela*, *fidelis*, nous disons QUE-RELLE, TUTELLE, CURATELLE, CHANDELLE, FIDELLE. Comme ce n'est point non-plus un abus d'oster une L en d'autres mots : en NIVELER ; (car ce mot vient de *libellare*) en épeler ; (car ce mot vient d'*appellare*) en *appeler* ; en *appelant* ; en Peletier ; en Chastelain ; en Chapelain ; en Chancelier. C'est ainsi que ces mots se doivent écrire : n'en déplaise à nos Maistres, qui les écrivent par deux L. Mais la raison pour laquelle nous avons redoublé L aux mots *querelle, tutelle, curatelle, chandelle,* c'est parceque les Ecrivains de la Basse-Latinité l'ont redoublée dans les mots, d'où ces mots viennent, & que nostre Langue a esté formée de la Langue Latine barbare. Voicy la preuve de cette réduplication. QUERELA *apud Latinos per unum L scribebatur : sicut* SUADELA, TUTELA, CANDELA, CORRUPTELA: *quamvis usus sibi etiam apud eos vindicaret, ut aliqua in figura deminutivorum per duo L scriberentur : ut* capella, fabella, tabella. *Nunc etiam* QUERELLA *per duo L scribitur.* C'est un endroit de Papirianus, rapporté par Cassiodore dans son livre de l'Orthographe. Et il se peut faire que comme dans la Basse-Latinité on a dit *querella, tutella, curatella, candella,* on ait dit demesme, par corruption, *fidellis,* aulieu de *fidelis.* Et ces réduplications de lettres ne sont point sans exemple ; témoin *caussa, cassus, divissiones,* dont parle Quintilien Que si dans la Basse-Latinité on n'a point dit *fidellis,* comme cela pourroit bien estre aussi : & il y a mesme plus d'apparence qu'on ne l'ait point dit; il faut que nos Anciens ayent changé l'E masculin de *fidelis* en un E ouvert ; comme ils ont changé l'E féminin en un masculin au mot *aimé-je.* Et à ce propos il est à remarquer, que l'E dans un mesme mot se prononce parmy nous diversement. Les Parisiens prononcent *mer* & *amer* avec un E ouvert : & la pluspart des Provinciaux les prononcent par un E masculin. Les Angevins prononcent *extrémement, certainément*, & les Parisiens *extrémement, certainement*.

Il n'est point vray aureste, que les mots substantifs, ou adjectifs, terminez en *éle*, ayent tous L redoublée. On écrit *zéle* : & jamais personne n'a écrit *zelle*. On écrit *Cybéle*, & *Philoméle*. Ceux qui disent *l'Isle de Déle*, pour *l'Isle de Délos*, comme Amyot, écrivent *Déle*. Plusieurs écrivent aussi *fidéle*: & selon Dupleix, ce mot doit estre écrit de la sorte. Mais il n'est icy question que de l'orthographe : car tout le monde demeure d'accord, que la pénultiéme de *zéle*, *Cybéle*, *Philoméle*, *fidéle*, doit estre prononcée par un E ouvert. Afin de réprésenter dans ces sortes de mots, & la prononciation & l'origine tout ensemble, il seroit apropos, comme je l'ay remarqué dans mon Traité de l'Orthographe, de distinguer nos trois E dans l'écriture & dans l'impression.

Il me reste à parler de cette façon de parler de M. de Vaugelas à l'endroit cy-dessus rapporté, *Tous nos noms substantifs, ou adjectifs, terminez en* éle, *ont tous L redoublée, & jamais simple.* J'ay dit au chapitre 6. de ces Observations, que ces deux *tous* ne me sembloient pas répétez en grace. Mais aprésent que je considére cet endroit de plus prés, je croy que le segond *tous* est une faute d'édition, & que M. de

Vaugelas avoit mis, *ont toujours L redou-blée, & jamais simple* : car le mot de *jamais* ne s'accommode pas avecque celui de *tous*. Avecque *tous* il faudroit dire, *& aucun d'eux ne l'a simple*. Mais il s'accommode tres-bien avecque *toujours*. *Tous nos noms substantifs*, &c. *ont toujours L redou-blée, & jamais simple*. Et c'est comme parle M. de Vaugelas en d'autres endroits. Ce *& jamais simple*, est une façon de parler elliptique, ou défectueuse, pour dire *& ils ne l'ont jamais simple*. Si ma conjecture est véritable, le P. Bouhours peut chercher ailleurs un exemple de ses deux *tous*, pour cet endroit de son livre des Doutes, *Tous les mots François qui commancent par* in, *viennent tous d'un verbe*. Et si elle n'est pas véritable, il ne peut excuser son Héros & son Oracle d'irrégularité.

VAUGELAS.

Cependant les Doctes accuseront d'ignorance ceux qui écriront *paralelle* : comme si on ne savoit pas qu'en Grec ἀλληλοι, d'où il vient, dispose les L, ou les lambda, tout aucontraire. Mais il faut prier ces Messieurs de se resouvenir que l'Usage ne s'attache point aux éthymologies, & qu'il n'en dépend qu'autant qu'il lui plaist. D'aller au contraire, ce seroit vouloir montrer que l'on ne sait pas sa langue maternelle, mais que l'on sait la Grecque. Et il est sans comparaison plus honteux d'ignorer l'une que l'autre. Ajoutez, que nous avons mille exemples de mots Latins pris du Grec, où l'on s'écarte bien davantage de leur origine. Mefme ce mot ἀλλήλων n'a qu'une L, ou lambda, à la derniére syllabe, quoyque les Ethymologistes Grecs, ne doutent point qu'il ne vienne d'ἄλλον, ἄλλῳ, *aliud, alii*: comme qui diroit, une chose qui a du rapport à une autre : changeant l'α en η dans la composition, & oftant un λ, pour rendre le mot plus doux.

MENAGE.

Ce que dit M. de Vaugelas, que plusieurs mots Latins dérivez du Grec, s'écartent davantage de leur origine que le mot de *paralelle*, eſt tres-véritable. *acinus*, vient de ῥάξ : *canis*, de κύων : *coquo* de πέπω : *ebur* d'ἐλέφας : *equus* de ἵππος : *gracculus* de κόραξ : *heri*, de χθές : *hiems*, de χειμών : *hirundo*, de χελιδών : *pavo*, de ταώς : *pondus*, de σαλός : *pontus*, de βένθος : *quinque*, de πέντε : *sequor*, de ἕπομαι : *spica*, de σταχύς : *sorex* d'ὗς : *sublica*, d'ὑποδοχά : *terra*, d'ἔρα : *viola*, d'ἴον : *vulpes*, d'ἀλώπηξ. Ce que je remarque acauſe de noſtre Hypercritique, le savant & le judicieux P. Bouhours, qui a voulu ridiculiſer quelques-unes de mes étymologies, parcequ'elles s'éloignoient ainſi de leur origine.

Je reviens à M. de Vaugelas. M. de Vaugelas eſtoit un bon homme, mais il eſtoit ſi mauvais Etymologiſte, qu'il ne ſavoit pas mesme comment il faloit écrire le mot d'*Etymologiste*, & celui d'*étymologie*. Il écrit toujours ces mots par *th*. Et il dérive *paralelle* d'ἄλλον ἀλλῶ. Il vouloit dire, ou plutost il devoit dire, ἀλλῳ : mais c'est peu de chose que cette faute. *Paralelle* vient de παράλληλος : & παράλληλος de παρά & d'ἀλληλος : & ἀλληλος a esté formé d'ἀλλη, féminin d'ἄλλος : ἄλλος, ἄλλη, ἀλληλος, παράλληλος : & de là παραλληλίζω, & παραλληλισμός.

Si le bon P. Bouhours s'estoit aperçu de toutes ces fautes, il n'auroit pas choisi M. de Vaugelas pour son Héros en matiére de Grammaire : Il ne l'auroit pas comparé à M. le Prince & à M. de Turenne : Il ne l'auroit pas nommé son Oracle. Je say le mot de M. Sarasin, qu'il est des Héros d'une douce maniére. Mais je say aussi que le mot de *Héros* n'a pas esté fait pour un Grammairien en Langue vulgaire, tel que M. de Vaugelas. M. de Vaugelas estoit un fort honneste homme : ce que j'estime beaucoup plus que d'estre un savant homme : mais ce n'estoit pas un savant homme. Je connois une personne qui lui a fourni tous les passages Grecs, Latins & Italiens, qui sont dans son livre. Il a pourtant fait de tres-doctes, de tres-belles, & de tres-curieuses remarques sur nostre Langue : mais avecque le secours de ses amis : de M. Chapelain, de M. Conrart, de M.

Patru, & de quelques autres de ces Messieurs de l'Académie. Je ne lui ay pas nui aussi. Je lui ay fait part de plusieurs observations que le P. Bouhours admire aujourdhuy, & qu'il se garderoit bien d'estimer, s'il savoit qu'elles sont de moi.

M. de Vaugelas aureste me fesoit bien l'honneur de m'aimer : & c'est à son amitié que je dois cet éloge qu'il m'a donné à l'endroit où il parle du mot de *bailler* : *Outre que je suis bien aise de fortifier cette remarque du sentiment d'une personne qu'on peut nommer un des Oracles de nostre Langue, aussi bien que de la Grecque & de la Latine, & chez qui les Muses & les Graces, qui ne s'accordent pas toujours, sont parfaitement unies.* De mon costé je l'honnorois infiniment : & j'ay aussi parlé de lui avantageusement dans plusieurs endroits de mes écrits : dans mes Origines de la Langue Françoise ; dans mes Observations sur la Langue Françoise ; dans mes Observations sur Malherbe. Le P. Bouhours prétent néanmoins que j'en veux à M. de Vaugelas. *Pour moi*, dit-il, *je ne m'étonne pas que le Bas-Breton ; tout campagnard & tout Bas-Breton qu'il est ; ait choisi M. de Vaugelas pour son Héros. Mais ce qui m'étonne extrémement, c'est que M. Ménage qui a un si grand usage du monde, ait quelquefois si peu de considération, que de lui préférer Nicod & Dupleix. Ce qui m'épouvante, c'est qu'il le ménage si peu, qu'on diroit qu'il a entrepris de l'offenser.* Je ne suis pas, *dit-il*, de l'avis de M. de Vaugelas : & selon moi, c'est estre dégousté plustost que délicat, de ne pouvoir souffrir ces petites négligences. C'est la véritable raison de ce mot, *dit-il ailleurs* : celles dont M. de Vaugelas fait mention, sont non-seulement fausses, mais ridicules. *Quand l'Auteur des Observations en use de la sorte, il oublie ce qu'il dit lui-mesme en quelques endroits, que M. de Vaugelas est le maistre juré de la Langue.*

RÉPONSE.

Il ne me souvient point d'avoir dit que M. de Vaugelas fust le Maistre-Juré de la Langue. Il me souvient seulement d'avoir dit qu'il estoit un des Maistres-Jurez de la Langue. Mais si je lui ay donné ce grand éloge, on peut juger par là combien je l'estime. Il ne me souvient pas non-plus de lui avoir préféré Nicod & Dupleix. Le P. Bouhours, à la page 365. de ses Remarques, dit qu'il s'étonne de la déférence que j'ay pour Nicod : & il cite à ce sujet cet endroit de mes Observations, qui est du chapitre 169. de la prémiére partie : *M. de Vaugelas veut qu'on dise* l'Isle de Chypre, & de la poudre de Chypre ; *& non pas* l'Isle de Cypre, *&* de la poudre de Cypre. Ie ne suis pas de son avis à l'égard de l'Isle. Vous trouverez l'Isle de Cypre *dans Nicod, en son Dictionnaire.* Mais outre que ce n'est pas préférer Nicod à M. de Vaugelas que de suivre pour la prononciation d'un mot l'opinion de Nicod plustost

pluſtoſt que celle de M. de Vaugelas ; le Lecteur remarquera que le P. B. a tronqué mon paſſage , & que j'ajoute enſuite ; *dans Amyot, en la Vie de Théſée ; dans Méziriac , en ſes Commentaires ſur les Epitres d'Ovide ; & dans tous nos Géographes*; & que Méziriac eſtoit de l'Académie, & un des plus ſavans hommes de l'Europe. Le P. B. préfére ainſi ſouvent un Académicien à un autre : & ſouvent meſme il reprent des Académiciens : M. de Balzac, M. de la Chambre, M. de la Mote le Vayer, M. d'Ablancourt, M. de Voiture. Je reviens à Nicod : puiſqu'on m'oblige de m'expliquer à ſon égard, j'avoue que je l'eſtime davantage que je n'eſtime M. de Vaugelas ; que j'eſtime pourtant beaucoup. Nicod eſtoit un des plus ſavans hommes du Royaume, non ſeulement dans les belles lettres, mais dans la Juriſprudence & dans la Politique : & c'eſt par la connoiſſance qu'il avoit de la Juriſprudence & de la Politique, qu'il ut part aux affaires ; qu'il fut & Maiſtre des Requeſtes, & Ambaſſadeur en Portugal. Lambin dans ſa 2. Préface ſur Horace, en a parlé avec beaucoup d'eſtime & de reſpect. Muret lui a dédié ſes Lettres Latines , comme à un homme de lettres : & parmy ces Lettres de Muret, il y a une lettre de Nicod, qui eſt tres-Latine. *Doctus ab Heſperiis rediens Nicotius oris*, dit Bucanan. Il eſtoit auſſi tres-verſé dans l'Hiſtoire de France : ce qu'il a bien témoigné par l'édition que nous avons de lui d'Aimoïnus Monachus, & par l'indice qu'il a fait ſur cet Hiſtorien. Il a écrit les Antiquitez de Nimes,

Tome II. G

le lieu de sa naissance ; en faveur de Belleforest, qui les a insérées dans sa Cosmographie, avec cet éloge : *L'excellent & docte Seigneur M. Nicot, Conseiller du Roi & Maistre des Requestes ordinaire de sa maison : homme de grandes recherches & de rare érudition, & soigneux du bien & du profit de la postérité.* A l'égard de son Dictionnaire, c'est un ouvrage où Ranconnet, Président des Enquestes du Parlement de Paris, qui estoit encore plus savant que Nicod, a beaucoup de part : & puisque le P. Bouhours méprise cet ouvrage, il faut qu'il n'ait pas de goust pour les ouvrages d'érudition.

Mais voyons si j'ay offensé M. de Vaugelas, comme le prétent nostre Censeur. En parlant de M. de Vaugelas en quelque endroit de mes Observations, je ne me souviens pas de l'endroit ; j'ay dit que de ne pouvoir souffrir certaines petites négligences, c'estoit estre dégousté plustost que délicat. Est-ce là offenser M. de Vaugelas ? *Quanta verborum nobis paupertas, immo egestas sit, numquam magis quàm hodierno die intellexi. Mille res inciderunt, cùm forte de Platone loqueremur, quæ nomina desiderarent, nec haberent : quædam verò cùm habuissent, fastidio nostro perdidissent. Quis autem ferat in egestate fastidium ?* dit Sénéque. Et ne disons-nous pas tous les jours à nos amis, sans les offenser, *Il faut estre dégousté, pour ne pas trouver cette viande bonne; pour ne pas trouver cette personne aimable; pour ne pas trouver ces vers excellens.*

Mais j'ay dit, que les raisons de M. de

Vaugelas estoient fausses & ridicules. Je ne l'ay point dit : & le Révérend P. Bouhours m'a imposé en cet endroit, comme en plusieurs autres. Voicy le fait. M. de Vaugelas examinant dans ses Remarques cette façon de parler, *libéral arbitre*, dit que pour lui il ne trouve point d'autre raison d'une phrase si étrange, que l'usage, qui l'a ainsi voulu contre toute sorte de raison : ce sont ses termes. Mais il en rapporte deux raisons d'autres personnes que de lui, qu'il improuve toutes deux. *Quelques-uns*, dit-il, *ont voulu rendre raison d'une phrase si estrange, disant que* libéral *se prend là comme les Latins le prennent, quand ils appellent* ingenium liberale, indolem liberalem, *une ame bien née : comme si* libéral *en ce sens estoit opposé à* servile ; *& que l'on voulust dire, que le franc arbitre est convenable à une ame bien née, aulieu que les ames serviles qui n'agissent que par contrainte, semblent estre privées de l'usage de leur liberté. D'où est venu, ajoutent-ils, qu'encore en François nous appelons* les arts libéraux *ceux qui appartiennent aux personnes d'honneur : comme si ces arts estoient opposez aux arts mécaniques, qui ne sont exercez que par des gens du commun. Je ne voudrois pas absolument rejetter cette pensée ; mais elle me semble bien subtile, & tirée de loin. Il dit ensuite : D'autres disent, qu'aulieu de* libre arbitre ; *qui néantmoins est tres-François ; on a dit* libéral arbitre, *pour éviter la dureté des deux B & des deux R, qui se rencontrent, & s'entre-*

choquent en ces deux mots libre arbitre : *mais c'est une mauvaise raison.* Et moi, dans mes Observations fur la Langue Françoife, en traitant de cette mefme façon de parler; après en avoir rendu la véritable raifon ; j'ay dit, que celles dont M. de Vaugelas fefoit mention, eftoient non-feulement fauffes, mais ridicules. Le Lecteur voit préfentement que je ne puis en cela avoir offenfé M. de Vaugelas, puifque ces raifons fauffes & ridicules ne font pas de M. de Vaugelas ; qu'il ne fait que les rapporter; & que lui-mefme les condanne.

Mais quand j'aurois dit que des raifons de M. de Vaugelas feroient non-feulement fauffes, mais ridicules, je ne croirois pas pour cela avoir offenfé M. de Vaugelas : les mots de *faux* & de *ridicule* n'eftant point des mots d'offenfe entre les Ecrivains, quand ils ne fe difent que de la chofe, & qu'ils ne vont point à la perfonne. *Falfum eft quod ait Victorius.* C'eft ainfi que Muret a commancé un chapitre de fes Diverfes Leçons. Le mot de *ridicule* eft un peu plus fort à la vérité que celui de *faux*: mais les gens de lettres ne laiffent pas de s'en fervir, fans avoir deffein d'offenfer ceux de qui ils traitent de ridicules les raifonnemens & les opinions. La loi 28. au Digefte *Qui teftamenta facere poffunt*, eft remarquable à ce propos, & je ne puis m'empefcher d'en rapporter icy les termes. DOMITIUS LABEO CELSO SUO SALUTEM. *Quæro, an teftium numero habendus fit is, qui cùm vogatus est ad testamentum scribendum, idem quoque cùm tabulas scripsisset, signaverit.* JUBENTIUS CELSUS LABEONI SUO SALUTEM. *Aut non intelligo quid sit de quo me consulueris; aut validè stulta est consultatio tua: plus enim quàm ridiculum est dubitare, an aliquis jure testis adhibitus sit, quoniam idem & tabulas testamenti scripserit.*

Et il est à remarquer, que dans l'endroit de mes Observations où j'ay traité du mot de *libéral arbitre*, j'ay suivi l'opinion de M. de Vaugelas, & que le P. Bouhours qui m'accuse d'avoir offensé en cet endroit-là M. de Vaugelas, l'a abandonnée: & que j'ay deffendu dans un autre endroit la Traduction de Quinte-Curce contre les attaques du Pere Bouhours. Que si en traitant les mesmes matiéres que Monsieur de Vaugelas, je n'ay pas toujours esté de son avis, je ne croy pas en cela l'avoir offensé. J'en ay usé demesme envers Mademoiselle de Scudéry, M. de Balzac, M. Chapelain, M. Costar, M. de la Mote-le-Vayer, M. Des-Marets, M. Patru, M. Corneille, M. Charpentier, M. Pellisson, & le Pére Rapin; qui sont toutes personnes d'un mérite extraordinaire, & pour qui j'ay toujours u toute sorte d'estime & de respect. Et le P. Bouhours qui dit que M. de Vaugelas est son Oracle; qui dit qu'il est son Héros; qui le compare à M. le Prince & à M. de Turenne, n'a-t-il pas fini son livre des Remarques par cinquante Remarques qu'il a faites contre M. de Vaugelas? Car de dire ; comme il voudroit nous le perſuader ; que les choſes qu'il reprent dans ces cinquante Remarques, eſtoient bien décidées, & que c'eſt le tans qui y a apporté du changement, cela n'eſt pas veritable, ſauf la révérence du Révérend P. Bouhours. Ce qui paroiſt par les livres que Duplex & M. de la Mote-le-Vayer firent contre le livre des Remarques tout auſſitoſt aprês la publication de ce livre ; dans leſquels ils reprennent apeuprès les meſmes choſes que le P. Bouhours trouve aujourdhuy à dire dans les déciſions de M. de Vaugelas.

Mais le Lecteur remarquera, s'il lui plaiſt, que le P. Bouhours ne loue M. de Vaugelas que par politique. Toutes ces louanges infinies qu'il lui donne, ne viennent point du cœur. Il ne les lui donne que pour décrier mes Obſervations, dans leſquelles je ne ſuis pas toujours de l'avis des Remarques ; ou pour me dire des injures, en diſant que je ſuis l'antipode de M. de Vaugelas. C'eſt dans ce ſens qu'il a dit dans ſes Doutes, que les reigles de M. de Vaugelas qui regardent la conſtruction, ne peuvent jamais eſtre altérées ; qu'elles ſont invariables & éternelles. C'eſt dans ce ſens qu'il a dit dans ſes Nouvelles Remarques: *M. de Vaugelas n'a-t-il pas tout ce qu'il faut pour eſtre le Héros de ceux qui veulent apprendre à bien parler & à bien écrire ? Outre qu'il avoit un génie merveilleux pour noſtre Langue, il a eſté élevé à la Cour: & comme il y vint extrémement jeune, il ne s'eſt point ſenti* du mauvais air des Provinces. Il fit une étude du langage, avant que de songer à composer des Remarques : & quand il eut pris le dessein d'écrire ses lumiéres & ses réflexions, il ne se précipita point pour faire un livre. Qui a-t-il de plus judicieux, de plus élégant, & de plus modeste que ses belles Remarques, qu'il a travaillées avec tant de soin, & où il a mis tant d'années ? Il choisit bien les Auteurs qu'il cite. Il ne confond pas les modernes avecque les anciens, les bons avec les mauvais. Les raisonnemens qu'il fait, ne sont ni vagues, ni faux. Il ne s'amuse point à des questions inutiles. Il ne remplit point son livre de fatras, & de je ne say quelle érudition qui ne sert à rien, ou qu'il ne sert qu'à fatiguer les Lecteurs. S'il cite quelquefois du Latin, c'est avecque reserve, quand il ne peut se faire entendre autrement. Quelque sombre que soit sa matiére, il trouve le secret de l'égayer par des réflexions subtiles, mais sensées, & par des traits de louanges, ou de satyre, fort délicats. De sorte que les Remarques de M. de Vaugelas ont un agrément & une fleur que n'ont pas beaucoup de livres, dont la matiére n'est ni séche, ni épineuse. Mais ce que j'estime infiniment, il parle toujours en honnête homme : il ne dit rien qui blesse la pudeur, ou la bien-séance : il ne se loue point : il ne fait point le Docteur : il ne dit jamais Selon moi, ce mot est bon ; Selon moi, ce mot ne vaut rien ; Dites sur ma parole, &c. Enfin, il ne se propose point pour modéle. Ie suis assuré que si sa Traduction de Quinte-Curce avoit *paru avant les Remarques sur la Langue Françoise, il n'y auroit pas renvoyé les Lecteurs, en disant par tout*, Voyez mon Quinte-Curce ; Je me suis servi de ce mot dans mon Quinte-Curce ; J'ay employé cette phrase dans mon Quinte-Curce.

M. de Vaugelas m'a obligation de ce grand éloge. Car encore une fois, le P. Bouhours ne lui donne toutes ces louanges, que pour dire que je suis l'antipode de M. de Vaugelas. Je répondray ailleurs à ces accusations du P. Bouhours : & je le confondray en luy répondant. Cependant je souscris icy de tout mon cœur à toutes ces louanges de M. de Vaugelas qui regardent la morale. Et j'ajoute de mon costé à son éloge, que M. de Vaugelas (je l'ay connu particuliérement) estoit le meilleur homme du monde ; qu'il n'offensoit jamais personne ; qu'il reprenoit les fautes des Auteurs, sans nommer les Auteurs, bienloin de les ridiculiser ; qu'il estoit ami fidelle ; qu'il avoit de la reconnoissance ; qu'il avoit de l'honnesteté ; qu'il avoit en effet de la pudeur ; & qu'il n'ust jamais fait imprimer la turlupinade, pour user du mot du P. Bouhours, de *Foin de vous, foin de moi, foin de tous les hommes* ; qu'il n'estoit point arrogant ; qu'il estoit véritablement modeste ; qu'il estoit solidement vertueux ; qu'il n'estoit point plagiaire ; qu'il n'estoit point envieux ; qu'il n'estoit point vindicatif ; qu'il n'estoit, ny médisant, ny menteur, ny imposteur, ny calomniateur, ny........

Lettres Royaux: Ordonnances Royaux.

CHAPITRE XXIX.

Tout le monde demeure d'accord qu'il faut dire *Lettres royaux* & *Ordonnances royaux* : mais tout le monde ne sait pas la raison de ces façons de parler : & comme *Lettres* & *Ordonnances* sont du genre féminin, & *royaux* du masculin, plusieurs croyent que c'est faire un solécisme que de parler de la sorte. Et c'est ce qui a fait dire à M. de Balzac, au sujet de son Barbon, les paroles suivantes : *Mais il n'y eut pas moyen de l'empescher d'aller chez M. le Garde des Séaux crier de toute sa force contre le tans & contre les mœurs ; se plaindre que le droit divin & humain estoit violé, & lui demander raison du plus grand desordre de l'Estat. Ce grand desordre, dont lui-mesme, Monsieur le Garde des Séaux, estoit le prémier coupable, c'estoit de dire & d'écrire* Lettres Royaux, *&* Ordonnances Royaux, *& non pas* Lettres Royales *&* Ordonnances Royales. *Quelle honte ! ce sont ses propres termes de la traduction de son Disciple ; quelle vilenie que tout un grand peuple commette impunément tous les jours un si exécrable, un si abominable solécisme ! & que non-seulement il soit souffert par l'indulgence de l'autorité publique, mais que l'autorité publique l'approuve ; mais* qu'elle y preſte la main ; mais que les Iuges ſoient les criminels. Il ne faut rien eſpérer de bon de l'avenir, ſi on laiſſe durer cet abus ; ſi on ſouffre cette corruption dans la ſource meſme de la Iuſtice. *La Grammaire eſt le fondement du commerce & de ſa ſociété*, &c.

La raiſon de ces façons de parler, c'eſt que *royaux* eſtoit autrefois maſculin & féminin, comme il paroiſt par *choſes héréditaux*, qui ſe trouve en pluſieurs endroits de nos anciennes Couſtumes. La Couſtume d'Anjou, article 444. *Et pourtant que touche les contracts, portans aliénation des choſes héréditaux*. Et comme il paroiſt encore par ce vers de Gauvain ; l'un de nos vieux Poétes ;

Les Damoiſelles ſont fréſiaux,

cité par M. Borel dans ſes Antiquitez Gauloiſes & Françoiſes, au mot *fréſiaux*, qu'il interpréte par celui de *fraiſches*.

Il eſt aureſte à remarquer, que comme du Latin *regales*, plurier de *regalis*, nos Anciens on dit *royaux* ; tant au maſculin qu'au féminin ; ils ont dit auſſi *vau*, aux deux genres, du Latin *vallis*. M. du Vau ; M. de la Vau ; Le Vau de Cerné : La Vau-Guyon ; La Vau du Lude ; M. de Vautorte. Vautorte, c'eſt *valle torta*.

Commancer *à* : commancer *de*.

CHAPITRE XXX.

Voicy une Remarque du livre des Doutes du P. Bouhours :

Le Traducteur de Ioseph (c'est M. d'Andilly) *joint presque toujours* commancer *avec la préposition* de : *nonobstant la Remarque de* M. *de Vaugelas, qui porte en termes formels:* Ce verbe, dans la pureté de nostre Langue, demande toujours la préposition *à* aprés soy : & pour bien parler François, il faut dire, par exemple, *Il commance à se mieux porter*, & non pas *Il commance de se mieux porter*. Et cela est tellement vray, que mesme au prétérit défini, en la troisiéme personne, *commença*, il faut dire *à* aprés, & non pas *de*, comme disent les Gascons, & plusieurs autres Provinciaux ; & mesme quelques Parisiens; soit par contagion, ou pour adoucir la Langue, ostant la cacophonie des deux *a* : ne se souvenant pas de cette maxime sans exception, qu'il n'y a jamais de mauvais son qui blesse l'oreille, lorsqu'un long usage l'a établi, & que l'oreille y est accoustumée. Il ne faut donc jamais dire, *Il commença de*, mais toujours *il commença à* : mesme quand le verbe qui suit, commenceroit encore par un *a*. Tellement qu'il faut dire, par exemple, *Il commença à avouer*, & non pas *Il commença d'avouer.* Ce n'est pas qu'il ne le faille éviter tant qu'il est possible : mais si par nécessité, comme il se rencontre quelquefois, la naïveté de l'expression oblige aux trois *a* de suite, il n'en faut point faire de scrupule : parceque cette façon de parler estant naturelle, ne peut avoir que bonne grace: tant s'en faut qu'elle soit rude. Il est vray qu'il y a des verbes qui régissent *à* & *de*; d'autres, qui ne régissent que *de*; & d'autres, qu'*à*, comme celui-cy.

On *ne peut pas s'expliquer plus nettement, ny plus fortement que fait M de Vaugelas en cette Remarque :* c'est le P. Bouhours qui parle. *Le Traducteur de Ioseph ne laisse pas de dire,* Alors Hircan commença de craindre. ¶ Cette feste arriva en mesme jour qu'Hérode avoit commencé de regner. ¶ *Deux ou trois autres Ecrivains parlent de mesme.* C'est ainsi que ce saint homme commença d'entrer en sa gloire. ¶ Dés que ce fils ingrat se vit bien avec son pére, il commença d'entreprendre contre son royaume, & contre sa vie. ¶ Il ne dit point, après que vous aurez offert le sacrifice, ou avant que vous l'offriez, mais lors mesme que vous avez commencé de l'offrir. ¶ Il nous sera facile de les réprimer d'une telle sorte, que s'ils commencent de se lever, ils demeurent néantmoins sans aucun effet.

Ce qui m'étonne ; c'est toujours le P. Bouhours qui parle ; c'est qu'on mette *de* après *commencer, quand il n'y a point de caco-*
phonie

phonie à craindre, comme il paroiſt par commencé de regner; commencé de l'offrir; commencent de s'élever.

Le P. Bouhours s'écrie enſuite : *Eſt-ce que l'uſage a changé depuis quelque temps ? ou pluſtoſt n'eſt-ce point une petite entrepriſe ſur l'uſage ? Vous voyez*, MESSIEURS, *les raiſons que j'ay de douter, & combien il eſt difficile à un Provincial de prendre parti entre l'Auteur des Remarques, & les Auteurs de tant de beaux livres, à moins que vous ne décidiez. Ces Ecrivains ſi eſtimez ſemblent avoir entrepris d'abolir toutes les régles que M. de Vaugelas établit pour la conſtruction.*

☙❧

Le Maiſtre & l'Ecolier, ceſtadire M. de Vaugelas & le P. Bouhours, ſe trompent toutafait en cette déciſion. On dit indifféremment *commancer à*, & *commancer de*: & je croy meſme qu'il ſe trouve plus d'exemples de cette ſegonde locution que de la prémiére.

Mais le P. Bouhours, qui a ſu par des eſpions qu'il a auprês de moi, que je condannois cette remarque de ſon livre des Doutes, s'en eſt dédit dans ſon livre des Remarques: & il s'en eſt dédit en ces termes: *J'avoue que j'ay cru long-temps que c'eſtoit une faute de dire* Il commence de ſe bien porter*; tant j'ay déféré toujours à l'autorité de M. de Vaugelas. Mais j'avoue auſſi que j'ay changé de ſentiment, en liſant pluſieurs bons livres de noſtre Langue, où j'ay trouvé* commencer de. *Et afin qu'on voye que je ne parle pas en l'air, je suis bien aise de citer les principaux Auteurs que j'ay lus.* &c.

Il est d'un honneste homme de se retracter, quand il reconnoist ses fautes. C'est comme en ont usé Hippocrate, Ciceron, Quintilien, Saint Augustin. Mais ce que le P. Bouhours ajoute ensuite de sa retractation, n'est pas d'un honneste homme. C'est, dit-il, *surquoy M. Ménage devoit redresser ce Campagnard: Car l'amitié que j'ay pour les Bas-Bretons, ne m'aveugle pas: & quoyque mon inclination me porte à défendre le Gentilhomme de Basse Bretagne, je pouray bien l'abandonner quand il aura tort.* Que veut-il dire, en disant que c'est sur ce mot de *commancer à*, & de *commancer de*, que je devois le redresser ? Avois-je entrepris d'écrire contre ce Campagnard ? pour user du mot du P. Bouhours, & de son mot favori: car il ne parle d'autre chose dans ses livres.

Il dit à la page 108 de ses Remarques: *Aussi M. Des-Préaux fait dire à son Campagnard, pour le rendre ridicule,* A mon gré le Corneille est joli quelquefois. Et à la page 228. *Les doutes siént bien, particuliérement aux Provinciaux & aux Campagnards.* Et à la page 303. *Mais je ne puis pardonner à l'Auteur des Observations l'indulgence qu'il a euë en cette rencontre pour l'Auteur des Doutes. Ne devoit-il pas faire la leçon à ce Campagnard,* &c. Et à la page 374. *Pour moi, je ne m'étonne pas après cela, que le Bas-Breton, tout Campagnard & tout Bas Breton qu'il est*, &c. Et à la page 226. *Ie ne ſay pourquoi un homme de la réputation & du caractére de M. Ménage ſe va commettre de gayeté de cœur avec un Campagnard inconnu.* Et à la page 286. *Cette raiſon ne peut eſtre que trop fine pour un Campagnard Bas-Breton.* Il dit dans ſon Tombeau de Moliére.

L'homme ennemi du genre humain,
Le Campagnard qui tout admire,
N'ont pas lu tes écrits en vain.

Et à la page 74. de ſes Doutes : *Nous autres campagnards, nous diſons qu'un champ, ou une terre* rapporte beaucoup, ne rapporte rien.

Je n'ay u autre deſſein que de me tenir ſur la deffenſive : ceſtadire, de répondre à ce que le P. Bouhours avoit dit dans ſon livre des Doutes contre mon livre des Obſervations ſur la Langue Françoiſe. Et par ce nombre innombrable de fautes que je remarque en cette ſegonde partie de mes Obſervations dans le livre des Doutes, le P. Bouhours peut bien juger que je n'avois pas deſſein d'écrire contre ce livre.

Fauſſes Reigles de Grammaire du P. Bouhours.

CHAPITRE XXXI.

LE P. Bouhours dit dans ſes Nouvelles Remarques ſur la Langue Françoiſe, que je suis un des prémiers Grammairiens du Royaume : & comme vous pouvez penser, il le dit en se moquant. Mais pour moi, je dis tres-sérieusement que le P. Bouhours est le dernier Grammairien du monde ; & qu'il ne sait mesme ce que c'est que Grammaire, quoyqu'il ait toute sa vie enseigné la Grammaire, & qu'il n'ait écrit que des livres de Grammaire. C'est ce que je vais faire voir dans ce chapitre, par des remarques sur tous les endroits de ses livres qui regardent le génie de nostre Langue. Et afin qu'il ne m'accuse pas d'avoir affoibli ses raisonnemens par mes paroles, je rapporteray icy tous ces endroits dans ses propres termes.

BOUHOURS, *page 23. de ses Doutes.*

INCHARITABLE me semble encore plus contre le génie de la Langue qu'*insurprenable* & *irramenable*. Car j'ay remarqué, il y a long-temps, que tous les mots François qui commancent par *in*, & qui finissent par *able*, viennent tous d'un verbe: comme *inconsolable*, *infatigable*, *inimitable*, &c. Et je n'en sache point qui vienne d'un nom, hors *impitoyable*, qui fait bande à part, & auquel l'usage a donné cours contre la régle.

MÉNAGE.

Il est tres-faux, que tous les mots François qui commancent par *in* & qui finisssent par *able*, soient formez d'un verbe. Ils sont formez de leur simple: *consolable, inconsolable: fatigable, infatigable: imitable, inimitable: pitoyable, impitoyable: capable, incapable: surprenable, insurprenable: surmontable, insurmontable*, &c. Voilà toute la finesse de ces formations. Ainsi comme on dit *charitable*, *incharitable* n'est point contre le génie de la Langue: mais il n'est pas en usage.

BOUHOURS, *page 29. de ses Doutes.*

INDISPOSER me paroist, si je l'ose dire, quelque chose de monstrueux en nostre Langue. A la vérité *in* joint avec les noms, marque une négation en François, comme en Latin: témoin *indigne, injuste*: mais *in* joint avec les verbes, ne marque point de négation, ni en Latin, ni en François: comme on peut juger par *inscribo, infringo, inuro, imprimo*, &c. Et je ne voy qu'*infirmo* & *improbo* qui soient irréguliers. De l'un nous avons fait *infirmer*, en stile de Palais: *infirmer une Sentence*: & de l'autre, nous avons fait *improuver*, pour dire *desaprouver*: qui est selon le génie de la Langue: car aulieu d'*in*, qui estant joint avec un verbe, signifie *dans*; comme il paroist aux verbes *inscrire, imprimer*, &c. nous avons mis *dé* à la teste des verbes simples, afin d'en faire des verbes négatifs: Et nous avons dit, par exemple, *dérégler, déplaire, délier, détromper*. Voilà nostre usage.

MENAGE.

Quelle ignorance pour un Maiſtre de Grammaire ! *In* marque auſſibien une négation dans les verbes que dans les noms. Outre *infirmare* & *improbare*, il y a *invalidare*, dont nous avons fait INVALIDER Il y a *incommodare* & *inquietare*, dont nous avons fait INCOMMODER & INQUIETER. Il y a *infiteri*, *inficiari*, *impiare*, *inobédire*, & pluſieurs autres, dont l'énumération ſeroit ennuyeuſe.

BOUHOURS, *page 16. de ſes Doutes.*

Si l'uſage veut qu'on diſe *bréveté*, *brévement* contre l'analogie de la Langue, il en faut paſſer par là. Je dis contre l'analogie de la Langue : car j'ay obſervé que nous mettons d'ordinaire un I devant l'E aux mots qui ont en Latin une E à la prémiére ſyllabe. Ainſi nous diſons FIE'VRE, de *febris* ; FIER, de *ferus* ; TIENT, de *tenet* ; VIENT, de *venit* ; HIER, d'*heri* ; BIEN, de *bene* ; SIE'CLE, de *ſeclum* ; PIERRE, de *petra* ; & BRIEF, de *brevis*. De ſorte que ſi l'uſage a établi autrefois BREF, c'eſtoit contre le génie de la Langue. Et c'eſt pour cela peuteſtre qu'on s'en eſt défait peu à peu.

MENAGE.

Ce Régent de Grammaire qui parle ſans

LANGVE FRANÇOISE.

cesse d'analogie & de génie de la Langue, ne sait en verité ce que c'est qu'analogie ny que génie de la Langue. Il est vray que nous avons mis un I devant l'E en plusieurs mots qui ont en Latin une E à la prémiére syllabe : & j'avois fait cette observation au chapitre 97. de la prémiére partie de ces Observations, dont voicy les termes : *Nos Anciens de* brevis, brevitate, brevi mente, *ont fait* BRIEF, BRIE'VETE', BRIE'VEMENT; *en y ajoutant un* I, *comme* RIEN, *de* bene; *en* MIEL *& en* FIEL, *de* mel *& de* fel; *en* RIEN, *de* rem, *accusatif de* res; *en* CIERGE, *de* cereum; *en* SAINT SIERGE *& en* GALIEN, *de* Sanctus Sergius, *& de* Galenus, &c. Mais il n'est point vray que *bref* & *breveté* soient contre l'analogie & contre le génie de la Langue : & comme je l'ay aussi remarqué au mesme chapitre, il y a incomparablement plus de mots François, ou l'E des mots Latins de la prémiére syllabe n'a point esté changé en IE, qu'il n'y en a où il a reçu ce changement. Outre un nombre infini de mots qui commancent par les particules *de* & *re* : *décider, décapiter, réduire, répéter,* &c. il y a *beste, Breviaire, defaut, deffendre, demain, gémir, néveu, pendre, persil, prendre, prétendre, rendre, tendre, vendre, véneur, venaison,* & un million d'autres. Et à l'égard du mot *bref*, Henri Estienne, page 31. de ses Hypomnéses de la Langue Françoise, prétent mesme qu'il est meilleur que *brief. Potiùs tamen* gréve *dicendum est, absque* I, *sicut* léve : *potiùsque* bref, *quàm* brief. *Quum enim aliquod voca: bulum duobus modis effertur, illi potiùs standum est pronuntiationi qua ipsius vocabuli origini est consentanea.* Quoyqu'il en soit, nos Anciens ont dit *bref* & *brief* indifféremment. *De fol Iuge, bréve Sentence*, dit le Proverbe. Et comme je l'ay encore remarqué, nous disons *bref*, en ces façons de parler, *Les longues & les bréves ; Bref du Pape ; Le Bref de Paris ; Le Segretaire des Brefs ; en bref ; bref, c'en est fait.* Et à ce propos il est à remarquer, que M. de Balzac dans une de ses lettres à M. Chapelain, s'est servi de *bref*, en cette signification de *denique*. *Car outre le grand Poëte que je reconnois en vostre personne, j'y trouve encore un grand Conseiller d'Estat, Secretaire, Ambassadeur : bref, tout en toutes choses.* Et ainsi *bref*, est beaucoup plus usité que *brief*, qui n'est plus en usage qu'en ces autres façons de parler, *ajourner, citer, crier, proclamer, à trois briefs jours*. Ce que dit icy le P. Bouhours, que nous nous sommes défaits peu à peu de *bref*, n'est donc pas véritable.

BOUHOURS, *page 298. de ses Remarques.*

Outre que l'usage est contraire à *prosateur*, l'analogie de nostre Langue ne lui est pas trop favorable. Car enfin tous les mots François qui ont la terminaison de *prosateur*, sont des mots verbaux, comme parlent les Grammairiens : c'est à dire, qu'ils sont derivez des verbes, ou François ou

Latins. Ainsi ADMIRATEUR vient d'*admirer*; RE'PARATEUR, de *réparer*; CALOMNIATEUR, de *calomnier*; ORATEUR, *d'orare*, &c. Or *profateur* n'est point verbal, ni ayant, ni en nostre Langue, ni en la Latine, aucun verbe d'où il soit formé. Et il est en cela plus malheureux qu'*insidiateur*, que son origine pourroit faire valoir, s'il n'avoit d'un autre costé de fort grands desavantages, comme j'ay fait voir dans une Remarque expresse. Il n'est pas mesme si heureux que *profatore*, qui vient de *profare*. Car quoyque ce verbe Italien ne signifie pas précisément *écrire en prose*, il ne laisse pas d'estre l'origine du substantif *profatore* : demesme qu'*armer* est l'origine d'*armateur* : bien qu'*armer* & *armateur* ayent une signification différente. Si nous avions *proser*, tout iroit mieux pour *profateur*. Et en vérité M. Ménage ne devoit point faire les choses à demi. Il devoit faire hardiment le verbe *proser* avant le substantif *profateur*. L'un auroit frayé le chemin à l'autre : & quand on auroit esté accoustumé à dire *Les Auteurs qui prosent*, *Il prose bien*, on auroit dit sans peine *Les profateurs*, *C'est un bon profateur*.

MÉNAGE.

Que de sottises, bon Dieu, & que d'impertinences ! Il est vray que tous ces mots terminez en *ateur* sont des mots verbaux, cestadire derivez de verbes : mais parcequ'on ne dit point en François *proser*, peut-on conclure de là qu'on ne puisse dire *prosateur* ? Nous disons *Orateur*, & nous ne disons point *orer* : nous disons *perturbateur*, & nous ne disons point *perturber* : nous disons *gladiateur*, & nous ne disons point *gladier* : nous disons *zélateur*, & nous ne disons point *zéler*. Il suffit que les verbes d'où viennent ces substantifs terminez en *ateur*, ayent esté autrefois en usage. Or il est sans doute qu'on a dit autrefois *prosare*: & les Italiens le disent encore présentement. *Prosa, prosare, prosator, prosaïcus, prosarius.* Ce dernier mot se trouve dans Sidonius Apollinaris, livre ix. épitre 13. à Tonantius : *Poscis, ut Horatiana incude formatos Asclepiadeos tibi quospiam, quibus inter bibendum pronuntiandis exerceare, transmittam. Pareo injunctis, licèt si umquam, modò maximè, prosario loquendi genere districtus, occupatúsque.*

BOUHOURS, *page 300. de ses Remarques.*

Car enfin, comme *prose* signifie en Italien des ouvrages en prose, témoin *Le prose di Bembo*; *prosatore* signifie bien un faiseur d'ouvrages en prose, de mesme que *versificateur* signifie bien parmi nous un faiseur d'ouvrages en vers : parceque *vers*, tout seul, signifie des ouvrages en vers : *Les vers d'un tel*. Mais comme *proses* ne signifie en François que les Proses de l'Eglise, *prosateur* ne pourroit guéres signifier qu'un faiseur de ces Proses que l'Eglise chante à l'Office des Morts, ou ailleurs. Et qui diroit, à l'Italienne, d'un Auteur qui a beaucoup écrit, Il a fait plusieurs proses, pour dire, plusieurs ouvrages en prose, parleroit pis que Bas-Breton : parceque *prose* ne se prend point parmi les François, ainsi que parmi les Italiens, pour un ouvrage écrit en prose.

MÉNAGE.

Il est vray que les Italiens disent *le prose*, pour dire des ouvrages en prose. *Le prose del Bembo.* C'est ainsi qu'il faut dire, & nonpas *Le prose di Bembo*, comme a dit le P. Bouhours : & par cette faute grossière, il paroist que le P. Bouhours qui cite à tout propos des passages Italiens, ne sait point l'Italien. Il est vray aussi que nous ne disons point *les proses*, pour dire des ouvrages en prose. Mais s'ensuit-il delà que nous ne puissions dire *prosateur*, à l'imitation de l'Italien *prosatore*, pour dire un homme qui écrit en prose ? Le P. Bouhours, à ce que je voy, n'est pas meilleur Logicien que Grammairien.

Il est au reste à remarquer, que le P. Bouhours qui s'est icy déchaisné contre le mot de *prosateur*, le trouvoit autrefois fort beau & fort commode. *Et c'est ce qui me fait craindre que* prosateur *ne passe point, quelque beau & quelque commode qu'il soit.* C'est comme il en parle dans ses Doutes sur la Langue Françoise.

Mais apropos du mot de *profateur*, je remarqueray icy en paſſant ; ce que peu de perſonnes ſavent ; que les Grecs ont appelé ξυγγραφᾶς, ceſtadire *Ecrivains*, les Auteurs qui écrivent en proſe : comme je l'apprens de Sextus Empiricus, au chapitre 3. du prémier de ſes livres contre les Sciences : où après avoir cité ce paſſage de Dionyſius le Grammairien, Γραμματικὴ ἔστιν ἐμπειρία, ὡς ἐπὶ τὸ πλεῖστον, τῶν παρὰ ποιηταῖς ᾳ συγγραφεῦσι λεγομένων : *Grammatica eſt experientia, maxima ex parte, eorum quæ dicuntur apud poetas & ſcriptores* ; il ajoute ; explicant ce mot de ξυγγραφᾶς ; ξυγγραφᾶς καλῶν, ὡς ἔστιν ἐκ τῆς πρὸς τοὺς ποιητὰς ἀντεμφάσεως πρόδηλον, οὐκ ἄλλους τινὰς, ἢ τοὺς καταλογάδην πραγματευσαμένους : *Scriptores vocans, (ut eſt perſpicuum ex eo quod eos opponit, ex adverſo poetis) non alios quàm qui ſcripſerunt ſoluta oratione.*

BOUHOURS, *page 208. de ſes Remarques.*

Tous les mots compoſez de la ſyllabe *de*, & d'un mot qui commence par une voyelle, ont une E muet : comme *deſarmer, deſaccouſtumer, deeſperer, deſagréable, deſavantage.* Car l'S qui ſe met après *de*, ſe prononce comme ſi elle n'y eſtoit point jointe, & qu'elle fuſt attachée à la voyelle ſuivante : *des-armer, des-accouſtumer, des-eſperer, des-agréable, des-avantageux*, &c. à quoy il faut ajouter *des-ormais*, qui vient de *l'oramai* des Italiens.

ME'NAGE.

MENAGE.

Ce que le P. Bouhours dit icy, qu'on met une S après le *de*, dans la composition de ces mots, *desarmer*, *desaccoustumer*, &c. est pris de la remarque de M. de Vaugelas sur le mot de *détromper*; dont voicy les termes: *Nous disons* trompez, détromper; mesler, démesler; faire, défaire; croistre, décroistre; habiller, deshabiller. *Car on met une S en la composition, quand le verbe commence par une voyelle: comme*, armer, desarmer.

Ce M. l'Abbé, que le P. Bouhours a introduit sans raison dans le livre des Doutes, avecque M. le Chevalier & Madame la Marquise, a raison de lui dire que Vaugelas l'a gasté. M. de Vaugelas a en effet gasté le P. Bouhours. Le P. Bouhours qui n'a pas assez de lumière pour discerner les bonnes choses de M. de Vaugelas d'avecque les mauvaises, ne manque guére de suivre les mauvaises. Il est certain qu'on n'ajoute point d'S dans la composition de ces mots qui commancent par une voyelle: armer, *desarmer*, &c. car elle y estoit auparavant; ces mots estant composez du verbe simple, & de la préposition *dis*: mais on l'oste de ceux qui commancent par une consone: *disdicere*, *disdire*, DEDIRE.

BOUHOURS, *au mesme endroit.*

Tous les autres mots ont un E masculin dans la prononciation, auſſibien que dans l'orthographe : ſoit qu'ils viennent directement du Latin, & preſque ſans nulle altération : comme *débiliter*, *débiteur*, *déclarer*, *déclamer*, *deffendre*, *définir*, *dégénérer*, *délibérer*, *délicat*, *délices*, *dénoncer*, *dépendre*, *déplorer*, *dépoſer*, *dériver*, *déſiſter*, *déſoler*, *dévorer*, *dévouer*, *dévot*, *dévotion*, &c. ſoit qu'ils viennent indirectement du Latin, ou qu'ils ayent une autre origine : comme *débourſer*, *débaucher*, *déchoir*, *décadence*, *décapiter*, *défaillance*, *défrayer*, *défricher*, *dégaſt*, *dégouſter*, *dégrader*, *dérober*, *déroute*, *déſiller*, &c.

MENAGE.

Que veut dire noſtre Grammairien, en diſant que de ces derniers mots François ceux qui viennent du Latin, en viennent indirectement ? Ils en viennent auſſi directement que ces autres, *débiliter*, *débiteur*, *déclarer*, &c. *Déchoir*, *décadence*, *décapiter*, *défricher*, *dégaſt*, *dégouſter*, *dégrader*, *deſiller*, ne viennent-ils pas directement de *decadere*, *decadentia*, *decapitare*, *defruticare* ; ceſtadire *frutices tollere* ; *devaſtare*, *deguſtare*, *degradare*, *decillare* ? Et ne peut-on pas dire auſſi que ces mots *débourſer*, *débaucher*, *défaillance*, *défrayer*, *dérober*, *déroute* viennent du Latin ; quoyque le Latin dont ils viennent, ſoit un Latin barbare. DEBOURSER vient de *deburſare*, qui a eſté fait de *burſa* : lequel mot *burſa* se trouve en la signification de *bourse*, dans plusieurs Auteurs de la basse Latinité. Dé́bauche̊r vient de *debotegare*, comme *embaucher*, d'*imbotegare*. D*ebotegare*, c'est oster de la boutique : *imbotegare*, c'est mettre en boutique. *Botega* est un mot Latin barbare, qui signifie *boutique*, & qui a esté fait d'*apotheca*. Défaillance vient de *defallentia* ; & *fallentia*, de *fallire* ; & *fallire*, de *falla*, qui se trouve, pour *fallacia*, dans Nonius Marcellus, & ailleurs, comme je l'ay remarqué dans mes Origines de la Langue Italienne, au mot *fallare*. Défrayer vient de *defredare*, qui a esté fait de *fredum* ; mot Teutonique, qui se trouve dans Gregoire de Tours & dans les Loix des Lombards, pour l'amende en laquelle estoient condannez envers leurs Princes les sujets qui violoient la paix, ou qui fesoient quelque revolte. Dérober vient de *deraubare*, formé de *raubare* ; autre mot Teutonique, qui se trouve dans la Loi Salique en la signification de *dérober*. Déroute vient de *disrupta*, formé de *rupta*, qui a esté fait de *rumpere*. Mais comme ces mots viennent du Latin barbare, je veux bien accorder au P. Bouhours qu'ils ne viennent point du Latin.

BOUHOURS *au mesme endroit.*

Soit aussi qu'ils fassent un composé avec le verbe simple tout entier, & la préposition *dé*, négative, semblable au *dis* des Italiens : comme *débôucher*, *déboutonner*, *dé-*

I ij

brider, découdre, décharger, défaire, déferrer, délier, déloger, démefler, démeubler, démonter, dénoncer, défaifir détendre, &c. Soit enfin qu'ils foient compofez de la prépofition *de*, négative, & du verbe fimple, eftropié: comme *débaraffer, déballer, débarquer, décourager, détacher, développer*: qui font formez de la négative *de*, & des fimples, *embaraffer, emballer, embarquer, encourager, attacher, enveloper*; & qu'on eftropie, pour en faire des compofez.

MÉNAGE.

Il eft tres-faux que *débaraffer, déballer, débarquer, décourager, détacher, développer*, foient formez de la prépofition *de*, négative, & des verbes *embaraffer, emballer, embarquer, encourager, attacher, enveloper*. Ces verbes, *embaraffer, emballer, embarquer, encourager, attacher, enveloper*, que noftre Grammairien appelle verbes fimples, font auffibien verbes compofez que ces autres dont nous venons de parler; *débaraffer, déballer, débarquer*, &c. Car comme ceux-là font compofez de la particule *dis*, ou *de*, & des fubftantifs *barra, balla, barca, coraggio, tacca, viluppa*; ceux-cy le font de la particule *in*, & des mefmes fubftantifs. De *barra*, ou *bara*, qui fignifie *barre*; & qui a efté dit aulieu de *vara*; on a donc fait *imbaraffare*: comme qui diroit empefcher avec des barres: & *debaraffare*, pour dire le contraire. Voyez mes Origines de la Langue Italienne au mot *barra*. De *balla*, qui fignifie une *bale*, on a fait *de-*

mesme *imballare* : comme qui diroit mettre dans une bale : & *déballare*, pour dire le contraire. De *barca*, *imbarcare*, mettre dans une barque : & *debarcare*, pour dire le contraire. De *coraggio*, *incoraggiare*, & *decoraggiare*. De *tacca*, *adtaccare* : de *viluppa*, *viluppare*, INVILUPPARE. *Volvo, voluo, volupo, volupa, vilupa, viluppa, viluppare*, INVILUPPARE, ENVELOPER.

BOUHOURS, *au mesme endroit.*

Ces principes sont universels : & il n'y a que sept ou huit mots d'exceptez. Par exemple, *devoir, demander, desirer, demeurer, devancer, deviner, devin, desastre, devenir, degoutter* : & en termes de Palais, *debouter* : qui est composé de la préposition *de*, & du vieux mot *bouter*, qui signifie *mettre*.

MÉNAGE.

Un homme qui se mesle d'écrire contre moi, peut-il écrire de ces choses-là ? Voilà quatre fautes en quatre lignes. Prémiérement, le P. Bouhours n'excepte de sa reigle que sèt ou huit mots : & il en conte ensuite jusqu'à onze. Il devoit dire : *Et il n'y en a que tres-peu d'exceptez : par exemple*, &c. En second lieu, outre ces mots qu'il excepte, il y en a plus de trente autres d'exceptez. Il y a *de*, particule ; *debat, debattre, decret, dedans, defaillance, defaillir, defaut, degast, degré, demain, demander, demanger, demi, denier, depuis, derechef, devaler, devant, devider, devis, devise, deviser,* &c. En troisiéme lieu, il allégue le mot de *desastre*, qui n'a que faire icy ; estant du nombre de ceux dont il avoit parlé auparavant, qui sont composez du *dis* des Italiens. Et en quatriéme lieu, il écrit *en termes de Palais*, au lieu d'*en terme de Palais*.

BOUHOURS, *page* 376. *de ses Remarques.*

INDÉLÉBILE est un mot fait contre l'analogie de la Langue, qui oste réguliérement l'I aprés le B, en ces sortes de verbaux, *invisible, insensible, inflexible, irrépréhensible,* &c.

MÉNAGE.

Nostre homme ne cessera-t-il jamais de parler d'analogie & de génie de la Langue? Ce qu'il dit-là, est encore absolument faux. Outre *indélébile*, il y a, pour les composez, *immobile* & *inhabile* : & pour les simples, *débile, habile,* & *labile.* Et ces exceptions suffisent, pour détruire une reigle. *Per regulam brevis rerum narratio traditur, & ut ait Sabinus, quasi rerum conjectio est, quæ simul cùm in aliquo vitiata est, perdit officium suum,* dit le Jurisconsulte Paulus, en la loi prémiére au Digeste *de Regulis Iuris.*

BOUHOURS, *page 138. de ses Remarques.*

L'Auteur des Observations sur la Langue Françoise a bien observé contre l'Auteur des Remarques qu'il faloit dire *extrémement*, & non pas *extrémément* : mais il n'a pas pris la peine d'en rechercher la raison. Il me semble, que quand l'adjectif masculin a un *é* fermé à la fin, l'adverbe qui lui répond, a aussi un *é* fermé devant *ment*. Ainsi on dit ASSURÉMENT d'*assuré*; DÉMESURÉMENT, de *démesuré*; AISÉMENT, d'*aisé*; SENSÉMENT, de *sensé*; (car cet adverbe est en usage depuis quelque temps) AVEUGLÉMENT, d'*aveuglé*, &c. On prononce demesme, quand l'adjectif, d'où vient l'adverbe, a une S à la fin : EXPRESSÉMENT, PRÉCISÉMENT, CONFUSÉMENT, d'*exprés*, *précis*, *confus*. Aucontraire, quand l'adjectif masculin n'a ni E ni S à la fin, comme *seur*, *fort*, &c. ou qu'il a un *é* muet, comme *juste*, *horrible*, &c. l'adverbe a toujours un *é* muet devant *ment*. *seurement, fortement*, &c. *justement*, *horriblement*, &c. Il y a trois ou quatre adverbes qui ne suivent pas la reigle commune : *communément, profondément, conformément.*

MÉNAGE.

Ces adverbes terminez en *ment*, ne viennent point de l'adjectif masculin. Ils viennent aucontraire de l'adjectif féminin ; &

de *mente*, ablatif de *mens*, comme je l'ay fait voir au chapitre 2. de la prémiére partie de ces Observations. *honesta mente*, HONNESTEMENT : *bona mente*, BONNEMENT : *forti mente*, FORTEMENT.

Il n'est point vray aureste, que les adverbes des adjectifs qui ont une S à la fin, ayent tous un E fermé. On dit *bassement, grassement, diversement, perversement*. Ajoutez à ces exemples les adjectifs terminez en X : *doux, précieux, délicieux, mélodieux*, &c. qui se prononcent par S, & que plusieurs écrivent par une S : (& c'est en effet comme il faudroit les écrire) Car tous les adverbes de ces adjectifs ont un E muet : *doucement, précieusement, délicieusement, mélodieusement*.

Ajoutez aussi aux adverbes *communément, profondément, conformément*, les adverbes *commodément*, & *énormément*. J'ay remarqué en la prémiére partie de ces Remarques, que les Angevins prononçoient *certainément*, & *entiérément*.

Par toutes ces exceptions, le P. Bouhours peut juger que j'ay u raison de ne me pas engager à donner des reigles de la prononciation de l'E dans ces sortes d'adverbes.

BOUHOURS, *page 179. de ses Remarques.*

On demandera peut-estre pourquoy nous ne disons pas *entreméde*, comme nous disons *entre-acte*. La raison est que les mots composez qui viennent tous entiers du Latin, avec la signification Latine, conservent la préposition *inter*, comme il paroist dans *intervalle, interregne, interstice, interruption, interrompre, interdire*, &c. qui ont esté formez sur ces mots Latins, *intervallum, interregnum, interstitium*, &c. au lieu que les autres doivent avoir *entre* : parceque la composition en est toute Françoise : comme *entre-mets, entre-mettre, entremise, entreprendre, entreprise*, &c. Et c'est pour cela que nous disons *entre-acte*, quoyque nous disons *interméde*.

MÉNAGE.

Ce que dit le P. Bouhours, que ces mots qui viennent tous entiers du Latin, conservent la préposition *inter*, est ridicule, à force d'estre véritable : car puisque ces mots viennent tous entiers du Latin ; cestadire sans aucun changement ; il faut bien qu'ils conservent la préposition INTER, qui est dans les mots Latins d'où ils ont esté formez. Tous ces mots aureste qui commancent par *entre*, & qui sont anciens dans nostre Langue, viennent aussi directement du Latin, que ceux qui commancent par *inter*. Et toute la différence qu'il y a entre ces mots & les autres, c'est que nous avons changé *inter* en *entre* dans ces prémiers, & que nous l'avons conservé dans les autres. Car *entreprendre*, par exemple, vient aussi directement d'*interprendere*, qu'INTERVALLE d'*intervallum*, & INTERDIRE d'*interdicere*. Et à ce propos il est à remarquer, que nos Anciens disoient *entredire*, aulieu d'*interdire*. Ce mot se trouve en cette signification dans le *Songe du Verger*, comme l'a remarqué M. Borel dans ses Antiquitez Gauloises & Françoises: où il a encore remarqué qu'on disoit anciennement *entrepreter*, pour *interpreter*. Il n'y a donc point d'autre raison de la diversité de cette formation; j'entens dans les mots anciens; que l'usage, qui a retenu l'*inter* des Latins en certains mots, & qui l'a francisé en d'autres. Ainsi nous avons changé le B en V au mot de *livre*, & nous l'avons conservé au mot de *Libraire*. Et ce que dit Javerzac, qu'il faut dire *livraire*, est ridicule. Nous avons changé de mesme l'E en A au mot *parfait*, & nous l'avons conservé au mot *perfection*. J'ay dit dans les mots anciens: car pour les mots nouveaux *entre-acte* & *entre-mets*, ils ont esté formez des substantifs *acte* & *mets*, & de la préposition *entre*.

BOUHOURS, *page 74. de ses Remarques*.

Il n'y a que cinq verbes qui semblent contraires au principe général que nous avons établi d'abord: *réhabiliter*, *reïterer*, *régénerer*, *réformer*, *récapituler*. Mais ils ne le sont pas en effet: car le principe ne s'entend que des composez, dont le simple est en usage dans la mesme signification que le composé: ce qui n'a point lieu dans ces verbes, puis qu'on ne dit point, ni *habiliter*, ni *itérer*, ni *générer*. Et si l'on dit *for-*

mer, & *capituler*, c'est en un sens tout différent de celuy de *reformer*, & de *capituler*.

MENAGE.

Ce principe général du P. Bouhours, c'est que l'E est muet dans tous les mots qui commancent par la préposition *re*, lorsqu'ils signifient une action qui se fait une seconde fois : comme *rebatir*, &c. Mais ce principe est absolument faux, comme il paroist par ces mots, *réhabiliter, réitérer, régénérer, réformer, récapituler* : ausquels j'ajoute *réintégrer*. Car il est ridicule de dire, comme dit le P. Bouhours, que ce principe ne s'entent que des composez, dont le simple est en usage ; & que les simples de ces cinq verbes ne sont pas en usage : puisque l'E de la prémiére syllabe de ces verbes ; lorsque leurs simples estoient en usage (& *génerer* & *itérer* y estoient il n'y a pas longtans ; car ils se trouvent dans Nicod) se prononçoit de la mesme façon qu'elle se prononce présentement. Mais outre ces cinq verbes, il y en a d'autres, dont les simples sont encore aujourdhuy en usage, & dont l'E de la préposition *re*, est masculin : comme *réadjourner*, & *réimposer*.

BOUHOURS, *page 75. de ses Remarques*.

Enfin tous les mots simples qui commancent par *re*, ont l'E fermé : comme *récent, réel, régal, régale*, (droit du Roy) *régiment*,

MÉNAGE.

Cette reigle est toutafait fausse. Il y a un nombre infini de mots simples qui commancent par *re*, de qui l'E de ce *re*, est féminin. *rebec, rebut, refrain, refus, renard, Renaut*, &c.

Ce sont là les Reigles de Grammaire que le P. Bouhours débite dans ses livres avec un ton de Maistre. C'est-là cet Aristarque, qui fait le procès à tous les Auteurs ; qui écrit contre moi ; qui écrit contre Le Port-Royal ; qui parle sans cesse d'analogie, de génie, de finesses, de délicatesses de la Langue.

En cor Zenodoti, en jecur Cratetis!

Sage femme : Femme sage.

CHAPITRE XXXII.

LE gentil joli P. Bouhours a intitulé son dernier livre *Remarques Nouvelles sur la Langue Françoise* : & cependant la pluspart de ses Remarques ne sont point nouvelles. Celle de *Sage femme* & de *Femme sage*, que ses admirateurs croyent toute neuve, & qu'ils vantent par tout, a esté faite, il y a plus de cent ans, par Henri Estienne: & il n'y a rien de plus commun. Voicy les paroles de Henri Estienne, qui sont de son livre des Hypomnéses de la Langue Françoise: *Vocis, aut etiam vocula, alicujus collocatio non parum discriminis interdum affert. Nam si dicis,* un Gentilhomme, *eum qui ortu nobilis est; id est, clarus natalibus; significas: at si,* un homme gentil, *scitum hominem & lepidum, sive elegantem, declaras. Sed aptiùs pro nobili scribitur conjunctè* Gentilhomme, *aut certè, adhibita notula copulatrice,* Gentil-homme. *Sabaudi autem* gentil, *sine adjectione illius substantivi, appellant: adeo ut plerique antequam huic nostri sermonis consuetudini assuefacti essent, quæ de Gentilibus, id est Ethnicis, à Concionatoribus dicebantur, de nobilibus dici putarent. Ceterùm* gentifemme; *ita enim dicitur pro* gentillefemme; *&* femme gentile, ἀναλόγως *illis* Gentil-homme *&* homme gentil, *intelligenda esse memineris. Exempla habes & in istis vocibus, quæ valdè sunt usitata,* une grosse femme, *&* une femme grosse. *Item in his,* une femme sage, *&* une Sage femme. *Nam* une grosse femme, *&* une femme sage (*hîc quidem postposito, illic autem præposito adjectivo*) *illud ipsum significant, quod verba præ se ferunt, & quod hæc adjectiva aliis substantivis juncta, significare solent. At verò* une femme grosse *est femina prægnans;* ἐν γαστρὶ ἔχουσα, *ut Græci loquuntur; quæ à Gallis dicitur etiam* une femme enceinte: (*quod* enceinte *esse ex illis nostris vocabulis*

Tome II. K

quæ ex Latino manasse sermone, vix quisquam animadvertit, docui in meo de Latinitate falsò suspecta Libello). At verò, une sage femme, *est obstetrix : quæ in quibusdam Galliæ locis* Matrone *appellatur, quamvis magis recepto usu* matrone *id ipsum sonet, quod Latinè* matrona *; alicubi alio etiam nomine vocatur. Scribenda sunt tamen potiùs cum notula, quæ à Græcis* ύφ' ἑν *dicitur ; aut certè notula hanc repræsentante :* une femme-grosse, *&* une sage-femme. *Si tamen aliquod adjectivum interjiciatur, possunt hæc, quæ alioqui ita restringuntur, etiam alteram illam significationem habere. Veluti, si quis dicat,* C'est une sage & honneste femme ; C'est une femme grasse & grosse. *Quin etiam, non interponendo, sed postponendo,* C'est une femme grosse & grasse.

Si les mots nouveaux doivent estre marquez d'un caractére différent des autres. Sublimité n'est pas un mot nouveau.

CHAPITRE XXXIII.

LE P. Bouhours prétent, dans son livre des Doutes, qu'il faut imprimer les mots nouveaux d'un caractére différent des autres. Il voudroit, par exemple, que dans ce vers de M. Segrais,

Sa beauté méprisée, impardonnable outrage,

qui est icy imprimé en lettre italique, *impardonnable* fust de lettre romaine ; car im-

pardonnable eſt un mot nouveau, & de la façon de M. Segrais. Je ſoutiens au contraire ; & je le ſoutiens poſitivement ; que les mots nouveaux ne doivent point eſtre marquez d'un caractére qui les diſtingue des autres ; & que cette différence donneroit occaſion aux Lecteurs d'examiner ces mots, & en les examinant de les rebuter. J'ay réfuté dans la prémiére partie de ces Obſervations, par beaucoup d'autres raiſons tres-ſolides, cette opinion extravagante du P. Bouhours. Aulieu d'acquieſcer à mes raiſons, il y a répondu dans ſes Nouvelles Remarques : mais ridiculement. Les Lecteurs en jugeront. Voicy ſes termes: *Il n'a pas ſongé en diſant que l'argument tiré de l'écriture italique, eſtoit un argument puérile, qu'il offenſoit M. de Balzac, dont il a eſté autrefois la belle paſſion : juſqu'à lui avoir fait faire une infidélité au bon M. Chapelain, comme M. de Balzac confeſſe lui-meſme. Car enfin, M. de Balzac avoit coutume de marquer d'italique les mots douteux dont il ſe ſervoit, & M. Chapelain s'eſtant ſervi dans une de ſes lettres du mot de* ſublimité, *qui n'eſtoit pas encore établi, il lui répond en ces termes:* Si je me portois bien, je vous contenterois bien d'une autre ſorte ; & mon eſprit ayant plus de liberté, ſes élévations auroient plus de force. Vous donnez pourtant de la *ſublimité* au dernier écrit que vous avez eu de moi. *Il répond, dis-je, en ces termes : mais il marque* ſublimité *d'italique, quoyque tout le reſte ſoit de romain.*

Quand j'entray dans le monde, M. de Balzac y tenoit le prémier rang parmy les gens de lettres, pour les belles lettres. *Il me vit, il m'aima : je le vis, je l'aimay.* Mais je ne l'aimay pas seulement, je l'admiray. Tous mes écrits sont pleins de la passion & de l'admiration que j'avois pour lui. Tous ses ouvrages sont aussi remplis de l'amitié, ou pluftoft de l'amour qu'il avoit pour moi. Il dit dans une de ses Lettres à M. Chapelain, qui eftoit alors son prémier ami : *Ie ne me porte guére bien : & vous saurez pourtant que dans ma douleur je vous ay fait une infidélité : car j'ay bruflé d'un autre feu que du voftre. Vous le connoiftrez par la lettre que j'écris à M. Ménage, qui eft toute pleine de paffion.* Et dans une autre : *Vous ne me mandez rien de mes amours; je veux dire de M. Conrart, & de M. Ménage. Au moins, qu'ils fachent, s'il vous plaift, l'ardeur que j'ay pour eux.* Après cela, ne serois-je pas le plus ingrat & le plus injufte de tous les hommes, si j'avois offenfé M. de Balzac ? Mais quelle impertinence de dire que j'ay offenfé M. de Balzac, parceque j'ay dit que les mots nouveaux ne devoient pas eftre imprimez d'un autre caractére que les autres ? Eft-ce offenfer un homme que de n'eftre pas de son avis ? En ce cas, le P. Bouhours auroit outragé M. de Vaugelas, contre lequel il a fait cinquante remarques.

Le P. Bouhours se trompe aurefte étrangement, en difant que le mot de *fublimité* n'eſtoit pas encore établi du tans de M. de Balzac ; & que c'eſt pour cela que M. de Balzac l'a marqué d'Italique au paſſage cy-deſſus allégué. Il eſtoit en uſage plus de cent ans avant la naiſſance de M. de B‍‍zac. Vous le trouverez dans le Dictionnaire de Charle Eſtienne & dans celui de ‍‍‍‍cod. Je ne puis m'empeſcher de citer des Dictionnaires : j'en demande tres-humblement pardon au Révérend Pére Bouhours. Et qui eſt l'Auteur François de tous ceux qui ont précédé M. de Balzac , qui ayant ‍‍ité de l'Eloquence , n'ait uſé de ces mots, *ſtile ſublime, ſublimité de langage?* Mais qui a dit au P. Bouhours que c'eſt M. de Balzac qui a marqué d'italique le mot de *ſublimité* à l'endroit dont nous venons de parler? Ceux qui prenoient le ſoin de faire imprimer ſes ouvrages , eſtoient les maiſtres & de l'orthographe & de la ponctuation de ſes écrits. *Vous ſaurez*, dit-il à M. Baudouin, *qui avoit pris le ſoin de faire imprimer un volume de ſes Lettres, que j'ay receu mes Lettres de la ſeconde édition , & que je n'ay pas les yeux ſi mauvais que je n'y aye d'abord remarqué ce qu'elles doivent à voſtre ſoin. Ie ſerois incivil , pour ne pas dire méconnoiſſant , ſi je ne vous remerciois de cette faveur ; & ſi eſtant devenus plus ajuſté & plus agréable entre vos mains , je ne confeſſois que c'eſt vous qui m'avez donné ces nouvelles graces. Il faut avoüer que vous purgez admirablement ce qu'il y a de groſſier & de terreſtre dans l'écriture , & que vous estes le grand exterminateur de nos caractéres superflus. Mais je vous aurois encore plus d'obligation, si vous aviez fait l'Aristarque tout entier ; & si avec cette hache si redoutable aux* S *que vous jugez inutiles, vous aviez retranché mes autres fautes, aussi-bien que celles de mon orthographe.* Mais qui que ce soit qui ait marqué d'italique le mot de *sublimité* au passage dont est question, il ne l'a marqué, que parceque ce mot estoit allégué d'une lettre de M. Chapelain; *Vous donnez pourtant de la sublimité au dernier écrit que vous avez eu de moi* ; & que les allégations s'impriment d'un caractére différent du discours de l'Auteur. Et pour montrer que ce n'est que par cette raison que ce mot a este ainsi différencié des autres dans l'endroit de M. de Balzac, rapporté par le P. Bouhours, c'est qu'il ne l'a point esté dans d'autres endroits des ouvrages du mesme Auteur ; comme il paroist par ce passage de la Dissertation sur l'Oraison Funebre de M. de Peiresc : *Acquitez vous bien-tost de vos dettes, & donnez nous, Monsieur, de ce stile-là l'Histoire que vous nous avez promise. Il nous en est venu de delà les Alpes de trop décharnées & de trop séches. Nous en avons veu aussi de trop enflées, & de trop fleuries. Bembe se traisne par terre, Paul Iove est toujours à cheval. L'un a quelque chose de la bassesse & de la simplicité des Greffiers. L'autre a beaucoup, en certains endroits, de la sublimité & de la magnificence des Poëtes.*

Il me reste à remarquer que le P. Bouhours a fait plusieurs savantes & curieuses remarques sur ce mot de *sublimité*, qui méritent d'estre rapportées en ce lieu. Il dit que *sublimité* est un bon mot : qu'il a esté rendu meilleur par M. Des-Préaux, qui l'a employé plusieurs fois dans sa Traduction de Longin : qu'on ne dit point *sublimité de montagne*, ny *sublimité de fortune*. Toutes ces remarques ne sont-elles pas dignes du jugement exquis & de la profonde érudition du Révérend P. Bouhours ?

―――――

S'il faut dire cisterne, *ou* citerne : presbytére, *ou* prébytére.

CHAPITRE XXXIV.

IL faut dire *citerne*, & *presbytére*. C'est ainsi qu'on parle à Paris, & à la Cour.

―――――

Fausses Etymologies du P. Bouhours.

CHAPITRE XXXV.

LE P. Bouhours est un Coguenard, qui fait des railleries de moi sur toutes choses : mais particuliérement sur mes Etymologies. C'est là qu'il triomphe. Et ce Pére Coguenard qui se moque de mes Etymologies, est si peu versé dans l'art étymologique, qu'il n'en sçait pas mesme les prémiers élémens. En voicy la démonstration.

Après avoir remarqué à la page 200. de ses Remarques, qu'il faut écrire *l'an mil*, & non pas *l'an mille*; qui est une Observation qu'il a prise de moi, comme plusieurs autres; car avant la publication de mes Observations sur la Langue Françoise, il écrivoit toujours *l'an mille*. *L'an mille cinq cens quatre-vingts-huit on fit une médaille*, &c. dit-il, à la page 166. de l'Entretien des Devises de la prémiére édition. Et à la page 299. *C'est la devise qui fut faite pour Anne d'Autriche, l'an mille six cens quinze*. Après, dis-je, avoir remarqué qu'il faut écrire *l'an mil*, & non pas *l'an mille*, il dit ensuite, que MIL vient de *millesimus*, & MILLE de *mille*. ¶ Est-il possible qu'un homme qui est parvenu à estre Régent de Troisiéme, ignore ce que les Ecoliers de Troisiéme n'ignorent pas ? Car qui est l'Ecolier de Troisiéme qui ne sache que MIL & MILLE est la mesme chose, & que ces deux mots viennent de *mille* ; que MIL, non seulement ne vient point de *millesimus*, mais qu'il n'en peut venir ; & que c'est MILLIEME qui vient de *millesimus*.

※

Il dit à la page 109. du mesme livre, que nous disions autrefois *un gentil exercice* & *une gentile action*, pour *un noble exercice* & *une action glorieuse* ; & que c'est de là que le mot de GENTILHOMME est venu. ¶ C'est tout le contraire. *Gentil exercice* & *gentile action* ont esté faits de *Gentilhomme*; je veux dire de *gentil* en la signification de *Gentilhomme*; les Gentishommes s'adonnant d'ordinaire aux exercices nobles, & fesant aussi d'ordinaire des actions glorieuses. ¶ Pour le mot de *Gentilhomme*, il vient (ce que le P. Bouhours ne sait pas) de *gentilis* dans la signification de *noble de naissance*. Du mot Grec γένος, qui signifie *naissance, extraction, noblesse*, les Latins ont fait *gens* dans la mesme signification : & de *gens gentis*, ils ont dit ensuite *gentilis*, pour dire un homme de naissance ; εὐγενής ; *qui gentem habet*. *Gens* se trouve en cette signification de *noblesse* dans cet endroit d'Horace, qui est de la Satire 2 du livre 2.

Qui quamvis perjurus erit; sine gente; cruentus
Sanguine fraterno; fugitivus; ne tamen illi
Tu comes exterior, si postulet, ire recuses.

Sine gente, cestadire *sans noblesse*. Et à ce propos il est à remarquer, que les Savoiards disent *gentil*, pour *gentilhomme*, selon le témoignage de Henri Estienne, dans ses Hypomnéses de la Langue Françoise, page 154. *Vocis, aut etiam vocula, alicujus collocatio non parum discriminis interdum affert. Nam si dicis* un gentilhomme, *eum qui ortu nobilis est; id est claris natalibus; significas: at si* un homme gentil, *scitum hominem & lepidum, sive elegantem, declaras: sed aptiùs pro nobili scribitur conjunctè* Gentilhomme. *Sabaudi autem* gentil, *sine adjectione illius substantivi, appellant: adeo ut plerique, ante-*

quam huic nostri sermonis consuetudini assue-
facti essent, quæ de Gentilibus, idest Ethnicis,
à Concionatoribus dicebantur, de nobilibus dici
putarent. Et comme les personnes de naissance sont plus polies & plus élégantes que les autres, le mot de *gentil* a signifié ensuite *poli & élégant.*

Il dit dans son Entretien de la Langue Françoise : *Sçavez-vous bien que* debonnaire *est un mot tiré de la Fauconnerie, & qu'il vient, selon Henri Estienne, de* bonne, *&* d'aire, *qui signifie le nid de l'oiseau : comme qui diroit de bon lieu, de bonne naissance, & de bon naturel.* Et en disant que *debonnaire* est un mot tiré de la Fauconnerie, & en ne réfutant point l'opinion de Henri Estienne touchant l'étymologie de ce mot, il donne sujet de croire qu'il est de cette opinion de Henri Estienne. Mais s'il en est, comme j'en suis tres-persuadé, il se trompe en l'une & l'autre de ces choses. *Debonnaire* n'est point un terme de Fauconnerie. Qui a jamais oui parler d'un faucon, d'un autour, d'un épervier, debonnaire ? Un oiseau de proie qui seroit debonnaire, seroit un mauvais oiseau de proie. Et ce mot ne vient point de ces trois mots *de bonne aire*, comme l'a cru Henri Estienne dans ses Hypomnéses & dans sa Précellence de la Langue Françoise ; & Nicod dans son Trésor de la Langue Françoise, & Pasquier dans ses Recherches. Il vient de *debonarius*.

LANGVE FRANÇOISE.

De *bonus*, *bona*, on a fait *bonacius* & *bonarius*. De *bonacius*, nous avons fait BONACE : & de *bonarius*, BONNAIRE ; comme BONNAIRETÉ de *bonarietate*, ablatif de *bonarietas* ; & BONNAIREMENT de *bonaria mente*. Les Italiens de *bonarietate*, ont fait de mesme *bonarietà*. Au lieu de *bonarius*, on a dit ensuite *debonarius* : comme *demane*, au lieu de *manè*, d'où nous avons fait DEMAIN. Voyez, avecque la permission du Révérend P. Bouhours, mes Origines de la Langue Françoise, & mes Origines de la Langue Italienne : car le Révérend P. Bouhours ne trouve pas bon que je renvoie ainsi mes Lecteurs à mes Ouvrages.

Il dit dans le mesme Entretien, que MOURIR a esté fait de *mori*. On fit, dit-il, de *mori*, MORIR ; & ensuite MOURIR : d'*occidere*, OCCIR, qui a duré si long-temps. Les autres mots se formérent peu à peu de mesme : temps, nom, fin, an, mort, corps, gens. Et la pluspart des monosyllabes, tels que nous les avons aujourdhuy, sont de ce temps-là : car les mots d'une syllabe ont esté faits pluftost que les autres. ¶ Le P. Bouhours ne sait ce que c'est qu'analogie, quoyqu'il parle sans cesse d'analogie. L'analogie ne permet pas que de *mori* on fasse MOURIR. MOURIR ne vient donc pas de *mori*, mais de *moriri*, comme Henri Estienne l'a fort bien remarqué dans ses Hypomnéses de la Langue Françoise, page 126. MENTIR, MOURIR,

PARTIR, *ex mentiri, moriri,* (*quod in usu fuit olim pro* mori) *partiri. Moriri* se trouve dans les Auteurs anciens. Plaute dans son Aulularia, acte 1. scéne 1.

――― moriri sese misere mavolet,
Quàm non perfectum reddat, quod promiserit.

Et dans sa Vidularia, selon le témoignage de Nonius Marcellus, au mot *mendicarier:*

Malim moriri meos, quàm mend carier.

Le Grammairien Cledonius : *Veteres dicebant* moriri : *euphonia* mori *emendavit.* Nous avons ainsi plusieurs mots en nostre Langue, qui sont dérivez de mots Latins anciens, comme je l'ay remarqué dans mes Origines de la Langue Françoise, & dans mes Origines de la Langue Italienne.

Mais quelle fantaisie au P. Bouhours, de croire que les mots François qui ne sont que d'une syllabe, ayent esté faits plustost que les autres ? Quand les peuples apprennent des Langues, ils commancent par les mots qui expriment les choses qui leur sont les plus nécessaires. Et il est ridicule de dire, que les François ayent fait les monosyllabes, *car, de, &, mais, non, ou, pas, point, pour, si,* &c. avant les dissyllabes, *boire, manger, dormir, homme, femme, pére, mére,* &c.

Voilà l'homme, qui traite de ridicules mes Etymologies.

Superlatifs.

Superlatifs.

CHAPITRE XXXVI.

LE P. Bouhours a traité des superlatifs en trois endroits de ses livres : dans son Entretien de la Langue ; dans ses Doutes, & dans ses Remarques. Je produiray icy tous ces trois endroits, afin de faire dessus quelques observations.

Voicy l'endroit de l'Entretien de la Langue: *Il y a d'autres Langues qui représentent naïvement tout ce qui se passe dans l'esprit. Et entre celles qui ont ce talent, il me semble que la Langue Françoise tient le prémier rang, sans en excepter la Grecque & la Latine. Il n'y a qu'elle à mon gré , qui sache bien peindre d'après nature , & qui exprime les choses précisément comme elles sont. Elle n'aime point les exagérations, parce qu'elles altérent la vérité: & c'est pour cela, sans doute, qu'elle n'a point de ces termes qu'on appelle* superlatifs, *non-plus que la Langue Hébraïque. Car* grandissime, bellissime, habilissime, *dont les Provinciaux, & mesme quelques gens de la Cour, se servent , ne sont point François : & pour* Illustrissime , Sérénissime , Révérendissime, Généralissime, *ce sont des termes établis, pour marquer les qualitez des personnes, & non pas pour exagérer les choses.*

Voicy celui des Doutes : *Comme nostre*

Langue n'a point pris de superlatifs du Latin; qu'elle n'en a point d'autre que Généralissime; qui est tout François, & que M. le Cardinal de Richelieu fit de son autorité absolue, allant commander les armées de France en Italie, si nous en croyons M. de Balzac, elle n'aime pas ce que le Pére Bartoli appelle accrescimento a' superlativi : & selon M. de Vaugelas, elle ne peut souffrir parfaitement, ou infiniment avec tres-humble.

Voicy celuy des Remarques : Ces superlatifs, habilissime, grandissime, bellissime, rarissime, se disent dans le discours familier, & les gens de la Cour en usent souvent. Quand on leur demande si un homme est habile, ils répondent habilissime. On dit, Il a fait une grandissime fortune : Elle est belle ; bellissime : Ce livre est rare; rarissime. Tout cela ne s'écrit point, & ne se dit point en public: & il n'y a guére d'apparence que ces superlatifs qui sont contre le génie de nostre Langue, entrent jamais dans les livres : c'est bien assez pour eux d'estre soufferts dans la conversation. Les Italiens & les Espagnols ont en cela de grands avantages sur nous : si c'en est un d'estre riches en superlatifs, & d'avoir la liberté de s'en servir quand on veut. Leurs langues sont pleines de ces termes propres à exagérer les choses, & leurs livres en sont remplis. Mais ce qui doit nous consoler, c'est qu'ils n'ont pas plus de comparatifs que nous, & qu'ils sont contraints de dire più dotto, mas dóto, comme nous disons plus docte : car s'ils ont megliore, peggiore ; maggiore, minore;

mejor, mayor; *nous avons aussi* meilleur, pire; majeur, mineur. *A la vérité ces deux derniers mots ne sont point des termes de comparaison, pour exprimer* plus grand, plus petit: *& il faut avouer de bonne foi qu'à cét égard les François doivent céder aux Italiens & aux Espagnols: mais les Hébreux leur cédent aussi: & ils sont mesme de ce costé-là plus pauvres que nous, n'ayant ni superlatifs, ni comparatifs: ce qui me fait croire que ce ne sont pas-là les véritables beautez d'une Langue, & que la Françoise peut en manquer comme l'Hébraïque, sans cesser d'estre la plus belle Langue du monde.* ¶ J'ay dit qu'habilissime, grandissime, *&c. ne s'écrivent point.* Cela s'entend dans des ouvrages sérieux: car dans une lettre familiére *& enjouée, ou* dans quelqu'autre piéce de ce caractére, on pourroit se servir d'habilissime, *comme M. de Balzac s'est servi de* circonspectissime, *en écrivant à M. Chapelain.* La sagesse est le caractére universel de tous vos écrits. Vous estes circonspectissime dans les moindres actions de vostre vie.

REMARQVES SVR LE passage de l'Entretien de la Langue.

CE que dit le P. Bouhours au passage de l'Entretien de la Langue, que nostre Langue n'aime point les exagérations, par-cequ'elles altérent la vérité, & que c'est pour cela qu'elle n'a point de superlatifs, est dit à sa maniére ; c'estadire sans jugement. Car nos positifs joints à la particule *tres*, nous tenant lieu de superlatifs, n'exagérent pas moins les choses que les superlatifs *Tres-beau*, par exemple, & *tres-grand*, nous font concevoir la mesme chose que *bellissime* & *grandissime*. Les Latins ont ainsi plusieurs mots qui n'ont ny comparatifs, ny superlatifs ; mais qui estant joints à *minùs* & à *magìs* ; à *minimè* & à *maximè*, deviennent, pour la signification, comparatifs & superlatifs. Tels sont les mots de *cicur, opimus, claudus, canorus, egenus, crispus, balbus, almus*.

REMARQVES SVR LE passage du Livre des Doutes.

CE que dit icy le P. Bouhours, que nostre Langue n'a point pris de superlatifs du Latin, n'est pas véritable. Elle a pris *extréme* & *suprême*. Car *extremus* & *supremus* sont des superlatifs. *Exterus, exterior, exterimus*, EXTREMUS. *superus, superior, superimus*, SUPREMUS. Et ce qui fait voir qu'*extréme* & *supréme* sont des superlatifs, c'est que nous ne disons point *tres-extréme* ny *tres-supréme*. Mais comme ces superlatifs ne passent point parmy nous pour superlatifs, je n'insiste pas là dessus.

Le P. Bouhours dit ensuite : *Si nous en croyons M. de Balzac*, &c. Ce *si nous en croyons M. de Balzac*, est placé de sorte, qu'il semble que le P. Bouhours n'ait cité M. de Balzac, que pour prouver que le Cardinal de Richelieu avoit fait le mot de *Généralissime.* Et cependant cette remarque du P. Bouhours est prise toute entière de M. de Balzac. *Les Eminences*, dit M. de Balzac dans le Socrate Chrétien, *ont esté receuës en ce royaume : mais les Eminentissimes, les Excellentissimes, &c. n'ont point encore passé les monts.* Lorsque M. le Cardinal du Perron revint de Rome, après la négotiation de Venise, il en apporta l'Illustrissime Cardinal, & la Seigneurie Illustrissime : *mais personne n'en voulut. Il fut leur Introducteur à la Cour : il leur donna place à la teste de ses dépesches, & dans ses autres écrits : il les imprima dans ses livres. Tout cela inutilement. Il n'eut pas assez de crédit, pour faire naturaliser ces nouveaux venus ; & les faveurs particuliéres qu'il leur fesoit, ne purent leur acquerir celle du public. En cecy, comme au reste,* M. le Cardinal de Richelieu *a esté plus hureux que son compagnon. Rien ne lui a esté impossible. Ayant entrepris avec succès des choses ausquelles tout le monde s'estoit manqué, la Grammaire ne pouvoit pas seule desobeir, dans la générale soumission. Il faloit que nostre Langue subist le joug, aussibien que nos esprits & que nos courages. Sans se mettre en peine de la fortune des autres superlatifs, qu'il n'a pas jugez dignes de lui, il a employé son autorité pour faire réussir le plus important de tous ; celui de* Généralissime ; *l'indépendant & le tout puissant* Généralissime. *Et à dire vray,* il a mis en usage ce superlatif d'une admirable maniére, depuis le grand & ample pouvoir qu'il receut du Roi, allant commander les armées de France en Italie. Vous savez que feu M. le Duc d'Epernon disoit de ce grand pouvoir, que le Roi ne s'estoit rien reservé que la vertu de guérir des écroüelles. GENERALISSIME est donc nostre unique superlatif : & nous sommes obligez de l'honorer en la personne de M. le Cardinal de Richelieu. La Langue Françoise qui a rejeté tous les autres, n'a pas osé s'opposer à celui-cy, pour le respect qu'elle porte à un si puissant & redoutable Instituteur. Hors de là, elle ne connoist point de superlatifs : & c'est un defaut que lui reprochent les Italiens. Ils croyent qu'elle manque de ce moyen pour porter les choses par la vertu d'un seul mot jusques dans la derniére extrémité du blasme & de la louange. Ils croyent de plus, que pour reparer ce defaut en quelque façon, nous appellons à nostre ayde le ter des Latins, (car ainsi expliquent-ils nostre tres) qui signifie bien nombre & multitude, mais qui est étranger, auxiliaire, & venu de loin : mais qui est plustost une atache jointe à un corps, qu'un membre qui lui soit naturel. Ainsi discourt l'Italie au desavantage de la France. Et en effet, elle a raison de nous reprocher nostre pauvreté ; elle qui est si hureuse & si riche : particuliérement en superlatifs. Elle fait des excés les jours mesmes qui ne sont pas de débauche. Elle est prodigue, jusqu'à donner du vostrissimo, & du svisceratissimo servitore dans ses complimens & dans ses civilitez ordi-

naires. La licence des siécles Gothiques n'a pas esté si avant, & ceux qui ont dit pientissimus, præglorosissimus, victoriosissimus, *n'ont pas osé dire* tuissimus *&* vestrissimus.

J'ay plusieurs remarques à faire sur cette Observation de M. de Balzac : & comme elle est la mesme que celle du P. Bouhours, ces remarques serviront pour l'une & pour l'autre de ces Observations. Prémiérement, il n'est point vray que les mots d'*Eminentissime*, d'*Illustrissime*, de *Révérendissime*, de *Sérénissime*, n'ayent point esté reçus en France. Vous trouverez dans l'Epitre Dédicatoire du livre 4. de Rabelais, qui est de 1552. *A tres-Illustre Prince, & Révérendissime Monsieur Odet, Cardinal de Chastillon.* Et dans celle des Poësies de Joachin Du-Bellay : *A Monseigneur le Révérendissime Cardinal Du-Bellay.* Et dans le titre d'une des Odes de Ronsard : *Au Révérendissime Cardinal Du-Bellay.* Et dans l'Histoire de Sainte Geneviéve de Pierre le Juge, livre 3. chap. 9. imprimée en 1586. *Finalement marchoit le Roi, accompagné de Monseigneur le Révérendissime Cardinal de Loraine.* Et il n'y a point aujourdhuy d'Evesque ny d'Archevesque en France, à qui on ne donne, & qui ne prenne la qualité de *Révérendissime* & celle d'*Illustrissime*. Nous donnons mesme ce prémier titre aux Religieux. Et M. de Balzac lui-mesme l'a donné au Pére Hercule, Provincial des Péres de la Doctrine Chretienne. *Vn autre article, s'il vous plaist, de nostre cher* M. *d'Ablancourt ; du Révéren-*

diſſime Pére Hercule. C'eſt dans une de ſes lettres à M. Conrart, qui eſt la 14. du livre 3. ¶ Il n'eſt pas vray non-plus que le mot d'ILLUSTRISSIME ait eſté apporté en France par le Cardinal du Perron. Il y eſtoit du tans de François I. comme il paroiſt par ces mots de l'Enqueſte de Nobleſſe de Jaques du Périer, Gentilhomme de Dauphiné, pour eſtre reçu Chevalier de Rhodes, faite à Die le 24. Avril 1515. *regnant tres-haut & illuſtriſſime Prince, François, par la grace de Dieu Roi de France, prémier de ce nom.* Cette Enqueſte m'a eſté communiquée par M Charles du Périer, arriére petit-neveu de ce Jaques du Périer. Vous trouverez auſſi dans Joachin Du-Bellay, *A Monſeigneur Révérendiſſime & Illuſtriſſime Prince, Charles, Cardinal de Loraine.* C'eſt dans le titre de ſa traduction d'une épigramme du Chancelier de l'Hopital.

Pour le mot d'EMINENTISSIME, il n'eſt en France que depuis 1630. Car ce fut en cette année-là qu'il fut fait à Rome par le Sacré Collége, en faveur des Cardinaux. *Hoc anno* (1630.) *menſe Iunii*, dit Sponde dans ſa Continuation des Annales de Baronius, *Decretum Conſiſtoriale factum Romæ, quo, ob communicatum paſſim titulum* Illuſtriſſimi *(qui olim Principibus tantùm ac S. R. E. Cardinalibus tribuebatur) quibuſcumque perſonis alicujus dignitatis, conſtitutum eſt, ut deinceps Cardinales, propter eminentiam quâ ceteris antecellunt,* Eminentiſſimi *dicerentur: cum prohibitione, ne qui alii Eccleſiaſtici us-*

juscumque dignitatis eo uterentur, præterquam Ecclesiastici Romani Imperii Electores, ac Magister Hospitalis Hierosolimitani: retento unâ Reverendissimi titulo, quo pariter priùs insigniubantur; quique etiam ceteris Ecclesiasticis communis est.

Le mot de SÉRÉNISSIME est encore plus nouveau en France que celui d'*Eminentissime*. M. de Balzac l'a employé en deux endroits de ses Lettres à M Conrart, en parlant de la Reine Christine. *J'espére qu' Aristippe pourra estre à vostre gré, & qu'il ne sera point indigne de la Sérénissime Reine.* ¶ *Si j'ay quelque faveur à la Cour de la Sérénissime Reine, je veux croire que je vous la dois toute entiére.* ¶ Nous traitons depuis quelques années d'*Altesse Sérénissime* M le Prince de Condé.

Il n'est donc point vray que le mot de GÉNÉRALISSIME soit nostre unique superlatif, comme la prétendu M. de Balzac, & après lui, le P. Bouhours. Ce que dit le P. Bouhours, que ce mot est tout François, n'est point non-plus véritable. Le Cardinal Jan Carlo de Médicis, qui estoit Général de l'armée navale d'Espagne, prenoit la qualité de *Generalissimo del Mar*: Et c'est des Italiens & des Espagnols que nous avons emprunté ce mot. Il est vray néanmoins que le prémier qui a pris en France le titre de *Généralissime*, ça esté le Cardinal de Richelieu. Et il est vray encore qu'il le prit lorsqu'il alla commander en Italie l'armée du feu Roi Louis XIII. Et quand il le prit, on en fit des railleries, comme il paroift par cet endroit de la Tres-humble, tres-véritable, & tres-importante Remontrance au Roi de M. de Morgues de Saint Germain : *M. le Cardinal ne s'eſt pas contenté de rechercher des emplois contraires à ſa profeſſion : laquelle, pour n'avoir manié depuis cinq ou ſix ans que fort rarement le Breviaire, & endoſſé la chape, a oublié que ces marques de paix s'accordoient fort mal avecque les piſtolets, & les harnois de guerre. Mais il a falu inventer des mots nouveaux & inouïs en France, pour exprimer des dignitez plus grandes que n'ont jamais eſté celles qui ont eſté poſſédées par tant de Princes & Seigneurs François, qui paſſent dans l'opinion de ce grand Capitaine de terre & de mer, pour des novices d'armes; n'ayant jamais eſté, après une longue expérience & pluſieurs batailles gagnées, que Généraux : là où ce moderne, ſans avoir fait apprentiſſage, eſt Généraliſſime, comme Eminentiſſime : & peu s'en faut qu'il ne ſe faſſe appeler Miniſtriſſime, & Amiraliſſime.*

J'ajoute à ces remarques, que noſtre mot de *tres* ne vient point de *ter*, comme le prétendent les Italiens, ſelon le témoignage de M. de Balzac ; mais de *trans* ; & que les Italiens ne diſent point *voſtriſſimo*. Il eſt vray qu'Annibal Caro s'eſt ſervi de ce mot dans une de ſes lettres : *Ie ſuis bien plus* voſtriſſimo, *qu'Annibal Caro ne l'eſtoit à celui qu'il régala de ce nouveau mot,* dit M. de Balzac dans une de ſes lettres à

M. Conrart. Mais il ne s'en est servi que par raillerie ; & de la mesme façon que M. de Balzac s'est servi de *circonspectissime*. Que si les Latins n'ont pas dit demesme, par raillerie, *vestrissimus & tuissimus*, ils ont dit, mais sérieusement ; *ipsissimus* ; comme les Grecs αὐτότατος ; *arduissimus, exiguissimus, extremissimus, pessimissimus, minimissimus, perpetuissimus, piissimus, vacuissimus.* Et ils ont dit, par raillerie, *occisissimus, oculissimus, exclusissimus, parissimus, patruissimus, verberabilissimus.* Tous ces derniers mots se trouvent dans Plaute. Bucanan a dit demesme, *Fratres fraterrimi*, en parlant des Cordeliers : & cela, à l'imitation du *patruus patruissimus* de Plaute. Monsieur Scarron a dit aussi, *quo non Catonior alter*, en parlant de Monsieur Nublé : & cela, à l'imitation du *Neronior* de je ne say qui.

REMARQUES SUR LE passage des Remarques.

LE P. Bouhours dit, que les superlatifs *habilissime, grandissime, bellissime, rarissime,* &c. qui se disent dans le discours familier, & dont les gens de la Cour usent souvent, n'entrent point dans les compositions sérieuses. Il vouloit dire *dans les compositions relevées* : car il est certain que ces superlatifs entrent dans les compositions sérieuses. Monsieur de Balzac dans une de ses lettres à Monsieur Conrart : *Ie vous demande un compliment de vostre façon : c'est a dire un excellentissime compliment, pour Monsieur & pour Mademoiselle de Scudéry.*

LES ITALIENS ET LES ESPAGNOLS ONT EN CELA DE GRANDS AVANTAGES SUR NOUS : SI C'EN EST UN D'ESTRE RICHES EN SUPERLATIFS.] Il ne faut pas douter que ce ne soit un avantage à une Langue d'estre riche en superlatifs. Mais outre ces superlatifs qu'ont les Italiens, ils en ont d'autres qui sont précédez de *si*, de *molto*, de *tanto*, de *più*, de *sovra*, & d'autres mots semblables. *Si grandissimo : molto carissimo : tanto dolcissimo : più bianchissimo : sovramagnificentissimamente.* Ce dernier, qui seul fait un vers, se trouve dans le livre de Dante de l'Eloquence Vulgaire. ¶ Les Latins ont dit de mesme *longè pulcherrimus, longè optimus* : & mesme *satis pulcherrimus*. Ce mot est de Pomponius en la loi 2. *de Origine Iuris*. Les Grecs ont dit aussi, μακάρτατος ἔξοχοι ἄλλων, *tres-hureux au delà des autres* : qui est la fin d'un vers d'Homére. Mais outre ces superlatifs, qui sont assez ordinaires, les Grecs en ont d'autres d'une maniére assez bizarre. Les voicy : λεπτεπιλεπτότατος, φαυλεπιφαυλότατος : *tenui-super-tenuissimus, mali-super-pessimus*. Le prémier est de Nicarchus, dans une Epigramme du livre 2. de l'Anthologie, au titre εἰς λεπτύς : & l'autre est de Démodocus, dans une épigramme

LANGVE FRANÇOISE.

du mesme livre, au titre εἰς πολυτεχνεῖς. A l'imitation de ces deux mots, j'ay fait, dans mes Poësies Grecques, celui de μορφεπι-μορφίαλος.

MAIS CE QUI DOIT NOUS CONSOLER, C'EST QU'ILS N'ONT PAS PLUS DE COMPARATIFS QUE NOUS.] Ce n'est pas un sujet de consolation d'estre inférieur à quelqu'un dans une chose, & de lui estre égal dans une autre. Ajoutez à cela, que le P. Bouhours se dédit de cette égalité : car il demeure d'accord ensuite, que les Espagnols & les Italiens ont plus de comparatifs que les François. ¶ Le P. Bouhours écrit avecque politesse, comme je l'ay déja remarqué : & il a d'ailleurs de belles pensées, & de belles expressions : mais il n'a point de jugement. *Velles eum suo ingenio dixisse, alieno judicio.*

Je ne say aureste ce qu'il veut dire, en disant que nous n'avons point de comparatif qui réponde au *minore* des Italiens. N'avons-nous pas *moindre* ?

Il me reste à observer ; afin de ne rien laisser de toutes les questions de la Langue qui regardent les superlatifs ; que les superlatifs n'entrent point dans nostre Poësie Françoise. *Je dois à M. Ménage le bon avis qu'il me donna un jour, lisant mon Poëme du Changement de la République Romaine, d'employer le plus rarement qu'il me seroit possible, les particules* fort & tres, *qui sont si commo-*

des pour le vers : parceque si elles ne sont pas necessaires, elles sont vicieuses, dit M. de Marolles dans sa Préface sur sa Traduction en vers du quatriéme livre des Géorgiques de Virgile. M. de Marolles ne s'est pas bien souvenu de l'avis que je lui ay donné. Il estoit, de n'employer jamais dans la belle Poësie les superlatifs. Il faut donc toujours dire dans la belle Poësie, *belle Iris, charmante Iris, aimable Iris* : & il ne faut jamais dire, *tres-belle Iris, tres-charmante Iris, tres-aimable Iris*. Les Italiens ne sont pas en cela si délicats que nous : car ils ne font point de difficulté de dire en vers, *altissimo, dolcissimo, degnissimo, santissimo, inclementissimo, levissimo, bellissimo*. Pétrarque dans sa Chanson *Nella stagion* :

——————— onde discende
Da gli altissimi monti maggior l'ombra.

Et dans le Sonnet 133. de la prémiére partie :

E con l'andar, e col soave sguardo
S'accordan le dolcissime parole.

Et dans le 155.

Che d'Omero degnissima, e d'Orfeo.

Et dans la Chanson *Tacer non posso* :

Cosa nuova a vederla,
Già santissima e dolce, ancor' acerba.

Le Tasse dans sa divine Jérusalem, chant 2. stance 40.

Gli danna inclementissima ragione.

Et dans la 30. du 3. chant :

Fù levissima piaga : e i biondi crini
Rosseggiaron così d'alquante stille.

Le Chiabrera, page 181. de ses nouvelles
Poësies :
> Lasciai le rive del bellissim' Arno.

Ce que je remarque pour la justification de
ce Madrigal Italien,

> Bellissima LAVERNA,
> Dolce ladra d'amore,
> Che mi rubasti il core,
> Tosto che mi mirasti.
> Deh, perche me'l rubasti ?
> Ch' a te, dolce Ben mio,
> Seguendo il mio desire,
> Non l'avrei negat' io.
> Deh, perche preferire
> Vuol la mano divina
> Al dono la rapina ?

où j'ay employé le superlatif *bellissimo* : &
lequel, pour ce mot seul, a esté condanné
par un de nos plus célébres Académiciens.

―――――

Mal-habile. Tourner bien un vers.

CHAPITRE XXXVII.

LE P. Bouhours dit dans son Entretien
de la Langue, que le mot de *mal-habile*
est un mot nouveau. Il se trompe. Vous
trouverez ce mot dans Nicod.

Il dit au mesme endroit, que ces façons
de parler, *tour de vers, tourner bien un
vers*, ne sont en usage parmy nous que de-

puis quelques années. Il se trompe encore, comme il paroist par ce passage de l'Art Poëtique de Ronsard : *Tu dois aussi noter, que rien n'est si plaisant qu'un carme bien façonné, bien tourné, non entr'ouvert, ny béant.* Et à ce propos il est à remarquer, que nous avons emprunté ces façons de parler des Grecs & des Latins. Vous trouverez dans une épigramme de Crinagoras, qui est du livre 1. de l'Anthologie, au titre des Poëtes, Τὸ τορευτὸν ἔπος ; cestadire *un vers fait au tour ; carmen tornatum ; carmen tornatile*, pour dire un vers poli, limé, élégant, comme sont les choses qui sont faites au tour. Καλλιμάχου τὸ τορευτὸν ἔπος τόδε. Le Scholiaste sur cet endroit : σὺν πόνῳ καὶ ἀκριβείᾳ κατεσκευασμένον. ἀπὸ μεταφορᾶς τῶν τορευτῶν, ὅθεν καὶ τορεία, ἀπὸ φιλοκαλίας. καὶ τορεύει ᾠδήν, ὅτι τὸ τορῶς, καὶ τρανῶς, καὶ μεγαλοφωνοτάτως λέγει, καὶ ᾄδει. Les Latins ont dit demesme *tornare versum*. J'ay remarqué dans mes Observations sur Malherbe, que Malherbe blasmoit ce vers d'Horace, *Et malè tornatos incudi reddere versus*, acause que la métaphore n'y estoit pas continuée ; & qu'il disoit à ce propos, Dire à un Poëte, remettez sur l'enclume ces vers qui sont mal tournez, c'est comme si on disoit à un Cuisinier, Cette piéce de bœuf n'est pas assez bouillie, qu'on la remette à la broche. Mais j'ay remarqué aussi que ce n'est pas la faute d'Horace, & qu'il faut lire son vers de cette sorte, *Et malè formatos incudi reddere versus. Formare,* cestadire, forger sur l'enclume. J'ay confirmé cette correction ; qui est de M. Guyet ; par cet endroit d'Acron sur ces vers d'Horace,

>   ―― *incomptis allinet atrum*
>   *Transverso calamo signum :*

Notam culpa significat : nam notare versum malè formatum dicimus. J'ajoute au passage d'Acron cet endroit de Sidonius Apollinaris, livre ix. épitre 13. qui est toutafait remarquable : *Poscis, ut Horatiana incude formatos Asclepiadeos tibi quospiam, quibus inter bibendum pronuntiandis exerceare, transmittam.*

―――――――――

S'il faut dire Bacha, *ou* Bassa.

CHAPITRE XXXVIII.

LEs Turcs, du mot Turc *bach*, qui signifie *teste*, ont fait le mot de *Bacha* ; qui se dit, parmy eux, des personnes qui commandent, ou qui ont commandé dans des emplois considérables : comme sont les Gouverneurs de Provinces ; les Gouverneurs des grandes Villes ; les Vizirs, & les Amiraux. C'est donc comme il faut parler, si on veut déférer à l'étymologie. Et c'est aussi comme plusieurs parlent. M. de Scudéry a dit dans la Tragicomédie de l'Amant Libéral :

>   *Vive Hazan Bacha, plein d'honneur & de joye.*

Celui dont le Bacha fait présent au Cadi.

Mais comme les Italiens prononcent *Baſſa*, pluſieurs parmy nous prononcent auſſi *Baſſa* : & c'eſt comme parle toujours le Gazetier. Buſbek dans les Lettres de ſon Ambaſſade de Turquie, a auſſi rendu en Latin ce mot Turc de la ſorte. Mais ce qui a particuliérement contribué à introduire cette prononciation, c'eſt le Romant de l'Illuſtre Baſſa de Mademoiſelle de Scudéry. Pour concluſion : Je croy qu'on peut dire indifféremment *Bacha* & *Baſſa* : mais avecque cette différence, qu'en parlant du Romant de Mademoiſelle de Scudéry, & du Héros de ce Romant, il faut toujours dire *L'Illuſtre Baſſa*, *Ibrahim Baſſa*. Et il faut auſſi dire *Ibrahim Baſſa*, en parlant d'un autre *Bacha* qui s'appeleroit de ce nom-là.

Le pronom perſonel je, *& le pronom démonſtratif* le, *ne ſe mangent point après un verbe.*

CHAPITRE XXXIX.

Mr Chapelain a dit au prémier livre de ſa Pucelle :

Prens pitié de ce peuple, & reçoi-le en ta garde. ¶

Il s'en va me quiter : attens-le, & le reçoi.

Cela eſt tres-mal dit. Le pronom démonſtratif *le* ne ſe mange point après les verbes. Il en eſt de meſme du pronom perſonel *je*. *Veillé-je, ou ſi je dors ?*

Epineux.

CHAPITRE XL.

LE P Bouhours dit à la page 220. de ſes Remarques, qu'*épineux* ne ſe dit point dans le propre. Il ſe trompe. On dit, *une plante épineuſe*. Nous diſons auſſi en vers ; & nous le dirions meſme en proſe, dans le ſtile ſublime ; *un ſentier, un rocher, un buiſſon, épineux*. M. Godeau a dit dans ſon Cantique :

   Roſe, à la fueille délicate,
   Qui d'un éclat ſi lumineux,
   Au milieu d'un trone épineux,
   Etalles ta pourpre incarnate.

Le P. Bouhours, pour répondre à ce paſſage, dit qu'*épineux* joint à *trône*, & ſuivi de *pourpre*, ſemble avoir aveccque le propre quelque choſe de figuré, qui le fait paſſer. Cela eſt ridicule. Mais il faut que le bon Pére parle toujours de propre & de figuré.

Stile fleuri.

CHAPITRE XLI.

LE P. Bouhours dit à la page 208. de ſes Remarques : *Au reſte* fleuri, *à l'égard* du stile, se prend d'ordinaire en mauvaise part; & on en peut juger par les exemples suivans. J'ay cru qu'en traduisant S. Paul, il ne m'estoit pas permis de me servir d'un stile fleuri & affeté. ¶ Il n'y a personne qui ne voye bien, que ce discours est en effet plus fardé & plus fleuri, que grand & sublime. ¶ En fardant ainsi cette pensée, il l'a renduë basse & fleurie, de terrible qu'elle estoit.

Le P. Bouhours se trompe. *Stile fleuri* se prent toujours en bonne part. Ciceron dans son Brutus, en parlant de Démétrius Phaléréus : *At est floridior, ut ita dicam, quàm Hyperides, quàm Lysias.* Et dans une de ses lettres à Atticus, qui est la 6. du livre 2. γραφικὰ *qua constitueram, magnum opus est*; &c. *& herculè sunt res difficiles ad explicandum, &* ὁμοειδεῖς : *nec tam possunt* ἀποθεωρεῖσθαι, *quàm videbantur.* Voyez Quintilien dans ses Institutions, livre xii. chap. 10. & Scaliger dans sa Poëtique, livre iv. chap. 9. Mais comme le stile fleuri n'est pas propre dans les matiéres sublimes, dans les sévéres, dans les tragiques, il est blâmé par les Critiques dans ces sortes de matiéres. Les Critiques blâment de mesme le stile sublime dans les petites choses. Voyez Longin. *Annon pudeat certam creditam pecuniam periodis postulare ? aut circa stillicidia affici ? aut in mancipii redhibitione sudare ?* dit Quintilien. Le P. Bouhours a si peu de jugement, qu'il ne s'est pas aperçu qu'en tous ces trois passages qu'il cite, pour montrer que *stile fleuri* se prent en mauvaise part, il est parlé de matiéres qui ne conviennent pas au stile fleuri, ou plustost ausquelles le stile fleuri ne convient pas.

Un stile qui seroit trop fleuri, ne seroit pas néanmoins estimable. Il en est de mesme d'un discours qui seroit rempli de petites fleurettes. *Casuri, si leviter excutiantur, flosculi*, dit Quintilien.

S'il faut dire somme tout, ou somme toute.

CHAPITRE XLII.

MR Chapelain estoit pour *somme tout*. Je suis pour *somme toute*. C'est ainsi qu'on parle le plus ordinairement : & c'est aussi comme parloient nos Anciens. Voyez Nicod.

Oisifs. Oiseus.

CHAPITRE XLIII.

LE P. Bouhours dit dans ses Remarques qu'*oisif* va plus à la personne qu'à la chose : qu'on dit *un homme oisif, des gens oisifs*, mais qu'il ne croit pas qu'on puisse dire *des discours oisifs, des paroles oisives*, quoyqu'on dise *une vie oisive.*

Il est certain qu'on dit fort bien *des paroles oisives* : & le P Bouhours a produit lui mesme deux passages ; l'un de M. de Balzac, & l'autre de M. Godeau ; où ce mot est employé. Voicy le passage de M. de Balzac : *parcequ'il a souvent oui dire qu'il faudra rendre conte, au dernier jugement, de la moindre parole oisive, il aime mieux en dire & en écrire moins, & n'avoir pas un si grand conte à rendre à Nostre Seigneur.* Voicy celuy de M. Godeau : *Les hommes rendront conte au jour du Iugement de toutes les paroles oisives.* On diroit aussi fort bien *des discours oisifs,* comme on dit *des épithétes oisifs.* M. de Balzac dans son Barbon : *I'ay trouvé dans son porte-fueuille un recueuil tres-curieux de leurs épithétes oisifs & perpétuels.* Et Joachin Du-Bellay, livre 2. chap. 4. de son Illustration de la Langue Françoise : *Sur toutes choses, prens garde, que ce sorte de Poëme soit éloigné du vulgaire, enrichi & illustré de mots propres, & épithétes non oisifs.* M. de Cassagne, dans sa Traduction de l'Orateur de Ciceron, livre 2. page 252. a dit *une sagesse oisive. Il faut que nous fassions estat, ô Crassus, d'avoir toujours la main à la rame ; de mourir en travaillant ; & de laisser à Scévola, & à tels autres heureux, cette oisive sagesse dont ils jouissent.*

Le mot d'*oiseus* se dit demesme & de la chose & de la personne. M. Des-Préaux l'a dit de la chose.

Tous ses valets tremblans quitent la plume oiseuse.

C'eſt un vers du Lutrin: ſur lequel M. Des-Marais, dans ſa Défenſe du Poëme Héroïque, a fait cette Note: *Il euſt eſté auſſi bon de mettre la plume oyſonneuſe: car on la tire des oyſons: & il a voulu marquer que ces valets couchoient ſur la plume.* ¶ Plume oiſeuſe eſt tres-bien dit; & à l'imitation de l'*otioſa piuma* des Italiens. Pétrarque:

  La gola, e'l ſonno, e l'otioſe piume
  Anno del mondo ogni virtù ſbandita.

C'eſt le commancement du 7. Sonnet de la 1. partie. Et ce Sonnet de Pétrarque, pour le marquer en paſſant, eſt une réponſe, par les meſmes rimes, au Sonnet

  Io vorrei pur drizzar queſte mie piume
  Colà, Signor, dove il deſio m'invita,
  E dopo morte rimanere in vita,
  Col chiaro di virtute inclito lume, &c.

qui eſt de Madonna Giuſtina Levi Perotti da Saſſoferrato, comme je l'apprens du Tomaſſin dans ſon *Petrarca Redivivus*.

Je ſuis accablé de ſommeil. Je n'en puis plus de laſſitude & de ſommeil.

CHAPITRE XLIV.

Nous diſons, *Ie ſuis accablé de ſommeil; Ie n'en puis plus de laſſitude & de ſommeil*; pour dire, *Ie ſuis accablé d'inſomnie; Ie n'en puis plus d'envie de dormir*: qui eſt une façon de parler bizarre; le mot de *ſom-*

meil estant directement opposé à celui d'*insomnie*. Les Latins ; ce qui est tres-remarquable, & ce que peu de personnes ont remarqué ; ont usé de *somnus* en la mesme signification. Horace :

 Me ludo fatigatumque somno
 Fronde nova puerum palumbes
 Texére.

Car *fatigatum somno*, en cet endroit, signifie *fatigatum somni inopiâ* ; ἀγρυπνία ; comme M. de Voiture l'a fort bien deviné. Et M. de Girac, qui croit que ces mots veulent dire *fatigué pour avoir trop dormi*, se trompe manifestement. Voyez les Entretiens de M. de Voiture & de M. Costar, la Suite de la Défense de M. de Voiture, & la Réponse & la Réplique de M. de Girac à M. Costar. Tibulle a dit demesme *lassus somno*, pour dire *accablé d'insomnie*.

 Illa meos somno lassos patefecit ocellos
  Ore suo, & dixit, siccine lente jaces ?

Et Lucréce *solatia somni*, pour dire *soulagement de veilles*.

 Et vigilantibus hinc aderant solatia somni,
 Ducere multimodis voces, & flectere cantus.

Cet endroit de Lucréce, qui est du livre 5. n'a pas esté entendu par les Interprétes de Lucréce.

 Les Grecs ; ce que peu de personnes savent ; ont aussi usé du mot de ὕπνος en la mesme signification. Homére tout au commancement de l'Odyssée z.

 Ὡς ὁ μὲν ἔνθα καθεῦδε πολύτλας δῖος Ὀδυσσεύς,
 Ὕπνῳ ᾗ καμάτῳ ἀρημένος.

Sic

Sic quidem illic dormiebat patiens divus
Vlysses,
Somno & labore afflictus.

Sur lequel endroit Didymus a fait cette Note. ΑΦΗΜΕΝΟΣ. Ϲεϐλαμμένος, ἤτοι συλληπτι‐ χῶς. ὑπὸ μὲν γὰρ τοῦ καμάτυ ϹεϐλαπΊο· ὑπὸ δὲ τοῦ ὕπνυ, ὐκ ἔτι. ἢ νατα ἀντίφρασιν, τὴν ἀγρυ‐ πνίαν ὕπνον ἔφη. ἢ ἐπὶ τῷ καμάτῳ ϛικτέον. ὕπνος en cet endroit signifie sans doute *insomnie*, ἀγρυπνία: ce qu'Euſtathius n'a pas ſû. Hé‐ ſychius ne l'a pas ignoré, ayant expliqué le mot de ὑπνῶ, par celui de κοιμῶμαι, & par celui d'ἀγρυπνῶ: ceſtadire, par *je dors*, & par *je veille*.

A droiture.

CHAPITRE XLV.

Voicy une Obſervation du P Bouhours, qui eſt de la page 89. de ſes Remar‐ ques: *On dit écrire en droiture, pour dire directement, & par un exprés. C'eſt une fa‐ çon de parler que nous avons priſe des Italiens:* andar' a drittura.

On ne dit point *écrire en droiture*. On dit *écrire à droiture*. Et pour écrire à droiture, il n'eſt point néceſſaire d'écrire par un Ex‐ prés. Ecrire à droiture à quelqu'un, c'eſt lui adreſſer directement la lettre qu'on lui écrit, & ne la pas adreſſer à un autre pour la lui faire tenir. Pourquoy aureſte citer l'*andar' a drittura*, pour dire que nous avons emprunté des Italiens cette façon de parler, *écrire à droiture* ? Il faloit dire, *scrivere a drittura* ; ou pluſtoſt *a drittura* : car c'eſt comme parlent ceux qui parlent élégamment Italien. *Andar' a drittura*, ou *a drittura*, ceſtadire, aller le droit chemin. Je demeure pourtant d'accord qu'on peut dire d'une lettre qui a eſté envoyée à quelqu'un à droiture, *è andata a drittura*.

Le P. Bouhours, comme je l'ay dit ailleurs, ne ſait point l'Italien, quoyqu'il cite ſans ceſſe des paſſages Italiens. Mais il ne ſait point auſſi l'Eſpagnol, quoyqu'il cite ſans ceſſe des paſſages Eſpagnols. C'eſt ce que je vais faire voir au chapitre ſuivant.

Donner la main.

CHAPITRE XLVI.

LEs Eſpagnols diſent *darſe las manos*, pour dire, ſe promettre mariage ; ſe marier ; s'épouſer : parceque dans la cérémonie des épouſailles, les perſonnes qui ſe marient, ſe donnent la main en ſigne de foy conjugale. M. Corneille a introduit dans nos Poëmes Dramatiques cette façon de parler, afin de diverſifier, comme je lui ay oui dire, les mots de *mariage*, de *marier*, & d'*épouſer*, qui ſe rencontrent ſouvent dans ces ſortes de Poëmes, & qui ne ſont pas fort nobles. Comme M. Corneille est le Prince des Poëtes Dramatiques, il a esté suivi en cela par tous nos autres Poëtes Dramatiques : & il seroit difficile de trouver une piéce de Théatre nouvelle, où cette façon de parler ne fust pas employée. Le P. Bouhours, aulieu de louer M. Corneille de cette hardiesse, qui a réussi ; il l'en a blasmé. Et comme il n'a point remarqué que cette phrase fust Espagnole ; ce qui estoit sans doute à remarquer ; je conclus de là qu'il ne sait point l'Espagnol. Voicy les termes du P. Bouhours :

Quelque mérite & quelque réputation qu'ayent ces Poëtes, je ne puis m'empescher de dire, que donner la main, *en ce sens-là, n'est pas une phrase bien Françoise.* Donner la main à une Dame, *c'est lui aider à marcher, ou à monter en carrosse. Ainsi toutes les antithéses qui roulent sur le cœur & sur la main, me paroissent fausses. Mais comme ces Poëtes se sont persuadé que* la main *signifioit le mariage, ils ne se contentent pas de dire* donner la main, *ils disent* prester la main, *en voulant parler d'un mariage apparent.*

Prestez moy vostre main, je vous donne l'Empire.

On dit à un homme, dont le secours nous est necessaire pour nous venger par la plume, ou par l'épée, prestez moy vostre main, prestez moy vostre bras : *mais sans cela, je ne say ce que signifie en nostre Langue* prestez moy vostre main : *& j'aimerois autant dire,* prestez moy vostre pié.

Il ne se peut rien imaginer de moins raisonnable que tout ce raisonnement de nostre Docteur. *Donner la main* signifie plusieurs choses. On dit, comme l'a remarqué le P. Bouhours, *Donner la main à une Dame*, pour lui aider à marcher ; pour lui aider à monter en carrosse. On dit aussi *donner la main à quelqu'un*, pour dire, le mettre à la droite. *M. le Chancelier ne donne pas chez lui la main aux Evesques.* Nous disions aussi anciennement *bailler la main*, pour dire *consentir*, comme l'a remarqué Nicod. Les paroles de Nicod sont considérables. Les voicy : Bailler la main, dextram tendere. *Qui est une maniére de dire dont on use quand une femme mariée preste consentement pardevant Notaires, pour l'aliénation ou hypothéque d'une chose où elle a droit. Et se dit ainsi, parceque, pour promettre, avec, ou sans serment, les parties mettoient la main dextre en celle desdits Notaires, ainsi que aucuns l'usent encore. Ainsi on dit, La femme a baillé la main : dextrâ datâ, venditioni assentita est: dare dexteram in id quod rogatur obligandæ fidei. La raison de telle maniére de parler peut estre prinse de ce que ceux qui requéroient instamment aucuns de quelque grace, leur empoignoient la main dextre, & que le requis octroyant ce dont il estoit supplié, pour seureté de promesse bailloit sa main dextre au requérant, comme le met Tite Live au livre 30. en la requeste de Sophonisba au Roy Massinissa: ou bien de ce que les rendus en bataille bailloient leur main dextre au vainqueur, pour* signe de la foy de leur captivité : Laquelle estant prinse par le vainqueur, de là en avant estoient appelez Mancipes : c'est à dire, prins par la main en droit de servage. L'usage est encore en cas de promesses, en asseurer la foy & authorité par s'entrebailler les mains dextres. Et les Chevaliers en deffis jettent le gantelet de la main dextre, pour gage de leur deffiance.

Mais pour revenir à nostre phrase de *donner la main* en la signification de se promettre mariage, puisqu'elle est reçue parmy nous dans les piéces de théatre, il est sans doute que M. Corneille a pu dire, comme il l'a dit dans sa Pulchérie, *prestez-moy vostre main*, pour dire, *faites semblant de m'épouser*. Et j'ay ouï dire plus d'une fois à M. Corneille, que ce vers

Prestez moy vostre main, je vous donne l'Empire,

estoit un des plus beaux qu'il ust jamais fait. Nostre Docteur, qui dit qu'il aimeroit autant dire, *prestez moy vostre pié*, n'est pas en vérité un grand Docteur.

S'il faut dire goute crampe, goute grampe, *ou* goute grappe.

CHAPITRE XLVII.

IL faut dire *goutte grampe* ; & non pas *goute crampe*, comme dit Nicod ; ny *goutte grappe*, comme disent les Angevins. C'est ainsi que parlent les Parisiens. M. de Voiture :

 Quand nous fusmes dans Etampe,
Nous parlasmes fort de vous.
J'en soupiray quatre coups,
Et j'en u la goute grampe.

Le Soleil, que les Mathématiciens disent qu'il est plus grand que la terre.

CHAPITRE XLVIII.

VOicy une des nouvelles remarques du P. Bouhours, & qui est véritablement nouvelle : *Si on parloit selon la régle, on diroit*, Le Soleil que les Mathématiciens disent qu'il est plus grand que la terre. *Mais cette construction seroit bien choquante, quelque réguliére qu'elle fust. Pour éviter une régle Françoise, qui en ce cas a quelque chose de fort rude, nous prenons un tour purement Latin, en disant*, Le Soleil que les Mathématiciens disent estre plus grand que la terre. *C'est ainsi que l'usage, qui est le plus souvent tres bizarre, s'affranchit quelquefois avec raison des régles de la Grammaire.*

Je ne puis m'empescher de dire encore en cet endroit, que le P. Bouhours qui parle sans cesse de Reigles de Grammaire, ne sçait ce que c'est que Reigles de Grammaire. *Le Soleil que les Mathématiciens disent qu'il est plus grand que la terre*, seroit une façon de parler barbare, & toutafait irréguliére. Il y auroit en ce membre de période deux nominatifs substantifs aulieu d'un: Et c'est comme qui diroit, *Le Soleil que les Mathématiciens disent que le Soleil est plus grand que la terre.* Il est vray aureste, que quelques-uns disent, à la Latine, *Le Soleil que les Mathématiciens disent estre plus grand que la terre*: mais le grand usage est pour *Le Soleil que les Mathématiciens disent qui est plus grand que la terre.* C'est ainsi que parle le Défenseur du P. Bouhours, l'Abbé de Villars, dans son Histoire du Conte de Gabalis. *Devant Dieu soit l'ame de M. le Conte de Gabalis, qu'on vient de m'apprendre qui est mort.* Et c'est aussi comme il faut parler, supposé qu'on soit obligé de prendre ce tour, *Le Soleil que les Mathématiciens disent.* Mais le plus sûr & le meilleur, est de ne le pas prendre; & de dire, *Le Soleil qui est plus grand que la terre, comme disent les Mathématiciens.*

Epigramme: Madrigal. Eglogue: Idylle.

CHAPITRE XLIX.

Voicy encore une remarque du P. Bouhours; qui est de son livre des Doutes sur la Langue Françoise; & qui n'est pas moins nouvelle que la précédente: *A propos d'Epigramme, M. le Chevalier m'a dit, que ce mot n'estoit plus guéres connu à la Cour, qu'on appelle* Madrigal, *ce qu'on appeloit autrefois* Epigramme; *& que les Madrigaux sont fort à la mode. Car je croy,* MESSIEURS, *qu'il faut dire* Madrigaux, *& non pas* Madrigals, *comme a dit M. de Balzac, en parlant d'un vieux Poëte de l'Vniversité, connu par sa mauvaise mine, & par ses mauvaises chausses; disciple de Iodelle, & proche parent d'Amadis Iamin; grand faiseur de Madrigals, de Balades, & de Villanelles.*

Ce M. le Chevalier, c'est le Révérend Pére Bouhours. Ce M. le Chevalier aureste se trompe étrangement en cet endroit. Le mot d'*épigramme* est aussi usité à la Cour qu'il ait jamais esté. On y appelle *épigramme*, comme à Paris, & ailleurs, une épigramme en vers égaux : & on y appelle *Madrigal*, une épigramme en vers inégaux. C'est la différence qu'on met ordinairement entre ces deux mots. Et nous avons appelé madrigaux nos épigrammes en vers inégaux, acause que le mot de *madrigal* est Italien, & que la pluspart des Madrigaux Italiens sont composez en vers libres & inégaux. *Sono medesimamente regolate le Sestine, ingenioso ritrovamento de' Provenzali Compositori. Libere poi sono quell' altre che non anno alcuna legge ; o nel numero de' versi, o nella maniera del rimargli : ma ciascuno, si come ad esso piace, così le forma. E queste universalmente sono tutte Madriali chiamate : o perciocchè da prima cose materiali e grosse si cantassero in quella maniera di rime sciolta, e materiale altresi : o pure, perchè così più che in altro modo pastorali amori, & altri loro boscarecci avvenimenti raggionassero quelle genti, nella guisa che i Latini e i Greci ragionano nell' Egloghe loro ; il nome delle Canzoni formando, e pigliando dalle mandre*, dit le Cardinal Bembo dans son Dialogue de la Langue. *Madriale* & *Madrigale*, c'est la mesme chose. Mais *madriale* n'est comme plus en usage. Ces mots aureste ne viennent point de *materiale* : ils viennent de *mandra*, qui signifie le lieu où l'on assemble le bestail; & qui a esté fait du mot Grec ἄνδρα, ἄνδρα, ἄνδρα, *andra*, MANDRA. On y a préposé une M : comme en *Mars*, d'ἄρης ; en *Mancus*, d'*ancus* ; en μίκκος, d'ἴκκος ; en μία, d'ἴα ; en μέλας, d'ἔλας. Le Dolcè dans ses Observations : *I Madriali, presero nome da mandra : perciocchè in loro pastorali amori, e boscarecci avvenimenti, si cantavano.* ¶ De *villa, villana, villanella*, nous avons fait de-mesme VILLANELLE.

Il me reste à remarquer, que M. de Balzac s'est en effet trompé en disant *madrigals*, aulieu de *madrigaux*. Mais comme j'avois déja fait cette remarque dans mes Observations sur la Langue Françoise, le P. Bouhours pouvoit bien se passer de remarquer la mesme chose dans son livre des Doutes.

Le mot de *madrigal* aureste n'est pas ancien en nostre Langue. J'ay oui dire à M. Chapelain qu'il avoit esté apporté en France, avecque celui d'*Idylle*, par le Cavalier Marin.

Mais apropos d'*Idylle*, comme j'ay intitulé le prémier livre de mes Poësies Françoises, *Eglogues & Idylles*, on m'a souvent demandé quelle différence je mettois entre ces deux mots. Je n'y en mets aucune. Et je n'ay intitulé de la sorte ce premier livre de mes Poësies, que parceque les piéces qui la composent, ayant esté imprimées séparément, les unes avoient esté intitulées *Eglogues*, & les autres *Idylles*.

Eglogue & *Idylle* sont deux mots Grecs; ἐκλογή, εἰδύλλιον; qui ont esté dits tous deux des poëmes pastoraux. Le premier signifie *choix*, *triage* : ἀπὸ τῦ ἐκλέγειν, & non pas ἀπὸ τῦ αἰγολογεῖν, comme quelques-uns l'ont cru. Et c'est comme qui diroit *Vers triez*, *Vers choisis*. εἰδύλλιον, est un diminutif d'εἶδος, qui signifie *espéce*. Et c'est comme qui diroit, *espéce de Poëmes*. Les Grammairiens ont ainsi appelé les Bucoliques de Théocrite, de Bion, & de Moschus. Ils ont aussi appelé *Edyllia*; qui est la mesme chose qu'*Idyllia*; certains petits poëmes d'Ausone. Mais les Bucoliques de Virgile ont esté intitulées *Ecloga*. Les Italiens se servent plus ordinairement du mot d'*Idillio*, que de celui d'*Egloga*. Le mot d'*Eglogue* est plus usité parmy nous, que celui d'*Idylle*.

Indolence.

CHAPITRE L.

INDOLENCE *est un mot consacré en quelque façon pour signifier l'humeur des Stoïciens: & M. d'Ablancourt s'en est servi dans le Dialogue de Lucien, intitulé* NIGRINUS, OU LES MOEURS DES PHILOSOPHES. *Il n'approuvoit pas ; ce que quelques-uns prennent pour un grand exercice de vertu; de se fouetter, ou de se déchirer la peau , pour s'accoustumer à la douleur : & disoit que c'estoit dans l'ame qu'il faloit planter l'indolence. Ce mot s'applique à d'autres qu'aux Stoïciens ; & nous l'employons élégamment pour marquer le caractére de certaines gens qui n'ont nulle sensibilité.* Ce sont les termes du Révérend P. Bouhours, à la page 375. de ses Remarques Nouvelles sur la Langue Françoise.

Que de beveues ! Prémiérement , *l'humeur des Stoïciens* , pour dire l'opinion des Stoïciens ; un des dogmes des Stoïciens, est tres-mal dit. En segond lieu, l'indolence n'a rien de commun avecque la secte des Stoïciens. Et en troisiéme lieu , le passage de Lucien , allégué par le P. Bouhours, ne regarde point les Stoïciens.

Il n'appartient pas au P. Bouhours de parler en Philosophe des opinions de ces Disciples de Zénon. C'est bien assez pour lui de parler en Grammairien de leur nom, & de traiter, comme il a fait, de la différence de *Stoique*, & de *Stoïcien*. Voicy la doctrine des anciens Philosophes touchant la douleur. Les Epicuriens mettoient la félicité dans l'indolence. Les Cyrénaïques la mettoient dans la volupté : & ils fesoient consister cette volupté dans un chatouillement, ou pour user de leurs termes, dans un mouvement agréable. Ils disoient que l'indolence estoit la qualité d'un homme mort, ou d'un homme endormi. Les Stoïciens mettoient la douleur entre les choses indifférentes. C'est à dire, que comme ils ne croioient pas que la volupté fust un bien, ils ne croioient pas non-plus que la douleur fust un mal. Mais pour les Cyniques, comme ils fesoient profession d'estre ennemis de la volupté ; *Que je devienne insensé plustost que voluptueux*, disoit Antisthéne, leur fondateur; ils tourmentoient leurs cors, pour l'accoustumer à la douleur, l'ennemie de la volupté. Et ce que dit Lucien du Philosophe Nigrinus, qu'il n'approuvoit pas; ce que quelques-uns prennent pour un grand exercice de vertu; de se fouetter, ou de se déchirer la peau, pour s'accoustumer à la douleur, doit estre entendu des Cyniques, & non pas des Stoïciens ; comme l'explique le Révérend P. Bouhours.

Atrabile.

Atrabile.

CHAPITRE LI.

Mr *de la Chambre employe le mot d'*ATRABILE *dans l'Art de connoistre les hommes.* En effet, l'atrabile domine dans le lion, & dans un homme fort & robuste. ATRABILAIRE *est de ma connoissance : mais atrabile n'en est point : & j'ay esté surpris de rencontrer* l'atrabile, *au lieu de* la bile noire. C'est une remarque du P. Bouhours dans son livre des Doutes.

Si M. de la Chambre, qui estoit Médecin Ordinaire du Roi, se fust servi du mot d'*atrabile*, en parlant à une Dame de qui il ust esté Médecin ; & qu'il lui ust dit, L'atrabile domine en vostre tempérament, au lieu de lui dire, La bile noire, la mélancolie, domine en vostre tempérament, il auroit sans doute mal parlé. Mais dans un discours de Physique, tel qu'est celui de l'Art de connoistre les hommes ; il est certain qu'il a pu user de ce mot, qui est un terme de son art. Chaque profession à ses mots propres. *Itaque & Dialectici, & Physici, verbis utuntur iis, quæ ipsi Græciæ nota non sunt. Geometræ verò, Musici, Grammatici, etiam more quodam loquuntur suo. Item ipsæ Rhetorum artes, quæ sunt totæ forenses atque populares, verbis tamen, in dicendo,*

Tome II.   O

quasi privatis utuntur, ac suis. Atque ne omittam has artes elegantes & ingenuas, ne opifices quidem tueri sua artificia possent, nisi vocabulis uterentur nobis incognitis, inusitatis sibi. Quinetiam agricultura, quæ abhorret ab omni politiore elegantia, tamen res, in quibus versatur, nominibus notavit novis, &c. dit élégamment le maistre de l'éloquence Romaine.

S'il faut écrire sur & tant moins *, ou* sur estant moins.

CHAPITRE LII.

IL faut écrire *sur estant moins. Sur estant moins*, c'est *sur ce qui est de moins*. Voyez le Dictionnaire de Nicod, au mot *estant*.

C'est l'homme du monde que j'aime le mieux.

CHAPITRE LIII.

CEtte façon de parler est tres-Françoise, tres-naturelle, & tres-usitée : & il est étonnant que le P. Bouhours l'ait condannée. Voicy comme il en parle, à la page 37. de ses Nouvelles Remarques.

Il y en a qui disent, C'est l'homme du

monde que j'aime le mieux, *aulieu de dire, pour qui j'ay le plus d'amitié ; que j'aime le plus. A mon avis, c'est ainsi qu'il faut parler.* Aimer mieux *se dit en un autre sens:* c'est le malo *des Latins.* J'aime mieux me taire, que de parler mal-a-propos : J'aime mieux une fortune basse & tranquille, qu'une fortune élevée & tumultueuse. Aimer mieux *se joint avec un verbe, ou avec une chose que l'on préfére à une autre: mais non pas avec une personne, quand il s'agit d'amitié. Ie dis quand il s'agit d'amitié: car s'il s'agit d'une préférence, dont l'amitié n'est point la cause, on le joint bien avec une personne. Par exemple:* J'aime mieux un valet mal fait, & sage, qu'un valet, bien fait, & fripon : De ces deux livres, lequel aimez-vous le mieux : De tous nos Ecrivains, c'est celui que j'aime le mieux. *Car ce n'est pas à dire,* J'ay plus d'amitié pour l'un que pour l'autre, *mais je préfére l'un à l'autre; l'un m'accommode mieux que l'autre : c'est celui qui me plaist davantage,* &c. ¶ On dit à la vérité Je l'aime bien: *mais* bien *en cet endroit signifie* beaucoup : *& quand* bien *signifie* beaucoup, plus *est le comparatif qui y répond, & non pas* mieux. *Cependant M. de la Chambre a écrit dans le Discours de l'amitié des animaux,* Tout le monde sçait l'amour que le singe a pour ses petits : car elle a passé en proverbe, pour marquer ceux qui perdent leurs enfans à force de les caresser. Il est vray que de deux qu'elle fait à chaque fois, il y en a toujours un qu'elle aime le mieux : parceque son amour est trop violente, pour estre également partagée à tous les deux. ¶ *L'Auteur d'un des polis Ouvrages de nostre Langue, dit aussi, La surprise de trouver l'homme du monde qu'il aimoit le mieux, le mit hors d'estat de pouvoir parler. Il faloit dire, ce me semble,* Il y en a toujours un qu'elle aime le plus: L'homme du monde qu'il aimoit le plus. *Et pour marque que* mieux *n'est pas en sa place, c'est qu'on ne diroit pas,* c'est l'homme qu'il a le mieux aimé : c'est l'homme qui en est le mieux aimé. *Il faut dire asseurément,* c'est l'homme du monde qu'il a le plus aimé : c'est l'homme du monde qui en est le plus aimé.

Je répons à tout ce grand raisonnement du P. Bouhours, que l'usage est pour *C'est l'homme du monde que j'aime le mieux* ; & qu'en matiére de langage, l'usage l'emporte sur la raison. Je répons en segond lieu, que si BIEN signifie *beaucoup* en cette façon de parler, *Ie l'aime bien*, MIEUX signifie *plus* en cette autre, *C'est l'homme du monde que j'aime le mieux.* Et je répons en troisiéme lieu, qu'on peut fort bien dire, *C'est l'homme du monde qu'il a le mieux aimé: C'est l'homme du monde qui en est le mieux aimé.*

S'il est permis de faire des mots.

CHAPITRE LIV.

IL est sans doute qu'il est permis d'en faire. C'est le sentiment des plus célébres Ecrivains. D'Horace :

Licuit, semperque licebit,
Signatum præsente nota procudere nomen.

De Quintilien : *Multa ex Græco formata nova, ac plurima à Sergio Flavio, quorum dura quædam admodum videntur, ut* ens *&* essentia : *qua cur tantopere aspernemur, nihil video, nisi quòd iniqui judices adversus nos sumus, ideóque paupertate sermonis laboramus. Quædam tamen perdurant : nam & qua vetera nunc sunt, fuerunt olim nova ; & quædam in usu, perquàm recentia.* Messala primus reatum ; munerarium *Augustus primus dixerunt.* Piraticam *quoque, ut* musicam *&* fabricam*, dici adhuc dubitabant mei præceptores.* Favorem*, &* urbanum*, Cicero nova credit. Nam & in epistola ad Brutum,* Eum, inquit, amorem, & eum, ut hoc verbo utar, favorem, in consilium advocabo. *Et ad Appium Pulchrum :* Te hominem, non solùm sapientem, verumetiam, ut nunc loquuntur, urbanum : *Idem putat à Terentio primum dictum esse* obsequium. Cæcilius ad Sisennam, albenti cælo ; cervicem *videtur* Hortensius primus dixisse : *nam veteres plu-*

raliter appellabant. Audendum itaque : *Neque enim accedo Celso, qui ab Oratore verba fingi vetat. Nam cùm sint eorum alia, ut dicit Cicero, nativa, id est, quæ significata sunt primo sensu : alia reperta, quæ ex his facta sunt : ut jam nobis ponere alia, quàm quæ illi rudes homines primique fecerunt, fas non sit : at derivare, flectere, conjungere, quod natis postea concessum est, quando desiit licere ?* De Ronsard, dans sa Préface sur sa Franciade : *Davantage, je te veux bien encourager de prendre la sage hardiesse d'inventer des vocables nouveaux, pourveu qu'ils soient moulez & façonnez sur un patron déja receu du peuple. Il est fort difficile d'écrire bien en nostre Langue, si elle n'est enrichie autrement qu'elle n'est, pour le présent, de mots & de diverses maniéres de parler. Ceux qui écrivent journellement en elle, savent bien à quoy leur en tenir : car c'est une extréme gesne de se servir toujours d'un mot. Outre, je t'avertis de ne faire conscience de remettre en usage les antiques vocables : & principalement ceux du langage Vallon & Picard : lequel nous reste, par tant de siécles d'exemples, naïf de la Langue Françoise. J'entens de celle qui eut cours aprés que la Latine n'eut plus d'usage en nostre Gaule : & choisir les mots les plus preignans & significatifs, non seulement dudit langage, mais de toutes les Provinces de France, pour servir à la Poësie, lorsque tu en auras besoin. Malheureux est le deteur, lequel n'a qu'une seule espéce de monnoie pour payer son créancier. Outre plus, si les vieux mots abolis par l'u-*

ſage ont laiſſé quelque rejeton, comme les branches des arbres coupez ſe rajeuniſſent de nouveaux drageons, tu le pourras provigner, amender, & cultiver, afin qu'il ſe repeuple de nouveau. De Joachin Du-Bellay, dans ſon Illuſtration de la Langue Françoiſe : *Ie veux bien avertir celui qui entreprendra un grand œuvre, qu'il ne craigne point d'inventer, adopter, & compoſer à l'imitation des Grecs, quelques mots François, comme Ciceron ſe vante d'avoir fait en ſa Langue. Mais ſi les Grecs & Latins euſſent eſté ſuperſtitieux en cet endroit, qu'auroient-ils ores de quoy magnifier ſi haument cette copie qui eſt en leur Langue ? Et ſi Horace permet qu'on puiſſe en un long poëme dormir quelquefois, eſt-il défendu en ce meſme endroit uſer de quelques mots nouveaux : meſme quand la neceſſité nous y contraint ? Nul, s'il n'eſt vrayement du tout ignare, voire privé de ſens commun, ne doute point que les choſes n'ayent prémiérement eſté ; puis après, les mots avoir eſté inventez pour les ſignifier : & par conſéquent aux nouvelles choſes eſtre néceſſaire impoſer nouveaux mots : principalement ès arts, dont l'uſage n'eſt point encore commun & vulgaire : ce qui peut arriver ſouvent à noſtre Poëte : auquel ſera neceſſaire emprunter beaucoup de choſes, non encore traitées en noſtre Langue. Les ouvriers, afinque je ne parle des ſciences libérales, juſques aux Laboureurs meſme, & toute ſorte de gens mécaniques, ne pourroient conſerver leurs meſtiers, s'ils n'uſoient de mots à eux uſitez, & à nous inconnus. Ie ſuis bien d'opinion que* les Procureurs & Avocats usent des termes propres à leur profession, sans rien innover. Mais vouloir oster la liberté à un savant homme, qui voudra enrichir sa Langue, d'usurper quelquefois des vocables non vulgaires, ce seroit restraindre nostre langage, non encore assez riche, sous une trop rigoureuse loi que celle que les Grecs & Romains se sont donnée : lesquels, combien qu'ils fussent, sans comparaison, plus que nous, copieux & riches, neanmoins ont concédé aux doctes hommes user souvent de mots non accoustumez ès choses non accoustumées. Ne crains donc, Poëte futur, d'innover quelques termes, en un long poëme principalement ; avec modestie toutefois, analogie, & jugement de l'oreille : & ne te soucie qui le trouve bon ou mauvais : esperant que la postérité l'approuvera : comme celle qui donne foi aux choses douteuses, lumiére aux obscures, nouveauté aux antiques, usage aux non accoustumées, & douceur aux aspres & rudes.

J'ay dit dans la prémiére partie de ces Observations, qu'il n'y avoit entre les Grammairiens que M. de Vaugelas, & son disciple, le P. Bouhours, qui fussent d'avis contraire : car je ne mets pas Celsus au nombre des Grammairiens. Le P. Bouhours dans ses Nouvelles Remarques, m'accuse de lui avoir imposé, & à M. de Vaugelas. N'en déplaise à M. Ménage, dit-il, à la page 287. M. de Vaugelas ne croit pas qu'il soit défendu absolument d'inventer quelquefois des mots : & à l'occasion d'un mot

LANGVE FRANÇOISE.

qu'un Bel-esprit de son temps avoit inventé, il cite lui-mesme, *Licuit, semperque licebit.* Il dit seulement qu'il est des mots, comme des modes, & que les sages ne se hazardent jamais à faire ni l'un ni l'autre. Et s'il dit ailleurs, qu'il n'est permis à qui que ce soit de faire de nouveaux mots, non pas mesme au Souverain, il entend par là qu'il n'est permis à personne de les établir, & de leur donner cours dans le monde, &c. C'est tout ce qu'a voulu dire l'Auteur des Doutes, en disant, après M. de Vaugelas, qu'il n'appartenoit pas aux particuliers d'établir des mots, quoyqu'il leur appartienne de les inventer. ¶ Le P. Bouhours se vante en plus d'un endroit de ses Doutes sur la Langue Françoise, de savoir bien son Vaugelas. Cependant il le sait tresmal: & comme il n'a point de jugement, je voy qu'il n'a point aussi de mémoire. S'il en avoit, il se seroit souvenu de cet endroit de la remarque de M. de Vaugelas sur le barbarisme: *Non pas qu'il ne soit permis de faire quelquefois des phrases nouvelles, avec les précautions que nous avons marquées en quelque endroit de ce livre: aulieu qu'il n'est jamais permis de faire de nouveaux mots,* nonobstant cet Oracle Latin,

Licuit, semperque licebit,
Signatum præsente nota producere verbum:

parceque cela est bon en la Langue Latine; & plus encore en la Grecque; mais non pas en la nostre, où jamais cette hardiesse n'a réussi à qui que ce soit: aumoins en écrivant: car en parlant, on sait bien qu'il y a de certains mots, que l'on peut former sur le champ : comme, brusqueté, inaction, impolitesse : & d'ordinaire les verbaux qui terminent en ent: comme criement, pleurement, ronflement, & encore n'est-ce qu'en raillerie. Outre que ce passage du Poëte ne permet que d'étendre des mots qui sont déja faits, & non pas d'en faire de tout nouveaux : qui est ce qui ne nous est point du tout permis. témoin le mauvais succés qu'ont eu tous les mots que Ronsard, M. du Vair, & plusieurs autres grands personages, ont inventez, pensant enrichir nostre Langue.

J'avois cet endroit de M. de Vaugelas devant moi, lorsque je fis cette Observation que le P. Bouhours reprent : & c'est ce qui m'a fait mettre le mot de *verbum*, aulieu de celui de *nomen*, dans le vers d'Horace : car je croyois que M. de Vaugelas qui avoit cité ce vers de la sorte, l'avoit bien cité. Si le P. Bouhours se fust souvenu de cette faute de son Oracle, M. de Vaugelas, il ust esté plus indulgent à excuser la mienne : si cette petite méprise doit estre appelée une faute ; le mot de *nomen* & celui de *verbum* estant la mesme chose. Quintilien a cité demesme, *Agrestem tenui Musam meditaris avena*, aulieu de, *Silvestrem tenui Musam meditaris avena*. A l'égard du mot de *procudere*, que j'ay mis aulieu de celui de *producere*, je l'ay mis à dessein : me souvenant que plusieurs manuscrits citez par Lambin, avoient cette leçon ; & que Lambin & M. Guyet, la préférent à celle de *producere*.

Et elle est en effet meilleure que celle de *producere*. *Procudere*, c'est *de novo cudere*; *præter vetera cudere* : ce qui vient bien avecque *signatum præsente nota* : qui est une métaphore prise de la monnoie. *Signatum præsente nota*, c'est à dire, *signatum præsentis temporis charactere* : marqué au coin du tans présent : marqué au coin de la monnoie qui a cours. Et à ce propos il est à remarquer, que les Auteurs, en parlant du langage, se servent d'ordinaire de la comparaison de la monnoie. *Consuetudo verò, certissima loquendi magistra : utendumque planè sermone, ut numo, cui publica forma est*, dit Quintilien. τᵦ ὀνόματος, ὥσπερ νομίσματος, μετέπεσεν ἡ δύναμις, dit Thémistius, en parlant du mot de *Sophiste*. *Sergius Flavius Fabianus, cùm Philosophiam civitate donare vellet, multa vocabula novaverat : neque enim aliter fieri poterat ; cùm in Græco quoque sermone, qui Romano immensum quantùm copiosior est, veteres illi necesse habuissent multa procudere*, dit Muret, au chapitre 10. du livre XV. de ses Diverses Leçons. Et j'ay affecté particuliérement de mettre *procudere* dans le vers d'Horace dont est question, a cause de l'interprétation que M. de Vaugelas a donnée au mot *producere*. *Outre*, dit-il, *que ce passage du Poëte, ne permet que d'étendre des mots qui sont déja faits, & non pas d'en faire de tout nouveaux*. Il est certain qu'Horace parle en ce vers de la permission de faire des mots tous nouveaux : comme il paroist par ce qui suit, & par ce qui précéde. Voicy ce qui précéde:

In verbis etiam tenuis, cautusque serendis
Dixeris egregiè, notum si callida verbum
Reddiderit junctura novum. si fortè necesse est
Indiciis monstrare recentibus abdita rerum,
Fingere cinctutis non exaudita Cethegis
Continget; dabiturque licentia sumpta pudenter.
Et nova, fictáque nuper, habebunt verba fidem, si
Græco fonte cadant, parcè detorta. quid autem
Cæcilio, Plautóque dabit Romanus, ademptum
Virgilio, Varióque? ego cur acquirere pauca
Si possum, invideor? cùm lingua Catonis & Enni
Sermonem patrium ditaverit, & nova rerum
Nomina protulerit. Licuit, semperque licebit,
Signatum præsente nota procudere nomen.

Voicy ce qui suit:
Vt silvæ foliis pronos mutantur in annos;
Prima cadunt, ita verborum vetus interit ætas,
Et juvenum ritu florent modò nata, vigentque.
Debemur morti nos, noströque: sive receptus
Terrâ Neptunus classes aquilonibus arcet,
Regis opus: sterilisve diu palus, aptáque remis
Vicinas urbes alit, & grave sentit aratrum:
Seu cursum mutavit, iniquum frugibus, amnis,
Doctus iter melius. Mortalia facta peribunt;
Nedum sermonum stet honos & gratia vivax.

Multa

Multa renascentur, quæ jam cecidêre ; cadentque.

Quæ nunc sunt in honore vocabula; si volet usus ;

Quem penes arbitrium est, & jus, & norma loquendi.

Producere, en cet endroit d'Horace ; supposé qu'il faille lire de la sorte ; signifie *in notitiam hominum deducere*, comme l'a interprété l'ancien Commentateur : qui est aussi l'interprétation de Lambin. Producere ; ce sont les termes de Lambin ; *est proferre in lucem ; seu protrahere in medium, ut loquitur Lucretius.*

Je demeure pourtant d'accord, que Turnébe a expliqué le mot de *producere*, de la mesme façon, apeuprés, que M. de Vaugelas. *At verò, Signatum præsente nota producere nomen, vocabulum est innovare: eâ tamquam formâ moneta percussum, quæ in usu est: ut cùm* armatura *diceretur ab* armo; vectura, *à* veho ; Terentius *curaturam eadem forma dixit, à* curo; Plautus *cursuram à* curro. *Atque hoc est, signare & cudere nummum usitatâ & receptâ formâ.* C'est au chapitre 31. du livre ix. de ses Adversaria.

Aprés avoir montré que je n'ay point imposé à M. de Vaugelas, il me reste à faire voir, que je n'ay pas non-plus imposé au P. Bouhours. En voicy la preuve. Il dit dans son Entretien de la Langue, en parlant de Messieurs de Port-Royal : *Car ils ne font point de difficulté de faire des mots nouveaux. Et ils prétendent mesme avoir ce*

Tome II. P

droit-là. *Comme si des particuliers, & des solitaires, avoient une autorité que les Rois mesmes n'ont pas.* Il dit la mesme chose dans son livre des Doutes. *Vne personne particuliére, de quelque qualité qu'elle soit; fust-ce un Prince, ou un Souverain; bien loin de pouvoir ajouter des mots à la Langue, ne peut pas mesme ajouter une lettre à l'Alphabet.* J'ay remarqué au chapitre 230. de la prémiére partie de ces Observations, que le P. Bouhours estoit un mauvais Logicien, & que c'estoit beaucoup plus d'ajouter une lettre à l'Alphabet, que d'ajouter des mots à la Langue. J'ay remarqué au mesme chapitre, que ces passages du P. Bouhours estoient pris de M. de Vaugelas : car comme je l'ay déja dit plusieurs fois, le P. Bouhours est le singe de M. de Vaugelas. *Simia, quàm similis turpissima bestia nobis!* Voicy l'endroit de M. de Vaugelas, qui est de sa Préface : *Il n'est permis à qui que ce soit de faire de nouveaux mots : non pas mesme au Souverain.* Et moi, j'ay dit à ce propos, qu'il estoit permis à tout le monde; mais qu'il n'estoit pas donné à tout le monde de faire des mots. Car il ne suffit pas de faire des mots, il faut que le public les homologue. Et les Souverains qui ont le pouvoir de donner le droit de bourgeoisie aux personnes, n'ont pas le pouvoir de donner le droit de bourgeoisie aux paroles. C'est ce que le Grammairien Pomponius Marcellus dît un jour au Jurisconsulte Capito. *Pomponius Marcellus, cùm ex oratione Tiberium reprehendisset, affirman-*

te Ateio Capitone, & esse illud Latinum, & si non esset, futurum. Certè jam inde mentitur, *inquit,* Capito : Tu enim, Cæsar, civitatem dare potes hominibus, verbis non potes. Ce sont les termes de Suétone dans la Vie de ce Grammairien.

Le P. Bouhours, pour s'excuser, & pour excuser M. de Vaugelas, dit que M. de Vaugelas & lui n'ont voulu dire autre chose, sinon qu'il n'appartenoit pas aux particuliers d'établir des mots, quoyqu'il leur appartienne de les inventer. Mais les termes de leurs passages sont toutafait contraires à cette interprétation. Et à l'égard du P. Bouhours ; (car pour M. de Vaugelas il ne pouvoit pas dire plus nettement qu'il n'estoit pas permis de faire des mots, qu'il l'a dit au passage de sa remarque du barbarisme, cy-dessus rapporté.) A l'égard, dis-je, du P. Bouhours, Cléanthe a entendu le passage de l'Entretien de la Langue de la mesme façon que je l'ay entendu. Les paroles de Cléanthe méritent d'estre rapportées en ce lieu. Les voicy : *Les personnes habiles exposent des mots nouveaux au public, & les hazardent pour tascher d'enrichir la Langue. Y a-t-il là quelque chose qui mérite que l'Auteur s'écrie publiquement,* Bon Dieu quelle façon de parler ! quel langage ! cela m'est insuportable : *& tout ce qu'une Précieuse pourroit dire.* On sait bien que dans les Langues il faut que la raison céde à l'usage : mais cela n'empesche pas qu'on ne puisse aussi essayer peu à peu d'y accommoder l'usage à la raison;

P ij

puisque sans cela les Langues ne peuvent jamais estre parfaites. Mais l'Auteur des Entretiens s'en mocque : & quelque raison qu'on lui puisse donner, il ne veut pas qu'il soit jamais permis de faire des mots nouveaux. Comme si, dit-il en riant, des particuliers, & des solitaires, avoient une autorité que les Rois mesmes n'ont pas. En vérité, MONSIEUR, je n'avois pas encore ouï dire qu'il falust une autorité plus que Royale, pour former de nouveaux mots. Et je croiois mesme, que sans nulle autorité, il ne faloit qu'un peu de Grammaire. Je ne say point non-plus pourquoy les Rois n'en pourroient pas faire, s'il leur plaisoit de s'y appliquer : ny si de là il s'en suivroit que les particuliers n'en pussent faire, non-plus que les Rois : comme si l'on ne sçavoit pas que ce n'est point là l'occupation de la Majesté, ny l'exercice de l'art de regner : mais seulement l'ouvrage d'un Grammairien.

Mais il n'est pas seulement permis de faire des mots, il est necessaire d'en faire, lorsqu'il est question d'exprimer des choses nouvelles. Et c'est dont le P. Bouhours luimesme demeure d'accord. Il n'y a, dit-il, dans son livre des Doutes, qu'une occasion, à proprement parler, où il soit permis de faire un mot nouveau dans une Langue déja faite. C'est lors qu'il faut exprimer une chose toute nouvelle. Car les mots estant les signes des choses, ils doivent estre de mesme temps que les choses qu'ils font connoistre. Le Lecteur remarquera s'il lui plaist, en passant, que le

P. Bouhours témoigne encore en cet endroit qu'il n'est pas permis, en général, de faire des mots. Mais pour revenir à son exception, Ciceron permet demesme de faire des mots nouveaux pour exprimer des choses nouvelles. Voicy ses paroles, qui sont du 3. *de Finibus* : *Stoicorum autem non ignoras quàm sit subtile, vel spinosum potiùs, differendi genus: idque cùm Græcis, tum magis nobis, quibus etiam verba parienda sunt, imponendáque nova novis rebus nomina. Quod quidem nemo mediocriter doctus mirabitur, cogitans in omni arte ; cujus usus vulgaris, communisque non sit ; multam novitatem nominum esse ; cùm constituantur earum rerum vocabula, quæ in quaque arte versentur. Itaque, & Dialectici, & Physici, verbis utuntur iis, quæ ipsi Græciæ nota non sunt. Geometræ verò, Musici, Grammatici, etiam more quodam loquuntur suo. Item, ipsæ Rhetorum artes, quæ sunt tota forenses atque populares, verbis tamen, in dicendo, quasi privatis utuntur, ac suis. Atque, ut omittam has artes elegantes & ingenuas, ne opifices quidem tueri sua artificia possent, nisi vocabulis uterentur nobis incognitis, usitatis sibi. Quinetiam Agricultura, quæ abhorret ab omni politiore elegantia, tamen eas res in quibus versatur, nominibus notavit novis. Quò magis hoc Philosopho faciendum est : ars est enim Philosophia vitæ : de qua differens, arripere verba de foro non potest. Quamquam ex omnibus Philosophis Stoici plurima novarunt. Zeno quoque, eorum princeps, non tam rerum inventor fuit, quàm novorum verborum. Quòd si in ea lingua , quam plerique uberiorem putant , concessum à Græcia est , ut doctissimi homines de rebus non pervulgatis , inusitatis verbis uterentur ; quando id vel nobis magis est concedendum ? qui ea nunc primùm audemus attingere.* &c

J'ay rapporté ce passage de Ciceron tout au long, pour réfuter ce que dit le P. Bouhours, que Ciceron n'osoit employer un mot nouveau, ou qu'il ne l'emploioit qu'en tremblant. *Ciceron*, dit-il, dans son livre des Doutes, *doit leur servir de modéle :* Il parle de Messieurs de Port-Royal : *Ce grand Orateur, qui parloit si bien sa langue ; qui parloit si raisonnablement ; & que le Sieur de Chanteresne appelle si mal-à-propos,* un des plus grands parleurs qui furent jamais : *Ce grand Orateur, dis-je, n'osoit presque employer un mot nouveau , ou il ne l'employoit qu'en tremblant. Il avoit autant de scrupule de dire* indolentia, medietates, declamitans, *qu'en auroit une personne fort chaste de prononcer une parole, à laquelle on pourroit donner une interprétation mal-honneste. Il ne disoit jamais ces mots, sans les adoucir par un* Je n'ose presque parler de la sorte ; pour dire ainsi ; c'est ainsi que quelques-uns parlent. *Et il reprit Antoine publiquement, de s'estre servi d'un mot nouveau : ou plustost il l'en accusa, comme d'un crime, & l'en railla, comme d'une sotise. Au contraire, Quintilien loue Ciceron, d'avoir fait difficulté ; tout Ciceron qu'il estoit ; d'employer un mot qu'il avoit lui-mesme inventé.*

Tout ce que dit là le P. Bouhours de Ciceron, est faux : & j'ose dire à ce propos, que le P. Bouhours n'a jamais lu, ny Ciceron, ny Quintilien. Il est vray que Ciceron se servant des mots *indolentia, medietates, declamitans*, les a accompagnez (mais en un seul endroit) de quelques adoucissemens. *Num voluptas idem est, quod, ut ita dicam,* indolentia. C'est au livre 2. *de Finibus.* ¶ *Partes rursus intervallis ita locabat, ut singulis essent bina media : vix enim audeo dicere* medietates, *quas Græci μεσότητας appellant : sed quasi id dixerim, ita intelligatur.* C'est dans son traité *de Vniversitate.* ¶ *Commentor declamitans ; sic enim nunc loquuntur ; sæpe cum M. Pisone,* &c. C'est dans le livre 3. *de Claris Oratoribus.* ¶ Et il en a usé de-mesme à l'égard d'*urbanus* & de *favor. Hominem, non solùm sapientem, verumetiam, ut nunc loquimur,* urbanum, dit-il, dans l'épitre 8. du livre 3. de ses Epitres Familiéres. Et dans l'Oraison pour Ligarius : *Ei qui pendet à rebus levissimis ; qui rumore, &, ut ipsi loquuntur,* favore *populi tenetur & ducitur.* Mais il n'est point vray qu'il ne se soit jamais servi de ces mots, sans les adoucir. Il a dit dans le 3. des Offices : *Qui res expetendas, vel voluptate, vel indolentiâ metiuntur* Et dans le 2. *de Finibus : Neque Hieronymus voluptatis nomine umquam utitur pro illa indolentia.* Il a dit dans le 1. *de Oratore : Græci, qui annos complures, sedentes, declamitant.* Et dans le 1. des Tusculanes : *Vt enim antea declamitabam causas,* &c. Et dans l'épitre 2. du livre XVI. *Præterea declamitare Gracè apud Cassium institui.* Il a dit dans la 3. des Oraisons contre Verrès : *Homo lautus & urbanus.* Et dans l'Oraison pour sa Maison : *Et homo facetus inducis etiam sermonem urbanum & venustum.* Il a dit dans l'Oraison pour Roscius, le Comédien : *Quam exspectationem, quod studium, quem favorem secum in scenam attulit Panurgus?* ¶ Le mot de *novissimus* estoit un mot tout neuf du tans de Ciceron, selon le témoignage de Varron, au livre V. de ses Commentaires de la Langue Latine. Cependant Ciceron s'en est servi en plus d'un endroit; comme aussi de *novissimè*; & sans aucun adoucissement. Et Aulu-Gelle, qui dit qu'il ne s'en est point servi, se trompe manifestement. Le mot de *declamatio* estoit de mesme tres-nouveau du tans de Ciceron, comme nous l'apprenons de ces mots de la Préface de Sénéque, le Pére, sur le premier livre de ses Controverses : *Declamatio apud nullum auctorem antiquum, ante ipsum Ciceronem & Calvum, inveniri potest :* & cependant ce mot se trouve aussi en plusieurs endroits des ouvrages de Ciceron : & toujours sans aucun adoucissement. ¶ Il n'est point vray non-plus, que Quintilien ait loué Ciceron d'avoir fait difficulté d'employer le mot de *veriloquium* : car c'est de ce mot dont le P. Bouhours veut parler. Voicy les termes de Quintilien : *Veriloquium ipse Cicero qui finxit, reformidat.* Quintilien narre simplement la chose, sans loüer, ny blasmer Ciceron.

Et il n'eſt point vray encore que Ciceron ait accuſé Antoine, comme d'un crime, ny qu'il l'ait raillé, comme d'une ſotiſe, pour avoir fait le mot de *piiſſimus* : car c'eſt auſſi de ce mot dont le P. Bouhours veut parler. Voicy les termes de Ciceron : *Tu porrò, ne pios quidem, ſed piiſſimos quæris : & quod verbum omnino nullum in Lingua Latina eſt, id propter tuam divinam pietatem novum inducis.* C'eſt dans la 13. Phillipique : où Ciceron répont à ces mots d'Antoine, *Mihi quidem conſtat, nec meam contumeliam, nec meorum ferre*, &c. *nec Lepidi ſocietatem violare, piiſſimi hominis.* Ce mot de *piiſſimus* a eſté enſuite employé par Quinte-Curce & par Sénéque : & Ciceron vray-ſemblablement ne l'a repris que pour avoir occaſion de railler ſur la piété de ſon adverſaire.

Mais tant s'en faut que Ciceron fuſt ennemi des mots nouveaux, que c'eſt aucontraire de tous les auteurs celui qui en a fait davantage. Outre un nombre infini de mots Philoſophiques, comme, *proegmena, apoproegmena*, &c. il a fait *incomprehenſibile, beatitas, beatitudo, mulieroſitas, Sullaturire, proſcripturire, Appietas, Lentulitas, veriloquium, eſſentia, indolentia*; ou *indoloria*, ſi les exemplaires de Sidonius Apollinaris ne ſont point fautifs. Et non ſeulement il n'uſt point fait difficulté de ſe ſervir des mots nouveaux de Quintilien, de Pline, & de Tacite, s'il uſt veſcu de leur tans ; mais il uſt eſté bien aiſe de s'en ſervir. C'eſt la pensée de Muret, au chapitre 1. du livre xv. de ses Diverses Leçons. *Equidem*, dit-il, *existimo Ciceronem, si ad Quintiliani & Plinii & Taciti tempora vitam producere potuisset, & Romanam Linguam multis vocibus eleganter conformatis, eorum studio auctam ac locupletatam vidisset, magnam eis gratiam habiturum, atque illis vocibus cupidè usurum fuisse.* Ciceron, par exemple, ne s'est point servi du mot de *possibilis*, ny de celui d'*impossibilis*: car ces mots n'estoient pas encore faits de son tans : & aulieu d'*impossibile*, il dit toujours *id quod fieri non potest.* ¶ Je remarqueray icy en passant, que ce qui est dit dans le Calepin de Passerat, que Plaute dans sa Comédie, intitulée *Stichus*, s'est servi du mot de *possibile*, est absolument faux. Il y a dans Plaute,

Prostibili est autem, stantem stanti savium
Dare amicam amico:

& non pas, *Possibile est autem*. C'est en la scéne sixiéme de l'Acte cinquiéme. ¶ Mais Quintilien a employé *impossibilis* purement & simplement, & comme un mot établi : & à l'égard de *possibilis*, il l'a employé avec adoucissement. δυνατὸν, *quod nostri* possibile *nominant: quæ ut dura videatur appellatio, tamen sola est.* C'est au chapitre 8. du livre troisiéme. Et qui doute que Ciceron ne se fust volontiers servi de ces mots, s'il ust vescu du tans de Quintilien, ou après Quintilien ; & qu'il n'ust mieux aimé dire *impossibilis condicio*, qu'*ἀδύνατος condicio*, comme ont dit les Jurisconsultes Julien & La-

LANGUE FRANÇOISE. 179

bco : celui-cy dans la loi 20. *de conditioni-*
bus inftitutionum, & Julien dans la loi 104.
de Legatis primo. ¶ Il eft vray pourtant que
Ciceron eftoit affez refervé à employer
des mots nouveaux dans fes Oraifons. Et
c'eft auffi dans ces fortes de Difcours qu'il
faut eftre refervé à les employer : car le
peuple devant qui on parle, & qui ne juge
des mots que par la couftume, eft choqué
des expreffions qu'il n'a pas accouftumé
d'entendre. Et c'eft fans doute la raifon
qu'avoit Celfus, pour fouftenir qu'il n'e-
ftoit pas permis de faire un mot dans une
Oraifon. C'eft donc particuliérement aux
Poëtes, aux Grammairiens, aux Médecins,
aux Philofophes, aux Mathématiciens, &
aux Théologiens, qu'il eft permis de faire
des mots.

Mais il ne nous eft pas feulement permis
de faire des mots pour exprimer des chofes
nouvelles, nous pouvons en faire auffi pour
exprimer les anciennes, qui n'ont point de
nom. Et il y a un nombre infini de chofes
qui n'en ont point. *Plura funt negotia, quàm*
vocabula, dit le Jurifconfulte. Et il nous
eft mefme permis de donner des noms aux
chofes qui en ont, quand nous leur en
donnons de plus beaux & de plus fignifi-
catifs, que ceux qu'elles ont.

Il faut voir maintenant de quelle façon
on doit fe prendre à faire des mots. Voicy
comme le P. Bouhours a traité cette matiére dans fon livre des Doutes : *Il faut*
que les mots qu'on invente, foient faits felon

l'analogie de la Langue. Et comme Horace vouloit que les mots Latins que l'on faisoit de nouveau, fuſſent dérivez de la Langue Grecque, la raiſon & l'uſage veulent que les mots François que l'on fait nouvellement, ſoient tirez en quelque façon du Latin, ou des autres Langues, qui, comme la Langue Françoiſe, ont la Langue Latine pour leur mére. Mais il ne ſuffit pas qu'un mot ſoit fait dans les régles, il faut le propoſer au public. Et c'eſt le ſeul droit qu'ont les bons Auteurs : encore le doivent-ils faire avec de certaines précautions. Prémiérement, ſi le mot qu'ils propoſent, eſt de leur façon, il ne faut pas qu'ils le diſent. Le public eſt délicat : Il faut lui laiſſer croire qu'il ne doit ce mot à perſonne, ou qu'il ne le doit qu'à lui-meſme. C'eſt aſſez pour l'obliger à deſavouer cet enfant expoſé, que quelqu'un s'en déclare le pére. Et c'eſt ce qui me fait craindre que Proſateur ne paſſe point ; quelque beau & quelque commode qu'il ſoit. Il paſſeroit peuteſtre, ſi M. Ménage n'avoit point dit ſi affirmativement & ſi hautement, J'ay dit Proſateur. De plus, il me ſemble que les Auteurs qui propoſent un mot au public ſe doivent bien donner de garde d'uſer de ce mot, comme ſi l'uſage l'avoit receu. Il faut qu'ils le propoſent d'un air modeſte, & qu'ils y mettent les adouciſſemens que M. de Vaugelas demande. Par exemple : Si j'oſe parler de la ſorte : pour uſer de ce mot : s'il m'eſt permis de me ſervir d'un terme qui n'eſt pas François, ou qui n'eſt pas encore établi.

Examinons

Examinons d'ordre tous ces beaux préceptes de nostre Aristarque.

IL FAUT QUE LES MOTS NOUVEAUX SOIENT FAITS SELON L'ANALOGIE.] Cela est vray: mais il n'est pas nécessaire, comme je l'ay déja dit ailleurs, que les mots nouveaux de nostre Langue soient tirez du Latin, ou des autres Langues, qui, comme la Françoise, ont la Langue Latine pour leur mére. Nous en avons un grand nombre qui sont tirez de l'Alleman, du Flaman & de l'Anglois.

SI LE MOT QU'ILS PROPOSENT EST DE LEUR FAÇON, IL NE FAUT PAS QU'ILS LE DISENT.] Pourquoy ce précepte ? car qui est l'Auteur qui en se servant d'un mot qu'il vient de faire, ajoute ensuite, d'un ton affirmatif comme dit ailleurs le P. Bouhours; *ce mot est de ma façon* ? Mais un Auteur qui aura fait un mot, pourra bien dire en d'autres occasions qu'il aura fait ce mot; comme je l'ay fait voir par l'exemple de Ronsard & de Joachin Du-Bellay. Et tant s'en faut que ce que dit icy nostre Critique, que le public rebute un mot quand il en connoist l'auteur, soit véritable; que ce lui est aucontraire une raison de l'accepter, quand il sait que ce mot a esté fait par un Auteur célébre; comme je l'ay fait voir aussi dans la prémiére partie de ces Observations, par ces mots de Quintilien : *Excutiendum omne scriptorum genus, non propter historias modò, sed verba, quæ frequenter jus ab auctoribus sumunt.*

PROSATEUR PASSEROIT PEUTESTRE, SI

Mʀ Menage n'avoit point dit si affirmativement et si hautement, J'ay
fait Prosateur.] Il est tres-faux que j'aye dit, ny tres-affirmativement, ny tres-hautement que j'usse fait *Prosateur.* Voicy comme la chose s'est passée. J'ay fait dans la prémiére partie de ces Observations un chapitre des Inventeurs de quelques mots François. Après avoir dit dans ce chapitre, que Lazare de Baïf, que Marot, que Ronsard, que Du-Bellay, que Desportes, que Malherbe, que le Cardinal de Richelieu, que M. de Balzac, que M. Sarasin, que M. de Segrais, que Madame la Marquise de Rambouillet, avoient fait quelques mots, j'ay ajouté, que de mon costé j'avois aussi fait le mot de *Prosateur.* Voicy mes termes: *J'ay fait* Prosateur, *à l'imitation de l'Italien* prosatore ; *pour dire un homme qui écrit en prose :* ὁ πεζογράφος. *On disoit auparavant* Orateur. *Charles Fonteine dans son Epitre à Sagon & à la Hueterie :*

  On jugeroit que ces Compositeurs
  Sont aussitost Poëtes qu'Orateurs.

Et dans son Quintil Censeur : Duquel nom *païs, venu de fonteine Grecque, tous les anciens Poëtes & Orateurs François en cette signification ont usé. M. de Balzac dans son Socrate Chretien :* A vostre avis, est-il permis à un Orateur, & mesme à un Poëte, de dire que Godefroi de Bouillon, & tant d'autres Héros Chrétiens, ont esté planter leurs lauriers jusque sur les rives de l'Euphrate? *Ce qui ne signifioit pas ce qu'on vous loit dire : car* Orateur *est celui qui parle en public, ou qui compose des Oraisons. Ce mot de* Prosateur *nous estoit donc necessaire. Et qui diroit, par exemple, en parlant de M. d'Ablancourt, que c'est le prémier Orateur de France, pour dire que c'est l'homme de France qui écrit le mieux en prose, parleroit sans doute tres-improprement : car M. d'Ablancourt n'a jamais parlé en public, & n'a jamais fait que des versions.*

   Il a mis en lumiére, & n'est pourtant
      Auteur :
   Et la raison en est, qu'il n'est que Traducteur.

Où est là cette affirmation hautaine ? où est cette hauteur extréme, dont parle le P. Bouhours ? Le P. Bouhours dit ailleurs : *M. Ménage avoue de bonne foi que* Prosateur *est un mot de sa façon.* Ne diriez-vous pas, comme je l'ay dit aussi ailleurs, que selon le P. Bouhours, c'est faire un crime, que de faire un mot ? Le P. Bouhours a répondu à cette réponse, en ces termes : *L'Auteur des Doutes ne sait ce que c'est que d'accuser les gens à faux : la Basse-Bretagne n'est pas le païs des faux témoins.* Après avoir parlé d'accusation, il faloit dire, pour parler juste, *La Basse-Bretagne n'est pas le païs des calomniateurs.* Mais le P. Bouhours qui parle sans cesse de justesse, ne sait ce que c'est que justesse.

   Il faut qu'ils le proposent d'un air modeste, et qu'ils y mettent les adoucissemens que MR de Vaugelas

DEMANDE. PAR EXEMPLE, SI L'OSE PARLER DE LA SORTE, &c.] J'ay répondu à cet article, qu'il n'estoit pas vray qu'il falust toujours user de ces correctifs : que c'estoit particuliérement aux Poëtes qu'il estoit permis de faire des mots : & que les Poëtes ne pouvoient jamais se servir de ces correctifs : car il seroit ridicule après avoir employé un mot nouveau dans un vers, d'ajouter un autre vers, pour dire, *s'il m'est permis de me servir d'un terme qui n'est pas François, ou qui n'est pas encore établi.* Et j'ay dit ensuite : *Il est vray néanmoins que les Prosateurs en usent souvent de la sorte: mais ce n'est particuliérement que lorsque les mots nouveaux dont ils se sont servis, sont, ou insolens, ou trop hardis, & qu'il y a du hazard à les employer. C'est ce qui a esté judicieusement remarqué par Quintilien: lequel il faloit citer à ce propos, & non pas M. de Vaugelas.* Et si quid periculosius finxisse videmur, quibusdam remediis præmuniendum est: ut ita dicam: si licet dicere: quodammodo : permitte mihi sic. *Mais outre que le mot de Prosateur n'a rien, ce me semble, ny d'insolent ny de trop hardi ; ayant esté fait sur l'Italien* prosatore, *qui est un mot connu de tous ceux qui savent l'Italien ; (& qui est l'homme de lettres qui ne sait pas l'Italien?) quand je l'ay employé la prémiére fois, ç'a esté, non seulement avecque toutes les précautions, tous les correctifs, & tous les adoucissemens que M. de Vaugelas demande pour un mot nouveau, mais encore avecque* toutes les raisons que j'avois de me servir de ce mot tout neuf. Ce fut dans une lettre Critique que j'écrivis il y a plus de trente ans à M. Bautru, Introducteur des Ambassadeurs, au sujet des Observations de M. Costar sur l'Ode de M. Chapelain au Cardinal de Richelieu, & sur celle de M. Godeau. M. Bautru & M. Costar approuvérent ce mot. Et c'est ce qui m'obligea de m'en servir ensuite sans aucun adoucissement en plusieurs endroits de mes Observations sur Malherbe : comme en celui-cy, qui est à la page 248. Et afin qu'on ne croye pas que ce soit une licence poëtique, il est à remarquer, que les Prosateurs, aussibien que les Poëtes, en ont usé de la sorte. Ie l'ay depuis employé demesme en plusieurs endroits de ces Remarques sur la Langue Françoise : & ç'ust esté une chose toutafait ridicule, si à chaque endroit où je l'ay employé, j'y usse ajouté les précautions que demande M. de Vaugelas. ¶ J'ajoute à toutes ces choses, que le P. Bouhours a lui-mesme employé dans la Préface de ses Remarques le mot d'*arrangées* dans une signification toute nouvelle, non seulement sans l'adoucir, mais sans le marquer d'Italique; contre ses maximes. Et j'ajoute encore, que Ciceron s'est servi, sans les adoucir, de *Sullaturire* & de *proscripturire*, qui estoient des mots, non seulement nouveaux, mais étranges : *Ita Sullaturit animus ejus, & proscripturit diu.* C'est dans ses lettres à Atticus, ix. 10.

Le P. Bouhours m'a répondu, en ces termes : *Monsieur Ménage n'aime point ces correctifs* : & *à moins que les mots nouveaux ne soient, ou insolens, ou trop hardis, il ne juge pas à propos qu'on y en mette.* Il s'appuie pour cela sur l'autorité de Quintilien: sans considerer que le passage qu'il cite, ne lui est point du tout favorable. Le voicy en Latin & en François. Si quid periculosius finxisse videmur, quibusdam remediis præmuniendum est : ut ita dicam : si licet dicere: quodammodo : permitte mihi sic. C'est à dire, Si nous faisons quelque mot qui coure risque d'estre rebuté, ou de n'estre pas bien receu ; en le hazardant, il ne faut pas manquer d'y apporter des précautions & des adoucissemens, qui aident à le faire passer. Par exemple : pour parler ainsi : en quelque façon : s'il m'est permis de m'exprimer de la sorte : permettez-moi d'user de ce terme. *Comment* M. Ménage, *qui sait tant de Latin, n'a-t-il pas pris garde, que* periculosius *ne signifioit, ni insolent, ni hardi ?*

REPONSE.

Il est vray que *periculosius* ne signifie ny *insolent*, ny *hardi* : mais outre qu'il renferme ces deux mots ; car c'est parceque les mots sont, ou insolens ou hardis, qu'il y a du péril à les employer ; j'ay fait mention en termes exprès de ce péril. Voicy mes paroles : *Il est vray néanmoins que les Prosateurs en usent souvent de la sorte : mais ce n'est particuliérement que lorsque les mots nouveaux dont ils se sont servis, sont, ou in-*

solens, ou trop hardis, & qu'il y a du hazard à les employer. Longin s'est servi demesme, au sujet des métaphores trop hardies, du mot de παρακινδυνευμένῳ, qui signifie tres-périlleusement. Διόπερ ὁ μὲν Ἀριστοτέλης, ϗ ὁ Θεόφραστος μειλίγματά φασι τῶν θρασέων εἶναι ταῦτα τῶν μεταφορῶν, τὰ, Ὡσπερεὶ φάναι· ϗ, Οἱονεὶ· ϗ, Εἰ χρὴ τοῦτον εἰπεῖν τὸν τρόπον· ϗ, Εἰ δεῖ παρακινδυνευμένῳ λέξαι. ἡ γὰρ ὑπολίμπησις, φασὶ, ἰᾶται τὰ τολμηρά. Quocirca Aristoteles & Theophrastus audaciorum translationum hac aiunt esse lenimenta quædam: ut sic dicam: &, tamquam: item, si in hunc modum loqui oporteat: &, si quid periculosius dicere fas. Etenim excusatio, inquiunt, remedium est contra nimiam in metaphoris audaciam.

Quintilien, en parlant de ces métaphores qui sont trop hardies, aulieu du mot de *periculosius*, s'est servi de celui de *licentius*. Voicy l'endroit. *Quod idem etiam in iis quæ licentiùs translata erunt, proderit, quæ non tutò dici possunt In quo non falli judicium nostrum, solicitudine ipsa manifestum erit. Qua de re Græcum erit illud elegantissimum, quo præcipitur ita,* προεπιπλήσσειν τῇ ὑπερβολῇ. προεπιπλήσσειν τῇ ὑπερβολῇ, c'est, *præfatione hyperbolam castigare.*

Ce que le P. Bouhours dit de M. Bautru & de M. Costar ; que l'un estoit d'humeur à se réjouir de tout ; & que l'autre avoit une complaisance infinie, qui lui fesoit souvent approuver ce qu'il n'estimoit pas ; c'est à dire, que l'un estoit un moqueur, &

l'autre un flateur ; est une pure injure, qui ne mérite point de réponse.

J'ay dit ensuite : *Car en usant de ces correctifs, s'il en faloit necessairement user, ce seroit faire paroistre au public qu'on seroit auteur de ces mots ; qui seroit la mesme chose que de le dire en termes exprès.* Le P. Bouhours dit là dessus : *J'avoue ingenument ma foiblesse. Ce raisonnement me passe : & je ne voy pas la contradiction qui est évidente à* M. *Ménage. Car enfin, supposons qu'aucun homme en France ne sçait (* je dirois ne sache *) que* M. *Ménage a inventé* Profateur *: supposons qu'il a fait (* je dirois qu'il ait fait *) un mystére de ce mot à tous ses amis ; & qu'en parlant, ou en écrivant, il dise* Profateur *avec un correctif, si j'ose parler de la sorte, ou, pour user de ce mot ; qui devinera que* M. *Ménage a fait* Profateur *? qui le dira positivement ? On s'en doutera peuteſtre : mais on croira peuteſtre aussi, qu'il a appris ce mot d'un autre, ou qu'il l'a trouvé dans quelque vieux Dictionnaire. De sorte que le correctif ne déclare rien : cela ne va tout au plus qu'à un peuteſtre : & ce peuteſtre suffit pour empeſcher que le public ne se revolte contre un mot. Il n'y a qu'une déclaration précise & faite d'un ton affirmatif, qui gaſte tout.* ¶ Réponse; Mon raisonnement est tres-bon S'il estoit véritable qu'il faluſt nécessairement user de correctifs en usant d'un mot qu'on a fait ; quand un homme, après s'eſtre servi d'un mot inuſité, useroit de correctifs, on croiroit qu'il seroit l'auteur de ce mot, quoyqu'on n'en fuſt pas toutafait aſſuré : & cette créance ſuffiroit ; dans la penſée du P. Bouhours ; pour faire revolter le public contre ce mot : car ce n'eſt pas la vérité des choſes ; c'eſt la créance que nous avons des choſes , qui agit ſur noſtre jugement. Je ne ſuis pas aſſuré , par exemple , que Quintilien ait fait le mot d'*operoſitas* , qui eſt au chapitre 3. du livre 8. de ſes Inſtitutions. *Eſt etiam quæ περιεργία vocatur, ſuperuacua, ut ſic dixerim , operoſitas.* Mais je le croy néanmoins : & la raiſon que j'ay de le croire, c'eſt que Quintilien dit , *ut ſic dixerim ; afin que je parle de la ſorte* ; & que ſi ce mot eſtoit d'un autre, il diroit , *pour me ſervir de ce mot , qui eſt d'un tel auteur.* Et cette créance ſuffiroit ſans doute pour me faire revolter contre ce mot , s'il eſtoit vray , comme le prétent le P. Bouhours, qu'on ſe revolte contre les mots dont on ſait l'auteur.

Pour concluſion : Je ne ſuis pas ſi artificieux que le P. Bouhours : Je n'y entens pas tant de fineſſes que lui. Je me ſuis ſervi du mot de *Proſateur*, à l'imitation de l'Italien *proſatore* ; noſtre Langue n'ayant point de mot pour exprimer ce que ce mot Italien ſignifie. Et je n'ay pas cru que j'en duſſe faire un myſtére ny un ſegret, dans un endroit où je parlois des inventeurs des mots François : & particuliérement plus de trente aprés que je m'en eſtois ſervi la prémiére fois.

Je finis ce long diſcours , par ce que j'ay dit au chapitre 230. de la prémiére partie de ces Observations : Si on ne feſoit point de mots nouveaux, comme un nombre infini de mots ſe perdent tous les jours ; nous ſerions bien-toſt réduits à nous parler par ſignes.

Addition au Chapitre précédent.

CHAPITRE LV.

JE compoſe ces Remarques dans le cours de l'édition. Le P. Bouhours a raiſon de m'en blaſmer ; & je m'en blaſme moi-meſme. Mais cependant je les compoſe de la ſorte : & dans cette précipitation, il ne ſe peut faire que je n'oublie beaucoup de choſes. J'ay oublié au chapitre précédent de répondre à un des plus forts argumens dont ſe ſert le P. Bouhours, pour montrer qu'il n'eſt pas permis de faire des mots ; cet argument eſtant fondé ſur l'autorité du plus ſavant des Romains. Dans une choſe auſſi incroyable qu'eſt celle dont je vais parler, touchant une bévenue du P. Bouhours, je me ſens obligé de rapporter icy ſes propres termes, afin qu'on ne croye pas que je lui aye impoſé. Voicy donc ſes termes, qui ſont de la page 66. du livre de ſes Doutes:

Que diray-je des faiſeurs d'élévement (Il parle de Meſſieurs de Port-Royal) *d'effacement ; de* proſternement ; *d'abrégement; d'enyvrement, &c. Qu'en dites-vous, vous mesmes*, Messieurs ? *N'est-ce pas le plus seur de ne rien innover dans la Langue ? On risque beaucoup en faisant un nouveau mot. S'il est bien receu, on acquiert peu de gloire : s'il est rebuté, on s'attire la raillerie du public. Aussi un Grammairien, fort galant homme, condamne tous les inventeurs de dictions nouvelles. Il y a, dit-il, cette différence entre les yeux & les oreilles, que les yeux se plaisent toujours à voir des objets nouveaux : au contraire, les oreilles ne peuvent souffrir que ce qu'elles ont de coustume d'entendre.*

Ce Grammairien, fort galant homme, ce n'est, ny Servius, ny Donat. Qui le croiroit ? c'est Varron, le plus savant des Romains, & à qui Ciceron parle en ces termes : *Tu ætatem patriæ ; tu descriptiones temporum ; tu sacrorum jura ; tu sacerdotum munera ; tu domesticam ; tu bellicam disciplinam ; tu sedem regionum & locorum ; tu omnium divinarum, humanarúmque rerum nomina, genera, officia, causas, aperuisti : plurimúmque Poetis nostris ; omninoque Latinis, & literis nostris luminis attulisti, & verbis. Atque ipse varium & elegans omni fere numero poema fecisti : Philosophiámque multis locis inchoasti ; ad impellendum satis, ad docendum parum.* Le P. Bouhours s'en est expliqué lui-mesme à la marge, par ces mots, *Varro de analogia verborum*. Le Lecteur remarquera s'il lui plaist, que Varron n'a point fait de livre, intitulé *de analogia verborum* : mais que dans le huitiéme & dans le neuviéme de ses livres de la Langue La-

tine, il a traité de l'analogie. Mais Varron dit en ces endroits là tout le contraire de ce que nostre homme lui fait dire. Tant s'en faut qu'il condanne les mots qui sont nouveaux ; qu'il approuve aucontraire tous ceux qu'on renouvelle : car selon Aulu-Gelle, au livre xi. chapitre 16. il n'y a point de différence entre un mot qui est nouveau, & un mot ancien, inconnu, qui est renouvelé. *Nova autem videri etiam dico ea, quæ sunt inusitata & desita, tametsi sunt vetusta.* Mais voyons les paroles de Varron. *Iidem, ex sermone si quid deperiit, non modò nihil impendunt, ut requirant, sed etiam contra indices repugnant, ne restituatur verbum novum, & ratione introductum, quo minùs ut recipiamus, vitare non debemus.* Il ajoute ensuite : ce qui fait voir qu'il n'est point contraire aux mots nouveaux : *Nam ad usum in vestimentis, ædificiis, suppellectili, novitati non impedit vetus consuetudo. Quem enim amor adsuetudinis potiùs in pannis possessorem retinet, quàm ad nova vestimenta traducit ? An non sæpe veteres leges abrogatæ novis cedunt ? nonne inusitatis formis vasorum recentibus à Græcia adlatis obliteratæ antiquæ consuetudinis sinorum & crapidarum species ? His formis vocabulorum contaminari uti nolent quas docuerit ratio, propter consuetudinem veterem ?* Nonius Marcellus a fait un traité *de honestis & novè veterum dictis*, où il cite à tout propos des mots nouveaux de Varron. Et si Varron avoit dit, qu'il y a cette différence entre

tre les yeux & les oreilles, que les yeux se plaisent toujours à voir des objets nouveaux, & que les oreilles aucontraire ne peuvent souffrir que ce qu'elles ont de coustume d'entendre; ce Grammairien, fort galant homme, auroit dit une grande sotise, & une grande fausseté: car il est certain que les oreilles ne sont pas moins capables & moins avides de choses nouvelles, que les yeux. *Non saturatur oculus visu, nec auris auditu impletur*, dit l'Ecclésiaste. Ce que nos oreilles ne peuvent souffrir, c'est aucontraire ce qu'elles ont de coustume d'entendre. Ce sont les répétitions: témoin le proverbe, *Cantilenam eamdem canis.* Et de là vient que nous prenons plaisir aux mots nouveaux; aux histoires nouvelles, aux airs nouveaux; aux chansons nouvelles. Il est parlé en plusieurs endroits de la Bible de *cantique nouveau*, comme d'un cantique agréable.

Τὴν γὰρ ἀοιδὴν μᾶλλον ἐπικλείουσ' ἄνθρωποι,
Ἥτις ἀκουόντεσσι νεωτάτη ἀμφιπέληται.

Eam enim cantilenam magis celebrant homines,
Quæcumque auditoribus recentissima sit,
dit Homére.

—— *Carmina non priùs*
Audita, Musarum sacerdos,
Virginibus, puerisque canto.

dit Horace. πάντα μὲν τὰ νέα, ϰ καλά ἐστι. Toutes les choses nouvelles sont agréables. C'est un mot qui est rapporté par Denis d'Halicarnasse dans son livre de l'Elocution: car

Tome II. R

c'est Denis d'Halicarnasse qui est auteur de ce livre, comme je l'ay remarqué dans mes Commentaires sur Diogéne Laërce, en la Vie de Démétrius Phaleréus : & le P. Bouhours, qui dans ses Doutes sur la Langue Françoise, attribue ce livre à Démétrius Phaleréus, se trompe manifestement. Mais comme il se trompe avecque plusieurs célébres Ecrivains, il faut lui pardonner cette méprise. Mais je ne puis lui pardonner la faute horrible & épouventable qu'il a faite en parlant de Varron. *Multa donanda ingeniis : sed donanda vitia, non portenta sunt*, dit Sénéque, le Rhéteur. Varron n'a rien dit d'approchant de ce que le P. Bouhours lui fait dire. Voicy ses termes : *Et tantùm inter duos sensus interesse volent, ut oculis semper aliquas figuras supellectilis novas conquirant : contrà, aures expertes novitatis velint esse?* Ce qui est dit par maniére d'objection, & non pas par affirmation. C'est adire : comme si ces gens-là vouloient que leurs yeux vissent toujours des choses nouvelles, & que leurs oreilles n'en ouïssent jamais. C'est le sens de Varron : ce qui paroist par ce qu'il avoit dit auparavant, & par ce qu'il dit ensuite. Voicy ce qu'il dit ensuite : *Quotus quisque jam servos habet priscis nominibus? quæ mulier suum instrumentum, atque vasa auri, veteribus vocabulis appellat?*

Voilà le Critique : voilà l'Hypercritique, qui juge souverainement de tous les ouvrages : qui censure mes livres, qui les traite de ridicules. Le jugement des ouvrages,

dit Longin, eſt l'ouvrage d'un homme con-
ſommé dans les ſciences. ή τῶν λόγων κρίσις, πολλῆς ὅτι πείρας τελευταῖον ἐπιγέννημα : Et le P.
Bouhours ne ſait rien. Il ne ſait pas meſ-
me le Latin, comme il paroiſt par le paſſage de Varron que nous avons rapporté, où
il prent l'objection pour la déciſion. En vérité, j'ay grand ſujet de me plaindre de
mes amis, qui m'ont obligé d'entrer en lice contre un ſi indigne adverſaire. Car
quelle gloire puis-je acquérir, en écrivant
de Grammaire contre un homme qui ne
ſait pas meſme les prémiers élémens de la
Grammaire ? Cependant il faut continuer
de répondre à cet indigne adverſaire, pour
abattre l'orgueil, & pour punir l'inſolence
de ce petit Ecrivain, le plus orgueilleux &
le plus inſolent de tous les Ecrivains. *Bo-
hurſo nihil indoctius & ſuperbius.*

---

*S'il eſt vray que ce mot ſelon moi ſoit un
mot de vanité.*

CHAPITRE LVI.

LE P. Bouhours eſt un homme peſtri
d'ignorance & de vanité : ou pluſtoſt,
c'eſt l'ignorance meſme & la vanité meſme;
comme je le feray voir dans la Défenſe de
mes mœurs, & comme Cléanthe l'a fait
voir dans ſes Sentimens ſur les Entretiens
d'Ariſte & d'Eugéne. *Totus tumet, totus ja-*

cet : c'est par où Cléanthe a fini son livre contre le P. Bouhours. Cependant cet homme qui est la vanité mesme, m'accuse sans cesse de vanité. Et le plus fort argument dont il se sert pour m'en conveincre, c'est que j'ay dit, *selon moi ce mot est bon ; selon moi ce mot est mauvais. Mais ce que j'estime infiniment* ; dit-il dans ses Remarques, en parlant de M. de Vaugelas, dont il prétent que je suis l'antipode ; *il ne se loue point : il ne fait point le Docteur : il ne dit jamais* Selon moi ce mot est bon, Selon moi ce mot ne vaut rien ; Dites sur ma parole, *&c. Enfin il ne se propose point pour modéle. Et je suis assuré que si la Traduction de Quinte-Curce avoit paru avant les Remarques sur la Langue Françoise, il n'y auroit pas renvoyé ses Lecteurs, en disant par tout,* Voyez mon Quinte-Curce : Je me suis servi de ce mot dans mon Quinte-Curce : J'ay employé cette phrase dans mon Quinte-Curce.

Quelle insolence ! Mais quelle ignorance ? L'envie, la jalousie, la haine, la rage, la fureur, que ce bon Religieux a contre moi, lui ont troublé son petit cerveau. Cette locution, *Selon moi ce mot est bon ; Selon moi ce mot est mauvais*, est aucontraire pleine de modestie : car elle ne veut dire autre chose, que, *Ie croy pour moi, que ce mot est bon ; Ie croy pour moi, que ce mot est mauvais.* Et elle est beaucoup plus modeste, & moins magistrale, pour user de ce mot, que cette autre, dont le Censeur de nos mœurs se sert à tout propos, *Il faut, dire il ne faut pas dire.* Il dit à la page 201. de ses Remarques : *Il faut écrire l'an mil, & non pas l'an mille, &c. Il faut toujours se servir de soi.* Et à la page 128. *Il faut dire Jeux Séculaires.* Et dans l'Entretien des Devises, à la page 264. de la prémiére édition : *Il ne faut pas aussi unir ensemble des figures qui ne se rencontrent point d'ordinaire.* Il fait bien pis. Il dit, à la page 143. de l'Entretien de la Langue : *Ou je ne m'y connois point, ou cela est un peu Nervése.* Et à la page 145. *Ie suis seur que les gens un peu délicats dans la Langue, n'aimeront pas ces façons de parler.*

Mais ce nouveau Caton qui condanne dans mes écrits *selon moi*, comme une façon de parler fiére, superbe, & arrogante, s'en est servi lui-mesme dans son Entretien du Segret, à la page 177. de la prémiére édition de ses Entretiens : & il s'en est servi dans une matiére bien plus importante que celles où je l'ay employé. *C'est un grand art que celui de se bien taire. Il a ses principes & ses régles, comme celui de bien parler. Voicy selon moi le prémier principe de l'art du secret.* Ainsi ce bon Religieux se trouve conveincu par lui-mesme du crime dont il m'accuse. Mais pourquoy m'accuser de vanité, lorsqu'il n'est question que de Grammaire ? *Ch'a da far la luna con i gamberi ?*

Je répondray ailleurs aux autres argumens du Révérend Pére Bouhours. Cependant je supplie mes Lecteurs d'estre persuadez, qu'il est absolument faux que je me sois jamais proposé pour modelle, ny que je me sois cité de la façon que l'explique mon adversaire : & que c'est lui au-contraire, qui dans sa Kyrielle des Devises se cite lui-mesme, & se propose sans cesse pour modelle. *Mais pour vous donner de meilleurs modelles* ; dit-il à la page 349. de la prémiére édition ; après avoir allégué trois de ses devises sur M. Colbert ; qui sont toutes trois pitoyables ; *il faut que je vous cite l'Auteur de l'Art des Devises, aulieu de me citer moi-mesme.*

La feüe Reine : La feu Reine.

CHAPITRE LVII.

LE P. Bouhours a une rage de me reprendre. Il me reprent mesme dans les choses qui méritent quelque louange. J'ay fait une remarque sur ces mots, *La feüe Reine*, *La feu Reine* : qui est celle de toutes mes remarques qui a u le plus d'approbation. Cependant le P. Bouhours l'a voulu détruire. Le Lecteur jugera s'il a u raison. La voicy :

Plusieurs disent feu en parlant d'une femme : estant persuadez que ce mot vient de fuit ; acause que les Italiens disent la fù Madama, il fù Gran Duca ; & que par consé-quent il est indéclinable. Mais ils se trompent,

& dans leur déciſion, & dans la raiſon de leur déciſion. Feu *ne vient point de* fuit : *il vient de* felix. Felix, felicis, felice, felce, FEU. *L'L ſe change en* U : *comme en* FEUTRE, *de* feltrum : *en* FOUGERE, *de* filicaria, *& en mille autres mots ſemblables : & le* C *ſe pert : comme en* FEU, *de* focus : *en* JEU, *de* jocus : *en* LEU, *ou* LIEU, *de* locus, *&c. Noſtre* feu, *pour* deffunct, *eſt donc le* μακαείτης *des Grecs, & le* felicis memoriæ *des Latins : & il ſe décline.* On dit la feüe Reine Mére, *& non pas* la feu Reine Mére. *C'eſt comme parlent tous ceux qui parlent bien. Le Cardinal d'Oſſat, lettre 3. du livre prémier :* Feüe Madame de Parme. *M. Gombaud a pourtant dit,* Elégie ſur la mort de feu Madame d'Orléans. *Mais M. Gombaud qu'on devroit imiter par tout ailleurs, n'eſt pas en cela à imiter.* La feu *eſt un monſtre de Grammaire.* ¶ J'oubliois à remarquer que fû, *pour* défunct, *ou* défuncte, *ne ſe trouve point dans les anciens livres Italiens ; & que cette façon de parler a eſté introduite vrayſemblablement de la Langue Françoiſe dans la Langue Italienne.*

J'ajoute à ces raiſons, que nous prononçons autrement *feüe* que *feu*. *Feu* ſe prononce plus court que *feüe*.

Voicy la remarque du P. Bouhours : *On demande ſi* feu *ſe dit d'une femme, comme d'un homme, & s'il faut dire* la feu Reine Mére, *ou* la feüe Reine Mére. *Les eſprits ſont partagez là deſſus. La plus ſaine opinion, à mon avis, eſt celle qui fait* feu *indéclina-*

ble. M. Ménage la combat de toute sa force, parce qu'aulieu de faire venir feu de fuit, il le fait venir, par la vertu de son esprit étymologique, de felix : en cette manière : felix, felicis, felice, felce, FEU. Néanmoins, en voulant détruire la feu Reine Mére, il l'établit sans y penser. Car il avoue que les Italiens disent la fù Madama, comme il fù Gran Duca ; & que plusieurs disent la feu Reine. Il cite entre-autres M. de Gombaud, qui a dit, Elégie sur la mort de feu Madame d'Orléans : & il auroit pu citer M. Chapelain, qui estoit pour la feu Reine, contre la feue Reine. M. Patru, M. de Segrais, & d'autres Ecrivains célébres, sont dans le mesme sentiment.

Le P. Bouhours, comme je l'ay fait voir au chapitre 35. de cette segonde partie de mes Observations sur la Langue Françoise, ne sait ce que c'est qu'étymologie. Non seulement *feu* ne vient point de *fuit*, mais il n'en peut venir : & le P. Bouhours qui dérive cet adjectif de ce prétérit, fait bien voir par là, qu'il est tout-a-fait ignorant dans les étymologies. Il est vray aureste, que c'est par la vertu de mon esprit étymologique, que j'ay fait venir *feu* de *felix*: car il faut avoir en effet l'esprit d'étymologie, pour trouver une étymologie aussi difficile à trouver qu'est celle-là.

Pour ce qui est de l'Italien *la fù Madama*, je n'ay rien à ajouter à ce que j'en ay dit : qui est, que cette façon de parler Italienne a esté prise de la Langue Françoise ;

& que comme il y a peu de différence dans la prononciation entre *feu* & *feue*, les Italiens ont cru que nous prononcions ce dernier mot comme le prémier.

Il me reste à répondre à l'autorité de M. Chapelain, à celle de M. Patru, & à celle de M. de Segrais. A l'égard de M. Chapelain, je répons au P. Bouhours ce qu'il m'a répondu lorsque je lui ay allégué la mesme autorité, au sujet du mot de *vénusté* : qui est, que le témoignage d'un mort n'est pas recevable, quand il n'y a nul écrit qui l'autorise. Pour ce qui est de M. Patru & de M. de Segrais, il faudroit les ouir là dessus : car je ne puis croire que deux personnes aussi éclairées dans la Langue Françoise que sont ces deux célébres Académiciens, soient dans une opinion si erronée. Et à l'égard de M. Gombaud, nous ne savons pas avecque certitude qu'il ait esté de cette opinion. *Feu Madame d'Orléans* est peuteste une faute d'édition. Mais s'il en a esté, j'ay bien la vanité de croire qu'il ust changé d'avis, s'il ust vu ma remarque.

Mais puisque le Révérend P. Bouhours me combat par des autoritez, je veux le conveincre par celle d'une personne qu'il estime plus que toutes les personnes du monde. Cette personne si estimée du Révérend P. Bouhours, c'est le Révérend Bouhours lui-mesme ; qui a toujours dit *la feue*, au genre féminin. Ie me souviens d'une Devise, entr'autres, qui est peinte au Louvre dans l'antichambre de la feue Reine Mére, *Anne* d'*Autriche*. C'eſt dans ſon Entretien des Deviſes, à la page 287. de la prémiére édition. Et à la page 368. *Celui dont vous parlez, a mérité les bonnes graces de feue Madame la Marquiſe de Rambouillet, dont le nom ſeul eſt un éloge.* ¶ Le P. le Moine, qui eſtoit le camarade du P. Bouhours, a toujours dit auſſi *feue*, au féminin. *On eſtime encore avec raiſon cette inſcription faite pour les canons de feue Madame Royale*, HABET ET SUA FULMINA JUNO. C'eſt à la page 226. de ſon livre de l'Art des Deviſes: qui eſt un livre pour lequel le P. Bouhours a tant d'eſtime, qu'il l'a inſéré preſque tout entier dans ſon Entretien des Deviſes. Et à la page 208. du meſme livre: *En la mort de feue Madame la Ducheſſe d'Arpajon, autrefois Mademoiſelle de Montchas.*

Par toutes ces autoritez, & par toutes ces raiſons, le Lecteur peut juger, que ce n'eſt que pour me contredire, que le P. Bouhours a écrit contre mon Obſervation de *la feue Reine*.

Une femme fort arangée.

CHAPITRE LVIII.

C'Eſt une expreſſion du P. Bouhours. *J'avoue*, dit-il, dans la Préface de ſes Remarques, *qu'il y a une exactitude outrée, qui rend les ouvrages ſecs, & ſi peu naturels,* qu'ils ne font point agréables avec tout ce qu'ils ont de correct & d'élégant : femblables en cela à ces perfonnes propres, & fort arangées, qui ne plaifent point, parce qu'elles font toujours droites & contraintes. Cette expreffion eft tres-mauvaife : ou pluftoft, elle eft tres-ridicule. Outre qu'elle eft contraire à l'ufage ; (car qui a jamais parlé de la forte dans des écrits férieux ?) elle eft contraire à la raifon ; le mot d'*aranger* ne fe difant que d'une multitude. On dit, *des livres bien arangez* ; *des perles bien arangées* : mais on ne dit point, *un livre bien arangé* ; *une perle bien arangée* : Et quand on dit *une Bibliothéque bien arangée*, c'eft par rapport à une multitude de livres. *Bibliothéque*, en cet endroit, fignifie *livres*. ARANGER, c'eft mettre dans l'ordre des autres chofes. *Il Rè Carlo, veggendo Manfredi e fua gente venuti al campo, aringati per combattere*, dit Jean Villani dans fon Hiftoire de Florence. RANG emporte une rélation : c'eft l'*ordo* ; c'eft le *feries* des Latins : & ce mot a efté fait de l'Alleman *ring*, qui fignifie *un cercle, un anneau* : ce qui témoigne qu'*aranger*, dans fa prémiére fignification, a efté dit des chofes arangées en rond. Le P. Bouhours à oui dire *une femme fort arangée* à quelque Précieufe : & comme il a beaucoup d'eftime pour les Précieufes, il a voulu parer fa Préface de cette nouvelle façon de parler. Mais ce qui eft remarquable ; & ce que j'ay remarqué cy-deffus au chapitre 54, il s'eft fervi de cette nouvelle locution; & sans l'adoucir par un *si j'ose parler de la sorte*; & sans la marquer d'Italique : & cela contre ses maximes.

Il est aureste à observer, que *fort arangée*, est encore plus mal que *bien arangée*.

Remarques sur les endroits des livres de Langue du P. Bouhours, qui regardent les Dames.

CHAPITRE LIX.

LE Révérend P. Bouhours est un Précieux, qui se pique de faire des livres sur nostre Langue à l'usage & en faveur des Dames.

Il dit à la page 101. de ses Remarques: *Les Espagnols ont leur sagacidad, & les Italiens leur sagacità; dont les uns & les autres usent communément. Il seroit à souhaitter que nous eussions nostre sagacité, & qu'il nous fust permis de nous en servir dans toutes sortes d'occasions. Par malheur, les femmes ne l'entendent point, & ont peine à s'en accommoder. Celles qui entendent le Latin, devroient expliquer ce mot aux autres, & gagner leur suffrage pour l'établir.*

Il dit à la page 399. du mesme livre: *Nos Maistres approuvent sécurité; & plusieurs bons Ecrivains de nostre temps l'ont employé dans*

LANGVE FRANÇOISE. 205

dans leurs livres. M. de la Chambre dit, Il y a trois sortes d'animaux qui marchent avec sécurité, &c. Mais les femmes ne s'en servent guéres, parcequ'elles ne savent pas bien ce qu'il signifie. De sorte qu'il n'est pas encore fort en usage. Il y sera bien-tost apparemment: & nous verrons à cet égard la prédiction de M. Vaugelas entierement accomplie.

***

Et à la page 15. *Vne femme dira, en parlant d'elle*, Je ne suis, ni jeune, ni gentille.

***

Il dit dans son Entretien de la Langue Françoise: *Mais d'où vient, pensez-vous, dit Eugéne, que les femmes en France parlent si bien? N'est-ce pas parcequ'elles parlent naturellement, & sans nul étude. Il est vray, reprit Ariste, qu'il n'y a rien de plus juste, de plus propre, & de plus naturel que le langage de la pluspart des femmes Françoises. Les mots dont elles se servent, semblent tous neufs, & faits exprês pour ce qu'elles disent, quoyqu'ils soient communs: & si la Nature elle-mesme vouloit parler, je croy qu'elle emprunteroit leur langue, pour parler naïvement.*

***

Il dit à la page 24. de ses Doutes: *Il y a quelques années, que dans un Couvent de filles, une jeune pensionnaire se confessa deux ou trois fois d'avoir esté incharitable envers ses compagnes. Le Confesseur fut touché de ce mot nouveau, & ne manca pas dés le jour mesme d'en régaler les bonnes Méres. Elles applaudirent toutes à* incharitable. *Elles trouvérent* incharitable *tres-commode: & jugérent d'une voix commune qu'il faloit lui donner cours. Pour autoriser ce beau mot, & le consacrer en quelque façon, elles priérent un Docteur de leurs amis, fameux par sa doctrine & par ses livres, de le faire entrer dans le prémier ouvrage qu'il donneroit au public. Depuis ce temps-là* incharitable *a eu vogue parmy les Dévotes polies; parmy les Religieuses spirituelles: Et j'en connois plus d'une qui ne manquent guéres de s'accuser dans leurs Confessions d'avoir esté incharitables.*

Il dit à la page 137. de ses Remarques: *J'ay remarqué que les Bourgeoises, & toutes les personnes de basse condition, disent* nostre quartier: *qu'aucontraire les Dames de qualité & celles du grand monde disent toujours* mon quartier. Un tel loge en mon quartier: Il y a bonne compagnie en mon quartier: Je ne sors guéres de mon quartier. *On diroit à les entendre parler qu'elles sont Maitresses de quartier. Elles parlent de leur quartier comme de leur maison. Ce* mon quartier *ne me semble pas trop raisonnable, ni trop modeste: mais il est du grand air, & du bel usage.*

Et à la page 170. *A la vérité les femmes se traitent quelquefois entre-elles de* ma petite, quelques grandes qu'elles soient: mais c'est un jargon d'amitié qui ne mérite pas d'estre compté entre les expressions de la Langue, & qui n'entre point dans le discours.

***

Et à la page 225. *Du temps de Henri III. les favoris s'appelloient* les Mignons du Roi: *mais sous le regne de Louis XIV. on ne donne ce nom qu'aux enfans, quand on les caresse; ou, si on le donne à d'autres, c'est en sous-riant, & un peu en colére.* Vous estes un joli mignon. *Les femmes disent cela plustost que les hommes. Et j'ay veu dans une lettre qu'une Dame de grand mérite écrivoit à un homme de qualité, son parent & son ami,* Je vous trouve un plaisant mignon de ne m'avoir point écrit depuis deux mois. *L'adjectif se dit quelquefois; & se dit élégamment.* Un visage mignon: Elle a quelque chose de fort mignon dans le tour du visage.

***

Il dit à la page 327. du mesme livre: *On dit d'une femme qui a renoncé au commerce du grand monde; qui aime la retraitte, & qui ne voit presque personne,* Elle s'est enterrée.

***

Et à la page 40. Fierté, *quand il se dit d'une femme, signifie tout seul le* grata protervitas *d'Horace: avec cette différence, qu'il emporte tousjours vertu. Il signifie aussi ces maniéres dédaigneuses, mais nobles & engagean-*

tes, que le Tasse donne à la sage Sophronie.

 Con ischive maniere, e generose.

Il signifie encore cet orgueil qui plaist, & cette sévérité charmante, que le mesme Poëte fait entrer dans le portrait de la généreuse Clorinde.

 Armò d'orgoglio il volto, e si compiacque
 Rigido farlo, e pur rigido piacque.

Car les Italiens ont besoin de plusieurs mots, pour exprimer ce que nous disons en un seul.

―――

Il dit à la page 270. du mesme livre: *On dira d'un homme de bien qui ne sçauroit se gesner, & qui est ennemi de tout ce qui l'appelle servitude, Il est libertin: Il n'y a pas un homme au monde plus libertin que lui. Une honneste femme dira de mesme ; jusqu'à s'en faire honneur ; Je suis née libertine.* Libertin & libertine, en ces endroits, ont un bon sens, & une signification délicate.

―――

Et à la page 94. *On dit d'une femme, qui n'estant pas fort réguliére, a un extérieur modeste, & fait la prude, Je n'ay jamais vu une si grande Comédienne.*

―――

Et à la page 107. *Ce mot de joli est plus usité que jamais. Il se met à tout : & les femmes l'ont presque tousjours à la bouche. Elles ne trouvent rien à leur gré qui ne soit pour elles, ou enchanté, ou joli,* &c. On oppose *mesme quelquefois* joli *au* beau. Elle n'est pas belle, *dit-on*, mais elle est jolie. Neantmoins joli *n'exclue*, *ni le grand*, *ni le beau*, *quand on le joint avec* femme. C'est une jolie femme. Et *ce sont deux choses differentes, de dire d'une femme*, Elle est jolie, *& de dire*, C'est une jolie femme. *Nous n'entendons guéres par* joli, *tout seul, qu'une taille fine ; un air agréable. Nous entendons par* jolie femme, *de la beauté, de l'agrément, de l'esprit, de la raison, de la vertu : enfin un vray mérite. On ne dit pas*, C'est un joli homme *dans le sens qu'on dit*, C'est une jolie femme. *L'un est une louange ; & l'autre, une espéce de raillerie. Nous n'entendons par* joli homme, *tout au plus qu'un petit homme, propre, & assez bien fait en sa taille. On ne laisse pas de dire d'un jeune homme, comme une louange*, Il est joli : *mais on ne diroit pas de mesme*, C'est un joli jeune homme. *Nous disons cela en nous mocquant : comme*, Vous estes un joli personnage : Vous estes joli.

Telles sont les méditations qu'a faites sur nostre Langue en faveur des Dames le Révérend & le Précieux Pére Bouhours, Prestre & Théologien de la Compagnie de Jésus.

Mais examinons un peu toutes ces belles Méditations.

Par malheur les femmes n'entendent point sagacité.] Voila en effet un grand malheur, Il me semble voir le P. Bouhours dans ſes jours de retraitte, le genou en terre, le bonnet à la main, & les yeux tournez vers le ciel, faire priére à Dieu qu'il plaiſe à ſa bonté infinie de détourner ce grand malheur de deſſus nos teſtes. Mais qui a dit au P. Bouhours que les femmes n'entendent point le mot de *ſagacité* ? Sa Précioſité peut avoir dit ce mot à quelque Bourgeoiſe, & à quelque Soubrette, qui ne l'ont pas entendu: mais je lui ſoutiens que toutes les femmes du grand monde l'entendent fort bien. Et je lui ſoutiens de plus, que le mot de *ſagacité* eſt auſſi uſité parmy nous, que celui de *ſagacidad* parmy les Eſpagnols, & celui de *ſagacità* parmy les Italiens. Il y a meſme long-tans que ce mot eſt en uſage parmy nous. Vous le trouverez dans Nicod, qui écrivoit il y a plus de cent ans. Vous le trouverez dans le Teſtament du Garde des Séaux Du-Vair, qui eſt du 10. Juin 1620. Les termes de ce Teſtament, où ce mot de *ſagacité* eſt employé, ſont tres-remarquables, & méritent d'eſtre rapportez en ce lieu. *Né que j'eſtois avec une ſanté fort infirme ; avec un corps & un eſprit peu laborieux ; une mémoire grandement imbécille ; ayant pour toute grace de nature, une ſagacité ; à la vérité ſi grande, que je ne ſache jamais, depuis que j'ay eſté en âge d'homme, eſtre arrivé rien d'important, ny à l'Eſtat, ny au Public, ny à moi particulier, que je ne l'aye préveu.* Cicéron, pour le marquer en paſſant, a dit apeuprès la meſme choſe de ſa prévoyance. *Praclarâ igitur con-*

LANGVE FRANÇOISE.

scientiâ sustentor, cùm cogito me de rep aut meruisse optimè, cùm potuerim: aut certè numquam, nisi divinè, cogitasse: eáque ipsa tempestate eversam esse remp. quam ego 14. annis antè prospexeram. C'est dans une de ses lettres à Atticus, qui est la 4. du livre x.

~~~

Pour SE'CURITE', il est vray que les femmes ne l'entendent pas si bien que *sagacité*. Mais combien y a-t-il de mots dans nostre Langue que les femmes n'entendent point? Entendent-elles *épopée*? entendent-elles *dramatique*? entendent-elles *épisode*? J'ay autant de respect pour les Dames que le Révérend P. Bouhours: mais avecque le respect que je leur dois, je ne feindray point de dire, qu'il y a beaucoup plus de mots dans nostre Langue que les femmes n'entendent point, qu'il n'y en a qu'elles entendent. Elles n'entendent point les termes des Sciences, des Arts, du Palais, de la Guerre, de la Marine, de la Monnoie, de la Pesche, de la Chasse, de la Fauconnerie.

~~~

QUE NE CITOIT-IL MADAME DE LA FAYETTE, ET MADAME DE SE'VIGNY, QUI SONT DE SA CONNOISSANCE?]

Pater Bohurse, flos Schola Parisius,
Desideramus hîc tuam prudentiam.

Le Révérend P. Bouhours m'accuse en cet endroit d'avoir aimé Madame de Sévigny & Madame de la Fayette. Je répondray à cette accusation dans la Défense de mes mœurs : & j'y répondray de sorte, que les rieux, dont le P. Bouhours affecte le suffrage, ne seront pas de son costé.

IL Y A QUELQUES ANNÉES, QUE DANS UN COUVENT DE FILLES, UNE IEUNE PENSIONNAIRE SE CONFESSA, &c.] Ce conte n'a pas le mot pour rire. C'est un vray conte monacal. Il n'est point d'ailleurs vray-semblable : car il n'est pas vray-semblable qu'un Confesseur, non-seulement ait révélé la confession de sa pénitente, mais qu'il en ait fait des railleries, acause qu'elle s'estoit accusée d'un péché considérable, en termes qui n'estoient pas François. Mais quand ce conte seroit & vray-semblable & véritable, il n'a point du estre fait par un Réligieux. Le Révérend P. Bouhours, Prestre de la Compagnie de Jésus, oublie souvent qu'il est de la Compagnie de Jésus.

C'est ainsi qu'il dit à la page 21. de ses Remarques: *Le Surintendant Bullion ne parla pas juste, quand ayant fait batir une Chapelle aux Cordeliers, il répondit aux Péres qui vinrent lui demander à quel Saint il vouloit qu'elle fust dédiée, Hélas, mes Péres, ils me sont tous indifférents : je n'en affectionne aucun en particulier* Et à la page 94. *Le Duc de Guise dit dans ses Mémoires, qu'Innocent X. pleuroit quand il lui plaisoit, & qu'il estoit fort grand Comédien. Le mot est un peu fort pour un Pape : mais il exprime bien en nostre Lan-*

LANGUE FRANÇOISE.

que ce que le Duc vouloit dire. ¶

Mais le P. Bouhours n'oublie pas seulement qu'il est Prestre & Religieux, il oublie qu'il est Catholique. C'est à la page 97. où il traite la principauté de S. Pierre de principauté peu légitime. Voicy ses termes. *On dit encore le Prince de l'Eloquence Romaine ; le Prince de la Poësie Latine ; le Prince des faiseurs d'épigrammes, &c. sans parler des* Princes des Prestres, *suivant le langage de l'Evangile ; & du* Prince des Apostres, *selon le stile de l'Eglise. Toutes ces principautez ne sont guéres légitimes : mais elles sont établies.* ¶

Et il oublie mesme qu'il est Chretien : les railleries qu'il fait de moi ; les injures qu'il me dit ; & la rage & la fureur avecque lesquelles il attaque mes ouvrages, n'estant pas d'un Chretien. En vérité les Supérieurs du P. Bouhours lui devroient défendre de faire des livres : tous ceux qu'il a faits jusques icy ; ses Entretiens ; ses Doutes ; ses Remarques ; ayant esté scandaleux à sa Compagnie.

Et iugérent d'une voix commune.] Il faut dire, *Et jugérent d'une commune voix*. Le P. Bouhours fait souvent de ces sortes de fautes, comme je le feray voir ailleurs.

Et i'en connois plus d'une qui ne manquent guéres de s'accuser dans leurs Confessions d'avoir esté incharitables.] Cela est dit de sorte, qu'il semble que le P. Bouhours ait oui ces Religieuses en confession. Il faut avouer que le P. Bouhours est un Ecrivain peu judicieux,

J'ay remarqué que les Bourgeoises, et toutes les personnes de basse condition disent nostre quartier, &c.] Et moi, j'ay remarqué que toutes sortes de personnes disent indifféremment *nostre quartier* & *mon quartier*. Quand une personne parle à une autre personne qui loge dans le quartier où elle loge, elle doit dire *nostre quartier*.

Ce mon quartier ne me semble pas trop raisonnable, ni trop modeste.] Il est aussi raisonnable & aussi modeste de dire *mon quartier*, que de dire *ma patrie, ou mon païs*.

Les femmes se traitent quelquefois entre-elles de ma petite, quelques grandes qu'elles soient.] Il est à remarquer, que cette façon de parler, *ma petite*, est une façon de parler défectueuse, ou comme parlent les Grammairiens, *elliptique*: & qu'on sousentent *mignonne*, ou quelque autre mot semblable. Les Italiens disent de-mesme *pargoletta mia*.

On ne donne le nom de mignon qu'aux enfans, quand on les caresse.] Cela n'est pas vray. Une femme dira fort bien à une autre femme, *ma chére mignonne*. L'étymologie du mot de *mignon* favorise pourtant l'opinion du P. Bouhours : ce mot estant dérivé ou de *minus*, qui signifie *petit*: *minus*, *minius*, (d'où vient *minimus*) *minio minionis*, MIGNON. ou de *ninnus*, qui signifie *enfant*: d'où vient l'Espagnol *nino*. *Ninnus*, *ninni*, *ninnius*: *ninnio*, *ninnionis*, *ninnione*, *minnione*, MIGNON. *Ninnus*, *ninnius*, *ninniardus*, *minniardus*, MIGNARD. Je traiteray ailleurs de l'étymologie de *ninnus*.

LES FEMMES DISENT CELA PLUSTOST QUE LES HOMMES.] Il n'est point vray que les femmes disent plustost que les hommes, *Vous estes un joli mignon ; Vous estes un plaisant mignon.*

J'ajoute aux remarques du Pére Bouhours, touchant le mot de *mignon*, adjectif, qu'on dit aussi *de l'argent mignon* : & touchant ce mesme mot, substantif, que longtans avant le regne de Henri III. on appeloit *mignons* & *mignots* les favoris des Rois. Voyez mes Origines de la Langue Françoise, au mot *mignon*.

ON DIT D'UNE FEMME QUI A RENONCÉ AU COMMERCE DU GRAND MONDE, ELLE S'EST ENTERRÉE.] On peut dire la mesme chose d'un homme.

FIERTÉ, EMPORTE TOUJOURS VERTU.] Cela n'est pas vray. Une femme peut estre fiére à l'égard de plusieurs hommes, & trop complaisante à l'égard de quelques autres.

L'honneur de la belle Califte
De quinze Amans eſt combatu.
Vn ſeul eſt témoin de ſon vice,
Et quatorze de ſa vertu.

CET ORGUEIL.] Il faut dire *orgueil*, quoyqu'on diſe *orgueilleux*, comme je l'ay remarqué dans la prémiére partie de ces Obſervations.

~~~

UNE HONNESTE FEMME DIRA DEMESME, JUSQU'A S'EN FAIRE HONNEUR; Je ſuis née libertine.] Je veux croire que les honneſtes femmes que voit le P. Bouhours, parlent de la ſorte. Mais pour celles que j'ay hantées, je ne leur ay jamais oui dire qu'elles fuſſent libertines.

~~~

ON DIT D'UNE FEMME, QUI N'ESTANT PAS FORT REGULIERE, A UN EXTERIEUR MODESTE, ET FAIT LA PRUDE, JE N'AY IAMAIS VU UNE SI GRANDE COMEDIENNE.] On dit, en général, qu'vne femme eſt *grande Comédienne*, quand elle paroiſt ce qu'elle n'eſt pas. Et on dit demeſme, en général, d'un homme, qu'il eſt *grand Comédien*, quand il paroiſt ce qu'il n'eſt pas.

~~~

CE MOT DE joli EST PLUS USITÉ QUE IAMAIS, &c.] Voicy de toutes les Obſervations du P. Bouhours celle qui lui a plu davantage. Et j'ay oui dire à une perſonne digne

LANGVE FRANÇOISE. 217

digne de foi, que le P. Bouhours en la lisant un jour à quelques-uns de ses confréres, en fut tellement charmé, qu'appréhendant d'offenser Dieu dans le plaisir qu'il avoit de cette belle découverte; il s'écria, en levant les yeux au ciel, *Domine, Domine, non nobis, sed nomini tuo da gloriam.* Cette personne digne de foi, qui m'a dit cette particularité, c'est celle-là mesme, qui a dit au P. Bouhours, que ne sachant si je devois me fascher de ses railleries; je veux dire des railleries du P. Bouhours; j'avois mis l'affaire en délibération dans ma Mercuriale, & que le résultat de la conférence avoit esté que je devois m'en fascher.

JOLI, EST DE SOI-MESME OPPOSÉ AU GRAND.] Et au *beau*, si on en croit Aristote dans ses Morales. Τὸ κάλλος, ἐν μεγάλῳ σώματι. οἱ μικροὶ δ', ἀστεῖοι ϰ συμμετροι καλοὶ δ' ȣ. C'est-à-dire, que la beauté consiste dans la grandeur, & que les petites personnes sont jolies, mais qu'elles ne sont pas belles.

NOUS N'ENTENDONS PAR joli, TOUT SEUL, QU'UNE TAILLE FINE, UN AIR AGRÉABLE. NOUS ENTENDONS PAR IOLIE FEMME, &c.] *Nous n'entendons; Nous entendons:* c'est-à-dire, nous autres connoisseurs: nous qui sommes *elegantes formarum spectatores.*

ENFIN UN VRAY MÉRITE.] Le P. Bouhours ne sauroit se défaire de ses façons de parler de Précieuses. Il dit ailleurs: *Ah incharitable, repartis-je, je ne say ce que c'est.* Ces façons de parler affetées, qui ne siéent pas mal aux femmes, ne sont pas

Tome II. T

séantes à un homme de sa profession. *Non est eloquentia, qua persona non congruit eloquentis*, dit S. Augustin.

Nous n'entendons par joli homme, tout au plus, qu'un petit homme propre, et assez bien fait en sa taille.] Cela n'est point vray. On dit, *C'est un joli homme, C'est un joli garçon ; il fait bien son mestier.*

J'ajoute aux remarques du P. Bouhours touchant le mot de *joli*, que ce mot vient de *jocus. Iocus, joculus, joculitus*, Joli; cestadire, *paré de joiaux*.

~~~~~

Je finis ce chapitre par ces paroles excellentes de Monsieur Nicole, qui sont du second traité de la Charité & de l'amour propre : *Si l'honnesteté s'éloigne généralement de toute sorte d'affectation, elle fuit encore avecque plus de soin celle qui tent à se signaler par des qualitez & des maniéres qui ne conviennent point à nostre estat, & à nostre profession : parcequ'elle sait que l'amour propre des autres hommes, qui en est toujours choqué, ne manque jamais de la tourner en ridicule; & qu'il est bien fier, lorsqu'ayant la raison de son costé, il s'en peut servir pour réprimer une vanité mal entendue. Ainsi, selon les reigles mesmes de l'honnesteté du monde, c'est un fort méchant caractére, & que tout homme de bon sens doit éviter, que celui d'un Ecclesiastique & d'un Religieux, qui affecteroit l'air, les mots, & les maniéres de la Cour; qui pa-*

roiſtroit rempli d'eſtime pour les bagatelles & les vanitez du monde ; qui témoigneroit de l'inclination pour la converſation des Dames; qui ſe piqueroit de politeſſe, de délicateſſe, & de bel-eſprit ; qui feroit voir par ſes diſcours, ou par ſes écrits, qu'il lit ce qu'il ne devroit point lire ; qu'il ſait ce qu'il ne devroit point ſavoir, & qu'il aime ce qu'il ne devroit point aimer. Il ne faut pas s'imaginer que le monde, qui eſt ſouvent ſi peu équitable à l'égard de ceux qui ne lui donnent point de priſe, ſoit d'humeur à ſouffrir ceux qui prétendent ſe diſtinguer des autres par des voies qui donnent tant de moyens de les rabaiſſer. Auſſi ne les épargne-t-il pas. Chacun devient ſpirituel à leurs deſpens. Et il n'y a perſonne qui ne faſſe mille réflexions ſur la diſproportion de cet eſprit tout prophane & tout ſéculier, qu'ils font paroiſtre avec la ſainteté de leur eſtat.

La nation des Poëtes.

CHAPITRE LX.

Mr Des-Mareſts, dans ſa Défenſe du Poëme Héroïque, a repris cette façon de parler, *la nation des Poëtes* ; que M. Des-Préaux a employée en cet endroit de ſon Diſcours de la Satire : *Ie ſavois que la nation des Poëtes eſt une nation farouche ; qui prent feu aiſément.* Les Poëtes, dit M. Des-Marets, *ne font point une nation particuliè-*

re. Cela est mal dit. La pensée est d'Horace; qui dit, genus irritabile Vatum. *C'estadire, le genre des Poëtes, qui s'irrite facilement. Il en fait un genre, & non une nation.*

On dit fort bien *la nation des Poëtes : la nation des Grammairiens : la nation des Sophistes : la nation des Comédiens.* M. de Balzac dans une de ses Lettres à M. de la Roche-Hély : *J'ay veu le Cavalier que vous appelez* intrépide, *& en suis demeuré extrémement satisfait. Mais avez-vous pris attache des Grammairiens, pour passer* intrépide *en nostre Langue ? C'est une nation redoutable à tout le monde.* Le P. le Moine, page 7. de l'Art des Devises : *Le Traité de la Poëtique d'Aristote, qui a fait tant de procès & tant de querelles parmy la nation des Grammairiens.* Les Latins ont usé demesme du mot de *natio*. Virgile :

Scholasticorum natio, madens pingui.
Phédrus :

Est ardelionum Roma quadam natio.
Ciceron a dit, *natio optimatium* ; *natio candidatorum.*

Mais il est à remarquer, que ce mot de *nation*, appliqué ainsi à quelque ordre, & non pas à des peuples, se prent souvent parmy nous, en quelque façon, en mauvaise part. Et c'estpourquoy beaucoup de personnes ont trouvé à dire que le P. Bouhours ust dit, en parlant des Curez, *La nation des Curez, est une grande nation.* C'est à la page 354. de ses Nouvelles Remarques. J'ay dit, que ce mot, ainsi appliqué, se prenoit souvent, en quelque façon, en mauvaise part : car je demeure d'accord, qu'il ne s'y prent pas toujours. ¶ Le P. le Moine aureste a dit à la page 390. de son Art des Devises : *L'Impériale ne semble estre faite, que pour regner sur la nation des fleurs.*

Mais apropos du mot de *nation*, je remarqueray icy en passant, que M. de Girac, à la page 197. de sa Réplique à M. Costar, a mal traduit ces mots de François Pithou : *Somniarunt Nationes caput asininum Deum fuisse Iudaorum* ; les ayant traduits de cette sorte, *Les peuples & les nations entiéres. Nationes*, en cet endroit-là, signifie *les Payens.*

De la prononciation de la derniére syllabe des mots terminez en eur.

CHAPITRE LXI.

Voicy une des reigles du P. Bouhours, touchant la prononciation de la derniére syllabe des mots terminez en *eur.*

Quand les noms en eur *ont un féminin en* euse : *comme*, menteur, menteuse ; receleur, receleuse ; mangeur, mangeuse ; beuveur, beuveuse ; receveur, receveuse, *&c. on prononce* eur *quelquefois ferme, & quelquefois mollement, comme s'il y avoit* eux. C'est mon Procureur ; C'est mon Procureux : Vous estes un menteur ; Vous estes un menteux,

On prononce eux, d'ordinaire, en deux ren:
contres. 1. quand il suit quelque chose après le
mot. Le Procureux du Roy ; Le Procureux
Général ; Vous estes le plus petit mangeux
que je connoisse ; C'est un grand faiseux de
Madrigaux. 2. *Quand on parle simplement,
sans emphase, & sans émotion, on prononce
comme s'il y avoit* eux : Et on dit, Vous
estes un petit menteux ; C'est un flateux.
Aucontraire, quand on le prent sur le haut
ton ; qu'on parle avec amphase, & qu'on s'é-
chaufe en parlant, on prononce eur. Vous estes
un menteur ; C'est un beau parleur. On dit
quelquefois, C'est un pauvre Prescheux:
mais on dit toujours, les Fréres Prescheurs,
comme les Fréres Mineurs.

Il n'est point vray qu'on prononce toujours Procureux, quand il suit quelque chose
après ce mot. On dit *Procureur en Parlement;
Procureur au Parlement ; Procureur au Chastelet ; mon Procureur estant absent*, &c. Et qui
diroit *Procureux en Parlement ; Procureux
au Parlement ; Procureux au Chastelet ; mon
Procureux estant absent*, parleroit ridiculement. Le P. Bouhours devoit donc concevoir sa reigle en ces termes : On prononce
Procureux, quand un mot qui commance
par une consone, suit après ce mot de Procureux.

Mais il n'est point vray non-plus qu'on
prononce menteux & flateux, lorsque ces
mots finissent la période : comme aux exemples alléguez par le P. Bouhours : *Vous estes
un petit menteux ; C'est un flateux*. Il n'y a

que les païsans à prononcer de la forte. *Noftri fic rure loquuntur.* Il faut dire, *menteurs, flateur.* Il faut dire demefme, *un grand plaideur ; un grand chicaneur :* & non pas, *un grand plaideux ; un grand chicaneux.*

Mais il est vray qu'on prononce toujours *rieux*, & jamais *rieur* : foit que ce mot termine la période : ou qu'il foit fuivi d'un autre mot. Et on le prononce de la forte, quand mefme le mot qui le fuit, commance par une voyelle. *Vous eftes un rieux : C'eft le plus grand rieux du monde : Les rieux ne font pas de fon cofté : Il fait le rieux & le plaifant.*

Imiter un exemple.

CHAPITRE LXII.

LE P. Bouhours a fait une remarque fur cette façon de parler : mais il ne fait ce qu'il veut dire dans cette remarque. Il dit d'abord, que prefque tout le monde parle & écrit de la forte. Il dit enfuite, que dans la derniére pureté il faut dire *fuivre un exemple*, & non pas *imiter un exemple*. Il ajoute, qu'*imiter un exemple* fe peut pourtant fort bien dire : ce qu'il prouve par des paffages tirez de la Vie de Dom Barthelemi des Martyrs, & des Traductions des Homélies de S. Jan Chryfoftome de M. de Saffy & de M. de Maucroy. Et parce que M. l'Avocat Général de Lamoignon a dit dans son Ouverture du Parlement, *Pour nous, qui voions en ce lieu de si grands exemples à imiter*, il change d'avis, & dit qu'en certains endroits *imiter des exemples*, est mieux que *suivre des exemples*. Il finit sa remarque, en disant, que quand il s'agit d'éloquence, de poësie, de peinture, &c. on dit fort bien, & fort élégamment, *imiter un exemple*.

Il est certain, que mesme à l'égard des mœurs & des actions, on dit tres-bien & tres-élégamment, *imiter un exemple*: comme l'ont dit M. de Sassy, M. de Maucroy, & M. l'Advocat Général de Lamoignon. J'ajoute à leurs autoritez celle de M. de la Chambre; qui a dit dans son Traité de l'amitié des animaux, article 4. *Il n'y a pas d'apparence que Dieu ait oublié les enfans, & qu'il ne leur ait pas aussi donné des exemples à imiter dans l'amour & dans les devoirs qu'ils sont obligez de rendre à leurs parens.* &c. ¶ Les Latins ont dit demesme *imitari exemplum*. Ciceron dans son Oraison pour Murena : *Domesticum te habere exemplum dixi ad imitandum*, &c. *Et proponis illi exempla ad imitandum*. Pline, le Jeune, s'est servi de la mesme phrase.

S'il faut dire bienfacteur, bienfaicteur,
ou bienfaiteur.

CHAPITRE LXIII.

Mʳ de Vaugelas a traité cette queſtion:
& il l'a traitée en ces termes : BIEN-
FAITEUR *eſt le meilleur. C'eſt comme il faut
écrire, & comme il faut prononcer.* BIEN-
FAICTEUR, *avec le C, paſſe encore, pourveu
qu'on ne prononce pas le C : mais* BIEN-
FACTEUR, *ſelon l'opinion des plus délicats, ne
vaut rien, quoyque pluſieurs diſent ainſi. L'on
dit* MALFAITEUR ; & MALFAICTEUR, *ſans
prononcer le C, & non pas* MALFACTEUR.

M. de Voiture dans une de ſes Lettres à
M. Coſtar, a traité la meſme queſtion. Et
voicy comme il l'a décidée : BIENFAITEUR,
n'eſt pas bon. BIENFACTEUR, *ne ſe dit guére.
Dites, s'il vous plaiſt*, BIENFAICTEUR.

Je l'ay auſſi traitée dans la prémiére partie de ces Obſervations : ou j'ay ſuivi l'o-
pinion de M. de Voiture ; après avoir con-
ſulté les Maiſtres du métier, & après avoir
conſidéré que *bienfaicteur* eſtoit le plus en
uſage : & que c'eſtoit outre cela le mot ancien : ce que j'ay prouvé par ce vers de
Villon,

Or prient pour leur bienfaicteur:
& ce que je pouvois encore prouver par
l'autorité de Nicod. A l'égard de *bienfai-*

teur, j'ay remarqué que M. d'Ablancourt s'en estoit pourtant servi dans l'Epitre Dédicatoire de son Lucien : à quoy j'ajoute présentement, que M. Girard, Official d'Angoulesme, l'a aussi employé dans son Epitre Dédicatoire à M. Conrart, qui est au-devant des Lettres de M. de Balzac à M. Conrart; & que le P. le Moine, à la page 308. & à la page 284. de son livre des Devises, s'en est aussi servi. Je remarqueray icy, en passant, que le P. le Moine, à la page 258. du mesme livre, a dit pourtant *bienfaicteur*. Mais pour *bienfacteur*, j'ay dit qu'il n'estoit plus usité que par les Curez, qui disent dans leurs Prosnes, *priez Dieu pour les bienfacteurs de cette Eglise*. Quoyqu'en cette décision j'aye esté de l'avis de M. de Vaugelas, qui a prononcé hautement, que *bienfacteur*, selon l'opinion des plus délicats, ne valoit rien ; & que le P. Bouhours fasse profession de déférer absolument aux décisions de ce fameux Grammairien. *Ie m'attache*, dit-il dans ses Doutes, à la page 142. *aux Remarques de M. de Vaugelas, que j'ay prises pour ma régle*. Et à la page 211. *Comme M. de Vaugelas a esté jusques à cette heure mon Oracle, je dis hardiment sur sa parole*, &c. Quoyque, dis-je, j'aye suivi en cela M. de Vaugelas, & que le P. Bouhours fasse profession de le suivre en tout & par tout, il l'a icy abandonné, pour avoir occasion de faire des railleries à mes despens. Mais toutes ses railleries retombent sur lui-mesme : & le bon Pére est ridicule, au lieu d'estre plaisant.

Pour moy, dit-il, à la page 352. de ses Nouvelles Remarques, *si j'ose déclarer mon inclination, j'avoue que* bienfacteur *me plaist davantage. l'ay oüi dire ce mot toute ma vie à des gens qui parlent bien : & je l'ay toûjours dit comme eux, nonobstant les décisions de M. de Vaugelas & de M. Voiture : pour lesquels j'ay d'ailleurs une vénération particuliére. Aussi M. de Vaugelas, en condannant* bienfacteur, *confesse lui-mesme que plusieurs disent* bienfacteur *: & M. de Voiture se trompe assurément, en disant que ce mot ne se dit guéres. M. Ménage se pourroit bien tromper de mesme, quand il décide que* bienfacteur *n'est en usage qu'au Prosne, &c. Car enfin, M. de la Roche-Foucaut & M. Patru ne sont point Curez : & ce n'est point dans des Prosnes que l'un & l'autre a dit* bienfacteur. *Le premier a employé ce mot dans ses Réflexions nouvelles, & le second, dans ses Plaidoyers,* &c. ¶ *On peut ajouter à M. de la Roche-Foucaut & à M. Patru, une infinité de personnes qui n'ont point charge d'ames : sans parler de M. de Balzac & de M. de Maucroy. Ce dernier est Chanoine à la vérité, mais il n'est point Curé, & ne fait point de prosne que je sache. Ainsi je croy que M. Ménage s'est un peu trop avancé sur le mot de* bienfacteur. *Il aime le ton affirmatif : mais il le prent quelquefois à faux. Et nous avons veu cela clairement sur le mot de* griéveté, &c. *Cela me fait juger qu'il faut estre Curé, pour* *dire* bienfacteur, *comme il faut eſtre Bas-Breton, ou Haut-Alleman, pour dire griéveté. Aprés tout: ce que dit M. Ménage des Curez, ſeroit d'un grand pois à l'égard de ce mot, ſi tous les Curez du Royaume avoient la politeſſe de M. le Curé de S. Barthélemi. Car comme la nation des Curez eſt une grande nation, il y auroit beaucoup de ſuffrages, pour* bienfacteur : *& ces ſuffrages rendroient aumoins le mot douteux entre ce mot & les deux autres.*

Que de badineries, & que de puérilitez! Quand j'ay dit que le mot de *bienfacteur* n'eſtoit plus uſité que par les Curez qui diſent dans leurs Proſnes, *priez Dieu pour les bienfacteurs de cette Egliſe*, cela ne doit pas ſe prendre à la lettre, ny à la rigueur des termes. Cette expreſſion ne veut dire autre choſe, ſinon que *bienfacteur* n'eſt comme plus en uſage, ſi ce n'eſt dans les Proſnes des Curez. Quand David a dit que tous les hommes eſtoient menteurs ; quand nous diſons que tous les hommes ſont injuſtes; que toutes les femmes ſont coquettes ; que toutes les femmes ſont légéres ; cela ne veut dire autre choſe, ſinon que la pluſpart des hommes ſont menteurs ; que la pluſpart des hommes ſont injuſtes ; que la pluſpart des femmes ſont coquettes ; que la pluſpart des femmes ſont légéres. Si le P. Bouhours avoit lu la Poëtique d'Ariſtote : mais le bon Pére n'a lu que des Comédies & des Romans, & quelques autres livres ſemblables: Si, dis-je, le P. Bouhours avoit lu la Poëtique

tique d'Ariſtote, il y auroit vu que ce Prince des Philoſophes y explique, dans Homére, le mot de *tous* par celui de *pluſieurs*. τὸ γὰρ Πάντες, ἀντὶ τῦ πολλοὶ, κατὰ μεταφορὰν ἄγεται τὸ γὰρ πᾶν, πολύ τι. Et c'eſt avecque ces reſtrictions qu'il faut entendre les reigles de Droit, & les aphoriſmes d'Hippocrate.

Noſtre petit Critique aureſte croit m'avoir bien embaraſſé, en diſant que M le Duc de la Rochefoucaut, que M. de Balzac, que M. de Maucroy, que M. Patru, ne ſont point Curez; qu'ils ne ſont point de proſnes: & que cependant ils ont dit *bienfacteur*. Il croit m'avoir pris: mais celui qui m'a pris, va eſtre emmené par ſon priſonnier.

Ce mot de *bienfacteur* n'eſt point de M. de la Rochefoucaut. M. la Rochefoucaut avoit écrit *bienfaicteur*. Mais M. de Segrais qui a pris le ſoin de l'édition du livre de M. de la Rochefoucaut, y a mis *bienfacteur*, croyant que ce mot fuſt meilleur que celui de *bienfaicteur*. C'eſt de M. de Segrais luimeſme que je ſay cette particularité.

A l'égard de M. de Balzac, je ſoutiens qu'il eſtoit aucontraire pour *bienfaicteur*: ce qui paroiſt par cet endroit d'une de ſes lettres à M. Chapelain: *Voila un homme bien reconnoiſſant des faveurs qu'il a receues, & qui n'épargne point les viſites des Princes naiſſans, quand il eſt queſtion de remercier ſes bienfaicteurs*. C'eſt à la page 243. de l'édition in 8°. lettre 13. livre 3. Cette lettre eſt poſtérieure aux endroits où il a dit *bienfacteur*.

Pour M. de Maucroy, s'il n'eſt pas pour

bienfaicteur, il n'est pas contre : car le P. Bouhours avoue lui-mesme, que M. de Maucroy dit tantost *bienfacteur*, & tantost *bienfaicteur*, selon l'humeur où il est. Et qui auroit bien lu tous les ouvrages de M. de Maucroy, trouveroit, je m'asseure, qu'il est le plus souvent en humeur de dire *bienfaicteur*.

Il me reste à répondre à l'autorité de M. Patru. L'autorité de M. Patru est grande à la vérité : mais elle ne doit pas prévaloir toute seule à celles de M. de Vaugelas, de M. de Voiture, de M. de Balzac, & de M. Pélisson : car M. Pélisson, de l'aveu mesme de mon adversaire, est pour *bienfaicteur*. Je croy devoir aussi estre conté pour quelque chose, si on conte les voix, & qu'on ne les pèse pas. ¶ Quand je dis, que l'autorité de M. Patru ne doit pas prévaloir à celles de quatre de ses confréres de l'Académie, je ne croy pas l'offenser. Et je le traite plus favorablement que les Empereurs Théodose & Valentinien n'ont traité Papinien : ces Empereurs ayant ordonné que dans les décisions des questions, Papinien l'emporteroit sur un autre Jurisconsulte ; mais que deux autres l'emporteroient sur ce coryphée des Jurisconsultes. *Vbi diversa sententia proferuntur, potior numerus vincat auctorum : vel si numerus æqualis sit, ejus partis præcedat auctoritas, in qua excellentis ingenii vir Papinianus emineat : qui, ut singulos vincit, ita cedit duobus.* ¶ Il est d'ailleurs à remarquer, que c'est dans un

Plaidoyé que M. Patru s'est servi du mot de *bienfacteur*, & qu'au Barreau, on prononce, à l'antique, plusieurs mots par *a*, qui dans la conversation se prononcent par *e* : car l'*a* est plus emphatique, & plus majestueux que l'*e* : & l'on affecte au Barreau une prononciation emphatique & majestueuse. Par exemple : on dit en plaidant, comme je l'ay remarqué ailleurs, *Ie plaide pour Damoiselle telle* : & qui diroit, *Ie plaide pour Demoiselle telle*, se feroit siffler. Et cependant, il est sans doute, que dans les lettres & dans le discours familier, il faut dire *Mademoiselle & une Demoiselle* : & qui diroit en ces endroits-là, *Madamoiselle & une Damoiselle*, parleroit & écriroit ridiculement. Autre exemple. Le P. Bouhours à l'endroit que nous examinons, a dit, *M. le Curé de S. Barthelemi*. Il est certain qu'il faut dire *M. le Curé de S. Berthelemi*. Et c'est ainsi que parleroit M. Patru dans le discours familier. Mais s'il plaidoit pour M. le Curé de S. Berthélemi, il se donneroit bien de garde de l'appeler autrement que *le Curé de S. Barthelemi*.

J'ajoute à toutes ces raisons, qu'il y a grande différence entre des Auteurs qui font une Observation sur un mot, & ceux qui employent ce mesme mot dans leurs ouvrages. Ceux-cy ne font pas tant de réflexion sur ce mot, que ceux qui l'examinent dans une remarque. Ainsi M. de Vaugelas, M. de Voiture, & moi, ayant fait des remarques particuliéres sur les mots de *bienfacteur*, *bienfaicteur*, & *bienfaiteur*, noſtre opinion à l'égard de ces mots, doit eſtre préférée à l'opinion de ceux qui ont ſimplement employé ces mots dans leurs ouvrages : & où ces mots peuvent eſtre des fautes d'édition.

Le P. Bouhours finit ſa remarque, en diſant, que quoyqu'il ſe déclare un peu pour *bienfacteur*, il ne prétent pas condanner *bienfaiteur*, ny *bienfaicteur*, dont les partiſans ont une grande autorité dans noſtre Langue. Et moi, je finis la mienne, en diſant auſſi, que quoyque je me déclare fortement pour *bienfaicteur*, & contre *bienfacteur*, je ne ferois pas un procès à ceux qui diroient *bienfacteur* : & particuliérement à M. de Segrais, pour qui j'ay toute l'eſtime & toute la conſidération qu'il mérite.

J'oubliois à remarquer, que ce que dit le P. Bouhours, & de la politeſſe de M. de l'Abbé de la Chambre, Curé de S. Berthélemi, & de la nation des Curez, pour uſer de ſes termes, eſt toutafait ridicule. Quand tous les Curez du royaume ſeroient auſſi barbares dans le diſcours que M. l'Abbé de la Chambre eſt poli, y auroit-il moins de ſuffrages, pour le mot de *bienfacteur* ? Et que ſert la politeſſe de M. l'Abbé de la Chambre pour établir ce mot, puiſque nous préſuppoſons qu'il ne s'en doit ſervir que dans le proſne, & que le proſne n'eſt pas écrit en termes élégans. Je ne puis m'empeſcher de remarquer encore en cet endroit,

LANGVE FRANÇOISE. 233
que le P. Bouhours eſt le plus injudicieux
de tous les Ecrivains.

On dit *bienfaictrice* & *malfaicteur*, & non
pas *bienfactrice* & *malfacteur* : ce qui ne confirme pas peu le mot de *bienfaicteur*.

―――――――――――

Venuſté. amenité.

CHAPITRE LXIV.

J'Ay dit dans la prémiére partie de ces
Obſervations, que le mot de *venuſté* eſtoit
un beau mot, & que je m'en ſervois volontiers. A quoi j'ay ajouſté, que ceux
qui feſoient difficulté de s'en ſervir, parcequ'on ne diſoit point *venuſte*, eſtoient trop
Grammairiens. Ce qui doit s'entendre de
l'uſage préſent : car on diſoit anciennement
venuſte : témoin le vers de Marot :

   Venus venuſte, & céleſte Deeſſe.

Le P. Bouhours dans ſon livre des Doutes
m'a voulu tourner là deſſus en ridicule. J'ay
répondu à ſes railleries. J'ay montré que
venuſté eſtoit en effet un beau mot, puiſqu'il nous donnoit une belle image, en
nous feſant ſouvenir de Vénus & des Graces : la beauté d'un mot ne conſiſtant pas
ſeulement dans la douceur de la prononciation, mais dans l'agrément de la choſe que
ce mot répreſente à l'eſprit. κάλλος ὀνομαλός
ἐςι, τὸ πρὸς τὴν ἀκοὴν, ἢ πρὸς τὴν ὄψιν ἡδὺ, ἢ
τὸ ἐν τῇ διανοίᾳ ἔντιμον. C'eſt la définition que

V iij

donne Théophraste de la beauté d'un mot. Et sur ce que le P. Bouhours a dit à Messieurs de l'Académie, qu'il n'avoit jamais oui dire *venusté* à personne, & que ce mot estoit *incognito* dans nostre Langue; j'ay répondu, que je l'avois souvent oui dire à M. Chapelain : & que la passion que le P. Bouhours avoit de me reprendre, l'avoit tellement aveuglé en cette occasion, qu'il ne s'estoit pas aperçu que l'existence de ce mot estoit clairement prouvée dans l'endroit de mes Observations qu'il attaquoit. Car il paroist par cet endroit que Joachin Du-Bellay s'est servi de ce mot, & Charles Fonteine de celui de *venusteté*.

Voicy ce que le P. Bouhours m'a répliqué, & à quoy j'ay présentement à répondre :

Ie ne say ce que M. Ménage entent précisément par l'existence de venusté. *S'il veut dire que ce mot estoit autrefois en usage, il se contredit un peu lui-mesme, en disant que Ioachin Du-Bellay a employé* venusté, *& que Charles Fonteine l'a repris d'avoir dit* venusté, *au lieu de* venusteté. *Le Provincial ne peut pas estre assez aveugle, pour ne s'estre pas aperceu de ces deux témoignages contraires, en lisant le chapitre des Observations, qui a pour titre* Venusté. *Mais il ne s'agit pas de cela. Et l'Auteur des Doutes pourroit dire à l'Auteur des Observations : Ie ne suis pas en peine, si* vénusté *se disoit il y a six ou sept vints ans. Ce qui m'embarasse, c'est si on peut maintenant user de ce mot, dont vous vous servez* *volontiers:* Et c'est pour cela que j'ay consulté Messieurs de l'Académie. Il m'importe peu, que nos vieux Auteurs ayent dit vénusté, à moins que les bons Ecrivains de nostre temps ne le disent. Si M. Ménage entent par l'existence de ce mot clairement prouvée, que vénusté est un mot établi & usité parmy nous, il ne prouve rien, en produisant le témoignage de Ioachin Du-Bellay. Ce n'est pas raisonner juste en matiére de langue, que de dire : Ioachin Du-Bellay s'est servy d'un mot : donc nous pouvons nous en servir. Selon cette Logique, tourbe, molestie, vocable, & plusieurs autres termes qu'employe cet Auteur dans le mesme livre où il use de vénusté, seroient de bons mots présentement. Ce n'est pas, dis-je, raisonner juste. Car le mot qui estoit alors en usage n'y est plus peutestre : & c'est à quoy M. Ménage ne fait pas, si je l'ose dire, assez de réflexion, en décidant d'ordinaire les questions présentes de la Langue par le témoignage de Coquillard, de Marot, de Rabelais, & des autres Ecrivains des regnes passez. L'Auteur des Doutes confesse bonnement qu'il n'a jamais ouï dire vénusté à personne. Je le croy ; *dit M. Ménage* ; car ce mot n'est pas un mot de Province : & j'apprens de son Epitre Dédicatoire à Messieurs de l'Académie, qu'aprés avoir voyagé dans sa jeunesse, il s'est retiré aux champs dans le fons de la Bretagne ; le lieu de sa naissance ; & qu'il n'a jamais u de commerce, ny avecque le grand monde, ny avecque les honnestes gens de Paris. Mais moi, qui ay vu toute ma vie,

& les honneſtes gens de Paris, & le grand monde : C'eſt toujours M. Ménage qui parle: je lui proteſte de mon coſté, que j'ay ſouvent oui dire ce mot à pluſieurs gens de lettres : & particuliérement à M. Chapelain ; qui eſt un de nos meilleurs Auteurs, & un des plus grans Sujets de l'Académie Françoiſe. Voila bien des choſes en peu de paroles. Puiſque le mot de vénuſté n'eſt pas un mot de Province, M. Ménage ne doit pas trouver étrange qu'un Provincial doute s'il eſt bon. Mais depuis quand un mot eſt-il tellement renfermé dans la Cour & dans Paris, qu'il ne s'échape point dans les Provinces, où tant de gens de la Cour & de Paris vont inceſſamment ? Il eſt vray que M. Chapelain, à qui M. Ménage a oui dire vénuſté, n'eſtoit pas un grand voyageur : mais c'eſtoit un aſſez grand faiſeur de lettres : & comment n'a-t-il point communiqué vénuſté aux Provinciaux avec qui il avoit commerce ? Mais d'où vient que M. Ménage cite ſeulement M. Chapelain? Ne ſait-il pas, lui qui a fait de ſi agréables Obſervations ſur le Droit, que le témoignage d'un mort n'eſt pas recevable, quand il n'y a nul écrit qui l'autoriſe? Que ne citoit-il Madame de la Fayette & Madame de Sévigny, qui ſont de ſa connoiſſance, & qui ſont des perſonnes du grand monde ? Leur témoignage, à l'égard de vénuſté, auroit beaucoup mieux valu que celui de M. Chapelain. Quoyque le Bas-Breton n'ait pas nié que vénuſté fuſt un beau mot, & qu'aucontraire il l'ait ſuppoſé beau, ſur la parole de M. Ménage, en diſant

LANGVE FRANÇOISE.

à *Messieurs de l'Académie*, Je ne sçay si ce mot, avecque toute sa beauté, vous plaist autant, *&c.* M. *Ménage, qui a entrepris de bien établir* vénusté, *dit contre son adversaire prétendu ; après avoir montré que le mot de* vénusté *avoit esté employé, il y a plus de six ou sept vints ans par deux célébres Ecrivains ; Il me reste à prouver que c'est un beau mot. Mais qui en peut douter que nostre Provincial, puisque ce mot nous fait souvenir de Vénus & des Graces ? La jolie raison ! Par malheur, cela prouve trop : car* vénusté *que* M. *Ménage condanne, nous fait souvenir de Vénus & des Graces. Ainsi, sans y penser, il dit le pour & le contre.* Mais quoyque *vénusté soit un tres-beau mot, ajoute-t-il, ce n'est pourtant pas mon favori, comme le dit en raillant nostre Gentilhomme campagnard.* M. *Ménage s'est mis en teste que le Bas-Breton raille : & on ne sauroit lui oster cela de l'esprit. Cependant, si nous en croyons les amis du Bas-Breton, il n'entend par ces paroles,* L'on diroit que c'est son mot favori, *que ce que* M. *Ménage entend lui-mesme, quand il dit,* Ce mot est tres-beau , & je m'en sers volontiers. *Il n'y a rien en cela que de sérieux.*

REPONSE.

Je le dis, comme je le pense ; Je ne croy pas qu'il soit possible de dire plus de fadaises que le P. Bouhours en a dit dans l'endroit de ses Remarques que je viens de rapporter.

Il avoit dit dans ses Doutes, que le mot de *vénusté* estoit *incognito* dans nostre Langue : qui est une façon de parler qui veut dire que ce mot ne se trouve point dans nostre Langue. C'est ainsi que M. le Maréchal de *** dît un jour à la feuë Reine Mére, que les cinq propositions estoient *incognito* dans Jansénius, pour dire qu'elles n'y estoient point du tout. Le P. Bouhours ayant donc dit que le mot de *vénusté* n'estoit point dans nostre Langue, ay-je u tort de dire, que l'existence de ce mot estoit clairement prouvée dans les endroits de Joachin Du-Bellay & de Charles Fontcine, où il est fait mention de *vénusté* & de *vénusteté* ? Ce que dit icy le P. Bouhours, qu'il n'est pas en peine si *vénusté* se disoit anciennement, &c. est donc toutafait impertinent, & hors de propos. Mais pour revenir à l'existence de *vénusté*; outre Joachin Du-Bellay, Claude de Seyssel s'est servi de ce mot, dans le propre, en son Panégyrique de Louis XII. à l'endroit où il parle d'Anne de Bretagne. *Femme*, dit-il, *de sens, de prudence, d'honnesteté, de vénusté, & de gracieuseté. Il en est bien peu qui en approchent : moins qui soient semblables, & nul qui l'excéde.* C'est à la page 102. de l'édition de M. Godefroi. M. Chapelain ; ce que j'ay appris de M. Nublé ; disoit de ce Claude de Seysset, que c'estoit le prémier de nos Ecrivains François, qui se fust proposé de donner quelque forme à son stile. Il paroist par ce passage que *vénusté* estoit en usage dés le tans de Louis XII. & que Charles Fontaine a u tort de reprendre Joachin Du-Bellay: & que le P. Bouhours ne fait ce qu'il dit, en difant que je me fuis contredit.

M. du Vair s'eft auffi fervi de ce mot dans le figuré. *Il affectoit de dire tout ce qui fe pouvoit fur un fujet. Deforte que l'abondance l'empefchoit : & la multitude oftoit à ce qu'il avoit de beau, fa grace & venufté.* C'eft dans fon Traité de l'Eloquence Françoife, en parlant du Préfident Briffon.

Mais continuons à critiquer noftre Critique. *Il eft vray*, dit-il, *que M. Chapelain, à qui M. Ménage à ouï dire vénufté, n'eftoit pas un grand voyageur, mais c'eftoit un affez grand faifeur de lettres : & comment n'a-t-il point communiqué vénufté aux Provinciaux avec qui il avoit commerce ?* Peut-on dire une plus grande abfurdité ? M. Chapelain avoit-il commerce de lettres dans toutes les Provinces de France ? Je puis rendre témoignage; car je l'ay connu familiérement; que depuis la mort de M. de Balzac, il n'a u aucun commerce reiglé avec aucun Provincial. Mais quand il uft écrit reiguliérement à des Provinciaux, uft il employé néceffairement dans fes lettres le mot de *vénufté*; qui n'eft pas un mot d'atous les jours. Mais fuppofons qu'il ait u occafion d'employer ce mot dans quelque lettre à quelque Provincial : ce Provincial à qui il auroit écrit cette lettre, pouvoit-il répandre ce mot dans fa Province & dans les autres Provinces de France ? Voila l'homme qui m'accufe de raifonner faux.

Il dit ensuite : *Mais d'où vient que M. Ménage cite seulement M. Chapelain ? Ne sait-il pas, lui qui a fait de si agréables Observations sur le Droit, que le témoignage d'un mort n'est pas recevable, quand il n'y a nul écrit qui l'autorise ?* Ceux qui me connoissent, savent que je ne suis pas menteur : Et ceux qui ont connu M. Chapelain, savent qu'il se servoit ainsi dans le discours, de mots non communs, tirez du Latin. Je lui ay oüi dire de mesme *aménité*: qui est un mot dont Rabelais s'est servi dans son Epitre au Cardinal de Chastillon : *Lieu, ou pour mieux & proprement dire, paradis de salubrité, aménité, sérénité, &c.* Et M. Charpentier, dans son Traité pour l'Inscription de l'Arc de Triomphe : *Hérodote, qu'on a nommé le pére de l'Histoire, & dont les livres ont paru aux yeux des Anciens, si remplis d'élégance & d'aménitez.* Et ce mot me semble aussi tres-beau : & je m'en sers aussi volontiers dans le discours, en parlant à des personnes qui le peuvent entendre. Car encore une fois, les mots sont bons ou mauvais selon les lieux où ils sont placez; selon les personnes qui les disent, & selon celles à qui on les dit. Je diray fort bien, par exemple, en parlant à un savant Académicien, qu'il y a beaucoup de vénusté dans les vers de M. de Lalane : parceque ce savant Académicien sait ce que c'est que *venustas orationis* parmy les Latins. Mais ce mot qui seroit bon en cette occasion, deviendroit mauvais si je le disois à une femme. Et le Lecteur peut juger par là de l'impertinence de nostre Critique, qui dit qu'aulieu de citer M. Chapelain,

LANGUE FRANÇOISE. 141

pelain, au sujet du mot de *vénusté*, je devois citer Madame de la Fayette & Madame de Sévigny. *Mais d'où vient*, dit-il, *que M. Ménage cite seulement M. Chapelain ?* En voicy la raison : c'est que M. Chapelain estoit le prémier Grammairien du monde pour la Langue Françoise, & que son autorité en vaut mille. Pour ce qui est de Madame de Sévigny & de Madame de la Fayette, je feray voir plus particuliérement ailleurs, que le P. Bouhours qui dit que je devois les alléguer, ne devoit point les alléguer.

Quoyque le Bas-Breton, poursuit le P. Bouhours, *n'ait pas nié que* vénusté *fust un beau mot : & qu'au contraire il l'ait présuposé beau, sur la parole de M. Ménage ; en disant à Messieurs de l'Académie, Je ne say si ce mot, avecque toute sa beauté, vous plaist autant qu'à M. Ménage.* Il est vray que le P. Bouhours parle en cet endroit de la beauté du mot de *vénusté* : mais qui ne voit qu'il en parle par ironie ?

Ce Pére Goguenard continue son ironie. *La jolie raison !* dit-il. Et il ajoute ensuite: *Par malheur, cela prouve trop. Car* vénusté *que M. Ménage condanne, nous fait souvenir de Vénus & des Graces. Ainsi, sans y penser, il dit le pour & le contre.* Réponse. Il est vray que *vénusteté* nous fait souvenir de Vénus & des Graces, aussibien que *vénusté*: mais nonobstant cette belle image qu'il présente à l'esprit, ce n'est plus un beau mot, ayant esté rebuté par l'usage, qui a établi *vénusté* en sa place. Ainsi *los*, & *guerdon*, qui estoient autrefois de beaux mots, ont cessé de l'estre par le non usage.

M. Ménage, ajoute enfin nostre Hypercritique, *s'est mis en teste que le Bas-Breton raille: & on ne sauroit lui oster cela de l'esprit.* Nostre Révérend Pére Goguenard est tellement accoustumé à railler, qu'il ne sait pas quand il raille.

Fautes de Langue du livre des Doutes.

CHAPITRE LXV.

LE Révérend P. Bouhours avoit dit dans son Entretien du Segret : *Il n'y a peut-estre point de Conseil dans l'Europe, où le secret se garde mieux que celui de la République de Venise* : ce qui estoit tres-mal dit : le mot de *celui* estant équivoque à *segret*, & à *Conseil*. C'est ce qui a obligé le P. Bouhours de se dédire de cet endroit dans son livre des Doutes. *A la vérité*, dit-il à la page 185. de ce livre des Doutes, *pour peu qu'on ait d'attention, on voit bien que* celui *se rapporte à* Conseil. *Néantmoins, comme il peut aussi se rapporter à* secret, *& qu'il suspend l'esprit un moment, ne seroit-il pas mieux de dire, que le Conseil de la République de Venise ?* Mais le bon Pére s'est corrigé de mal en pis. *Où le segret se garde mieux que le Conseil de Venise*, est encore plus mal que, *Où le segret se garde mieux que celui de* la *République de Vénise.* Et le P. Bouhours a u raison de se corriger de sa correction. Voicy ses termes, qui sont de l'endroit de ses Remarques, où il est parlé des prépositions qu'il faut répéter : IL N'Y A POINT DE PAÏS, OÙ IE ME PLAISE DAVANTAGE QUE DANS LA FRANCE. *Comme où tient lieu de* dans lequel, *la régle demande qu'on répéte* dans *aprés.* Ainsi ce seroit mal dit, Il n'y a point de Conseil où le secret se garde mieux que le Conseil de Venise. *Il faudroit dire,* Il n'y a point de Conseil où le secret se garde mieux que dans le Conseil de Venise : *Et l'Auteur des Doutes n'a pas pris garde à cela. Il a eu raison de croire que la répétition de* Conseil *estoit necessaire, pour oster l'équivoque que faisoit* celui ; *immédiatement aprés* secret. *Car voicy l'endroit tel qu'il est dans les Entretiens d'Ariste & d'Eugéne :* Il n'y a peut-estre point de Conseil dans l'Europe, où le secret se garde mieux, que celui de la République de Venise. *Mais il ne devoit pas se contenter de rectifier à demi ce passage.* Il ajoute ensuite, en goguenardant, à son ordinaire : *Ie lui pardonne, aprés tout, de n'avoir pas songé, ou de n'avoir pas sceu, qu'il faloit mettre* dans le Conseil de Venise. *Il n'appartient pas à un* Bas-Breton, *comme il dit lui-mesme, d'avoir une parfaite connoissance de nostre Langue. Mais je ne puis pardonner à l'Auteur des Observations l'indulgence qu'il a eue en cette rencontre pour l'Auteur des Doutes. Ne devoit-il pas faire la leçon à ce Campagnard, pour lui apprendre à ne se pas* mefler une autrefois de corriger : & pour instruire en mesme temps le public sur l'usage des prépositions répétées ? Puisque M. Ménage n'en a rien fait, il faut que je dise enfin, pour conclure cette Remarque, qu'après avoir mis ou dans la première partie de la comparaison, on peut quelquefois mettre à dans la seconde.

Je ne m'étonne point que le P. Bouhours n'ait pu se corriger du prémier coup, eſtant tres-perſuadé qu'il eſt le Grammairien du monde le plus ignorant dans son art : & je le loue de s'eſtre enfin corrigé, en avouant ſes fautes. Il eſt, non-ſeulement d'un honneſte homme, mais d'un grand homme, de reconnoiſtre qu'on s'eſt trompé : Et c'eſt ce qu'a dit divinement Cornelius Celſus, en ces termes, qui ſe liſent au chapitre 4. de ſon livre VIII. mais qui méritent d'eſtre lus en tous lieux : *A futuris ſe deceptum eſſe, Hippocrates memoriæ prodidit : more ſcilicet magnorum virorum, & fiduciam magnarum rerum habentium. Nam levia ingenia, quia nihil habent, nihil ſibi detrahunt. Magno ingenio, multáque nihilominus habituro, convenit etiam ſimplex veri erroris confeſſio : præcipuéque in eo miniſterio quod utilitatis cauſſâ poſteris traditur, ne qui decipiantur eadem ratione, quâ quis antè deceptus eſt.* Mais ce qui m'étonne, & dont je ne puis louer le P. Bouhours, c'eſt ce qu'il dit, après s'eſtre corrigé la troiſiéme fois, que je devois lui faire ſa leçon ſur ſa ſeconde correction, afin de lui apprendre à ne se pas mesler une autrefois de se corriger. Pourquoy me faire ce reproche? Avois-je entrepris de remarquer toutes les fautes du livre des Doutes? Je n'ay u autre dessein, comme je l'ay déja dit ailleurs, que de me tenir sur la défensive, en justifiant les endroits que l'Auteur des Doutes avoit repris dans mes Observations sur la Langue Françoise. Et par ce nombre infini de fautes que je remarque présentement dans ce livre des Doutes; il paroist bien, comme je l'ay aussi dit ailleurs, que je n'ay point u d'autre dessein. Mais puisque le P. Bouhours ne peut me pardonner l'indulgence que j'ay eue pour lui en cette occasion, il le faut satisfaire. Je lui déclare donc, que je suis prest de lui montrer, en présence de Messieurs de l'Académie, ausquels il a dédié son livre des Doutes, qu'il y a dans ce livre plus de fautes de langue, d'érudition, & de jugement, qu'il n'y a de pages. Et cependant je vais lui montrer quelques-unes de ses fautes de langue.

Page 19.

La pluspart de ces mots qui commencent en in, *ne me font guéres moins de peine, que les mots qui finissent en* ment.

On ne dit point *commancer en* : on dit *commancer* par, & *finir* en. Le P. Bouhours devoit donc dire : *La pluspart de ces mots qui commancent par* in, *ne me font guéres moins de peine, que les mots qui finissent en* ment.

Page 10.

*Ces mots sont neus: & je doute qu'ils ayent la bonne fortune d'*intrépide*, ni mesme d'*intrepidité.

Il faloit dire : *Et je doute qu'ils ayent la bonne fortune d'*intrépide*; & mesme celle d'*intrépidité. La particule négative *ny* doit estre accompagnée d'une autre négative. *Ie ne l'aime, ny ne l'estime. Ny les biens, ny les honneurs ne valent pas la santé.* Pour le mot de *celle*, on pourroit s'en passer : mais il est plus élégant de l'ajouter.

Page 23.

I'ay remarqué, il y a long-temps, que tous les mots François qui commancent par in, *& qui finissent par* able *, viennent tous d'un verbe.*

Je doute que ce dernier *tous* soit icy répété en grace Voyez cy-dessus au chapitre 6. & au chapitre 28.

Page 24.

Elles trouvérent incharitable *tres-commode: & jugérent d'une voix commune qu'il faloit lui donner cours.*

Il faut dire : *& jugérent d'une commune voix*, comme je l'ay remarqué au chapitre 59. de ce volume.

Page 62.

Ils disent avec la derniére assurance tout ce qu'il leur plaist : soit qu'ils veulent surprendre par là le public : soit qu'ils croyent, &c.
Il faut, *soit qu'ils vueillent*, & non pas, *soit qu'ils veulent.*

LANGVE FRANÇOISE. 247
Page 65.

Si les Hébreux, qui ont esté les dépositaires de la divine parole.

Il faut dire, *de la parole divine.* Le Pére Bouhours fait souvent de ces fautes. Il dit à la page 258. de sa Traduction du livre du Marquis de Pianesse : *Lorsque tous les Héros prétendoient estre descendus en ligne droite de quelque Divinité.* Il faut dire, *en droite ligne.*

Page 86.

A l'occasion des Stances que fit Malherbe pour le feu Roi allant en Limosin.

Il faut dire, *pour le Roi Henri IV. allant en Limousin.* On ne dit plus *Limosin* : & *feu Roi* ne se dit que du Roi le dernier mort. Voyez le chapitre 85. & le chapitre 336. de la prémiére partie de ces Observations.

Page 99.

M. de Balzac a dit sur le coucher du Soleil, Cette riche effusion de couleurs, &c.

Sur le coucher du Soleil, est équivoque. Comme on dit *sur le midi ; sur le soir ; sur la brune ;* on croit d'abord que le P. Bouhours a voulu dire que M. de Balzac avoit dit les paroles dont est question, le Soleil estant près de se coucher.

Page 149.

Et puis après toutes les décisions des Sçavans, il en faut toujours revenir à vous.

Quoyqu'on dise fort bien *Ie reviens à vous,* ce *revenir à vous* n'est pas dit icy agréablement.

Page 160.

Des géans d'une taille énorme, & d'une

hauteur prodigieuſe. ¶ Pléonaſme. Voyez cy-deſſus au chapitre 3.

Page 184.

Ie voudrois que tous les livres euſſent cette clarté qui brille par tout dans les ouvrages de M. Patru, & qui eſt ſoutenuë d'un ſens ſi droit & ſi juſte.

Vne clarté brillante, qui eſt ſoutenue d'un ſens droit & juſte, eſt un galimatias.

Page 102.

Où l'on l'avoit mis.

Ce *l'on l'a,* fait un ſon deſagréable à l'oreille. L'Auteur pouvoit éviter ce lambdaciſme, en diſant *où on l'avoit mis.* Mais il a mieux aimé pécher contre la douceur du ſtile, que contre la reigle de M. de Vaugelas. M. de Vaugelas veut qu'on mette *l'on* après *où.*

Page 104.

Pour moi, MESSIEURS, *je m'imagine qu'une des choſes qui contribue davantage à la netteté du ſtile, eſt de ſuivre,* &c.

Il uſt eſté mieux de dire, *c'eſt de ſuivre,* acauſe de l'éloignement du *que :* car ſans cet éloignement, *eſt* uſt eſté bon : comme en cet endroit, qui eſt de la page 156. Et je croy meſme, qu'un des ſecrets du ſtile, eſt de ſçavoir ménager les & & les *que.*

Page 155.

Le mot de minucies eſt, à ce que j'ay ouï dire, en uſage parmi les Grammairiens, & les Orateurs.

Minucie n'eſt point un mot d'Orateur : ce qui me fait croire que le P. Bouhours par *les Orateurs* a voulu dire *ceux qui écrivent en prose.* Mais en ce cas, comme les Grammairiens écrivent en prose, le mot d'*Orateurs* n'a que faire en cet endroit.

Page 267.

Car enfin la Prose a un autre nombre que la Poësie : & il y a pour le moins autant de différence entre-elles, qu'il y a entre deux personnes, dont l'une marche, & l'autre danse parfaitement bien.

Ce *parfaitement bien*, est icy superflu, & mesme incommode.

Page 268.

Il ajoute, qu'encore bien que la prose ait des liaisons, &c.

Le Provincial parle icy véritablement en Provincial. Nous dirions à Paris, *encore que*; ou, *bien que.* Voyez le chapitre 35. de la prémiére partie de ces Observations. Mais il doit estre permis aux Provinciaux de parler Provincial. *Il est permis aux Doriens de parler Dorique,* dit Théocrite. Δωρίσδεν δ' ἔξεστι (δοκεῖ) τοῖς Δωριέεσσι.

Page 278.

Ce n'est pas en écrivant viste, que l'on apprend à écrire bien.

Il faut dire, *que l'on apprent à bien écrire.* M. de Balzac a intitulé un de ses Entretiens, *Qu'il n'est pas possible d'écrire beaucoup, & de bien écrire.*

Il y a ainsi beaucoup de fautes de langue dans les Entretiens du P. Bouhours.

Il y en a peu dans ſes Remarques : ce qui me fait croire, que M. Patru, à qui il les a dédiées, y a mis la main.

Griéveté.

CHAPITRE LXVI.

VOicy l'endroit où j'ay eſté défait à-plate-couture, ſi on en croit mon ennemi: car c'eſt trop peu de dire, *mon adverſaire.* J'avois dit dans la prémiére partie de ces Obſervations, que le mot de *vénuſté* eſtoit un beau mot, & que je m'en ſervois volontiers. Ces paroles ont choqué le Révérend P. Bouhours. *Ie ne ſay*, dit-il, dans ſon livre des Doutes, en parlant à Meſſieurs de l'Académie, *ſi ce mot, avec toute ſa beauté, vous plaiſt autant qu'à M. Ménage, & ſi vous vous en ſervez auſſi volontiers que lui. Ie ne ſay meſme s'il ſe dit : du moins je ne l'ay jamais oui dire à perſonne. Peut-eſtre qu'il eſt dans noſtre Langue incognito, ou que c'eſt un mot myſtérieux, qu'il n'eſt pas permis à tout le monde de prononcer.* Il avoit dit auparavant : *& l'on diroit que c'eſt ſon mot favori.* En répondant à ces railleries, j'ay dit dans la ſegonde édition de mes Obſervations : *Mais quoyque vénuſté ſoit un tres-beau mot, ce n'eſt pourtant pas mon favori, comme le dit, en raillant, noſtre Gentilhomme Campagnard. Ie ne croy pas l'avoir* employé plus d'une ou deux fois dans mes écrits. Il est vray que je m'en sers volontiers dans le discours. Je ne parle jamais des livres du P. Bouhours ; & j'en parle souvent ; que je ne dise qu'ils sont écrits avecque beaucoup d'élégance & de vénusté. Mais quand ce mot seroit mon favori, nostre Provincial n'auroit pas droit de s'en moquer. Il n'y a point d'Auteur qui n'ait quelque amitié particuliére pour quelque mot : témoin l'esse videatur de Cicéron, & le facere d'Arruntius. M. de Balzac dans le passage rapporté cy-dessus au chapitre 229. dit que le mot intrépide lui plaist extrémement, & que s'il a du crédit, il l'employra volontiers pour solliciter sa réception. Il n'y a pas jusqu'à nostre Provincial qu'il n'ait son mot favori. Et ce mot, qui le croiroit? c'est griéveté. Il dit à Messieurs de l'Académie, qu'il est accoustumé à ce mot ; qu'il sent bien qu'il auroit de la peine à s'en passer. J'ay fait voir au chapitre 96. que ce favori est un favori sans mérite, &c.

Le P. Bouhours dans ses Nouvelles Remarques m'a répondu, en ces termes: L'Auteur des Doutes parle ainsi à Messieurs de l'Académie : Comme je suis accoustumé à briéveté & à briévement, aussibien qu'à griéveté & à griévement, je sens, MESSIEURS, que j'aurois de la peine à m'en défaire. Voilà tout le fondement que M. Ménage a de dire, que griéveté est le mot favori du Bas-Breton. Il devoit dire par la mesme raison, que griévement, briévement, briéveté, sont aussi ses favoris : ou plustost il ne devoit dire, *ni l'un, ni l'autre. Car enfin, pour ce qui est de* griéveté, *le Bas Breton ne l'a pas employé une seule fois, que je sçache : & s'il parle en cet endroit de* griéveté, *ce n'est que pour faire voir la pensée qu'il a qu'on dit* briéveté, *aussibien que* griéveté. Comme je suis accoustumé à *briéveté* & à *briévement*, aussibien qu'à *griéveté* & à *griévement*, je sens, MESSIEURS, que j'aurois de la peine à m'en défaire. *Cela signifie en bon François, que le Provincial a toujours ouï dire,* briéveté, briévement ; griéveté, griévement ; *que ses oreilles y sont accoustumées ; & qu'il auroit de la peine à employer* bréveté, brévement ; gréveté, grévement, *pour* briéveté, briévement ; griéveté, griévement. *Si le Provincial avoit dit :* GRIE'VETE' est un tres-beau mot, & je m'en sers volontiers, *M. Ménage auroit eu raison de dire, que ce Provincial a de l'amitié pour ce mot : mais, pour le faire accroire au public, a-t-il eu droit d'altérer ses paroles, & d'en changer mesme le sens ? Le Provincial dit :* Comme je suis accoustumé à *briéveté*, & à *briévement*, aussibien qu'à *griéveté* & à *griévement*, je sens, MESSIEURS, que j'aurois de la peine à m'en défaire : *& M. Ménage lui fait dire, qu'il est accoustumé à* griéveté : *& qu'il sent bien qu'il auroit de la peine à s'en passer. M. Ménage, qui est un homme d'honneur, semble oublier la bonne foi en cette rencontre. Croit-il qu'il n'en faille point avoir avecque les Provinciaux & les Campagnards ? Il dit que le Bas-Breton est accoustumé à* griéveté,

sans

sans parler de briéveté, *qui marche devant, & dont il est question simplement. Il lui fait dire*, Je sens bien que j'aurois de la peine à m'en passer : *faisant tomber cela sur* briéveté *seul ; aulieu de*, J'aurois de la peine à m'en défaire, *qui tombe proprement sur* briéveté. *Il y a de la différence entre* s'en passer *&* s'en défaire *: & il ne faut que changer un mot, pour falsifier un écrit. C'est à la faveur de cette falsification que* M. Ménage *insulte au Provincial, en mettant dans un titre de ses Observations nouvelles*, griéveté, mot favori de l'Auteur des Doutes sur la Langue Françoise. *Aureste, après lui avoir donné ce favori, il lui reproche que c'est un favori sans mérite* Il y a long-temps, dit-il, que griéveté n'est plus du beau stile. On dit, *la grandeur du péché ; l'énormité du crime :* & je mets en fait, que depuis l'établissement de l'Académie, aucun Ecrivain poli n'a employé ce mot, à la reserve de nostre Gentilhomme. *Comme j'ay pour* M. Ménage *toute la déférence qu'on doit avoir pour un homme de son âge & de son mérite, j'ay cru d'abord que* griéveté *estoit dans nostre Langue, comme* mauvaistié *: & ce*, je mets en fait, *m'a fait croire que l'Académie avoit condanné ce mot absolument : mais en ouvrant par hazard le Rodriguez de* M. Regnier, *j'ay trouvé* la griéveté de ce péché se pourra encore aisément comprendre par cette comparaison : *& j'avoue que cela m'a fait revenir : car enfin, ce livre est écrit depuis l'établissement de l'Académie ; &* M. Regnier *est* un Ecrivain poli, du consentement mesme de M. Ménage ? Voilà ce que c'est que de parler si affirmativement, quand on n'est pas bien seur de son fait : mais quoyqu'il en soit de griéveté ; à quoy je prens peu d'interest ; je ne puis demeurer d'accord avec M. Ménage, que vénusté soit un tres-beau mot : & pour moy, si j'avois à louer ses ouvrages, je ne dirois jamais qu'ils sont écrits avec beaucoup de vénusté.

Je répons en un mot à ce long discours de nostre Critique, que j'ay u la mesme raison de croire que *griéveté* estoit son mot favori, qu'il a uë de dire que *vénusté* estoit le mien. J'ay dit que *vénusté* estoit un beau mot, & que je m'en servois volontiers. C'est aussi tout le fondement qu'a u le P. Bouhours, de dire que ce mot estoit mon favori. Le P. Bouhours n'a-t-il pas dit apeuprès la mesme chose de *griéveté*, en disant qu'il est accoustumé à ce mot, aussibien qu'à *briéveté* & à *briévement*? *Ie suis accoustumé à dire ce mot*, est ce une expression bien différente de celle dont j'ay usé, *Ie me sers volontiers de ce mot* ? car n'en déplaise au P. Bonhours, *Comme je suis accoustumé à* griéveté, ne veut pas dire simplement, *Comme je suis accoustumé à ouir dire* griéveté. Et pour montrer qu'il signifie aussi, *Comme je suis accoustumé à dire ce mot,* c'est que le P. Bouhours, ayant dit la mesme chose de *briéveté* & de *briévement*, il ajoute ensuite ; *Ie sens que j'aurois de la peine à m'en défaire*: ce qui fait voir, que c'est lui-mesme qui est accoustumé à se servir de ces mots. Et puisqu'il se sert ordinairement de *griéveté*, dont les auteurs polis ne se servent plus, comme je vais le faire voir, ne peut-on pas conclure de là, que ce mot lui plaist infiniment. Ce que le P. Bouhours ajoute, qu'il n'a voulu dire autre chose, sinon qu'il auroit de la peine à employer *bréveté* & *brévement*, comme *gréveté* & *grévement*, est ridicule : personne ne disant *gréveté* ny *grévement*.

Il me reste à répondre à la falsification dont le P. Bouhours m'accuse, & à l'autorité de M. Renier, dont il veut m'accabler.

M. Ménage, s'écrie le P. Bouhours, a-t-il eu droit d'altérer ses paroles, & d'en changer mesme le sens ? M. Ménage, qui est un homme d'honneur, semble oublier la bonne foi en cette rencontre. Croit-il qu'il n'en faille point avoir avec les Provinciaux & les Campagnards ? Il y a de la différence entre s'en passer & s'en défaire : & il ne faut que changer un mot, pour falsifier un écrit. C'est à la faveur de cette falsification que M. Ménage insulte au Provincial, &c. A entendre crier ce bon Religieux de la sorte, ne diriez-vous pas que j'ay fait une fausseté d'importance ? Mais voyons qu'elle est cette fausseté. Il est vray que j'ay dit au chapitre 313. de la prémiére partie de ces Observations : *Le P. Bouhours dit à Messieurs de l'Académie, qu'il est accoustumé au mot de griéveté, & qu'il sent bien qu'il auroit de la peine à s'en passer.* Et il est vray aussi que dans le livre des

Doutes du P. Bouhours, il y a *que j'aurois de la peine à m'en défaire*. Mais outre que je ne voy pas qu'il y ait grande différence, pour le sens, entre ces deux mots, dans le passage dont est question ; c'est qu'en rapportant ce mesme passage au chapitre 96. à la page 208. je l'ay rapporté avecque ces termes, *que j'aurois de la peine à m'en défaire* : ce qui fait voir clairement, qu'en mettant ailleurs, *que j'aurois de la peine à m'en passer*, je n'y ay entendu aucune finesse, & que je ne suis point un faussaire.

A l'égard de ce que dit le P. Bouhours, que je fais tomber, *le sens bien que j'aurois de la peine à m'en passer*, sur *griéveté* seul, au lieu qu'il tombe proprement sur *briéveté*, &c. voicy ma réponse. Je ne parle point de *briéveté*, dont parle le P. Bouhours, parceque dans mon discours il n'est pas question de ce mot, & que d'en parler, c'ust esté parler hors de propos. Pour ce qui est de cette expression, *Ie sens bien que j'aurois de la peine à m'en passer*, il est vray que selon la construction, elle tombe sur *briéveté* & *briévement* : mais elle tombe aussi sur *griéveté* & *griévement*, dans le sens de l'Auteur. Le P. Bouhours dit qu'il sent bien qu'il ne sauroit se défaire des mots de *briéveté* & de *briévement*: & la raison qu'il en rent, c'est qu'il est accoustumé à ces mots, aussibien qu'à ceux de *griéveté* & de *griévement*. Puisqu'il ne peut se défaire de *briéveté* & de *briévement*, parcequ'il y est accoustumé ; estant accoustumé de la mesme sorte à *griéveté* & à *griéve-*

ment ; comme il le dit lui-mesme ; ne doit-il pas avoir la mesme difficulté de se défaire de ces mots ?

Mais j'ay dit, que *grièveté* n'estoit plus du beau stile : & j'ay mis en fait, que depuis l'établissement de l'Académie aucun Ecrivain poli n'avoit employé ce mot, à la réserve du Gentilhomme Bas-Breton. Et cependant, M. Renier, qui de ma propre confession, est un Ecrivain poli, le vient d'employer dans sa Traduction de la Pratique Chrétienne d'Alfonse Rodrigue, Jésuite Espagnol. Il est vray que j'estime beaucoup M. Renier. Voicy comme j'en ay parlé dans mes Poësies Latines :

Qualia Maonides Grajo sermone, RENERI;
Et scribis Latio qualia Virgilius.
Gallica componis, nulli cedentia Gallo :
Non tibi, CORNELI ; *non,* CAPELANE, *tibi.*
Aptabas Tuscis quæ nuper carmina chordis,
Esse velit numeros ipse Petrarcha suos.
Nuper & Hispano quæ sunt tibi condita versu,
Æmula Gongoridæ jam stupet ipse Tagus.
Iamque suos inter numerat te Rhenus olores.
Consona mille tibi gentibus ora sonant.
Oppida certârunt septem de patria Homeri :
De patria certant oppida mille tua.

Et je l'estime encore plus que je ne l'ay loué. Mais quelque estime que j'aye pour lui, je ne puis approuver qu'il se soit servi dans son Rodrigue du mot de *grièveté* : car encore une fois, ce mot n'est plus du bel usage. On dit *un grief* ; *des griefs* ; *estre grièvement malade* : mais on ne dit point, *la griéveté d'un mal.* On difoit autrefois *la griéveté du péché ; la griéveté d'un crime* : & quelques Cafuiftes antiquaires parlent encore de la forte : mais dans le beau ftile ce mot eft aujourdhuy toutafair hors d'ufage. On dit, *la grandeur du péché ; l'énormité, l'atrocité d'un crime.* Et M. Renier n'y fongeoit pas, fans doute, quand il a dit *la griéveté de ce péché,* &c. Il avoit devant les yeux la vieille Traduction que le P. Paul Duez a faite de ce livre du P. Alfonfe Rodrigue, dans laquelle ce mot de *griéveté* eft employé : & c'eft apparemment ce qui a fait qu'il s'en eft fervi : car il eft affez ordinaire, qu'en traduifant en beau François des ouvrages Gothiques, on fe fert fans y penfer, des mots & des phrafes de ces ouvrages : & cela eft arrivé plus d'une fois à M. Péréfix, Archevefque de Paris, dans fon Hiftoire de Henri IV. & à M. Mézeray, dans fon Hiftoire de France.

Cependant j'ay mis en fait, que depuis l'établiffement de l'Académie, aucun Ecrivain poli n'avoit employé ce mot, à la réferve du Gentilhomme Bas Breton : Et le P. Bouhours triomphe là deffus. Voila un beau fujet de triomphe ! Il fuffit, pour me donner tout l'avantage de cette difpute, que ma caufe foit la meilleure au fond ; & que ce que j'ay dit, que *griéveté* n'eft plus du bel ufage, foit véritable Mais quoyqu'un feul Ecrivain poli ait depuis peu employé ce mot, cela n'empefche pas que je n'aye pu dire qu'aucun Ecrivain poli ne l'a jamais employé depuis l'établissement de l'Académie. Le mot d'*aucun* en cette façon de parler, doit s'entendre commodément. Il ne veut dire autre chose, sinon que la pluspart des Ecrivains polis n'usent plus de *grièveté* : & le témoignage d'un seul Ecrivain poli, n'est pas capable de détruire mon assertion. Le mot d'*une fois*, dit Asconius, est cousin germain de celui de *jamais*. SEMEL, *vicinum est ad* PÆNE NUMQUAM. C'est dans sa Préface sur les Oraisons de Cicéron contre Verrès. Ce qui n'arrive qu'une ou deux fois, est considéré par les Législateurs, comme une chose qui n'arrive jamais, disoit Théophraste dans son livre des Loix. Τὸ γὰρ ἅπαξ, ἢ δὶς, παραβαίνυσιν οἱ νομοθέται.

J'ajoute à toutes ces considérations, que le Rodrigue de Monsieur Renier a esté publié depuis mes Observations sur la Langue Françoise, & que lorsque j'ay dit dans ces Observations, que depuis l'établissement de l'Académie, aucun Ecrivain poli n'avoit employé le mot de *grièveté*, cela estoit véritable à la lettre.

Je répondray ailleurs à ce que dit icy le P. Bouhours, qu'il a pour moi toute la déférence qu'on doit avoir pour un homme de mon âge. Cependant, comme on pourroit croire par ses emportemens, & par toutes les puérilitez qui sont dans son livre des Remarques, que c'est un jeune homme, je veux bien avertir le Lecteur, que le P. Bouhours est un Précieux en cheveux gris.

Ridiculiser. Fertiliser.

CHAPITRE LXVII.

Ridiculiser est un mot tres-usité parmy nous dans le discours, & dans le stile familier. Et si le P. Bouhours a prétendu le reprendre dans mes Observations sur la Langue Françoise; en disant à la page 126. de ses Nouvelles Remarques : *Pour moi, je ne puis croire, que l'Auteur des Doutes ait voulu rendre ridicule M. Ménage, ou, afin de me servir de son mot, le ridiculiser;* il n'a pas u raison. Et ce mot est beaucoup meilleur que celui de FERTILISER, dont le P Bouhours s'est servi dans son Entretien des Devises, à la page 319. de la prémiére édition des Entretiens : *Vn grand fleuve qui roulant ses eaux doucement & sans bruit, fertilise les campagnes,* &c. FERTILISER n'est pourtant pas mauvais : & il peut trouver sa place en plusieurs lieux. Ronsard, selon le témoignage de Nicod, s'en est servi.

Fausse délicatesse du P. Bouhours.

CHAPITRE LXVIII.

LE P. Bouhours, à la page 254. de ses Doutes, a repris cet endroit de l'Histoire du Vieux & du Nouveau Testament de M. de Sasly : *Cette victoire de Iudas, qui fut honnorée parmy les Iuifs d'une feste solennelle, fut la dernière qu'il remporta*: Et il l'a repris, qui le pourroit croire ? acause de ces deux *fut*. Il faut avoir une grande demangeaison de reprendre, pour reprendre dans des livres de piété de si petites choses : & Messieurs de Port-Royal, dans les ouvrages desquels il a repris ces bagatelles, ont u raison de mépriser ses répréhensions. Voicy comme en a parlé M. Nicole dans son segond traité de la charité & de l'amour propre : *Ie me souviens que lorsqu'on publia un certain livre dans lequel l'Auteur avoit prétendu ramasser diverses fautes contre la langue, qu'il croyoit avoir trouvées dans des ouvrages de piété, qui passoient pour bien écrits, on examina dans une compagnie, par manière d'entretien, ce que ceux qui s'y trouvoient interessez devoient faire en cette rencontre. Chacun convint d'abord que les remarques de cet Auteur estant si peu considérables, qu'elles n'auroient pas du estre proposées contre des écrits mesme, où l'on n'auroit eu pour but que d'acquérir la réputation de bien écrire, ceux qu'il attaquoit, ne devoient pas avoir la moindre pensée de former une contestation sur un si petit sujet ; quelque tort que cet Auteur pust avoir dans quelques-unes de ses remarques. Mais quand on vint à parler de ce qu'ils devoient faire, il y en eut qu'ils soutinrent, qu'ils ne devoient pas mesme témoigner qu'ils eussent veu ce livre. Mais le plus grand nom-*

bre crut qu'ils devoient prendre un autre parti, & que pour toute réponse, ils n'avoient qu'à corriger de bonne foi dans les autres éditions de ces livres, tout ce que cet Auteur y avoit repris avec quelque apparence de justice. La raison qu'ils en alléguoient, outre le motif général d'honnorer la vérité en tout, c'est qu'il n'y avoit point de meilleur moyen pour faire que le public rendist justice à cet Auteur, & à ceux qu'il auroit attaquez, que d'user envers lui d'une conduite si modérée. J'avoue que je fus de ce sentiment, & que je crus qu'il n'y en avoit point de plus conforme, ny à la charité qui tend toujours à nous humilier, ny à l'amour propre qui est bien aise de mettre en veue les defauts de ceux qui nous ont voulu rabaisser. Et après cela, le P. Bouhours trouve mauvais que j'aye dit, au sujet de ces bagatelles qu'il reprent avec un acharnement étrange dans les ouvrages de Messieurs de Port-Royal, que l'Eloquence n'est point vetilleuse.

Mais pour revenir à nostre passage du Vieux & du Nouveau Testament, les deux *fut* dans ce passage, non seulement ne choquent point l'oreille, mais ils la chatouillent en quelque façon.

Dix jeunes gens.

CHAPITRE LXIX.

Remarque du P. Bouhours : *M. Ménage a bien remarqué que* gens *ne se dit point d'un nombre déterminé. Par exemple: quatre* gens, *six* gens, *dix* gens, *& qu'il faut dire, quatre hommes, six hommes, dix hommes, &c. Le mesme Auteur condamne également,* dix gens, *& dix jeunes gens: mais avec tout le respect que je lui dois, je doute que* dix jeunes gens *soit mal dit, & que M. d'Ablancourt ne parle pas correctement, en disant dans son Marmol* : Ali, qui se douta de ce que c'estoit, prit son ami, nommé Yahia, & dix autres jeunes gens de leur faction. ¶ Le P. Bouhours, pour la confirmation de sa Remarque, se cite lui-mesme ensuite : ce que je remarque, parcequ'il m'accuse sans cesse de vanité, pour m'estre cité de la sorte.

Réponse. Nous sommes presque de mesme avis en cet endroit le Révérend P. Bouhours & moi. Il doute que *dix autres jeunes gens* soit mal dit dans l'endroit du Marmol de M. d'Ablancourt : & j'en ay aussi douté. Voicy mes propres termes:

J'ajouste encore aux Remarques de M. de Vaugelas, que gens *ne se dit point d'un nombre préfis. On dit beaucoup de gens ; beau-*

coup de jeunes gens : *mais on ne dit point dix gens ; dix jeunes gens Il faut en ce cas user du mot d'hommes, & dire dix hommes, dix jeunes hommes.* M. d'Ablancourt *n'a pas sû cette finesse de langue : ou s'il la sûe, il ne s'en est pas souvenu ; ayant dit en son Marmol, tome 2. page 79.* Ali, qui se douta de ce que c'estoit, prit son ami, nommé Yahia, & dix autres jeunes gens de leur faction. *Mais peutestre que le mot d'autres, qui est entre celui de* dix *& celui de* jeunes, *fait que cette façon de parler n'est pas mauvaise. Quoyqu'il en soit, c'est mal parler, que de dire* dix gens. *On dit pourtant fort bien* mille gens, *quand le mot de* mille *n'est pas un nombre préfis ; mais un nombre indéfini. Par cette raison, on pourroit dire demesme* cent gens. *Il faut pourtant éviter de le dire, acause de la cacophonie. Mais quoyqu'on dise* mille gens, *on ne dit pas* deux mille ; trois mille gens, *&c. Ces nombres, estant des nombres préfis.*

Le Lecteur voit, que j'ay particuliérement reduit mon Observation, à dire, que c'est mal parler que de dire *dix gens. Dix jeunes gens* n'est pas toutafait mauvais : mais comme *dix jeunes hommes* est beaucoup meilleur ; & que ce qui est meilleur est destructif de ce qui est simplement bon ; *il meglio è nimico del bene*, disent les Italiens ; on peut dire que *dix jeunes gens* est mauvais, en comparaison de *dix jeunes hommes.*

Un portrait enchanté. Un habit enchanté.

CHAPITRE LXX.

Toutes ces façons de parler, font des façons de parler de fotes Précieuses: & les personnes raisonnables doivent bien prendre garde de s'en servir, soit en parlant, ou en écrivant.

Mots consacrez. Rendez à César ce qui est à César.

CHAPITRE LXXI.

LE P. Bouhours dit dans la Préface de ses Remarques, que nous n'allons pas toujours lui & moi par mesme route: ce qui est tres-véritable: & c'est dont je me glorifie: car si j'allois toujours par sa route, je m'égarerois souvent. En voicy une preuve. Le bon Pére a fait la remarque suivante sur cette façon de parler, *mots consacrez: Nous appellons ainsi en nostre Langue certains mots particuliers, qui ne sont bons qu'en un endroit: & on leur a peutestre donné ce nom, parceque ces mots ont commencé par la religion, dont les mystéres n'ont pu estre exprimez qu'avec des mots faits exprés.* Trinité, Incarnation, Nativité, Transfiguration, Annonciation, Visitation, Assumption, &c. *sont des mots consacrez, aussi-bien que* Céne, Cénacle, Fraction du pain, Actes des Apostres, &c.

Il est sans doute, que cette ... de parler *mots consacrez*, est venue de certains mots de la religion, qui n'estant plus en usage en d'autres endroits, ont esté retenus, acause de la religion, dans les discours de religion. *Verba à vetustate repetita*, dit Quintilien, *non solùm magnos assertores habent, sed etiam afferunt orationi majestatem aliquam, non sine delectatione. Nam & auctoritatem antiquitatis habent : & quia intermissa sunt, gratiam novitati similem parant. Sed opus est modo : ut neque crebra sint hæc, neque manifesta : quia nihil est odiosius affectatione : nec utique ab ultimis & jam obliteratis repetita temporibus : qualia sunt* toper, *&* antigerio, *&* exantlare, *&* prosapia ; *& Saliorum carmina, vix sacerdotibus suis satis intellecta. Sed illa mutari vetat religio, & consecratis utendum est.* Mais il n'est point vray, que les mystéres des Religions ayent esté exprimez avecque des mots faits exprés. Ils l'ont esté, pour la pluspart, avecque des mots déja faits: comme, *Nativité, Visitation, Céne, Batesme, Communion, Confession, Pénitence,* &c.

Je suis aureste de l'avis du P. Bouhours, en ce qu'il dit ailleurs, qu'il ne faut point changer les termes de la Religion, & qu'il faut conserver autant qu'on le peut, dans les Traductions des livres sacrez, les anciennes expressions. Et quelque respect que j'aye pour Messieurs de Port-Royal, je ne puis approuver qu'ils ayent dit dans leur Traduction du Nouveau Testament, *pains exposez*, aulieu de *pains de proposition*.

Mais il est étrange que le P. Bouhours estant de l'avis dont je viens de parler, touchant ces Traductions, il l'ait abandonné, en disant ailleurs, que celui qui le prémier a traduit ces mots de l'Evangile de S. Mathieu, *Reddite Cæsari, quæ sunt Cæsaris*, par ces autres, *Rendez à Céfar, ce qui est à Céfar*, les a mal traduits ; & qu'il devoit dire, *Rendez à l'Empereur ce qui est à l'Empereur*: ou, *Rendez au Céfar, ce qui est au Céfar*. Voicy les termes du P. Bouhours:

CÉSAR *au singulier ne signifie point Empereur : & il est bien probable que celui qui a traduit le prémier ce passage, Reddite quæ sunt Cæsaris, Cæsari, n'entendoit pas trop le François. Il est du moins évident, que ce prémier Traducteur a fait deux fautes dans un seul mot : l'une, disant Céfar, pour Empereur : l'autre, disant à Céfar. Car supposé que Céfar signifie là Empereur, c'est un nom appellatif, qui demande un article : & il faudroit dire, Rendez au Céfar, ce qui est au Céfar : comme nous dirions, Rendez au Roi, ce qui est au Roi. A Céfar, est aussi irrégulier, que le seroit à Roi, à Empereur. S'il s'agissoit de Iules Céfar, comme Céfar est un nom propre, qui se met sans article, &*

Céfar feroit régulier : mais il s'agit de Tibére, qui regnoit alors. Cependant, quelque irrégularité qu'il y ait dans cette phrafe, il faut s'en fervir fans fcrupule. L'ufage qui a établi des folécifmes, peut autorifer des barbarifmes, quand il lui plaift. Il faut, dis-je, fans fervir, à l'exemple de nos bons Auteurs, qui l'employent, non feulement dans le propre, mais auffi dans le figuré. *Recevez les louanges qui vous font deues, & fouffrez qu'on rende à Céfar, ce qui appartient à Céfar,* dit M. de Voiture à M. le Prince fur le fuccés de la Bataille de Rocroy.

Le P. Bouhours dit ailleurs, en parlant de cette façon de parler, LE PRINCE DES PHILOSOPHES : *C'eſt-à-peu-prés, comme* Rendez à Céfar, ce qui eſt à Céfar, *que l'ufage a autorifé contre la raifon, & contre la Grammaire meſme* : ce qui fait voir que cette remarque de *Rendez au Céfar, ce qui eſt au Céfar,* lui a fort plu : & cependant elle eſt toutafait ridicule.

Celui qui a traduit le premier ces paroles ; qui font de Noftre Seigneur, dans l'Evangile de S. Mathieu ; *Reddite quæ funt Cæfaris, Cæfari,* par *Rendez à Céfar, ce qui eſt à Céfar,* entendoit fort bien le François. Et c'eſt le P. Bouhours qui ne l'entent point : & qui d'un autre coſté n'eſt pas meilleur Hiſtorien qu'il eſt Grammairien. Il eſt vray que par ces paroles, Noſtre Seigneur a voulu dire, qu'il faut payer aux Souverains les tributs qui leur appartiennent. Mais quoyque ce foit-là le fens des paroles de Nostre Seigneur, cela n'empesche pas qu'il ne faille les traduire à la lettre. Et *César* en cet endroit, c'est Tibére; lequel s'appeloit *César*; non pas, parcequ'il estoit Empereur ; mais parceque c'estoit son nom d'adoption. Tibére ayant esté adopté par César Auguste, qui l'avoit esté par Jules César, s'appela *César* dés le jour de son adoption ; long-tans avant que d'estre Empereur. *Tum Asinius Gallus : Interrogo, inquit, Cæsar, quam partem Reip. mandari tibi velis.* C'est un passage du prémier des Annales de Tacite. Lorsqu'Asinius Gallus parloit ainsi à Tibére, Tibére n'estoit pas encore Empereur. Il est vray que tous les Empereurs Romains ont esté ensuite appelez *Césars*. Mais ce nom de famille qu'ils ont pris, est toujours demeuré un nom de famille : comme celui de *Ptolomée* parmy les Rois d'Egypte. *Rendez au César, ce qui est au César*, seroit donc une traduction ridicule ; & *rendez à César, ce qui est à César*, est tres-bien traduit. Dans les Traductions ; & particuliérement dans celles des livres sacrez ; il faut considérer le tans de l'Auteur qu'on traduit. Ainsi Virgile ayant appelé *César* l'Empereur Auguste dans ces vers du prémier des Géorgiques,

 Tuque adeo, quem mox quæ sint habitura
  Deorum
 Concilia, incertum est : urbesne invisere,
  Cæsar,
 Terrarum ne velis curam ;

M. de Marolles a rendu le mot Latin *Cæ-*

sar, par le François *César*.

César, dont le mérite élevé jusqu'aux cieux,
Vous doit un jour admettre au nombre des
grans Dieux, &c.

Urbanité.

CHAPITRE LXXII.

Les Grecs, du mot ἄςυ, qui signifie *ville*, ont fait le mot d'ἀςτεϊσμὸς, pour signifier cette élégance, & cette politesse qui est propre aux habitans des villes, & qui est opposée à la rusticité des gens de campagne. Ils se sont servis ensuite du mesme mot, pour exprimer une raillerie honneste, fine, délicate & ingénieuse. Ce mot se trouve en cette signification dans Quintilien, au chapitre 6. du livre 8. de ses Institutions : συρκασμὸς, ἀςτεϊσμὸς, &c. Et au chapitre 3. du livre 6. *Nam meo quidem judicio, illa est urbanitas, in qua nihil absonum, nihil agreste, nihil inconditum, nihil peregrinum, neque sensu, neque verbis, neque ore, gestuve possit deprehendi : ut non tam sit in singulis dictis, quàm in toto colore dicendi : qualis apud Græcos asteïsmos ille, redolens Athenarum proprium saporem.* Et au chapitre 8. du livre prémier : *Multum autem veteres etiam Latini conferunt, (quamquam plerique plus ingenio quàm arte valuerunt) in primis, copiam verborum : quorum in Tragœdiis gra-*

LANGVE FRANÇOISE. 271

vitas, in Comœdiis elegantia, & quidam velut astei/mos inveniri potest. Car c'est ainsi qu'il faut lire en ces deux derniers endroits de Quintilien, selon la conjecture de M. de Saumaise, dans une lettre qu'il m'a fait l'honneur de m'écrire ; & non pas *atticismos*. Comme cette raillerie honneste, fine, délicate & ingénieuse, regnoit particuliérement à Athénes ; témoin le μυκτὴς Ἀττικὸς de Lucien, & le *nasus Atticus* de Sénéque, le mot d'*atticismos* ne seroit pas mal dans le dernier endroit de Quintilien, dont je viens de parler : mais pour le premier, *atticismos* ne s'accommode pas si bien avec ce qui suit, *redolens Athenarum proprium saporem* : car c'est comme qui diroit, cet atticisme, qui est un atticisme. La ville d'Athénes estoit donc en possession de cette belle raillerie. Celle de Rome l'a imitée en cela, comme aux autres choses Et c'est ce qui a esté remarqué par Domitius Marsus en son livre de l'Urbanité. *Quam propriam esse nostræ civitatis ait*, dit Quintilien, en parlant de l'urbanité & de Domitius Marsus : *& serò sic intelligi cœptam, postquam urbis appellationem, etiamsi nomen proprium non adjiceretur, Romam tamen accipi sit receptum.* Et par Ciceron, dans une de ses Lettres à Papirius Pétus : *Accedunt, non Attici, sed salsiores quàm illi Atticorum, Romani veteres atque urbani sales. Ego autem ; existimes licet quod lubet ; mirificè capior facetiis ; maximè nostratibus : præsertim cùm eas videam primùm oblitas Latio tum, cùm* *in urbem nostram est infusa peregrinitas: nunc verò etiam brachatis & transalpinis nationibus: ut nullum veteris leporis vestigium appareat. Itaque, te cùm video, omnes mihi Granios, omnes Lucillios; verè ut dicam, Crassos quoque, & Lælios, videre videor. Moriar, si præter te, quemquam reliquum habeo, in quo possim imaginem antiquæ & vernaculæ festivitatis agnoscere.* Mais ce que dit M. de Balzac dans le Discours de la Conversation des Romains, est tres-véritable : les Romains pratiquérent cette aimable vertu du commerce, long-tans avant que de lui donner un nom. Il est difficile de dire précisément, quand le mot *d'urbanitas* a esté prémiérement employé dans cette signification : mais je croy pouvoir dire avecque certitude, qu'il n'est que du tans d'Auguste : car *urbanitas* doit avoir estre fait postérieurement à *urbanus* ; & *urbanus*, en la signification d'un homme qui posséde cette vertu, n'est que du tans de Cicéron: comme il paroist par cet endroit d'une de ses lettres à Appius Pulchêr : *Te hominem, non solùm sapientem, verùm etiam, ut nunc loquuntur, urbanum.* Il nous est arrivé la mesme chose qu'aux Romains Nous avons aussi pratiqué cette vertu de la conversation, long-tans avant que de lui donner un nom particulier. J'ay cru autrefois que M. de Balzac s'estoit servi le prémier du mot *d'urbanité*: en quoy je me suis trompé, comme je l'ay dit ailleurs : & en me trompant, j'ay trompé le P. Bouhours, qui dans son livre des

Doutes a dit la mesme chose sur mon témoignage. Ce mot se trouve dans le Dictionnaire de Charle Estienne, imprimé en 1552. & dans un autre imprimé en 1570. qu'un auteur qui ne s'est désigné que par ces lettres, Ph. M. C. a fait sur celui de Charle Estienne. Mais qui que ce soit qui soit l'auteur d'*urbanité* dans nostre Langue, ce mot y a esté bien reçu : & avecque d'autant plus de raison, que selon la remarque de M. Pellisson, les mots de *civilité*, de *galanterie*, & de *politesse*, ne l'expliquent qu'imparfaitement. C'est ce que j'ay dit dans la prémiére édition de la prémiére partie de ces Observations : & ce qui a esté réfuté par le Révérend P. Bouhours, tout au commencement de son livre des Doutes : car, comme je l'ay déja remarqué, il a voulu commancer ce livre par cette réfutation, comme par le commancement le plus avantageux qu'il pouvoit donner à son ouvrage. *Ce mot d'urbanité, dit-il, a-t-il esté aussibien reçu que l'assure M. Ménage ? L'autorité de M. Pellisson sur laquelle il s'appuie, & qui est sans doute une grande autorité, ne me semble pas lui estre trop favorable*, &c. J'ay répondu aux argumens du P. Bouhours, quoyqu'ils ne méritassent point de réponse. J'ay fait voir, qu'outre M. de Balzac, M. Costar, M. d'Ablancourt, & M Pellisson, M. Chapelain, M. de Cassagne, & M. de Pure, s'estoient servis de ce mot ; & que M. Danet l'avoit mesme employé dans son nouveau Dictionnaire pour Monseigneur le

Dauphin. En un mot, j'ay batu en ruine la critique de noſtre Critique. Il a répondu à mes raiſons. Mais il y a répondu ridiculement, comme je vais le faire voir par des Notes ſur ſa Remarque.

BOUHOURS.

M. Ménage a décidé que le mot d'*urbanité* eſtoit François : mais que ce n'eſtoit pas un mot d'atous les jours. *On en peut uſer*, dit-il, *deux ou trois fois le mois*. C'eſt la concluſion qu'il fait ſur le mot d'*urbanité*, &c. Mais à parler de bonne foi, on a de la peine à le ſuivre dans des raiſonnemens, où, ſi je l'oſe dire, il ſe perd un peu lui-meſme.

MÉNAGE.

Le P. Bouhours avoit dit dans ſes Doutes, en parlant à Meſſieurs de l'Académie: *Pourroit-on dire*, Il y a peu de gens qui ayent de l'urbanité : Son urbanité le rend aimable à tout le monde. *Ie le diray*, Meſſieurs, *dés que vous me l'aurez permis ; mais juſques à ce que l'Académie toute entière ſe ſoit déclarée, vous voulez bien que je m'en tienne à l'opinion des deux illuſtres Académiciens, dont je viens de vous parler.* J'ay répondu au P. Bouhours, en ces termes: *Ie lui répons pour ces Meſſieurs ; & je ſuis aſſuré qu'ils ne m'en deſavouront pas ; que ces façons de parler ne ſont pas naturelles : mais que cela n'empeſche pas que le mot d'urbanité ne ſoit* un mot François. Combien y a-t-il de mots qui se disent d'une façon, & qui ne se disent pas de l'autre ? Par exemple : M. de Balzac a dit dans le passage cy-dessus rapporté, Si on en croit les Romains, ils ont effacé toutes les Graces & toutes les Vénus de la Gréce: ce qui est sans doute tres-bien dit. Et cependant, on ne diroit pas non plus, Il y a peu de gens qui ayent des Vénus ; Ses Vénus le rendent aimable à tout le monde. *Mais on diroit fort-bien*, L'urbanité des Orateurs est différente de la boufonnerie des Bateleurs & des Parasites. Concluons donc, que le mot d'urbanité est un mot François : mais que ce n'est pas un mot d'atous-les-jours. On en peut user deux ou trois fois le mois, pour user des termes de M. de Voiture. Je ne voy pas ce que nostre homme peut trouver à dire en tout ce discours, ny pour la décision, ny pour le raisonnement. C'est bien aureste au P. Bouhours à se moquer de mes raisonnemens : lui, qui ne raisonne jamais, ou qui raisonne toujours mal. Le P. Bouhours, comme je l'ay dit souvent, écrit avecque politesse : mais comme il écrit sans jugement, on ne peut pas dire qu'il écrive bien.

Scribendi recte, sapere, est & principium & fons. ¶

Pectus est, quod disertos facit, & vis mentis. ¶
Pour revenir à ma décision ; qui est, que le mot d'*urbanité* est un mot François, mais que ce n'est pas un mot d'à-tous-les-jours, comment nostre Critique peut-il s'en moquer ? lui, qui dans ses Nouvelles Remar-

ques parle sans cesse de mots, qui sont tres-beaux & tres-François, mais qui sont peu usitez. Il dit, au sujet du mot de *sécurité*: *Nos Maistres approuvent sécurité, & plusieurs bons Ecrivains de nostre temps l'ont employé dans leurs écrits: mais les femmes ne s'en servent guéres: parcequ'elles ne savent pas bien ce qu'il signifie: de sorte qu'il n'est pas encore fort en usage.* ¶ Il dit, au sujet de *sagacité*; qui est un mot, comme je l'ay remarqué, qui se trouve dans le Dictionnaire de Charle Estienne, & qui par conséquent est ancien en nostre Langue: *C'est dommage que ce mot ne soit bien établi dans nostre Langue. Il a un sens profond, & exprime la pénétration, le discernement d'un esprit qui richerche, & qui découvre ce qu'il y a de plus caché dans les choses. Les Philosophes s'en servent librement.* Et après avoir cité plusieurs célébres Ecrivains qui se sont servis de ce mot; & entre-autres, M. de Balzac; il ajoute: *Par malheur les femmes ne l'entendent point, & ont peine à s'en accommoder. Celles qui entendent le Latin, devroient expliquer ce mot aux autres, & gagner leurs suffrages, pour l'établir.* ¶ Il dit, au sujet d'*inclémence*: INCLE'MENCE *n'est pas si établi qu'*INDOLENCE. *M. de Balzac l'a employé dans le propre; l'inclémence de l'air; l'inclémence du temps. On commence à s'en servir dans le figuré: & M. Racine a fait dire à Ulysse.*

Tandis que pour fléchir l'inclémence des
Dieux, &c.

il auroit pu mettre la colére des Dieux : mais il a cru sans doute, que l'inclémence des Dieux estoit plus beau & plus Poëtique. Ie croy que M. Racine a raison : & je croy mesme qu'avec le temps inclémence pourra passer de la poësie à la prose.

M. de Voiture, ayant dit à M. Costar, qui l'avoit consulté sur le mot de *courre* & sur celui de *courir* : Courre *est plus en usage que* courir. Mais courir *n'est pas mauvais : & la rime de* mourir *& de* secourir, *fera que les Poëtes le maintiendront* : il ajoute, en raillant, On *en peut user deux ou trois fois la semaine*. J'ay dit demesme, au sujet d'*urbanité*, que ce n'estoit pas un mot d'a-tous-les-jours : & j'ay ajouté ; aussi en raillant ; qu'on en pouvoit user deux ou trois fois le mois, pour user des termes de M. de Voiture. Y a-t-il là quelque chose d'impertinent? Et le P. Bouhours n'est-il pas ridicule de trouver cette décision ridicule ?

BOUHOURS.

M. Ménage est sans doute un des prémiers Grammairiens du Royaume : car quoyqu'il ait l'esprit universel, & que ce soit une des plus grandes mémoires du monde, il s'est attaché toute sa vie à la Grammaire.

MÉNAGE.

Si j'avois une aussi grande mémoire, que le dit le P. Bouhours, en voulant dire que je n'ay point de jugement ; je m'en tiendrois fort hureux ; la mémoire estant un tresor de toutes choses, comme l'appelle Cicéron ; & les Muses estant filles de Mnémosyne, cestadire de la Mémoire. Je me tiendrois aussi fort hureux, si j'estois un des prémiers Grammairiens du royaume. Mais le P. Bouhours n'est-il pas plaisant, de me reprocher que je suis Grammairien, & que je me suis attaché toute ma vie à la Grammaire ? lui, qui n'a jamais écrit que des livres de Grammaire; & en langue vulgaire ? lui, qui a toute sa vie enseigné les élémens de Grammaire ? Car après avoir fait la cinquiéme, la quatriéme, & la troisiéme, il fut mis auprès de Messieurs de Longueville, pour leur enseigner le Despautére : & lorsque M. de Segnelay étudioit aux humanitez à Paris, dans le Collége de Clermont, il lui fut donné pour Répétiteur. Et cependant, ce petit *Grammaticuccio*, tranche du Théologien. Et ce pauvre petit Grammairien croit estre un grand Théologien, parcequ'il a trouvé quelques légéres fautes de Langue dans quelques livres de Théologie de Messieurs de Port-Royal. Mais aulieu d'acquérir par là de la réputation, son acharnement à reprendre, pour des bagatelles, ces Ecrivains célébres, l'a fait blasmer de tous les honnestes gens. Et en effet, que diroit le P. Bouhours de M. Arnaud, si aulieu de répondre aux argumens solides du P. Pétau, il s'estoit simplement amusé à censurer ses façons de parler Françoises, qui ne sont pas Françoises ?

BOUHOURS.

Mais c'eſt particuliérement dans les étymologies, où il excelle. Il ſemble avoir l'eſprit fait tout exprés pour cette ſcience. Il ſemble meſme quelquefois inſpiré : tant il eſt hureux à découvrir d'où viennent les mots. Par exemple : n'a-t-il pas eu beſoin d'une eſpéce d'inſpiration, pour trouver la véritable origine de *jargon* & de *baragouin*. JARGON, ſelon lui, vient de, &c. ¶ Dés qu'il ſort de l'étymologie, il ſort en quelque façon de ſon caractére : & c'eſt pour cela peut-eſtre, qu'il ne raiſonne pas ſi juſte dans le chapitre 230. de ſes Obſervations.

MÉNAGE.

Le P. Bouhours, apropos du mot d'*urbanité* ; ceſtadire toutafait hors de propos ; employe deux grandes pages pour me tourner en ridicule, ſur mes étymologies de *jargon*, de *baragouin*, de *laquais*, de *larigot*, de *trou de chou*, de *lutrin*, & de *ſalmigondis*. J'ay fait voir au chapitre 35. & au chapitre 57. que le Pére Bouhours eſt ſi ignorant de l'art étymologique, qu'il n'en ſait pas les prémiers élémens. Je feray voir ailleurs, dans un chapitre à part, que c'eſt lui qui eſt ridicule, & que toutes ces origines dont il fait des railleries, ſont tres-véritables ; ou dumoins tres-vrayſemblables : car qui peut parler avec que certitude de l'origine de tous les mots? *De originibus verborum qui multa dixerit commodè, potiùs boni consulendum, quàm, qui aliquid nequiverit, reprehendendum: præsertim, cùm dicat Etymologice, non omnium verborum posse dici caussas*, dit Varron. Mais cependant, je me justifiray icy du reproche que me fait le P. Bouhours, de m'estre adonné à l'étude des étymologies. Il est vray que dans ma jeunesse je me suis fort adonné à cette étude : & la Reine de Suéde disoit de moi, que je ne me contentois pas de savoir d'où venoit un mot, que je voulois savoir où il alloit. J'ay fait imprimer un gros volume d'Origines de la Langue Françoise, & un autre de la Langue Italienne : & j'en ay un de la Langue Grecque tout prest à faire imprimer. Mais quoyque cette étude ne regarde que les mots, je n'ay point de honte de m'y estre adonné. Le seul mot d'*étymologie*, qui veut dire *discours de la vérité*, *veriloquium*, comme parle Cicéron, justifie assez ceux qui s'appliquent aux étymologies. Platon, tout divin qu'il estoit, n'a pas dédaigné de mesler cette partie de la Grammaire avecque les plus hautes spéculations de sa philosophie. Les Stoïciens, qui ont esté les plus sérieux des Philosophes, & les Jurisconsultes, qui sont les véritables Philosophes ; Caton, le plus sévére, & Varron, le plus savant des Romains, en ont fait des volumes entiers. C'est ce que j'ay dit en quelque endroit de mes Origines de la Langue Françoise.

BOUHOURS.

M. Ménage dit dans la prémiére édition de son livre, qu'*urbanité* est un mot de la façon de M. de Balzac. Il s'en dédit dans la seconde, par ces paroles, qui marquent sa modestie, & sa bonne foi : *Car enfin, il le faut avouer, je me suis trompé, en disant que M. de Balzac avoit fait le mot d'*urbanité *: & en me trompant, j'ay trompé l'Auteur des Doutes, qui a dit la mesme chose sur mon témoignage.*

MÉNAGE.

Je n'oserois dire un mot, que le P. Bouhours, qui, comme je l'ay dit ailleurs, est la vanité mesme, ne m'accuse de vanité. Si dans mes Observations de la Langue Françoise, je renvoie mes Lecteurs à mes autres livres, pour ne pas traiter en deux lieux une mesme chose, il dit que je me cite, & que je suis un homme vain. Si je dis, qu'un mot, qui est incontestablement du genre masculin ou du genre féminin, est incontestablement de l'un de ces deux genres ; il dit que j'aime le ton affirmatif, & que je suis un homme vain. Il dit la mesme chose, lorsque je dis que *selon moi* un mot est bon ou mauvais. Mais ce qui est plaisant, c'est qu'il dit que je suis vain, quand mesme j'avoue que je me suis trompé. *Comme M. Ménage parle presque toujours* affirmativement, quand il décide, dit-il, à la page 292. de ses Remarques; & qu'il ajoûte d'ordinaire incontestablement à ses décisions, pour leur donner plus de poix. Comme il parle, dis-je, souvent de la sorte, & que le ton affirmatif lui plaist fort, le Provincial n'a eu garde de penser que cet affirmativement, & ce hautement deussent lui déplaire. Mais pourquoy M. Ménage se persuade-t-il ce qui n'est pas ? & quel sujet auroit l'Auteur des Doutes de le croire vain ? Il est vray que M. Ménage parle un peu de soy dans son Epitre à M. le Chevalier de Méré, & qu'en d'autres occasions il ne s'oublie pas. Il est vray encore, qu'il se cite souvent lui-mesme dans ses Observations. J'ay dit dans mon Oiseleur : Je m'en suis servi dans mon Jardinier : & j'ay esté plus hardi que M. Chapelain, qui n'a osé s'en servir dans la Pucelle, &c. Avec tout cela, il est modeste : il avoue franchement ses fautes. Il le faut avouer, dit-il. je me suis trompé. Iusque dans l'Epitre Dédicatoire, où il parle de son mérite, il declare à son ami, qu'il a composé ses Observations avec la plus grande précipitation du monde, & dans le cours de l'impression ; que comme le temps & la méditation contribuent particuliérement à la perfection des écrits, il ne se peut faire, qu'il n'y ait dans cet ouvrage précipité beaucoup de choses à dire, & pour les décisions, & pour l'expression. Peut on rien voir de plus modeste, & mesme de plus humble, qu'une telle déclaration? Mais ce qui marque en général la modestie de M.

Ménage, c'est qu'il confesse humblement aux gens qui le viennent voir, que depuis plusieurs années, il n'est plus à la mode : comme s'il vouloit dire, que la faveur du public passe aussibien que celle des grands ; & qu'il voulust faire en sa personne, une leçon à tout le monde de l'inconstance des choses humaines. Le Provincial n'est pas si peu instruit de ce qui se passe à Paris, qu'il ignore ce dernier article : & il faudroit après cela qu'il eust perdu l'esprit, pour reprocher de la vanité à M. Ménage.

Qu'ay-je fait au P. Bouhours : qu'ay-je dit du P. Bouhours, qui l'ait pu obliger à me berner de la sorte?

Nam quid feci ego, quidve sum locutus,
Cur me tot malè perderet libellis?

En vérité, ce bon Religieux mériteroit qu'on lui donnast la discipline en pleine Congrégation.

Je feray voir ailleurs que tout ce que le P. Bouhours dit icy contre moi, est absolument faux, dans le sens qu'il le dit : à la reserve de cet aveu que j'ay fait, que je n'estois plus à la mode. Il est vray que j'ay dit à quelques personnes que je n'estois plus à la mode : car je ne say ce que c'est que de nier la vérité. Mais en cela je ne croy pas avoir rien dit contre la modestie: & le P. Bouhours qui dit par ironie que j'ay fait humblement cet aveu, dit la vérité, sans la vouloir dire. Mais je n'ay pas seulement fait humblement cet aveu; je l'ay fait encore bonnement & simplement ; & sans vouloir faire une leçon en ma personne sur le chapitre de l'inconstance des choses humaines, comme dit le P. Bouhours. Mais quand j'aurois u cette pensée : quand j'aurois voulu dire que la faveur du public passe aussibien que celle des grans, y auroit-il en cela quelque chose de criminel ? Le Chevalier Romain Labérius n'a-t-il pas fait demesme en sa personne une leçon de l'inconstance des choses ?

> *Non possunt primi esse omnes omni in tempore.*
>
> *Summum ad gradum quum claritatis veneris,*
>
> *Consistes ægre ; & citiùs quàm ascendis, decides.*
>
> *Cecidi ego : cadet qui sequitur. Laus est publica.*

Mais dire que je ne suis plus présentement à la mode ; dira le P. Bouhours ; c'est dire que j'y ay esté autrefois Il est vray aussi que j'y ay esté autrefois. Il n'y a guére d'hommes de lettres dans l'Europe ; & je n'en excepte pas le P. Bouhours ; qui ne m'ait donné dans ses écrits quelque marque de son estime. Il n'y a guére de Poëtes célébres parmy nous en l'une & en l'autre Langue, qui ne m'ait adressé des vers. Et M. de Saumaise, M. Fabrot, M. de Launoy, M. Féramus, M. Heinsius, M. de Balzac, M. Costar, M. Sarasin, M. de Marolles, M. de Roye, M. Catherinot, m'ont dédié des livres. Je suis parvenu à la connoissance familiére de toutes les personnes illustres de l'un & de l'autre sexe, qui sont à la Cour & à la Ville. Et après cela ; n'estant plus dans le commerce du monde, & méditant une retraite, n'ay-je pas pu dire en particulier, à ceux qui me faisoient compliment sur ma réputation, & qui me félicitoient sur les connoissances illustres que j'avois & à la Cour & à la Ville ; que je n'estois plus à la mode ? Nous devons nous connoistre nous-mesmes, non-seulement par nos mauvaises qualitez, afin d'abaisser nostre arrogance ; mais aussi par nos bonnes qualitez, afin de relever nostre courage. C'est la pensée de Cicéron dans une de ses lettres à son frére Quintus. *Illud γνωθι σεαυτὸν, noli putare ad arrogantiam minuendam solùm esse dictum, verùm etiam, ut bona nostra norimus.* Mais supposé que j'usse dit la plus grande vanité du monde, en disant en particulier à quelques-uns de mes amis, que je ne suis plus à la mode ; le P. Bouhours, qui est un Prestre ; qui est un Religieux ; & un Religieux de la Compagnie de Jésus ; & qui par conséquent doit savoir que l'Evangile nous défent de scandaliser nos fréres ; a-t'-il du publier par toute l'Europe, dans un livre imprimé, un péché que j'ay fait en particulier, & qui n'estoit connu que de peu de personnes ? En vérité, je ne comprens pas, comment les Supérieurs du P. Bouhours ne se sont point opposez, par leur propre interest, à la publication de ce livre ; ce livre estant un sujet de scandale à toute leur Société. Et je comprens encore moins, comment le P. Bouhours a pu dire la Messe pendant plus d'un an qu'a duré la composition & l'impression de ce livre.

BOUHOURS.

Mais si nous en croyons M. Ménage dans sa seconde édition ; quand il a dit dans la prémiére, que le mot d'*urbanité* a esté bien receu, il n'a pas voulu dire que ce fust un mot établi. Il devoit se mieux expliquer, en faveur des Provinciaux, dont l'esprit est de prendre tout au pié de la lettre. Et qui ne croiroit qu'un Auteur d'Observations sur la Langue, qui doit parler précisément, ne mette au rang des mots établis, un mot qu'il déclare avoir esté bien receu parmi nous, sans en rien dire davantage? Ce qui me surprend le plus, c'est que M. Ménage, oubliant ce qu'il a dit au milieu du chapitre, intitulé *Justification du Chapitre précédent, contre la critique de l'Auteur des Doutes*, il prouve ensuite, qu'*urbanité* est un mot établi.

MÉNAGE.

Le Révérend P. Bouhours m'impose en cet endroit, comme il a fait en plusieurs autres. Je n'ay jamais dit que le mot d'*urbanité* ne fust pas un mot établi. J'ay dit au contraire, que c'estoit un mot François, & qui avoit esté bien reçu en nostre Lanque. Mais il est vray, que répondant à l'objection que le P. Bouhours m'a faite touchant le passage de M. Pélisson, j'ay usé de ces termes : *Ie demeure d'accord, que l'autorité de M. Pélisson est grande : mais je nie formellement, que je me sois appuié sur cette autorité, de la façon que le prétent l'Auteur des Doutes. Ie n'ay point dit, (& je n'ay pas mesme songé à le dire) que M. Pélisson ust parlé du mot d'urbanité, comme d'un mot établi dans nostre Langue. I'ay dit seulement, que ce mot avoit esté bien reçu parmy nous ; & avecque d'autant plus de raison, que selon la remarque de M. Pélisson, les mots de civilité, de galanterie, & de politesse, ne l'expliquent qu'imparfaitement : qui est, mot pour mot, ce que porte le passage de M. Pélisson.* Et ces termes sont seulement rélatifs à ce qu'avoit dit le P. Bouhours : *Mais de la manière dont M. Pélisson parle lui mesme, on peut juger qu'il ne croit pas le mot d'urbanité encore établi.* Et pour montrer qu'en débitant mes propres sentimens, j'ay toujours parlé du mot d'*urbanité*, comme d'un mot établi, c'est qu'ayant dit plusieurs fois, que ce mot estoit François, & qu'il avoit esté bien reçu dans nostre Langue, je l'ay justifié par trois Dictionnaires, & par des passages de Monsieur de Balzac, de Monsieur Costar, de Monsieur d'Ablancourt, de M. Pélisson, de M. Chapelain, de M. de Cassagne, & de M. de Pure, où ce mot se trouve employé. J'ajoute à ces passages cet endroit du P. Bouhours, qui est de l'Entretien du Je ne say quoy : *Les piéces délicates en prose & en vers, ont je ne say quoy de poli & d'honneste, qui en fait presque tout le prix, & qui consiste dans cet air du monde, dans cette teinture d'urbanité, que Ciceron ne sait comment définir.*

BOUHOURS.

M. Ménage prouve ensuite que le mot *d'urbanité* est un mot établi : & le prouve par une lettre de M. Chapelain, qu'il cite en l'air.

MÉNAGE.

Voicy mes termes : Ce don d'urbanité dont vous félicitez M. de la Thibaudiére, lui plaira bien fort, *dit M. de Balzac dans une de ses Lettres familiéres à M. Chapelain, qui est la 13. du livre 5.* Que peut répondre nostre homme à ce passage ? car le mot d'urbanité n'y est point marqué d'Italique. Est-ce là citer en l'air M. Chapelain ? Ne paroist-il pas par ces mots de M. de Balzac, que M. Chapelain s'estoit servi du mot *d'urbanité* ? Si c'est-là citer en l'air M. Chapelain, le Révérend P. Bouhours l'a cité de mesme en l'air à la fin de la Remarque que nous examinons; dont voicy les termes: *M. Ménage n'a pas songé, en disant que l'argument tiré de la lettre Italique, estoit un argument puérile, qu'il offensoit M. de Balzac, dont il a esté autrefois la belle passion, jusqu'à lui avoir fait faire une infidélité au bon M. Chapelain, comme*

comme M. de Balzac confesse lui-mesme. Car enfin, M. de Balzac avoit de coustume de marquer d'Italique les mots douteux dont il se servoit : & M. Chapelain s'estant servi dans une de ses Lettres du mot de sublimité, qui n'estoit pas encore établi, il lui répond en ces termes : Si je me portois bien, je vous contenterois bien d'une autre sorte : mon esprit ayant plus de liberté, ses élévations auroient plus de force. Vous donnez pourtant *de la sublimité* au dernier écrit que vous avez eu de moi. Il répond, dis je, en ces termes : mais il marque sublimité d'Italique, quoyque tout le reste soit de romain.

BOUHOURS.

A quoy il ajoute le témoignage de M. l'Abbé de Pure ; & sur tout celui de M. Danet. *Ce qui décide la question*, dit-il, *vous trouverez ce mot dans le nouveau Dictionnaire de M. Danet : qui est un livre tres-docte & tres-judicieux, & qui vaut beaucoup mieux que l'Abbaye, dont il a esté récompensé.* Un Dictionnaire est une grande autorité pour M. Ménage : & c'est pour cela sans doute qu'il cite si souvent Nicod. Mais je ne sçay si un autre Dictionnaire que celui de l'Académie Françoise peut décider absolument ces sortes de questions. Et ce qui me rent suspect le nouveau Dictionnaire, qui vaut mieux qu'une Abbaye, au jugement de M. Ménage, c'est que j'y trouve *hydrie*, *conopée*, & quelques autres mots inconnus en nostre Langue.

MENAGE.

J'ay remarqué que le P. Bouhours me reproche tous ses defauts : semblable à ces femmes qui fesant l'amour, parlent sans cesse dans les conversations contre les femmes qui font l'amour. Le bon Pére, pour faire croire au monde qu'il puise dans les sources, me reproche icy que je cite des Dictionnaires : & le pauvre petit Magister n'a lu aucun original Grec, ny Latin. En voicy la preuve. Il dit dans la Préface de ses Doutes : *Ie commance par les mots, qui en toute Langue sont les fondemens du discours, & dont le choix est, selon M. de Balzac, le principe de bien parler.* Pourquoy citer M. de Balzac en cette occasion ? Il ne faloit citer personne dans une chose aussi constante qu'est celle-là : mais si un homme savant ust voulu citer quelque auteur, pour montrer que le choix des paroles est le fondement de l'Eloquence, il ust cité César, ou Cicéron, ou Denis d'Halicarnasse. ¶ Il dit à la page 245. du mesme livre : *Le Cardinal Palavicin compare ces mots superflus aux Passevolans : & il dit que les Lecteurs délicats ont autant de peine à voir une mesme chose revestue de paroles différentes, que les Commissaires des Guerres en ont à voir passer plusieurs fois en reveue les mesmes soldats sous des habits différends.* J'ay remarqué cy-dessus au chapitre 21. que cette pensée estoit de Quintilien, & qu'un autre que le P. Bou-

LANGVE FRANÇOISE.

hours, auroit cité l'Auteur Latin, aulieu de citer l'Auteur Italien. ¶ Il dit à la page 57. *Il faut que les Auteurs qui proposent un mot au public, le proposent d'un air modeste, & qu'ils y mettent les adoucissemens que M. de Vaugelas demande: Par exemple: si j'ose parler de la sorte: pour user de ce mot, &c.* J'ay aussi remarqué au chapitre 150. de la prémiére partie de ces Observations, que le Pére Bouhours devoit citer icy Quintilien, & non pas Monsieur de Vaugelas. ¶ Il dit à la page 139. de ses Remarques, que du Latin *homuncio*, viennent *homunculus*, *homulus*, *homululus*, selon la remarque de l'Auteur des Nouvelles Méthodes, pour apprendre les Langues Italienne & Espagnole. Pourquoy citer cet Auteur en cette occasion ? Et pourquoy citer M. de Vaugelas en cet endroit du livre des Doutes, qui est à la page 21. *J'ay appris dans les Remarques de M. de Vaugelas, que les mots ne sont recevables, que quand l'usage les a établis?*

Mais pouvois-je dans l'occasion dont il s'agit, citer quelqu'autre livre apropos, que les Dictionnaires de Charle Estienne, & celui de Monsieur Danet ? Le P. Bouhours avoit dit, après moi, que M. de Balzac estoit l'inventeur du mot d'*urbanité*. Pour faire voir que lui & moi nous nous estions trompez, j'ay dit, que ce mot se trouvoit dans les Dictionnaires de Charle Estienne, imprimez en 1522. & en 1570. N'est-ce pas une bonne preuve pour la chose que j'avois à justifier ? Et pouvois-je mieux prouver que le mot d'*urbanité* estoit François, qu'en disant qu'il se trouvoit dans le nouveau Dictionnaire de M. Danet pour Monseigneur le Dauphin ? car un mot qui n'est pas François, ne se met pas comme estant un mot François dans un Dictionnaire François. Mais on trouve *hydrie* & *conopée* dans ce nouveau Dictionnaire. Voilà un grand malheur. Les Dictionnaires, tel qu'est celui de M. Danet, sont pour faire entendre les mots, & non pas pour juger de la délicatesse & de la finesse des mots. Le mot d'*hydrie* & celui de *conopée*, se trouvant dans des Auteurs François, modernes, M. Danet a donc pu les employer dans son Dictionnaire : Et il a du mesme les y employer.

Mais voyons de quelle façon il les a employez. Voicy ses termes : HYDRIA. ὑδρία, *hydrie : cruche à mettre de l'eau.* ¶ CONOPEUM χωνωπεῖον. *Conopée : espéce de rets : grandes toiles qu'on tendoit pour se défendre contre les moucherons, ou cousins ; dont se servoient particuliérement ceux d'Alexandrie, parcequ'il s'engendre grande quantité de ces moucherons sur le Nil. C'est aussi une tente ; un pavillon; une custode ; les rideaux d'un lit.* Le Lecteur voit, que M. Danet n'a pas expliqué simplement les mots Latins *hydria* & *conopeum*, par les François *hydrie* & *conopée* ; mais qu'il a ensuite paraphrasé ces mots François. Et il suffit pour sa justification, que ces mots François qu'il a mis dans son

Dictionnaire, se trouvent dans quelques livres modernes. Or il est certain que l'un & l'autre de ces mots ont esté employez par des Auteurs célébres de nostre tans. Monsieur Lancelot s'est servi de *conopée* à la page 111. de ses Racines Grecques : Κώνωψ, *mouche*, *fait* CONOPE'E. χωνωπεῖον, CO-NOPE'E, *voile pour empescher les moucherons.* Les Anglois disent *canapy.* Et comme la pluspart des mots Anglois, qui ne sont point d'origine Saxonne, sont dérivez de la Langue Françoise, il y a quelque apparence que ce mot Anglois a esté fait du François *conopée*, & que ce mot François est ancien dans nostre Langue, quoyqu'il ne me souvienne point de l'avoir vu dans nos anciens Auteurs. Pour ce qui est du mot d'*hydrie*, il se trouve aussi dans le livre de M. Lancelot cy-dessus allégué. ὕδως, *eau*, L'HYDRE, HYDRIE, *a fait*. ὑδεία, HYDRIE: *éguiére ; pot à l'eau.* C'est à la page 199. Mais il se trouve outre cela dans la Traduction de l'Ecclésiaste du célébre M. de Sassy. *Avant que l'hydrie se brise sur la fonteine.* C'est comme M. de Sassy a traduit ces paroles, *antequam conteratur hydria super fontem*, qui sont du chapitre 12.

Le P. Bouhours s'écrie sur ce mot, comme un possédé, & sur celui d'*amphore*, qui a esté employé par M. de Marolles dans sa Traduction d'Horace : *Quels termes, bon Dieu ! qu'hydrie & amphore ! à quelle foire de France vend-on des hydries & des amphores ? Vne servante étonneroit-elle pas bien sa* maîtresse, de lui dire, *l'ay acheté aujourdhuy une hydrie & une amphore.* Ce seroit bien pis que la servante des Femmes Savantes de Moliére. Car enfin, si Martine se sert de mots impropres, & ne garde pas toujours les régles de la Grammaire, aumoins on l'entend. Elle ne parle pas Latin en François. Elle n'use point de mots inconnus aux hales, & qui ayent besoin d'Interprétes. Cependant le mot d'*hydrie* se trouve dans un nouveau Dictionnaire Latin & François : mais apparemment il ne se trouvera pas dans celui de l'Académie Françoise. Et moi, je ne puis m'empescher de m'écrier sur les exclamations du P. Bouhours, & de dire, *quelles sottises, bon Dieu!* Le P. Bouhours dit à la page 5. de ses Nouvelles Remarques, qu'*un habit enchanté* est un mot à la mode. Si une Précieuse envoyoit sa servante chez un Marchand lui demander des étoffes pour faire un habit enchanté, je demande au P. Bouhours, si cette servante étonneroit moins ce Marchand, que celle qui auroit dit à sa Maitresse, *l'ay acheté une hydrie & une amphore.* Le mot d'*hydrie*, est un mot inconnu aux hales : donc on ne peut pas l'employer dans la traduction de la Bible. En vérité, le P. Bouhours est toutafait dépourvu de jugement. Ce qu'il dit ensuite, que le mot d'*hydrie* ne se trouvera pas apparemment dans le Dictionnaire de l'Académie, n'est pas moins impertinent, que ce qu'il vient de dire de la servante des Femmes Savantes de Moliére, au sujet du passage de l'Ecclefiaſte dont eſt queſtion : le Dictionnaire de l'Académie n'eſtant pas fait pour ces ſortes de mots. Il eſt fait, comme celui de l'Académie della Cruſca, pour les mots élégans; pour la fleur des mots, comme parlent mes confréres della Cruſca : CRUSCA. *Nome della noſtra Accademia : coſi detta dal cernere che fa della farina delle ſcritture, il più bel fior cogliendone, e la cruſca ributtando, come fa il frullone, ſua impreſa.* Mais quand verrons-nous ce fameux Dictionnaire de la Langue Françoiſe? cet ouvrage de tant d'auteurs, de tant d'années, & de tant de veilles. Le P. Bouhours, qui eſt un jeune homme, quoy-qu'il ait les cheveux blancs, le verra ſans doute quelque jour : & alors tous ſes doutes ſeront éclaircis. Mais pour moi, qui ſuis ſi vieux, que mon âge me fait reſpecter par le P. Bouhours, je deſeſpére de le voir jamais.

Depuis dix ans deſſus l'F on travaille:
Et le Deſtin m'auroit fort obligé,
S'il m'avoit dit, Tu vivras juſqu'au G.

Religionnaire, *pour* Huguenot.

CHAPITRE LXXIII.

Mʀ de Balzac a foudroyé ce mot. Voicy comme il en parle dans le Socrate Chretien :

Le mot de Religionnaire n'eſt pas François. Il vient du meſme païs que celui de Doctri-

naire. Et ce fut, sans doute, un Prédicateur Gascon, qui le debita le prémier dans les Chaires de Paris. Ie ne voudrois dire, ny les Gueux, comme on faisoit au Païs-Bas, au commancement des troubles de la Religion ; ny les Parpaillauds, comme on fit en France dans nos derniéres guerres civiles, & durant le Siége de Montauban. Ces deux mots ont esté de courte vie. Leur destin n'a pas voulu qu'ils durassent : outre qu'ils me semblent un peu trop comiques, & trop populaires. Mais encore me déplaisent-ils moins que Religionnaires, qui n'est, ny Latin, ny François ; ny plaisant, ny sérieux ; qui ne signifie point ce qu'ils veulent qu'il signifie. Le mot de religieux vient de religion par la voye légitime & naturelle : celui de religionnaire en vient aussi, mais par une licence vicieuse : pour le moins, il n'est pas François, comme je l'ay dit d'abord ; & n'a garde d'estre si bon que Sectaire : duquel néanmoins on ne se sert pas. La meilleure partie du peuple ne l'entent point : le bon usage ne l'a point receu : il a esté fabriqué dans un coin du Querci & du Périgord : & par conséquent il doit estre condanné comme barbare, & renvoyé à Sarlat, ou à Cadenat, d'où il est venu.

Le P. Bouhours, dans ses Doutes, l'a voulu défendre contre M. de Balzac. Ce qu'il dit ; qu'on a pu, selon l'analogie, former RELIGIONAIRE de *religion*, comme on a formé VISIONAIRE de *vision* ; & CONCUSSIONAIRE, de *concussion*, est véritable. Il est vray aussi, que comme les Calvinistes ont esté appelez *Ceux de la Religion*, & que comme nous disons encore aujourdhuy, en parlant d'un Huguenot, *C'est un homme de la Religion*, on a pu appeler les Calvinistes *Religionaires* : demesme que les Hérétiques qui ont u des erreurs sur le Sacrement de l'Eucaristie & sur le mystére de la Trinité, ont esté nommez *Sacramentaires* & *Trinitaires*. Mais avecque tout cela, comme on ne dit point *Religionaires*, pour *Huguenots*, il ne faut point le dire : & la remarque de M. de Balzac est véritable au fond.

De l'hyperbole.

CHAPITRE LXXIV.

LE P. Bouhours dit dans son Entretien de la Langue Françoise, que la Langue Françoise n'use que fort sobrement d'hyperboles : parceque ce sont des figures ennemies de la vérité : en quoy, ajoute-t-il, elle tient de nostre humeur franche & sincére, qui ne peut souffrir la fausseté, & le mensonge.

Nostre Langue se sert aussi souvent d'hyperboles, que les autres Langues. *Plus Mars que Mars de la Thrace : Telle n'est point la Cythérée : Qui ne confesse qu'Hercule Fut moins Hercule que lui*, dit Malherbe. Mais l'usage que nous fesons de cette figure, n'empesche pas que nous ne soyons & sincéres & véritables. *In hoc omnis hyperbole extenditur, ut ad verum mendacio veniat. Itaque, qui dixit,*

 Qui candore nives anteirent, cursibus
  auras;
quod non poterat fieri, dixit, ut crederetur quantum plurimum posset. Et qui dixit,

 His immobilior scopulis, violentior amne;
ne hoc quidem se persuasurum putavit, aliquem tam immobilem esse quàm scopulum. Numquam tantum sperat hyperbola, quantum audet: sed incredibilia affirmat, ut ad credibilia perveniat, dit Sénéque. ¶ *Quamvis est omnis hyperbole ultra fidem, non debet esse ultra modum: nec aliâ magis viâ in* κακοζηλίαν *itur. Piget referre plurima hinc orta vitia; cùm præsertim minimè sint ignota & obscura. Monere satis est, mentiri hyperbolem: nec ita, ut mendacio fallere velit. Quo magis intuendum est, quo usque deceat extollere quod nobis non creditur. Pervenit hæc res frequentissimè ad risum: qui si aptus est, urbanitatis: sin aliter, stultitiæ nomen assequitur. Est autem in usu vulgo quoque, & inter ineruditos: videlicet quòd naturâ est omnibus augendi res, vel minuendi, cupiditas insita, nec quisquam vero contentus est. Sed ignoscitur, quia non affirmamus. Tum est hyperbole virtus, cùm res ipsa de qua loquendum est, naturalem modum excessit. Conceditur enim ampliùs dicere, quia dici quantum est, non potest: meliúsque ultra, quàm citra, stat oratio,* dit Quintilien. ¶ Les choses grandes & excessives sont toujours suspectes, & de difficile créance. C'est pourquoy

l'Orateur, pour obliger nostre foy, & nous faire descendre à son opinion, monte plus haut que la chose mesme dont il parle : comme aux traitez, capitulations, & marchez, on demande plus qu'il ne faut, afin de faire joindre les parties à ce qui est raisonnable. Toute hyperbole tend là, de nous amener à la vérité par l'excés de la vérité : cestadire, par le mensonge. Tellement que celui-là, qui dit,

 Illa, vel intactæ segetis per summa volaret

 Gramina, nec teneras cursu læsisset aristas :

 Vel mare per medium, cursu suspensa tumenti,

 Ferret iter, celeres nec tingeret æquore plantas ;

ne veut pas que nous pensions qu'un corps humain puisse marcher sur la teste des épis, sans les abatre ; ny encore moins, cheminer sur les eaux, sans aller à fons, ou sans mesme se mouiller. Il veut seulement nous obliger à croire, que Camille couroit d'une extréme légéreté. L'hyperbole n'a jamais tant d'espérance qu'elle a d'audace & de bravade. Elle avance des choses incroyables, afin de nous faire ajouter foi à celles qui ne sont pas faciles à croire, dit M. Oger dans son Apologie pour M. de Balzac. ¶ Et quand S. Jan a dit à la fin de son Evangile : Iésus a fait tant d'autres choses, que si on les rapportoit en détail, je ne croy pas que le monde entier pust contenir les livres qu'on en écriroit, il n'a pas prétendu que cela fust pris à la lettre : & on ne l'y a pas pris.

Je reviens au P. Bouhours. Après avoir dit au lieu allégué, que la Langue Espagnole fait les objets plus grans qu'ils ne sont; qu'elle va plus loin que la nature; qu'elle ne garde nulle mesure en ses métaphores; qu'elle aime l'hyperbole, & qu'elle la porte jusqu'à l'excès, il ajoute: *Lorenzo Gracian, un des plus célébres Auteurs Espagnols, appelle un grand cœur, un cœur géant: coraçon gigante. Pedro Padilla dit froidement, qu'il ne veut plus soupirer, parcequ'il craint que ses soupirs estant tout de feu, n'embrasent le ciel, la terre, & la mêr.*

Le P. Bouhours n'a pas pris garde que ces choses sont dites par galanterie. Les Poësies Burlesques de Scarron & de Saint-Amant, sont pleines de semblables expressions. Ces deux hyperboles aureste de ces deux Auteurs Espagnols ne sont point sans exemple dans la Langue Latine: qui est une Langue sage; & aussi sage du moins que la Langue Françoise. Comme Laurens Gracian a appelé un grand cœur, *un cœur géant*, Rapin dans ses Poësies Latines a appelé demesme un grand nez, *un nez géant.*

Nase gigas, heu! ne mediocres despice nasos. Pour la pensée de Pedro Padilla, elle se trouve toute entiére dans ces vers de Porcius Lucinius, qui est un auteur ancien:

Custodes ovium, teneraque propaginis agnûm,

Quæritis ignem? ite huc, quæritis? igni homo est,

Si digito attigero, incendam silvam simul omnem.

Omne pecus; flamma est, omnia qua video.

Pétrarque a dit aussi; mais plus modestement;

Aria, de' miei sospir calda, e serena,
Ite, caldi sospiri, al freddo core:
Rompete il ghiaccio, che pietà contende.

M. de Voiture a dit apeuprès dans le mesme sens:

Comment, diable, à trente pas d'elle,
Il fait plus chaud que dans un four!

Et le prémier volume des Lettres de M. de Balzac n'est-il pas rempli de semblables hyperboles?

―――――――――

S'il faut écrire segond *&* segret ; ou second, *&* secret.

CHAPITRE LXXV.

LE P. Bouhours m'attaque de tous costez: du costé de mes mœurs, de ma personne, de mon âge, de mes écrits. Il ne pardonne pas mesme à mon orthographe. A la page 342. de ses Remarques, à l'endroit où il fait le paralelle de M. Bérain & de moi, il dit que j'écris *segond & segret,* aulieu de *second* & de *secret*; & *a u,* aulieu d'*a eu.* Je ne prétens pas estre garant de l'orthographe de mes livres; mes Imprimeurs ne suivant pas toujours ma façon d'orthographier : mais je demeure d'accord qu'ils l'ont suivie en ces deux mots.

C'est une grande question, de savoir si on doit écrire les mots selon l'étymologie, ou selon la prononciation. Le Trissino, & l'Académie della Crusca, parmy les Italiens: & parmy nous, Jaques du Bois ; autrement Jaques Silvius ; Louis Meigret, Jaques le Peletier, Ramus, Ronsard, Baïf, Laval, Lesclache, M. d'Ablancourt, M. de la Mote-le-Vayer, & plusieurs autres célébres Ecrivains, sont pour l'orthographe, qui répréfente la prononciation. C'est l'orthographe que suivoit Auguste, selon le témoignage de Suétone : *Orthographiam, id est, formulam rationemque scribendi, à Grammaticis institutam, non adeo custodiit. Ac videtur eorum sequi potiùs opinionem, qui perinde scribendum ac loquamur, existiment.* Et c'est aussi celle que Quintilien veut qu'on suive ordinairement. *Ego, nisi quod consuetudo obtinuerit, sic scribendum quidque judico quo modo sonat. Hic enim usus est literarum ut custodiant voces, &, velut depositum, reddant legentibus. Itaque id exprimere debent quod dicturi sumus.* Robert Estienne dans sa Grammaire Françoise, Estienne Pasquier dans une de ses Lettres à Ramus, Guillaume des Autels, sous le nom de Glaumalis du Vesélés ; qui est son nom retourné ; M. Chapelain, dans son Dialogue de l'Orthographe, non encore imprimé, & plusieurs autres célébres Grammairiens, sont pour l'orthographe qui répréfente l'étymologie.

Il y a de fortes raisons pour l'une & pour l'autre de ces opinions ; & de grans inconvéniens de l'un & de l'autre costé. J'ay traité à fond de ces raisons & de ces inconvéniens dans mon Traité de l'Orthographe: où je conclus enfin ; mais avecque quelques tempéramens ; pour l'orthographe qui suit la prononciation.

Or comme on prononce *segond* & *segret*; & *Segretaire* ; je soutiens ; & je le soutiens positivement ; que c'est ainsi que ces mots se doivent orthographier ; sans considérer qu'il y a un C dans les mots Latins, d'où ils viennent. Le P. Bouhours dit à la page 334. de ses Remarques, que nous avons secoué, il y a long-tans, le joug de la Langue Grecque dans l'orthographe de plusieurs de nos mots François. Il en est de mesme de la Langue Latine. S'il faloit suivre l'origine Latine dans l'orthographe des mots François, il faudroit écrire QUAR, QUARESME, QUOTER ; & non pas, CAR, CARESME, COTER : car ces mots viennent de *quare, quadragesima, quotare*. Il faudroit écrire HAVOIR; & non pas AVOIR ; car ce mot vient d'*habere*. Il faudroit écrire NE'ENT ; & non pas NE'ANT ; car ce mot vient de l'Italien *neente*. Il faudroit écrire *convent*, *condre*, *conster*, *épouser*, *monton* ; & non pas, COUVENT, COUDRE, COUSTER, E'POUSER, MOUTON : car ces mots viennent de *conventus, consuere, constare, sponsare, montone*.

Mais pour revenir à *segond* & à *segret*;

ceux qui ne ſavent point de Latin, ne peuvent eſtre choquez de cette orthographe; ne ſachant pas qu'il y a un C dans le Latin d'où ces mots viennent. Et ceux qui ſavent le Latin, ne peuvent pas auſſi eſtre choquez de cette maniére d'orthographier; le changement du C en G eſtant tres-ordinaire & tres-naturel. Ainſi de *crypta*, de *craſſus*, & de *micrana*, nous avons fait GROTE, GRAS, & MIGRAINE. Et qui écriroit *cras*, *crote*, *micraine*, orthographiroit auſſi mal que le Conſulaire, qu'Auguſte caſſa, parcequ'il avoit écrit *ixi*, aulieu d'*ipſi*. Nous avons fait demeſme GARDON de *leucus*, ou de *leuciſcus*. Je ne doute point que noſtre Révérend Pére Goguenard ne faſſe des railleries de cette étymologie : mais ſes railleries n'empeſcheront pas qu'elle ne ſoit tres-véritable. Du mot Grec λευκός, qui ſignifie *blanc*, *éclatant* ; *candidus* ; & qui a eſté fait de λάω, *video* : (λάω, λέω, λέπω, ϐλέπω : λεύω, λεύσω, λευκός :) les Grecs ont fait le diminutif λευκίσκος ; ceſtadire *blanchaſtre* ; pour ſignifier *un gardon* ; parceque ce poiſſon eſt blanchaſtre. Voyez Rondelet dans ſon livre des Poiſſons. Les Latins ont appelé demeſme *albula* une ablette ; acauſe de ſa couleur blanche : & c'eſt de ce mot *albula*, que nous avons fait celui d'ABLETTE. *Albula*, *albuletta*, ABLETTE. Voyez mes Origines de la Langue Françoiſe. Et à ce propos il eſt à remarquer, que les Peſcheurs appellent *de la blanchaille*, les ablettes, les gardons, les dards, & autres ſemblables petits poissons de couleur blanchastre. De λευκὸς, les Latins ont fait leucus; & de λευκίσκος, leuciscus, d'où les Italiens ont fait lasca, pour dire un gardon. leuciscus, leuscus, lescus, lascus, LASCA, Voyez mes Origines de la Langue Italienne. De leucus & de leuciscus, on a fait ensuite leucardus & leuciscardus : comme blancardus, (d'où nous avons fait BLANCHARD) de blancus. Albus, albulus, albulicus, albicus, blicus, blincus, blencus, blancus, blancardus, BLANCHARD : blancus, blancettus, BLANCHET. De leucardus, nous avons fait LÉARD, & LIART. Ce premier mot se dit en Anjou d'un certain arbre dont le bois est blanc : d'où il a esté ainsi nommé, comme je le fais voir dans mes Botaniques. Les Grecs ont appelé demesme λευκὴ le peuplier blanc : & les Latins alburnum, l'aubour; acause de la couleur blanche de ces arbres. Pour ce qui est du mot de liart, il signifie deux choses parmy nous : une espéce de monnoie blanche : (& c'est comme qui diroit un blanc : qui estoit aussi une espéce de monnoie. Nous disons encore aujourdhuy six blancs, pour dire deux sous six deniers;) & une sorte de poil de cheval, tirant sur le blanc, que les Italiens appellent demesme leardo. Scaligêr contre Cardan, CCCXXV. 15. In equis glaucum Virgilius; leardum vulgus Italiæ. Car glaucus se dit d'une espéce de couleur blanche, δηλοῖ τὸ ὑπόλευκον, ἢ εὐόφθαλον, dit Eustathius sur le prémier de l'Iliade ; & il a la mesme origine

que λευκός. λάω, *video*, *luceo*, (d'où vient
λάμπω) λαύω, λαύσω, γλαύσω, γλαυκός,
glaucus. Virgile dans ses Géorgiques, à l'endroit où il parle du poil, ou de la robe, ou,
pour parler à l'Italienne, du manteau des
chevaux :

—————— *honesti*
Spadices, glauciqué: color deterrimus albus
E' gilvo.

C'est ainsi qu'il faut lire en cet endroit, selon la correction de M. Guyet. *Albus è gilvo*, cestadire *è cinereo colore ad album declinans*. Pline a dit de mesme, *candicans è rufo*, tirant du roux sur le blanc. Je reviens à
nostre mot *gardon*. De *leuciscardus*, ou de
leucardus, on a dit ensuite *cardus* par retranchement : & de *cardus*, on a fait, par métaplasme, *cardo, cardonis, cardone* ; d'où nous
avons fait GARDON. Ainsi GARDON vient de
leucus, cestadire d'un mot, où il n'y a pas
une seule des lettres qui forment celui de
gardon. Ce que je remarque icy, pour faire
voir à nostre petit Régent de Troisiéme,
qu'il ne doit pas s'étonner que j'aye fait
venir LAQUAIS de *vernula* ; & LARIGOT,
de *fistula*.

Je demeure pourtant d'accord, que dans
toutes les Langues, il y a des mots qui s'écrivent autrement qu'ils ne se prononcent:
& que le C, dont il est icy question dans
les mots de *second* & de *secret*, s'est prononcé comme un G. *Quædam scribuntur aliter, quàm enuntiantur: nam &* GAIUS C
literâ notatur: nec CNEUS *eam literam in*

LANGVE FRANÇOISE.

prænominis nota accipit, quam sonat, dit Quintilien. AMURCA, *per C scribitur, & per G pronuntiatur : ut C*, GAIUS; CN. GNEUS, dit Servius sur le prémier des Géorgiques. Mais encore une fois, il ne peut y avoir d'inconvénient à écrire *segond*, & *segret* : car il n'y a personne de ceux qui savent tant soit peu le Latin, qui ne voye que ces mots écrits de la sorte, viennent de *secundus* & de *secretum* : & il peut y en avoir à écrire *second* & *secret* ; acause des Etrangers qui pourroient prononcer ces mots comme ils seroient écrits.

Pour ce qui est d'*a u*, aulieu d'*a eu*, voicy les raisons que j'ay d'écrire ce mot de la sorte. Prémiérement, c'est comme il faut l'écrire pour réprésenter la prononciation : car nous disons *il a u*, pour exprimer l'*habuit* des Latins ; & non pas *il a eu*. Dailleurs, ayant fait une Observation, pour montrer qu'*eu*, en cet endroit *il a eu*, est monosyllabe ; & qu'il faut prononcer *il a u*, & non pas *il a ëu* ; j'ay esté obligé de suivre ma reigle, afin d'empescher que mes Lecteurs ne lussent *il a ëu*. C'est ainsi qu'ayant remarqué qu'il faloit dire *bienhureux* & *malhureux*, quoyqu'on dist *bonheur* & *malheur*, j'ay évité d'écrire *bienheureux* & *malheureux*, afin qu'on ne crust pas que j'usse péché contre mes préceptes. Et il est à remarquer, que c'est dans un livre d'Observations sur la Langue, que j'ay suivi cette orthographe ; & que dans ces sortes de livres l'orthographe doit estre plus exacte

& plus réguliére que dans les autres.

Mais quoyque j'écrive *il a u* ; & *segond*, & *segret* ; & *segretaire*, je ne blafme pas ceux qui écrivent *il a eu* ; & *second* ; & *secret* ; & *Secretaire*. Et j'avoue mefme qu'il y a plus de perfonnes qui écrivent ces mots de la forte, qu'il n'y en a qui les écrivent de l'autre maniére. Car l'opinion de ceux qui réprésentent l'étymologie dans l'orthographe des mots, est la plus commune.

J'ay déja remarqué en quelque endroit de ce volume, que le P. Bouhours m'accufe de tous fes defauts. Ce favant homme qui fe moque de mon orthographe, ne fait que c'eft qu'orthographe. Il écrit toujours *amaranthe* & *Achante*. *Iulie de Gonzague, Duchesse de Trayette, & Comtesse de Fondi, avoit une amaranthe, que les Herboristes appellent* fleur d'amour. C'est à la page 415. de l'Entretien des Devifes, de la prémiére édition. Et à la page 297. AT LACHRYMIS MEA VITA VIRET, *sous l'amaranthe dans l'eau*. Et à la page 41. de fes Remarques: *L'Auteur de l'Ode à Achante, dit, en parlant du Roi à Achante*. Il faut écrire *Acanthe* & *amarante* : car on dit en Grec ἄκανθος & ἀμάραντος. Par cette orthographe du P. Bouhours, il eft aifé de juger que le bon Pére ne fait pas beaucoup de Grec. Mais il ne fait pas davantage de Latin, comme il paroift par le mot de *tuillerie*, qu'il écrit par une H. *Ie dirois bien*, dit-il, *d'un homme que j'aurois rencontré aux Thuilleries*, &c. C'eft à la page 341. de fes Remarques.

LANGVE FRANÇOISE. 309

Tuillerie vient de *tegularia*. ¶ Ce n'eſt pas aureſte une faute de ne point mettre d'H en pluſieurs mots qui en devroient avoir par leur origine : comme en *caos*, *caractére*, *Cléante*, *colére*, *Plutarque* : mais c'en eſt une ; & tres-grande ; d'en mettre aux mots qui n'en doivent point avoir : comme en *Maturin*, *Antoine*, *Ermite* ; & autres ſemblables, dont j'ay parlé au chapitre 102. de la prémiére partie de ces Obſervations. ¶ Noſtre ſavant Théologien, écrit toujours *Ebreu* par une H : mais comme il a cela de commun avecque pluſieurs perſonnes ſavantes, & que l'origine de ce mot le paſſe, il faut lui pardonner cette faute. ¶ Noſtre ſavant Grammairien écrit auſſi toujours *vingt* aulieu de *vint*. Mais comme cette faute lui eſt auſſi commune avecque Meſſieurs nos Maiſtres, il faut auſſi la lui pardonner. Il eſt vray que nos anciens ont fort déféré à l'étymologie dans l'orthographe. *Galli multas literas inculcant, ut originem unde depravatum eſt verbum, repraſentent : paucas autem exprimunt*, dit Jules Scaligêr dans ſon livre *de Cauſis Linguæ Latinæ* : mais *vint* n'a pas eſté formé de *viginti*. Il l'a eſté de *vinti*, qui a eſté dit par contraction, aulieu de *viginti*, & duquel mot *vinti* les Italiens ont auſſi fait leur *venti*. Et s'il faloit y mettre un *g*, pourquoy le mettre aprês l'*n* ? puiſqu'il eſt devant en *viginti*.

S'il faut dire Tedesque, Teudesque, *ou* Tudesque.

CHAPITRE LXXVI.

Nous ne difons que *Teudefque* & *Tudefque* : & ces deux mots fe difent prefque indifféremment. *Teudefque* eſt plus conforme à l'origine : ce mot eſtant dérivé de *Theudifcus* ; qui a eſté fait de *Theut*, Dieu de Celtes. Voyez Cluverius dans fa Germanie Ancienne, livre 1. chap. 8. & chap. 16. Les Italiens difent *Tedefco* & *Todefco*. Et le P. Bouhours, qui a remarqué à la page 349. de fes Remarques, que les Italiens difent *la lingua Tudefca*, pour dire l'Alleman moderne, confirme encore en cet endroit ce que j'ay dit en pluſieurs lieux de ces Obfervations, qu'il ne fait pas l'Italien. ¶ Il dit au mefme endroit, que *Teudefque* ne fe dit parmy nous, que pour fignifier le langage des anciens Allemans. Cela n'eſt pas vray. Nous nous fervons élégamment de ce mot dans le difcours familier, pour dire un Alleman. M. de Monpléſir dans une de fes Chanfons :

> *Faut-il fe lever fi matin,*
> *Dit le Conte de Fiefque.*
> *On ne dort non-plus qu'un Lutin*
> *Avecque ce Tudefque.*

Maugré-bien de la nation :
Le Diable emporte Gaſſion,
Et Ian de Vert.

J'oubliois à obſerver que *Todeſco* eſt Romain, & *Tedeſco* Florentin.

Conduire. Reconduire.

CHAPITRE LXXVII.

J'Ay dit au chapitre 345. de la prémiére partie de ces Obſervations : *La pluſpart des gens de la Ville ſe ſervent mal de ce mot* reconduire. *Pour faire entendre que quelqu'un les a reçus civilement, ils diſent,* Il m'eſt venu reconduire juſqu'au bas du degré ; Il m'eſt venu reconduire juſqu'à mon caroſſe. *Il faut dire, comme on dit à la Cour,* Il m'eſt venu conduire.

Cette Obſervation n'a pas u le bonheur de plaire au R. P. le Bouhours. Il l'a réfutée dans ſes Nouvelles Remarques ſur la Langue Françoiſe : & il l'a réfutée en ces termes :

L'Auteur des Obſervations ſur la Langue Françoiſe trouve le mot de reconduire *toutafait bourgeois ; & ne veut pas qu'on le diſe ; tant il aime la politeſſe,* &c. *Comme M. Ménage a veu toute ſa vie le grand monde ; ainſi qu'il nous en aſſeûre lui-meſme ; je m'en tiendrois à ſa déciſion, ſi des perſonnes de la Cour que j'ay conſultées, n'eſtoient d'un avis con-*

traire. Ie ne parle point de nos Maiſtres, qui croyent tous que reconduire *eſt le mot propre, & que* conduire *en ce ſens là n'eſt point François.* Il m'eſt venu voir : & comme c'eſt un homme formaliſte, je n'ay pas manqué de le reconduire. Ce n'eſt plus la mode de reconduire. *Qui diroit*, Je n'ay pas manqué de le conduire : Ce n'eſt plus la mode de conduire, *parleroit mal, & ne ſe feroit pas entendre.* Conduire *ne préſuppoſe pas une viſite, comme* reconduire. Ie dirois bien d'un homme que j'aurois rencontré aux Thuilleries, ou ailleurs ; Aprés m'eſtre promené quelque temps avec lui, je l'ay conduit à ſon caroſſe : cela ſignifie ſeulement que je l'ay accompagné juſques à ſon caroſſe. Reconduire *ne vaudroit rien en cet endroit-là : mais il eſt bon en fait de viſite :* & je ne ſçache que M. Bérain, Avocat au Parlement de Paris, qui dans ſes *Nouvelles Remarques ſur la Langue*, favoriſe le ſentiment de l'Auteur des Obſervations. Roublier, *dit l'Avocat, eſt la meſme faute que* reconduire. Ce M. Bérain a beaucoup du génie de M. Ménage, ou M. Ménage a beaucoup du génie de ce M. Bérain, &c.

Je perſiſte toujours dans ma prémiére opinion : & j'y perſiſte d'autant plus volontiers, que des perſonnes de la Cour tres-intelligentes, que j'ay auſſi conſultées de mon coſté, m'ont auſſi aſſuré qu'on diſoit à la Cour, *Ie l'ay eſté conduire juſqu'à ſon caroſſe ; Il m'eſt venu conduire juſqu'au bas du degré* ; & non pas, *Ie l'ay eſté reconduire juſqu'à ſon caroſſe ; Il m'eſt venu reconduire juſqu'au* jusqu'au bas du degré. Et c'est aussi comme il faut parler selon la Grammaire ; le mot de *reconduire* présupposant une action réitérée. Mais quoyqu'on dise fort bien, *Ie l'ay esté conduire jusqu'à son carosse ; Il m'est venu conduire jusqu'au bas du degré*, on ne dit pas demesme, *Ie n'ay pas manqué de le conduire ; Ce n'est plus la mode de conduire.* Et je n'ay aussi jamais dit, que ce fust bien parler que de parler de la sorte. Voicy mes termes : *Pour faire entendre que quelqu'un les a reçus civilement, ils disent, Il m'est venu reconduire jusqu'au bas du degré ; Il m'est venu reconduire jusqu'à mon carosse. Il faut dire, comme on dit à la Cour,* IL M'EST VENU CONDUIRE. Car après *Il m'est venu conduire*, il faut sous-entendre, *jusqu'au bas du degré ; jusqu'à mon carosse.*

Diminutifs.

CHAPITRE LXXVIII.

LE P. Bouhours dans son Entretien de la Langue, parlant des avantages de la Langue Françoise sur l'Italienne, dit que la Langue Italienne est féconde en diminutifs, & que la Françoise n'en a comme point. Il n'est pas vray que nous n'ayons comme point de diminutifs. Outre ces noms propres d'homme & de femme, *Ianot, Ianeton, Louison, Marion, Ninon, Pierrot*, &c.

qui sont en grand nombre, nous avons les mots d'animaux, qui sont innombrables: *aiglon, asnon, brebiette, brocheton, canette, chévreau, levraut, oison, pijonneau, poulette, vermisseau*, &c. Ce que dit donc le P. Bouhours, *que si nous avons quelques diminutifs de cette espéce, comme* aiglon, beccassine, pigeonneau, *nous en avons peu*, est absolument faux. Le bon Pére aureste se trompe étrangement, en mettant *beccassine* au nombre de ces diminutifs : l'oiseau que nous appelons de ce nom, estant différent de celui que nous appelons *beccasse* : & ce mot de *beccassine*, par consequent, n'estant diminutif que par sa formation, & non pas par sa signification. Car comme le P. Bouhours lui-mesme l'a fort bien remarqué, *quoyque* tablette, lancette, *& plusieurs autres mots de cette rime, ayent le caractére de diminutifs, ils n'en ont pas la signification: non-plus que* bassinet *&* mantelet. *Ainsi on ne dit pas* une tablette, *pour dire* une petite table : *ni* une lancette, *pour dire* une petite lance. *A la vérité, à prendre ces mots dans leur prémiére origine, ils sont des diminutifs de* table *& de* lance : *mais à regarder ce qu'ils signifient maintenant ; selon l'usage ; ils ne passent point pour des diminutifs dans la Langue, non-plus que* fleurette *; qui a perdu sa signification propre, & qui n'a plus que celle que la galanterie lui a donnée.* Ie dis le mesme de bassinet, & de mantelet. *On dit le* bassinet d'un fusil, & le mantelet d'un carosse : *mais on ne dit pas* bassinet, *pour dire* un petit baſſin : *ni mantelet , pour dire* un petit manteau *; ſi ce n'eſt en parlant de celui que les Eveſques portent en des jours de cérémonie.* ¶ Le bon Pére ; pour le dire en paſſant ; devoit dire *les jours de cérémonie.*

Mais outre ces noms propres d'homme & de femme, & ces noms d'animaux, nous avons un nombre infini d'autres diminutifs. Et je ne puis aſſez m'étonner du P. Bouhours, qui dans la prémiére édition de ſon Entretien de la Langue, outre *cuvette* & *clochette*, & quelque autre terme de cette ſorte ; ce ſont ſes termes ; dit qu'il ne connoiſt dans noſtre Langue d'autre diminutif qu'*amourette.* Je ſavois bien que le P. Bouhours connoiſſoit ce diminutif : mais je ne ſavois pas qu'il ne connuſt que celui-là. Outre ce diminutif, nous avons, AIGRET: ARBRISSEAU, dont noſtre Critique s'eſt ſervi lui-meſme dans ſon Entretien des Deviſes : BANDELETTE : BESTIOLE : BLONDIN: BOSQUET : BOTINE : BRUNET : CAMUSETTE : CAVEAU : CHAISNETTE : CHAMBRETTE, CHANSONNETTE. M. de Segrais dans une de ſes Eglogues :

Dés ce temps, d'Eurylas je priſay la Muſette:
J'aimay de Lyſidor la douce Chanſonnette.

COFFRET : COSTELETTE. DIABLOTIN. *Il y a ſans doute un Diablotin entre-cy & Paris, qui n'eſt occupé qu'à troubler noſtre commerce*, dit M. de Balzac dans une de ſes Lettres à M. Conrart. DOUCET : DOUILLET : DURET: FEMMELETTE. Ce mot a eſté employé par M. Barbier Daucourt, page 189. de la 2.

édition de ses Sentimens sur les Entretiens d'Ariste & d'Eugéne. FILLETTE : FINET, FINETTE : FOLET, FOLION, FOLICHON, FOLASTRE. GANIVET : GRASSET : GRASSOUILLET : GRISON : GROSSET. Du Bellay :

>O beaux ongles dorez ! ô main courte & grassette !
>O cuisse délicate ! & vous, jambe grossette.

HERBETTE. Le Chevalier de Riviére :

>La jeune caprette,
>Sur le bord d'un ruisseau,
>Bondissoit sur l'herbette
>Au son du chalumeau.

JARDINET : JEUNETTE.

>Grand dommage est que cecy soit sornettes.
>Filles connois, qui ne sont pas jeunettes,
>A qui cette eau de Iouvence viendroit
>   Bien apropos,

dit l'Auteur du fameux Rondeau, *Bien apropos s'en vint Ogier en France.* INCARNADIN, IOUVENCEAU. M. de Voiture :

>Mais je ne croy pas que l'on blâme
>L'amoureuse ardeur dont m'enflame
>Le bel œil de ce Iouvenceau.

M. Corneille :

>Qu'il fasse mieux ce jeune Iouvencel.

LAIDRON : LANGUETTE : LIVRET. M. de Balzac dans une de ses Lettres à M. Conrart : *Souvenez-vous, je vous prie, du livret de vostre Ministre contre le Discours du Cardinal Du-Perron*, &c. *Le livret de M. du Moulin, est celui que vous avez veu autrefois*, &c. MADRIGALET : MAIGRET : MAISONNETTE : MALETTE : MENOTE. *Ses petites menotes*, χρύδεκι. MOLLET : OISILLON : PALETTE: PATOUREAU : PASTOURELLE : PAUVRETTE. Malherbe :

En cette extrémité, la pauvrette s'écrie.
Ce mot est présentement hors d'usage dans la haute Poësie. PECCADILLE : PLANCHETTE: POCHETTE : PRINCIPION : PROPRET : QUENOUILLETTE : RAINCEAU, vieux mot, fait de *ramicellus*. ROITELET : RONDELET : SALETTE: SEULETTE. M. de Voiture : *Ce soir, que vous ayant seulette rencontrée.* TINETTE : VERDELET: VIEILLOTE : & un million d'autres.

Et si ce que dit le P. Bouhours estoit véritable, que nous n'ussions comme point de diminutifs, ce ne seroit pas un avantage que nostre Langue auroit sur la Langue Italienne: ce seroit aucontraire un avantage que la Langue Italienne auroit sur la nostre : les diminutifs estant d'un grand usage dans les Langues, non seulement pour caresser ou mépriser les personnes, mais aussi pour avilir & diminuer les choses. Et c'est pour cette raison que les Stoïciens s'en servoient à tout propos. ψυχάριον, σωμάτιον, δοξάριον, &c. Les Dissertations d'Arrian, & son Enchiridion, (car c'est Arrian, & non pas Epictéte, qui est l'auteur de ce livre) sont remplis de semblables mots. D'ailleurs, comme les choses magnifiques doivent s'exprimer avecque des termes magnifiques, les petites doivent s'exprimer avecque de petits mots. τὰ μὲν μεγάλα, μεγάλως, τὰ δὲ μικρά, μικρῶς, dit élégamment Denys d'Halicarnasse, dans son admirable Traité de l'Elocution. Et s'il est vray, comme le prétent

Euſtachius, qu'il n'y ait aucun diminutif dans Homére, ce n'eſt pas qu'Homére ait deſaprouvé les diminutifs : mais c'eſt parceque les diminutifs ne s'accordent pas avecque la grandeur & la majeſté du Poëme héroïque. Et c'eſt auſſi la raiſon qu'en a renduë Euſtathius. οὐκ ἔστι παρ' Ὁμήρῳ ὑποκοριστικόν, διὰ τὸ μεγαλοπρεπὲς κατ' αὐτὸ ποιήσεως. *Il n'y a aucun hypocoriſtique dans Homére, acauſe de la majeſté de ſa poëſie.* C'eſt ainſi que les Grecs ont appelé les diminutifs ; du mot κόρη, qui veut dire *une fille* : les filles, & ceux qui leur parlent, ſe ſervant ordinairement de ces façons de parler. Par cette meſme raiſon de ſublimité de poëſie, Virgile qui a employé aſſez ſouvent des diminutifs dans ſes Eglogues, ne s'en eſt comme point ſervi dans ſon Enéide. Il n'eſt pourtant pas vray qu'il n'y ait point de diminutifs dans Homére. Il y a θήριον, λίβαξ, χειμάδιον. Mais à l'égard de θήριον, Euſtathius a fort bien remarqué, qu'il ne doit pas eſtre conſidéré comme diminutif, en ces endroits du Poëte, μάλα θήριον ; μέγα θήριον ἦεν ; acauſe de μάλα & de μέγα, qui le relévent. Et pour ce qui eſt de λίβαξ & de χειμάδιον, le meſme Grammairien a auſſi fort bien remarqué, qu'ils n'avoient que la formation & la terminaiſon de diminutifs, & qu'ils n'en avoient pas la ſignification. Il en eſt demeſme du mot Latin *auricula*. Ce diminutif eſt auſſi un de ces diminutifs qui ne diminuent point. Perſe :

Auriculas aſini Mida rex habet.

Phédrus :
────── Hic auriculas
Clamore ſubito tollit totis viribus,

C'est ainsi que le mot *ocelli* signifie, simplement aussi, des yeux. Properce:

Quandocumque igitur nostros mors claudet ocellos.

Et par cet endroit de Properce, il paroist que ceux qui m'ont repris *ocellos*, en ce vers de mon Elégie sur la mort de M. Gassendi,

Sirmondi æternus domitos sopor urget ocellos,

comme ce mot ne se disant point des yeux des hommes, n'ont pas raison. Si *ocelli* au reste, ne signifioit que de petits yeux; les petits yeux n'estant pas de beaux yeux, on offenseroit toutes les femmes & toutes les filles, de qui on appeleroit les yeux, *ocellos*. Je croy pourtant avecque M. de Balzac, qu'on ne pourroit pas se servir d'*ocellus*, en parlant de l'œuil de Polyphéme, de la grandeur duquel il a esté dit,

Argolici clypei, & Phœbeæ lampadis instar.

Le P. Vavasseur, dans son agréable Traité *de Ludicra Dictione*, s'est pourtant servi d'*ocellus*, en parlant de cet œuil de Polyphéme: mais il est à remarquer, que c'est en traduisant des vers de Théocrite, où Polyphéme se pique de beauté: *Certè, non sum, ut esse dicor informis. Me nuper in mari, cùm tranquillum esset, inspexi. Pulchra mihi, meo judicio barba: pulcher ocellus.*

On peut ajouter aux diminutifs, dont j'ay fait mention, *Poëtastre*, *Gentillâtre*, *blanchâtre*, *rougeâtre*, & autres mots semblables: ces mots, selon l'opinion de Scaligér, dans son livre des Causes de la Langue Latine, estant des diminutifs. Les paroles de ce Grammairien Philosophe sont remarquables, &

méritent d'estre rapportées en ce lieu. Les voicy: *Ex his quæ diximus, constat nomina in* aster *à veteribus rectè inter diminutiva esse collocata; temerè à recentioribus ablata. Eorum argumenta sunt hæc. Si essent diminutiva, non fuisset à Terentio addita altera nota parvitatis: apud quem legimus* parasitaster parvulus. *Item* pullastra, *grandiusculam potiùs significat pullam. Præterea,* apiastrum *est miræ altitudinis: non igitur erit deminutivum: quare imitationem, non deminutionem dicent. Ad hæc sic respondemus: omnem imitationem indicare deminutionem: quare quod tollunt, id ipsum statuunt. Et quod additur à Terentio* parvulus, *significat corporis quantitatem ætate imperfectam, ut sit deminutio corporis. At* parasitaster *est artis deminutio: ut is sit, qui haud magna cum re parasitatur; & quia agit, sive imitatur parasitum, citra parasiti modum est.* Apiastrum *autem, non est diminutivum ab* apio, *sed ab* apibus *ductum: unde etiam* μελισσόφυλλον, *id est,* apifolium, *dicitur à Græcis: citraria enim est. Quin ea apium neque imitatur, neque similis ejus est. At quod* apiastrum *est ab* apio *deminutum, sanè eo longè minus est. Verba Plinii sunt in* 20. *libro:* nasci in Sardinia herbam silvestrem, apii similem, quod sit apiastrum, apio minorem. *E Sallustii historia sumptum videtur.* In Sardinia, inquit, herba nascitur, quæ sardoa dicitur, apiastri similis. Hæc ora hominum & rictus dolore contrahit, & quasi ridentes interimit. Pullastram *autem, omnino minorem pullam intelligimus: quippe* pulla, *est gallina juvencula. Idque tam contra eos, quàm pro eis facit: neque enim* pullastra, *aut silvestris est, aut pullam imi-*

*tans: ut quid enim minorem major imitetur?
aut quomodo imitatio in substantia, aut in
quantitate naturali sita sit, qua affectus animi, aut in ipso affectu posita est? Surdaster
quoque qua ratione surdum dicetur imitari?
Sed enim idem est, quod subsurdus. Caussa
autem hujusce terminationis à Græcis consti-
tuta est:* φιλιππίζειν, ἀντωνιάζειν, *est Philip-
pum, aut Antonium agere, sic* ϑρασωπάζειν:
unde Antoniaster, & parasitaster. Sic ὀγκι-
ϛὴς *apud Galenum,* ϑρὶ τὸ ὀγκίζειν: *Sic*
ϑρασωπαϛὴς: *& Æolicè, verso sibilo in literam
vibratiorem. Qui igitur imitationem tantùm
attribuêre, non meminerant surdastri. Qui
sustulêre deminutionem, ob Terentium, non
videbant duas parvitates eidem posse evenire:
corporis, & artis. Qui omnino non putarunt
esse deminutiva, nesciebant imitatione signifi-
cari inæqualitatem duorum, quorum minor sit
is altero, quem imitatur.*

---

*Mots composez de deux noms. Mots
composez d'un nom & d'un verbe.*

CHAPITRE LXXIX.

LE P. Bouhours dans son Entretien de
la Langue, dit que la Langue Françoise n'aime point la composition des mots.
Voicy ses propres termes : *Cette simplicité
qu'elle cherche, luy fait haïr la composition
des mots. Elle ne sçait ce que c'est que de faire*

un mot d'un nom & d'un verbe, ou de deux noms joints ensemble. Le sommeil chasse-soucy ; Le ciel porte flambeaux ; Le vent chasse-nue ; L'abeille sucefleurs ; Les fleurs souefve-fleurantes ; Les Dieux chevrepieds, *sont des dictions monstrueuses dans le langage moderne. Il y a long-temps que nous avons banni toutes ces sortes d'adjectifs de nostre prose & de nos vers. Et pour les substantifs, il n'est demeuré, ce me semble, que* crevecœur, boutefeu, *& quelques autres, en petit nombre, qu'on a jugez necessaires. Que si nostre Langue n'a rien en cela du génie de la Langue Grecque, qui doit ses principales beautez à la composition ; elle a beaucoup du génie de la Langue Hébraïque, qui n'a presque point de composez.*

Ramus dans sa Grammaire Françoise dit tout le contraire. Ramus. *Icy vous avez une grande félicité de composition.* Comme, sauvegarde, boutefeu, couvrechef, bridoye, curedent, chauffepied. Le Disciple. *Vrayment, je reconnois en ce point, que nostre Langue est beaucoup plus riche que la Romaine, qui est fort timide en telle composition.*

L'opinion de Ramus est la véritable : & le P. Bouhours ne sait ce qu'il dit, en disant que nous n'avons comme point de mots composez de deux noms, ou d'un nom & d'un verbe. Nous en avons un nombre infini. Outre les mots de lieu, qui sont innombrables : *Aspremont, Grammont, Baudricourt, Roche-Foucaut, Chasteau-Briand, Chasteau-Roux, Charleville, Philippe-*

LANGVE FRANÇOISE.

ville, Aigues-mortes, Nermoutier, &c. nous avons, Bas-Breton ; blanc-manger ; bleu-céleste ; boute-feu ; boute-selle ; caresme-prenant ; chat-huan ; chausse-pié ; chausse-trape ; chauve-souris ; Chevauléger ; claque dens ; Col-porteur ; Cordon-bleu ; couvre-feu ; couvre-chef ; curage ; cure-dent ; curoreille ; Dieu-donné ; endort-mulot ; épargne maille ; Garde-coste, Gardeforest ; gardemanger : épine-vinette ; fainéant : Filles-Dieu ; franc-aleu ; franc-archer ; garde-robe ; galant-homme : Gentil-homme ; gorge-rouge : Grand-Croix : grand'mére : grand'pére : grippe-sous : gris-brun : Haut-Alleman : Hostel-Dieu : male-beste. M. de Balzac dans ses Relations à Ménandre : Outre, Ménandre, que j'oubliois à vous dire, que ce spectacle extraordinaire a esté encore signalé par la montre de certaines male-bestes, que mon ennemi a esté querir en païs étrange. Comme vous diriez, des analyses, des cacozéles, des catachréses, des sarcasmes, & d'autres semblables animaux, qui n'avoient jamais esté veus en ce royaume. malveillant : maupiteux. M. d'Ablancourt dans sa Traduction du Dialogue de Lucien, intitulé le Tyran, ou le Passage de la Barque : CLOTON. Tu ne me connois pas bien. Ie suis une maupiteuse, morte-paye : pasle-verd. Les saules pasles-verds. passe-droit : passe-fleur : passe-port : passe-temps : passe-roses : passe-velours : perçoreille : perce-fueille : pesche-noix : porc-épi : porte-chape : porte-ciel : porte-crayon : porte-Dieu : porte-drapeau : port-Enseigne : port-épée : porte-fais. Les Grecs ont dit demesme ἀχθο-φόρος. porte-flambeau ; porte-feuille ; porteguidon : *porte-guignon : porte-malheur : porte-queüe : réveille-matin : riche-vilain.* M. de Balzac, page 991. du 2. volume in folio: *Il ne faut pas que je fois un riche-vilain. Roger-bon-temps : rouge-bleu : rouge-bord : rouge-brun : Sage-femme : savoir-faire.* Car ce mot est composé d'un nom & d'un verbe, & non pas de deux verbes, comme le prétent le B. Bouhours : *sauve-garde : taille-douce : tire-bourre : tire-fonds : tire-larigot : Toussaints : trousse-galant : tranche-fil. Vaut-rien : verd-brun : vif-argent : vinaigre : vincuit :* & un million d'autres.

Après cela, fiez-vous aux reigles de Grammaire du P. Bouhours.

Des diphtongues æ & œ. Du z final.

CHAPITRE LXXX.

IE suis de ceux qui ne se servent plus de l'*æ* dans l'orthographe Françoise. M. d'Ablancourt a esté un des prémiers qui en a retranché cette diphtongue, avecque celle d'*œ*. Voicy comme il parle de ces deux diphtongues dans sa Préface sur Thucydide: *Ie suy l'ortografe moderne, qui retranche les lettres superflues. Ie ne mets qu'un T à ataquer, ny à ateindre, pour empescher qu'on ne s'abuse à la prononciation : & ceux qui soustiennent l'opinion contraire, ne sçauroient nier, que l'ortografe ne se soit purifiée peu-à-peu,*

peu, puisque les Langues ne sont jamais plus parfaites, que lors qu'elles s'éloignent le plus de leur origine; qu'elles ont perdu, s'il faut ainsi dire, les marques de leur enfance. Mais pour retrancher les lettres inutiles & superfluës, je ne retranche pas celles qui ne le sont point, comme l'on fait tous les jours par un abus manifeste. Car si vous ostés l's d'estre & de teste, qui marque que c'est un E long, on le prononcera comme celuy de bonté: ce qui causera une prononciation vicieuse: & si vous l'ostés d'empescher & de dépescher, on confondra le pécheur avec le pescheur. Ie ne garde, ni l'æ, ni l'œ des Grecs: parcequ'ils ne servent que d'embaras en nôtre Langue, qui ne les distingue point des E simples. Pour empescher mesme qu'on ne prononce Charés & Chersonnése, comme on fait charge & cherté, j'oste à l'un l'H, & je change l'autre en un Q; écrivant Carés, & Quersonése; comme caractére & Plutarque. I'en ay fait demesme en Chio: où j'ay mis un K, pour en marquer la prononciation; acause qu'autrement elle estoit trop desagréable.

Mais quoyque je ne me serve plus de la diphtongue æ dans l'orthographe Françoise, je ne blasme pas ceux qui s'en servent, comme les a blasmez le Pére Bouhours. Ceux, dit-il dans ses Remarques, qui écrivent Cæsar en François, font asseurément une faute. On peut dire en général, que nostre Langue n'a point proprement d'æ, non-plus que l'Espagnole & l'Italienne: & je ne sçay pourquoy le Traducteur de Xénophon écrit toujours Cyropædie. Ie fçay bien que l'origine du mot demande un æ : mais nous ne fommes pas efclaves des origines : & nous avons fecoüé, il y a long-temps, le joug de la Langue Grecque dans l'ortographe de plufieurs mots. Je ne blafme pas, dis-je, ceux qui fe fervent de l'æ; plufieurs de ceux qui s'en fervent, eftant d'une grande autorité dans noftre Langue. Monfieur Charpentier entr'autres ; qui eft un des plus favans & un des plus polis de l'Académie Françoife ; n'orthographie jamais autrement, nonobftant la leçon que lui a faite noftre Docteur au fujet de *Cyropædie* : car c'eft lui qui eft le Traducteur de Xénophon. Je viens de trouver dans fa Défenfe de la Langue; publiée depuis deux jours ; Ægyptiens, Ænée, Ænéïde, Æoliens, Æolique, Æfchyle, Cæfar, Mævius.

Il avoit dit au chapitre fettiéme de fes Cahiers de Remarques fur l'orthographe Françoife, pour eftre examinez par chacun de Meffieurs de l'Académie : *Il n'y a point d'æ en François : finon peut-eftre en quelques mots venus du Grec ou du Latin, qui n'ont encore guéres efté maniez par le peuple. Entre-autres ; æthérées, phænoméne. Quelques-uns en veulent aux noms propres, venus de ces langues : comme, Æfope, Ænée.* Conformément à cette opinion de Monfieur Charpentier touchant les noms propres, Monfieur Chapelain, Monfieur Gombaut, Monfieur de Balzac, Monfieur de la

Mote-le-Vayer, M. de la Chambre, M. de Mézeray, & plusieurs autres Académiciens, mettent aussi toujours des æ dans les noms propres qui en ont dans le Latin. Et on ne peut pas dire que ce soit une faute.

Pour ce qui est de l'œ, je m'en sers toujours, conformément à l'avis de M. Chapelain. *Quel moyen*, dit-il, dans son Dialogue de l'Orthographe, en parlant à M. d'Ablancourt, *employez-vous pour faire prononcer* COEUR, cor; SOEUR, soror; MOEURS, mores, *en ostant l'œ de leur orthographe? Mettez-vous au lieu de* COEUR, cueur? *Cela fera prononcer* cueur, *comme* lueur, sueur, *en deux syllabes: ou l'écrirez-vous avec un* q: QUEUR, *comme on fait* VAINQUEUR ? *Cela se prononceroit bien, mais ne s'entendroit pas: tant l'orthographe en seroit sauvage, & tant il s'écarteroit de l'origine de* cor, *où le* c *est charactéristique. Au lieu de* sœur, *mettez-vous* seur ? *Mais en le lisant bien, on le concevra mal; & l'on en prendra la notion du synonime* assuré, *comme plusieurs l'écrivent encore. Au lieu de* mœurs, *mettrez-vous* meurs? *Mais un homme un peu distrait, le prendra pour le singulier impératif de* mourir: *& s'il ne le prenoit point pour cela, il le pourroit prendre pour* meurs, *en la signification de* maturus, *qui s'écrit* meurs *en François, quoyqu'il se prononce comme* MURS, muri, *d'un son entièrement semblable.* CHOEUR, chorus, *tombe sous la mesme observation.*

Je répons dans mon Discours de l'Orthographe à tous ces inconvéniens proposés par M. Chapelain : Car quoyque je me ſerve toujours de la diphtongue œ, je croy qu'il ſeroit apropos de ne s'en plus ſervir : & particuliérement dans ces mots *mœurs, cœur, ſœur*, qui n'en demandent point par leur origine. Car *mœurs* vient de *mores* ; *cœur* de *core* ; & *ſœur* de *ſore*, qui eſt une contraction de *ſorore* : de laquelle contraction les Italiens ont fait prémiérement *ſora*, (d'où vient le diminutif *ſorella*) & enſuite *ſuora* : Et la terminaiſon *ore* des Latins, ſe rent par *eur* en François, & non pas par *œur*. *autore*, AUTEUR : *ſervitore*, SERVITEUR.

Je prie aureſte mes Lecteurs de ne point juger de mon orthographe par celle de mes livres. Car outre que les Imprimeurs, comme je l'ay dit ailleurs, ne répréſentent pas l'orthographe de ma copie, je ne ſuy pas dans ma copie mon orthographe. Par exemple : J'écry toujours, pour ſuivre la couſtume, *beautez ; bontez ; vous avez ; vous aimez* : & cette orthographe eſt tout-a-fait ridicule, comme je le feray voir dans mon Traité de l'Orthographe. Celle de *Dieux, cieux, animaux*, au lieu de *Dieus, cieus, animaus* ; que je ſuy auſſi toujours, pour ſuivre la couſtume ; ne l'eſt pas moins, comme je l'ay fait voir au chapitre 106. de la prémiére partie de ces Obſervations.

Bon Seigneur.

CHAPITRE LXXXI.

LE P. Bouhours dit, que le mot de *bon* estant joint avecque les noms appellatifs, comme *Iuge*, *Capitaine*, *Soldat*, *ami*, fait une louange : *bon Iuge* ; *bon Capitaine* : *bon Soldat* ; *bon ami* : & qu'il n'y a que *Seigneur* avecque lequel il marque du mépris. Et là dessus *và discorrendo*. Quelle fantaisie? *Bon Seigneur*, comme *bon homme*, se prent en bonne & en mauvaise part, selon le ton qu'on lui donne. Exemple de *bon Seigneur* pris en mauvaise part. M. Gombaut :

Il fut batu, le bon Seigneur,
En présence de plus de quatre :
Et pour recouvrer son honneur,
Il s'alla faire encore batre.

Exemple du contraire. M. de Balzac dans le Barbon : *Vn bon & charitable Seigneur, à qui il communica son dessein, eut pitié de la fortune que couroit sa barbe.* Et dans l'Entretien des Ministres & du Ministére : *Vous avez esté plus d'une fois mon Ambassadeur : (Ie me sers de vos termes) soit auprés de M. le Maréchal d'Effiat : soit auprés de M. le Comte d'Avaux. Vous vous estes fait écouter chez ces bons Seigneurs, & m'y avez fait valoir d'une étrange sorte.* Et un de nos meilleurs Ecrivains, selon le témoignage du P.

Bouhours: *Ce fut une grande perte pour tous les pauvres, dont ce bon Seigneur estoit le refuge le plus ordinaire.* J'ajoute à tous ces passages, cette façon de parler proverbiale: *Soyez moi bon Seigneur, je vous seray bon Sujet.*

Il en est de mesme de *bon Iuge*, *bon Capitaine*, *bon Soldat*, *bon ami*. Tous ces mots peuvent aussi estre pris en bonne & en mauvaise part, par le ton qu'on leur donne. *Vous estes un bon ami*: *Voila un bon Iuge*. Et le P. Bouhours se trompe encore en cet article.

Stoïque, Stoïcien.

CHAPITRE LXXXII.

Nostre Critique a fait une remarque sur la différence de *Stoïque* & de *Stoïcien*. Et il a conclu sa remarque par ces mots: *Enfin, pour m'expliquer plus clairement, & en peu de mots: Stoïcien ne se dit guéres que dans le propre, quand il s'agit effectivement de Zénon, & de ses Disciples. La Philosophie Stoïcienne. Stoïque se dit presque toujours dans le figuré. Je viens de voir dans ma Philosophie Stoïque, dit M. de Balzac, que le Sage doit avoir un ami, afin d'avoir quelqu'un pour qui il puisse mourir. Car ce qu'il ajoute de Zénon, n'est point sérieux, & n'est dit que par métaphore: Voilà ce que c'est que d'estre Ecolier de*

Zénon, & d'avoir commerce avecque ces ames hautaines de l'Antiquité, dont les extravagances mesmes sont nobles.

Le P. Bouhours, comme je l'ay déja dit plusieurs fois, ne sait ce que c'est que propre & que figuré. *Philosophie Stoïque*, dans le passage de M. de Balzac, qui est de la lettre 26. du livre 21. n'est point dit figurément. Il est dit de la mesme façon que *Philosophie Stoïcienne* dans l'exemple du P. Bouhours. *La Philosoph. e Stoïcienne*, cestadire *la Philosophie des Stoïciens: Les opinions, les dogmes des Stoïciens. La Philosophie Stoïque* dans le passage de M. de Balzac signifie la mesme chose. *Ie viens de voir dans ma Philosophie Stoïque*, &c. cestadire, Je viens de voir dans les dogmes des Stoïciens : Je viens de lire dans le livre de la Philosophie des Stoïciens : dans les livres de Lipse, ou de Schiopius, des opinions des Stoïciens; que le Sage doit avoir un ami, afin d'avoir quelqu'un pour qui il puisse mourir. Et ce que dit le P. Bouhours, que ces mots de M de Balzac, *Voilà ce que c'est que d'estre Ecolier de Zénon*, &c. ne sont dits que par métaphore, est dit impertinemment. Voicy aureste apparemment l'endroit du livre dont a voulu parler M. de Balzac : *Stoici volunt etiam præferri commoda & salutem amici, postponi sua. Seneca apertè* : Sapiens amicos sibi comparet, sæpe præferat. *Et iterum* : In quid igitur amicos paro ? ut habeam pro quo mori possim : ut habeam, quem in exilium sequar: cujus me morti opponam,

& impendam. *Iterumque alibi*: amicitiæ illius veræ, cum qua homines moriuntur, pro qua moriuntur. C'est au livre 3. de la Manuduction de Lipse à la Philosophie Stoïque, dissertation 16.

Mais pour revenir aux mots de STOÏQUE, & de STOÏCIEN, ces mots se disent indifféremment, & de la chose & de la personne. Exemple de *Stoïcien*, dit de la personne. M. de Sassy dans sa Traduction des Actes des Apostres, chapitre 17. *Il y eut aussi quelques Philosophes Epicuriens & Stoïciens, qui conférèrent avec lui.* M. d'Ablancourt dans sa Traduction du Dialogue de Lucien, intitulé *Les Sectes*: *Il n'y a que les Stoïciens qui fassent profession d'une vertu masle & solide.* Exemple du mesme mot, dit de la chose. M. de la Mote-le-Vayer dans son Dialogue de Tubertus Ocella, page 57. *impassibilité Stoïcienne.* Et page 90. *Cette maxime Stoïcienne.* Exemple de STOÏQUE, dit de la personne. M. Oger dans l'Apologie de M. de Balzac : *Tout le monde n'estant pas de l'opinion de ces Stoïques, qui vouloient par subtilité d'argumens, & par des conclusions toutes crues, rendre les hommes sages, & les contraindre de vive force à embrasser la vertu.* M. de Balzac dans le Recueuil de ses Lettres à M. Conrart, 1. 2. *Ie n'ay point besoin du fer & du feu de la Philosophie des Stoïques.* M. Godeau, dans la Vie de S. Paul : *Les Philosophes Epicuriens & les Stoïques disputoient souvent contre lui.* M. d'Ablancourt dans sa Traduction du Dialogue de Lucien, intitulé *Hermotime*, ou *des Sectes*, page 367. de la 1. édition : *Celui qui suit Platon, dit que son guide est le meilleur. L'Epicurien & le Péripatéticien tout de mesme. Tu en diras autant des Stoïques.* Et page 388. *Ce que j'ay dit, n'est point par une haine particuliére que j'aye contre les Stoïques.* Amyot : *Les Contredits des Philosophes Stoïques.* C'est ainsi que ce célébre Traducteur a traduit le titre du livre de Plutarque, περὶ τῶν Στωϊκῶν ἐναντιωμάτων. Exemple du mesme mot, dit de la chose. M. de Balzac, livre 22. lettre 4. *Vous traitez comme il faut la dureté de la Philosophie Stoïque, & ne faites pas descendre pourtant la tendresse de l'autre Philosophie plus humaine, jusqu'à pleurer des murénes, des poules, & des perroquets.* M. de la Garde, page 22. de ses Réflexions Académiques : *La Philosophie Stoïque, dont Sénéque faisoit profession*, &c.

Par tous ces passages, il paroist que nos Auteurs François, tant anciens que modernes, se sont servis indifféremment des mots de Stoïque & de Stoïcien ; & que ce que dit le P. Bouhours, que Stoïcien signifie un Savant qui s'adonne à la Philosophie de Zénon ; & Stoïque, un homme qui est insensible à tout, n'est pas absolument véritable. Il est vray pourtant, que lorsqu'on parle de cet insensible, il ne faut dire que *Stoïque* : *C'est un Stoïque : C'est un vray Stoïque.* *Stoïcien*, en cet endroit, ne seroit pas si bien que *Stoïque*. Il est vray aussi, qu'en parlant des Disciples de Zénon & de leur doctrine, *Stoïcien* se dit aujourdhuy plus communément de la personne, & *Stoïque* de la chose. *Les Philosophes Stoïciens : La Philosophie Stoïque.*

Intrépide. Disculper.

CHAPITRE LXXXIII.

LE P. Bouhours ayant dit à la page 54. du livre des Doutes : *Nous avons fait* INTRE´PIDE, *d'intrepidus, Latin, ou d'intrepido, Italien :* BRAVOURE, *de bravura :* DISCULPER, *de disculpare. Et nous devons peuteſtre ces mots à M. le Cardinal Mazarin*; j'ay dit au chapitre 229. de la prémiére partie de ces Obſervations, que cela eſtoit dit ſans preuve : & qu'à l'égard du mot d'*intrépide*, il eſtoit certain qu'il n'eſtoit pas de la façon du Cardinal Mazarin. Ce que j'ay prouvé par une lettre de M. de Balzac; par laquelle il paroiſt que Malherbe, qui eſt mort avant que le Cardinal Mazarin vint en France, s'eſtoit ſervi de ce mot. Le P. Bouhours m'a répondu en ces termes : *Quand on se sert d'un* peuteſtre, *on n'a que faire de rien prouver.* Je répons à noſtre Docteur, qu'il ne faut point ſe ſervir d'un *peuteſtre* dans une choſe toutafait conſtante. Si j'avois dit, par exemple, que les mots de *bonté* & de *beauté* viennent de l'Italien *bontà* & *beltà*, & que nous devons peuteſtre ces mots au Cardinal Mazarin, ce *peuteſtre* n'empeſcheroit pas que je n'uſſe dit une ſotiſe ; eſtant tres conſtant que le Cardinal Mazarin n'a point apporté ces mots en France. Or il n'eſt pas moins conſtant qu'il n'y a point apporté le mot d'*intrépide*. Et le P. Bouhours n'a pas du en douter, ayant produit lui-meſme le paſſage de M. de Balzac, par lequel il paroiſt que Malherbe a employé ce mot : & l'ayant produit preſqu'au meſme endroit où il avoit dit que nous devions peuteſtre ce mot au Cardinal Mazarin. Voicy le paſſage de M. de Balzac : *Il eſt vray que le bonhomme Malherbe s'eſt ſervi avant nous d'intrépide. Mais parce que ce n'eſt pas le Révérend P. Coëffeteau, il ne nous ſera pas aloué par M. de Vaugelas, qui croit que comme il n'y a point de ſalut hors de l'Egliſe Romaine, il n'y a point auſſi de François hors de l'Hiſtoire Romaine.*

Pour ce qui eſt du mot de *diſculper*, on peut le devoir au Cardinal Mazarin : mais on peut auſſi le devoir à quelque autre perſonne. Quoyqu'il en ſoit, il eſt à remarquer que nos Anciens diſoient *deſcoulper*. Nicod: DESCOULPER *aucun, & le deſcharger d'une coulpe, qu'on luy met à ſus.* defendere, & ſublevare : ſublevare teſtimonio. *On dit auſſi* deſencoulper.

Iuſtification du chapitre 150. *de la prémiére partie de ces Obſervations, touchant les mots qui commancent par* in *dérogatif, contre la Critique de l'Auteur des Doutes.*

CHAPITRE LXXXIV.

DE toutes mes Obſervations, il n'y en a point qui ait choqué davantage l'Auteur des Doutes, que celle où j'ay dit, que le P. Bouhours dans ſon Entretien de la Langue, avoit bien repris dans les écrits de Meſſieurs de Port-Royal, les mots d'*immortifié* & d'*inallié*; mais qu'il n'avoit pas bien repris ceux d'*inexplicablement*, d'*inſouſtenablement*, d'*inexpérimenté*, d'*irreligieux*, d'*indévotion*, d'*inobſervation*, & d'*intolérance*. Il n'a pu ſouffrir que j'aye partagé le différent entre lui & ces Meſſieurs: car le Lecteur ſe ſouviendra s'il lui plaiſt, que ce Gentilhomme Bas Breton, demeurant dans un coin de la Baſſe-Bretagne, ſous le nom duquel a paru le livre des Doutes, c'eſt le Révérend Pére Bouhours, Pariſien, Preſtre de la Compagnie de Iéſus, demeurant à Paris en la ruë S. Jaques, au Collége de Clermont. Ce bon Religieux employe douze pages entiéres à critiquer, ou pluſtoſt à chicanner mon Obſervation. Je répondray en ce chapitre à ſes objections:

& j'y

& j'y répondray article par article, pour ne pas embarasser ma réponse.

BOUHOURS, *page 18. des Doutes.*

J'aurois encore de la répugnance à approuver *impécunieux* & *impécuniosité* avec l'Auteur des Observations sur la Langue Françoise : à me servir d'*improbation* avec les Sieurs de Mombrigny & de Chanteresne. Et j'admire M. Ménage, qui a eu la force de digérer l'*intempérature*, l'*infrangible*, l'*inforçable*, l'*inscrutable*, l'*inguerdonné*, l'*interminé*, l'*internel* de Nicod : sans parler de l'*incorrompu* de M. Pascal ; de l'*inconvertible* des Sieurs de Royaumont & de Marsilly ; de l'*injudicieux* de je ne sçay qui, qu'il ne nomme point, & qu'il appelle tres-judicieux.

MÉNAGE.

Il n'est point vray que j'aye donné mon approbation aux mots d'*injudicieux*, d'*impécunieux*, & d'*impécuniosité*. J'ay seulement dit à l'égard du prémier, que je l'avois ouï dire à un homme tres-judicieux, sans m'expliquer là-dessus davantage. Et cet homme tres-judicieux à qui j'ay ouï dire *injudicieux*, c'est M. Chapelain. Je ne m'étonne pas aureste que le P. Bouhours n'aime pas ce mot ; ce mot ayant esté fait pour lui. L'*injudicieux* Pére Bouhours: c'est son épithéte perpétuelle. Pour ce qui est d'*impécunieux* & d'*impécuniosité*, je n'ay point non-plus pris de parti. J'ay dit seulement aussi, qu'on commançoit à se servir de ces mots depuis quelques années : & cela n'est que trop véritable. Mais d'ailleurs il est tres-faux, sauf le respect que je dois à la qualité de Gentilhomme de nostre Critique, que j'aye approuvé les mots de Nicod, rapportez dans le livre des Doutes, & dans mes Observations. Si je les avois digérez, pour user des termes de nostre Religieux Cavalier, nostre Religieux Cavalier auroit raison de s'en étonner : car j'avoue qu'ils sont de dure digestion. Mais tant-s'en-faut que je les aye approuvez, que je les ay aucontraire desapprouvez. Voicy mes termes : *Il y a aussi tel endroit, où je ne ferois pas difficulté de me servir des mots d'*incorrompu*, d'*inconvertible*, d'*inattention*, & d'*insidiateur*, que le P. Bouhours reprent dans les mesmes écrits. Vous trouverez dans Nicod un nombre infini de ces mots beaucoup plus étranges.* Vous voyez que je trouve ces mots de Nicod étranges; & mesme beaucoup plus étranges, que ceux d'*incorrompu*, d'*inconvertible*, d'*innattention*, & d'*insidiateur*, que le P. Bouhours avoit trouvez si étranges, & dont j'ay dit moy-mesme, que je ne voudrois pas me servir, si ce n'estoit en de certains endroits particuliers. Il est vray que je dis ensuite ; que tous ces mots peuvent estre bons, selon l'endroit où ils sont employez. Et là dessus j'allégue le mot de Quintilien : Il ne faut pas tant regarder le mot qu'on dit, que l'endroit où on le dit : *Non tam refert quid* *dicas, quàm quo loco.* Et en effet, la pluſpart des mots ſont bons ou mauvais ſelon le lieu où ils ſont placez ; ſelon les perſonnes qui les diſent, & ſelon celles à qui on les dit. Par exemple : *atrabile*, qui ſeroit un tres-mauvais mot dans la converſation des Dames & des Cavaliers, eſt un tres-bon mot dans un traité de Medecine, où il s'agit du tempérament des hommes. Autre exemple : M'entretenant un jour avecque M. de Mézeray d'un Partiſan fort riche, qui feſoit beaucoup de dépenſe, & qui avoit eſté laquais ; je luy citay ces vers de M. Gombaud,

A voir la ſplendeur non commune,
Dont ce maraut eſt reveſtu,
Diroit-on pas que la Fortune
Veut faire enrager la Vertu ?

M. de Mézeray me parlant à ſon tour de ce Partiſan, me dit en riant que c'eſtoit *un Exlaquais*. Ce mot, qui ſeroit tres-mauvais, eſtant dit ſérieuſement à des perſonnes qui ne ſauroient ce que c'eſt qu'*Exconſul*, *Expréteur*, *Exprovincial*, me parut tres-plaiſant : Et comme j'ay fait ce conte à pluſieurs perſonnes, pluſieurs perſonnes ſe ſervent préſentement du mot *Exlaquais*, en parlant des laquais qui ont fait fortune.

Mais pour ne parler que des mots qui commancent par la prépoſition dérogative *in*, que le P. Bouhours a condannez, & de ceux de Nicod, qui m'ont paru étranges ; il eſt certain, encore une fois, qu'ils peuvent trouver leur place en de certains endroits. Je rapporteray icy tous ces mots avecque des exemples où ils peuvent estre employez : & je les rapporteray comme ils se présenteront à ma mémoire.

INEXPLICABLE. INEXPLICABLEMENT.

Un homme de lettres, en s'entretenant familiérement avec un autre homme de lettres, ne peut-il pas lui dire ? *Personne n'a jamais pu expliquer ce passage de Virgile,*

—— Qui non risere parentes,
Nec Deus hunc mensâ, Dea nec dignata
cubili est.

C'est un passage inexplicable. ¶ *Dieu est dans l'hostie : mais on ne sauroit expliquer ; on ne sauroit dire de quelle façon il y est. Il y est inexplicablement : il y est ineffablement : il y est* ἀφάτως, *comme disent les Grecs.*

INSCRUTABLE. INE'NARABLE.

Dieu est le scrutateur des cœurs : mais ses segrets sont inscrutables. ¶ *Les grandeurs de Dieu sont inénarables.* C'est ainsi que parlent les Prédicateurs.

INDE'TERMINE'.

L'Auteur de la Préface de l'Office de l'Eglise : *Et c'est de cette lumiére dont on a besoin, pour pouvoir déterminer la Langue Hébraïque, qui d'elle-mesme est assez souvent suspenduë & indéterminée dans les divers sens, dont elle est susceptible.* Et à ce propos il est à remarquer, que le mot d'*interminatus* se trouve dans Cicéron & dans Velléius Pagerculus,

INDÉVOT: INDÉVOTION. IRRELIGION: IRRÉLIGIEUX.

Il n'a point de dévotion : C'est un homme toutafait indévot. Son indévotion lui a attiré la haine de tous les dévots. ¶ Son irreligion l'a fait chasser de la Religion. Ce Religieux est vray Coquet. Il ne respire que l'air des ruelles. Ce n'est qu'un coureur. En un mot, c'est un Religieux toutafait irreligieux.

Le P. Bouhours qui avoit blasmé ces mots dans son Entretien de la Langue & dans son livre des Doutes, s'en est dédit dans ses Remarques : *Pour* irreligieux *&* indévotion, dit-il, *M. Ménage n'a pas tort de se plaindre qu'on ait voulu les bannir: car ces mots ne sont pas mauvais, non-plus qu'*irreligion, *&* indévot. *On pourroit y ajouter* inapplication, *& mesme* inattention, *qu'assez de gens disent.* Et ainsi de l'aveu mesme de mon adversaire, j'ay raison en cet article.

INCONVERTIBLE. INFRANGIBLE. INALLIÉ.

J'ay fait tout ce que j'ay pu pour le convertir. Il est aheurté dans son Calvinisme. Il n'y a pas moyen de le convertir. Il est inconvertible ¶ Ce métal est d'une nature infrangible. ¶ Des métaux inalliez. Des choses inalliées.

INTEMPÉRATURE. INESPERÉ. INEXTINGUIBLE.

L'intemperature de l'air. ¶ Vn bien inesperé. ¶ Vn feu inextinguible.

INSCIEMMENT. INSOUSTENABLEMENT.

J'ay fait cela insciemment. ¶ *C'est une maxime qu'il a faussement & insoustenablement avancée.*

INDISERT. INSOLU.

C'est l'homme du monde le moins élégant; le plus rustique; le plus indisert. ¶ *C'est un argument qui jusques icy est demeuré insolu.*

INTOLE'RANCE.

Son intolérance fait qu'on ne le peut tolérer.

IMMORTIFIE'.

Le P. Bouhours a mieux aimé se contredire soi-mesme sur ce mot d'*immortifié*, que de ne me pas contredire : tant il aime à me contredire. *Pour moy*, dit-il, *je confesse qu'*immortifié *ne me déplaist pas tant qu'à M. Ménage. C'est un mot usité dans tous les livres spirituels : & les Prédicateurs qui parlent le mieux, s'en servent souvent. Un esprit* immortifié *: des affections* immortifiées. Desorte que M. Ménage devoit, à mon avis, blasmer l'Auteur des Entretiens d'Ariste & d'Eugéne de n'avoir pas approuvé *immortifié* dans les écrits de Messieurs de Port-Royal, au lieu de l'en louer, comme il fait. Il le loue plus justement d'avoir repris inallié. ¶ Si le mot d'*immortifié* est un mot usité dans tous les livres spirituels, & s'il est vray que les Prédicateurs qui parlent le mieux, s'en servent souvent, je demande au P. Bouhours,

LANGVE FRANÇOISE. 343

pourquoy il l'a donc blaſmé purement &
ſimplement dans les livres de ces Meſſieurs,
qui ſont des livres de dévotion. Car pour
moy, après avoir approuvé la cenſure du
P. Bouhours à l'égard de ce mot & de celui
d'*inallié*, j'ajoute enſuite, que ces mots
peuvent eſtre bons, ſelon l'endroit où ils
ſont employez. Le mot d'*immortifié* eſt bon
en effet dans les exemples alléguez par le
P. Bouhours.

⁂

Ce ſont les mots, commançans par *in*
négatif, dont j'ay fait mention d'abord au
chapitre 150. de la prémiére partie de ces
Obſervations : car pour *inſidieux*, *inſidiateur*, & *internel*, ils ſont d'une autre eſpéce. Le P. Bouhours dit que tous les mots
qui commancent par cette négative, ſont
mes favoris. *L'Auteur des Obſervations ſur la
Langue Françoiſe a pris une telle amitié pour
les mots qui commencent par* in, (ce ſont les
termes du P. Bouhours) *qu'à la reſerve
d'immortifié & d'inallié, qui lui déplaiſent,
tous les autres ſont devenus ſes favoris. Il ſe
déclare hautement là deſſus : & il trouve que
ce ſont de jolis mots,* qu'intolérance, inſidiateur, inſidieux, impécunioſité, impécunieux, injudicieux, inexpérimenté, inveincu, indiſputable, impardonnable, incorrompu, inconvertible, inexplicablement, inſouſtenablement. ¶ Comment le P. Bouhours, qui trouve ſi mauvais que j'aye dit
que *griéveté* eſtoit ſon favori, peut-il dire

que ces mots font mes favoris ? puifque j'en ay parlé aucontraire comme de mots étranges. Voicy mes termes : *Il y a auſſi tel endroit, où je ne ferois point de difficulté de me fervir des mots d'incorrompu, d'inconvertible, d'inattention, & d'infidiateur, que le P. Bouhours reprent dans les écrits de Meſſieurs de Port-Royal. Vous trouverez dans Nicod un nombre infini de ces mots beaucoup plus étranges*: indifert, ineffacable, inénarable, ineſpéré, inexécuté, inexpugnable, inextinguible, infécond, inforçable, infrangible, inguerdonné, infciemment, infcrutable, infolu, intempérature, interminé. *M. Corneille dans fa Tragédie du Cid, a dit* inveincu, *après Ronfard, & Nicod.*

Ton bras eſt inveincu, mais non pas invincible.

M. de Segrais dans fon Enéide, a dit impardonnable.

Sa beauté méprifée, impardonnable outrage.

Malherbe, dans fa profe, a dit, après Nicod, infidieux. *M. de Girac dans fa Réplique à M. Coſtar, page 476. a dit* indifputable. *I'ay oui dire* injudicieux *à un homme tres-judicieux. On commance à dire depuis quelques années* impécunieux & impécuniofité. *En un mot: tous ces mots peuvent eſtre bons, felon l'endroit où ils font employez.* Non tam refert quid dicas, quàm quo loco, *dit tres-véritablement & tres-élégamment Quintilien.* ¶ Y a-t'il rien dans tout ce difcours, dont on puiffe conclure que ces mots font mes favoris ; rien qui marque que je les ay pris en amitié ; que je les trouve jolis ; & que je me suis déclaré hautement là dessus?

Mais puisque tous ces mots passent dans l'esprit du P. Bouhours pour mes favoris, je veux leur donner ma protection. Je vais donc faire voir à nostre Docteur, par des exemples, que tous ces mots peuvent estre dits en de certains endroits particuliers.

INE'XE'CUTE' : INE'XE'CUTION. INOBSERVA-
TION. INATTENTION.

Tous les arrests qu'il a obtenus, sont demeurez inexécutez par sa négligence. On se plaint de l'inexécution du traité de Munster. ¶ *On se plaint de l'inobservation du traité des Pyrénées.* ¶ *Son inattention pour les affaires, fait qu'il en est incapable.*

Le P. Bouhours, qui dans son Entretien de la Langue avoit condanné *inobservation* & *inattention*, les a justifiez dans ses Nouvelles Remarques. Mais ce qu'il dit de moi à l'égard d'*inobservation*, n'est-il pas plaisant? *M. Ménage a bien remarqué qu'*inobservation *se trouve dans les Manifestes des Princes*: l'inobservation des Traitez : *mais il n'a pas dit ce qu'il devoit dire pour instruire le public* ; qu'inobservation *est presque consacré en cet endroit, & qu'on diroit mal,* L'inobservation des Commandemens de Dieu, L'inobservation des régles de l'art. Avois-je entrepris de traiter à fond du mot d'*inobservation* ? & estoit-il question d'alléguer tous les endroits où ce mot peut estre employé,

& où il ne peut pas l'eſtre ? Mais noſtre Critique ſe trompe encore en cette remarque. On diroit fort bien *l'inobſervation de la loi.*

INFÉCOND. INCORROMPU.

Des landes ſtériles, infertiles, inféconds ¶ *C'eſt un Iuge à la vérité incorrompu : mais qui n'eſt pas incorruptible.*

INEFFAÇABLE.

I'ay fait ce que j'ay pu pour effacer cette écriture : elle eſt ineffaçable.

INVEINCU. IMPARDONNABLE.

Le mot d'*inveincu*, qui n'eſt pas bon de ſoy en pluſieurs endroits, eſt admirable oppoſé à *invincible* dans ce vers de M. Corneille,

Ton bras eſt inveincu, mais non pas invincible. ¶

Il en eſt de meſme d'*impardonnable*, dans ce vers de M. de Segrais,

Sa beauté mépriſée, impardonnable outrage.

Je viens d'apprendre aureſte de M. Renier, que ce mot qu'on croit eſtre de la façon de M. de Segrais, & dont M. de Segrais luimeſme croit eſtre l'auteur, ſe trouve dans Froiſſard. Voicy l'endroit : *Vous ſavez comment le Roy de France tenoit ſecrettement ſes convenances devers les bonnes villes de Bretaigne, afin qu'elles ne ſe vouſſiſſent pas ouvrir pour recueillir les Anglois : & là où ils le feroient, ils ſe forferoient grandement : & ſeroit* ce fait *impardonnable*. C'eſt au fueillet 57. verſo, du ſegond volume de l'édition de Paris, au chapitre qui a pour titre, *De la jouſte de Gauvain Michaille, François, contre Ioachin Kator, Anglois: & les paroles que le Roy Charles dit au lit de la mort*. Si on liſoit avec application tous nos anciens Auteurs, on y trouveroit beaucoup d'autres mots, qui paſſent aujourdhuy pour nouveaux. J'apprens auſſi en meſme tans de M. l'Abbé Varês, que ce mot *impardonnable* eſt tres-uſité dans tout le Languedoc, & particuliérement à Toulouſe.

INFORÇABLE. INEXPUGNABLE.

Le mot d'*inforçable* peut demeſme trouver ſa place. On peut dire, par exemple : *C'eſt inutilement qu'on tenteroit de forcer cette redoute : elle eſt inforçable*. ¶ Pour ce qui eſt d'*inexpugnable*, on peut s'en ſervir, non-ſeulement dans le diſcours familier, mais dans le ſtile ſublime. M. Chapelain s'en eſt ſervi plus d'une fois dans la Pucelle : & M. du Périer vient de l'employer dans un Sonnet ſur les Conqueſtes du Roi dans la Hollande.

On les vit traverſer les plus lointaines plages:
De leurs fiers ennemis ſouſtenir les efforts;
Et ceints de toutes parts d'inexpugnables forts,
Se faire redouter aux plus fermes courages.

INDISPUTABLE. INGUERDONNÉ.

Indiſputable peut auſſi eſtre employé en quelque endroit : comme en ce paſſage de

M. de Girac, qui est de la page 476. de sa Réplique à M. Costar, *Pour confirmer cette verité indisputable.* ¶ Pour ce qui est d'*inguerdonné*, j'avoue qu'on ne le diroit pas présentement : mais c'est parceque le simple *guerdonné* ne se dit plus, & qu'il n'est presque pas entendu. Car lorsqu'on disoit *guerdonné*, il ne faut pas douter qu'on n'ust pu dire *inguerdonné*. Il en est de mesme du Latin *impossibilis*. Si *possibilis* ust esté en usage du tans de Cicéron, Cicéron, vraysemblablement, n'ust pas fait difficulté de se servir dans ses livres philosophiques du mot *impossibilis*.

Mais continuons nostre glose sur le texte de nostre Auteur.

BOUHOURS.

Il faut que je vous déclare ma foiblesse. La pluspart de ces mots qui commencent en *in*, ne me font guéres moins de peine que les mots qui finissent en *ment*. Cependant il s'en voit assez dans certains livres d'aujourdhuy. J'ay trouvé entre autres, *infaisable*, dans les Homélies de S. Chrysostome sur S. Mathieu. *Si ce Prince croioit cet Oracle du Prophéte, & s'il estoit persuadé que rien n'en pourroit empescher l'effet, ne devoit-il pas reconnoistre que ce qu'il entreprenoit, estoit infaisable.* ¶ J'ay leu dans la Vie de D. Barthelemi des Martyrs, *insurprenable & irramenable. Ces Magistrats reconnurent alors par la sagesse de ses discours ; par la fermeté*

meté de son esprit, accompagnée d'une véritable charité, que Dieu leur avoit donné un Archevesque, qui seroit le protecteur des bons, la terreur des méchans; que son intégrité rendroit incorruptible, & sa vigilance insurprenable. Quand ils les ont veus confirmez dans leurs erreurs, & entiérement irramenables. Ces mots sont tous neus : & je doute qu'ils ayent la bonne fortune d'*intrépide*; ny mesme d'*intrépidité*, qui n'est pas ce semble si en usage qu'*intrépide*.

MENAGE.

C'est en effet une foiblesse ; & une foiblesse extréme ; d'estre choqué des mots qui finissent en *ment*, & de ceux qui commancent par *in* : car c'est ainsi qu'il faut dire, comme je l'ay déja remarqué ; & non pas, *qui commancent en* in, comme a dit nostre Docteur. *Inconstant, indigne, indocile, indonté, infécond, infidelle, inflexible, infortuné, immortel, innocent, impuissant, impitoyable, implacable, intrépide, invincible*, ne sont ce pas de beaux mots ? Et qui est le Poëte qui fist aujourdhuy difficulté de les employer dans la plus haute Poësie ? Je dis la mesme chose de ces mots qui finissent en *ment*: *alégement, aliment, ardamment, avidement, changement, chastiment, doucement, élément, enchantement, fidellement, fiérement, firmament, hardiment, innocemment, justement, laschement, librement, monument, noblement, ornement, pompeusement, puissamment, sur-*

ment, *seulement*, *violemment*. Et si le P. Bouhours dit qu'il n'a voulu parler que de ces mots terminez en *ment*, dont il avoit parlé; *abrégement*, *resserrement*, *enyvrement*; je lui diray que son expression ne s'accorde pas avecque son explication. Remarquez aureste, je vous prie, le raisonnement de nostre homme. Il avoue que c'est en lui une foiblesse d'estre choqué des mots qui commancent par *in*: & il dit ensuite, *que cependant il s'en voit assez dans certains livres d'aujourdhuy*. Comme si les Auteurs de ces livres avoient esté obligez de savoir sa foiblesse, & de déférer à de si bizarres sentimens. Mais pour revenir aux mots d'*infaisable*, d'*insurprénable*, & d'*irramenable*, ils sont excellens dans les endroits alléguès, & critiqués par nostre Critique.

BOUHOURS.

Un Abbé de mes voisins, qui vit depuis quelques années dans la retraite, & qui a fort étudié les prémiers siécles de l'Eglise, &c.

MENAGE.

Toute cette histoire de M. l'Abbé, de M. le Chevalier, & de Madame la Marquise, est ridicule. Voyez cy-dessus à la page 212.

BOUHOURS.

Vrayment, ajouta-t'il, nous nous sommes bien moquez d'un petit Auteur, qui a eu la hardieſſe de condamner *inallié*, *inexpérimenté*, *intolérance*, *inattention*, & d'autres termes pareils, ſous prétexte de nouveauté : comme ſi une diction ne pouvoit pas eſtre introduite par un Ecrivain du prémier ordre. Ce ne ſont pas-là les principes de M. de Vaugelas, luy répondis-je, &c.

MENAGE.

Il eſt à remarquer, que le P. Bouhours condanne encore icy le mot d'*inattention*, qu'il avoit déja condanné dans ſon Entretien de la Langue ; & que cependant il dit dans ſes Remarques, qu'il n'eſt pas mauvais, & qu'aſſez de gens le diſent. Il eſt auſſi à remarquer, que le P. Bouhours demeure icy d'accord, que ſelon l'opinion de M. de Vaugelas, il n'eſt pas permis de faire des mots : ce qu'il a nié formellement à la page 164. de ſes Remarques.

BOUHOURS.

Accommodez-vous pour le moins d'*incharitable*, me dit-il, avec aſſez de chaleur. Ah *incharitable*, répartis-je, je ne ſçay ce que c'eſt, & je ne l'ay veu nulle-part.

MENAGE.

Les Anciens ont obſervé que le ſtile d'Epicure eſtoit rempli d'exclamations. Mais ils ont obfervé auffi, que ces exclamations eftoient modeftes. *Ne Epicuri quidem & Metrodori honeftas quafdam exclamationes affumere, hifque, pro ut res pofcit, uti, alienum erit Oratori*, dit Quintilien dans fon Dialogue des Orateurs. Mais pour les exclamations du P. Bouhours, ce font des exclamations de ridicules Précieufes. C'eft ce qui a efté tres-véritablement remarqué par Cléanthe; dont voicy les termes: *C'eft eftre fort élégant à fon gré, que de s'écrier pour rien, comme une Précieufe*: Mon Dieu, que vous me faites de plaifir! Hé mon Dieu que dites-vous là? Bon Dieu, que de grandes chofes dans cette bagatelle! Bon Dieu, quel langage! *Mais ne faut-il pas s'écrier plus juftement que lui*; Bon Dieu, que ce Cavalier eft afféré! Que ce Courtifan eft précieux! Que cet homme eft femme! Ce que dit aurefte en cet endroit le Pére Bouhours qu'il n'a vu *incharitable* nullepart, eft tres-véritable. Ce Révérend Pére Goguenard, pour avoir fujet de guoguenarder, a inventé cette ridicule hiftoire de cette jeune Penfionnaire, qui s'eftoit confeffée d'eftre incharitable.

BOUHOURS.

En vérité, luy dis-je, *incharitable* me femble encore plus contre le génie de noftre Langue, qu'*infurprenable* & *irramenable*: car j'ay remarqué, il y a long-temps, que tous les mots François qui commencent par *in*, & qui finissent par *able*, viennent tous d'un verbe : comme *inconsolable*, *infatigable*, *inimitable*, &c. Et je n'en sçache point qui viennent d'un nom, hors *impitoyable*, qui fait bande à part, & auquel l'usage a donné cours contre la régle.

MENAGE.

J'ay réfuté cy-dessus, à la page 88. cette fausse reigle de Grammaire de nostre Grammairien. J'ajoute icy à ma réfutation, que comme on a fait EQUITABLE d'*aquitas*, on a fait de mesme CHARITABLE de *caritas*. *aquitas*, *aquitabilis*, EQUITABLE : *caritas*, *caritabilis*, CHARITABLE.

BOUHOURS.

Madame la Marquise me confirma l'histoire d'*incharitable*, qu'elle savoit d'original, & m'en dit des circonstances assez curieuses, mais qui doivent estre secrétes.

MENAGE.

C'est a dire, en bon François, que Madame la Marquise savoit du Confesseur de la Pensionnaire cette histoire d'*incharitable*. Voyez cy-dessus, page 212.

BOUHOURS.

Ensuite, se tournant vers M. l'Abbé, qui

ne manque pas de lui faire la cour tandis qu'elle demeure dans la Province : Je suis bien contente, lui dit-elle, du livre que vous m'avez envoyé. Quelque docte & quelque solide qu'il soit, il est si clair & si aisé, qu'il ne faut qu'un peu de bon sens pour l'entendre. Il n'y a qu'un mot qui m'a arresté. C'est *inamissibilité* Je vous confesse, Madame, repartit M. l'Abbé, que ce mot est un peu Latin, & qu'il se sent encore de la barbarie de l'Ecole : mais il ne laisse pas d'estre François, ou du moins il mérite bien de l'estre : car comment pourroit-on s'en passer ? Pour moi, interrompit M. le Chevalier, je ne le croy pas François. Ce n'est tout au plus qu'un étranger, habillé à la Françoise, ajouta-t'il, en riant. Comme je ne l'entens point du tout, dit Madame la Marquise, je vous assure que je n'auray pas beaucoup de peine à m'en passer : & je suis bien trompée, si je m'en sers jamais.

MÉNAGE.

Nostre Révérend Pére Goguenard croit que la plaisanterie lui siét bien : & dans cette créance le bon Pére ne sauroit se tenir de plaisanter. Mais cette histoire d'*inamissibilité*, non-plus que celle d'*incharitable*, n'a pas le mot pour rire. Il n'est pas icy question aureste de boufonner : il est question de parler sérieusement d'un terme de Théologie. Les Sectateurs de Calvin prétendent, que lorsqu'un homme est une fois justifié, il ne cesse jamais d'estre juste, quelque mal qu'il fasse ensuite. De sorte que dans les plus grans crimes ; dans le plus grand endurcissement de cœur ; dans le plus grand oubli de Dieu, il conserve cette justification, & ne la peut jamais perdre. Pour faire entendre toutes ces choses en un seul mot, M. Nicole dans un traité de Théologie s'est servi du mot d'*inamissibilité*. *Mais leur doctrine de l'inamissibilité de la justification, & cette alliance qu'ils font de l'effet de la grace, & d'enfant de Dieu, avecque des crimes horribles,* &c. C'est à la page 323 de son livre des Préjugez Légitimes contre les Calvinistes. Et à la page 325. du mesme livre : *Et l'on fera voir, qu'il n'y eut jamais d'erreur plus clairement condannée par l'Ecriture du Vieil & du Nouveau Testament, que celle de l'inamissibilité de la justice, & de l'alliance des crimes avecque l'estat des Iustes.* Mais parceque Madame la Marquise & M. le Chevalier n'entendent pas ce mot, le P. Bouhours, par l'amitié qu'il a pour les Dames & pour les Cavaliers : *Le Donne, i Cavalier, l'arme, gli amori* ; (c'est la devise du bon Pére : voyés les Tables de ses Entretiens) le Pére Bouhours, dis-je, a mieux aimé déférer aux sentimens de Madame la Marquise, & de Monsieur le Chevalier, qui sont des personnes qui n'ont nul étude, qu'à ceux de Monsieur l'Abbé, qui a fort étudié les prémiers siécles de l'Eglise. Les paroles ont esté faites pour les pensées, & non pas les pensées pour les paroles. Les paroles, dit Clément Alexandrin, sont à l'égard des choses, ce que les habits sont à l'égard du cors : & ce seroit une chose étrange d'avoir plus de soin de ses habits que de son cors. Il faut avoir soin des paroles, mais il faut avoir un soin extrême des choses. C'est le précepte de Quintilien. Voicy ses termes, qui sont admirables : *Eloqui, est omnia quæ mente conceperis, promere, atque ad audientes perferre: sine quo supervacua sunt priora, & similia gladio condito, atque intra vaginam suam hærenti, &c. Non ideo tamen sola est agenda cura verborum. Occurram enim necesse est, & velut in vestibulo protinus apprehensuris hanc confessionem meam, resistam iis, qui omissâ rerum (qui nervi sunt in caussis) diligentiâ, quodam inani circa voces studio senescunt : idque faciunt gratiâ decoris : quod est in dicendo, mea quidem opinione, pulcherrimum ; sed cùm sequitur, non cùm affectatur. Corpora sana, & integri sanguinis, & exercitatione firmata, ex iisdem his speciem accipiunt, ex quibus vires : namque & colorata, & adstricta, & lacertis expressa sunt : sed eadem si quis vulsa atque fucata muliebriter comat, fœdissima sunt ipso formæ labore. Et cultus concessus atque magnificus addit hominibus, ut Græco versu testatum est, auctoritatem : at muliebris & luxuriosus, non corpus exornat, sed detegit mentem. Similiter illa translucida & versicolor quorumdam elocutio, res ipsas effeminat, qua illo verborum habitu vestiuntur. Curam ergo verborum, rerum volo esse solici-*

LANGVE FRANÇOISE. 357

tudinem, &c. *Nec intelligunt jacere sensus in oratione, in qua verba laudantur. Sit igitur cura elocutionis quammaximâ, dum sciamus tamen nihil verborum caussâ esse faciendum, cùm verba ipsa rerum gratiâ sint reperta: quorum ea sunt maximè probabilia, qua sensum animi nostri optimè promunt, atque in animis Iudicum quod volumus, efficiunt.* Mais c'est particuliérement dans les livres de Théologie, que les Auteurs ne doivent point estre esclaves des mots. *Doctor non verbis serviat, sed verba Doctori,* dit S. Augustin. Le discours que fait à ce propos M. de Sassy, dans la Préface de ses Proverbes de Salomon, est incomparable : & je ne puis m'empescher de le produire. *Saint Augustin a eu soin de pratiquer lui-mesme ce qu'il a cru devoir enseigner aux autres. Car il ne craint pas d'employer quelquefois des expressions qui lui sont particuliéres ; & de se servir de quelques mots contre l'usage ordinaire de la Langue : mais parce qu'il se met fort peu en peine de déplaire à ces idolatres de la pureté des mots, pourveu qu'il forme une image de la vérité, aussi claire & aussi vive qu'il le souhaitte, dans l'esprit & dans le cœur de ceux qui l'écoutent. Je me sers,* dit-il à son peuple, *d'un mot barbare, pour vous faire comprendre le sens de l'Ecriture : parceque je ne veux point paroistre éloquent aux dépens de l'intelligence que je vous dois donner de la vérité. Melius in barbarismo nostro nos intelligitis, quàm in nostra disertitudine vos deserti eritis. C'est ce qui lui fait dire en*

un autre endroit, aprés s'eſtre ſervi d'un terme qui n'eſtoit pas ordinaire : Ne craignons
point la cenſure des Grammairiens, pourvû
que nous puiſſions pénétrer dans le ſens
véritable de l'Ecriture. Celui qui l'aura
compris, reprendra peut-eſtre cette expreſſion, comme n'eſtant pas ſelon les reigles:
ſans conſidérer qu'il eſt ingrat, & qu'il lui
doit ce qu'il a compris. *Non timeamus feru-
las Grammaticorum, dum tamen ad verita-
tem ſolidam, & certiorem, perveniamus.
Reprehendet qui intelligit : ingratus, quia
intellexit.* ¶ Ne diriez-vous pas que Monſieur de Saſſy a viſé à noſtre petit Grammairien ?

Je reviens à noſtre *inamiſſibilité.* Les Scho-
laſtiques ont fait demeſme le mot d'*à-ſeïtas*,
d'*à-ſe* ; pour marquer l'indépendence de
Dieu : & les Philoſophes, celui de *per-ſeï-
tas*, de *per ſe* ; pour dire que la ſubſtance
exiſte par elle-meſme : & celui d'*inalieïtas,*
pour faire entendre, que l'accident ne ſub-
ſiſte point de lui-meſme, & qu'il eſt dans
une autre choſe : *in alio.* Et Cicéron, le Pére
de l'Eloquence Romaine, n'a-t'il pas dit
Appietas & *Lentulitas* ? *Vllam Appietatem,
aut Lentulitatem valere apud me plus, quàm
ornamenta virtutis exiſtimas ?* C'eſt dans une
de ſes lettres à Appius Pulcher.

Aprés avoir fait voir que tous les mots
commançans par la particule dérogative
in, qui ont eſté condannez par le P. Bouhours, peuvent trouver leur place en quelque endroit, comme je l'avois dit au cha-

pitre 150. de la prémiére partie de ces Observations, il me reste à remarquer que les Auteurs François, à l'exemple des Latins, ont esté fort licencieux à former de semblables mots. On dit au Palais INDEMNE, INOFFICIEUX, INOFFICIOSITÉ. On dit dans les Chaires des Prédicateurs, L'IMMACULÉE CONCEPTION. Malherbe a dit INCOMPLAISANT. *Ie suis complaisant à l'accoustumée: cestadire incomplaisant toutafait.* C'est dans une de ses lettres, qui est la 15. du prémier livre. M. Scarron a dit, en parlant d'un Pédan,

    Animal irrasatiable;
    En esté mesme indécrotable. ¶

Pasquier dans ses Recherches, livre 6. chapitre 12. page 486. a dit IMPRÉCIABLES. *Le Connestable de Bourbon sort une belle nuit déguisé, avecque le Sieur de Pompérant, qui faisoit le Maistre, & lui le valet: laissant son chasteau, & une infinité de meubles précieux, impréciables, à la mercy des Seigneurs qui l'avoient assiégé.* ¶ Vous trouverez IMMANGEABLE dans le Théatre d'Agriculture d'Olivier de Serre, livre V. chapitre XI. & livre VI. chapitre 8. & chapitre 10. Le mesme Auteur, livre VI. chap. 10. a dit INRACINABLE. *Les cyprès ne se peuvent édifier que par semence, estant leurs branches inracinables.* Vous trouverez *indéfensable* dans la Critique de l'Ecole des Femmes de Moliére: & *incommunicable* dans la lettre de M. de Balzac au Cardinal Mazarin: & *inexprimable* dans une de ses lettres à M. Conrart, qui est la 4.

du livre 1. des lettres à M. Conrart. Et *impénitent & impénitence*, dans tous les livres de dévotion. Et *impassibilité*, dans l'Avant-propos du Dialogue du Tubertus Ocella de M. de la Motte-le-Vayer. Et *inconnoissable*, dans le Panégyrique de M. de Turenne, par M. l'Abbé de Faveroles du Plessis. M. Nicole dans son 3. volume des Essais de Morale, a dit aussi *improbation. Il faut peu se soucier de l'improbation des hommes.*

※

Voyons maintenant les mots Latins. Vous trouverez dans Plaute *immemorabilis, immunificus, impuritia, incogitare, incogitantia, incogitabilis, incogitatus, indiligens, inlocabilis.* Cécilius, selon le témoignage de Nonius Marcellus, a dit *ineptitudo.* Terence a dit *incommodare* : & Caton dans son livre de l'Agriculture, *invisus*, pour *non visus.* Vous trouverez dans Varron, *incommutabilis, indiscriminatim, indissimilis, & impolitia.* Vous trouverez dans Lucréce *innumeralis.* Et dans Horace, *incompositus, incuratus, infabrè, infossus, immemoratus, immersabilis, immiserabilis, immodulatus, insolabiliter, intaminatus.* Et dans Virgile, *illatabilis, immedicabilis, imperterritus, incomitatus, indeprensus, ineluctabilis, inextitiabilis, inexsaturabilis, infrenis, insincerus, inspoliatus.* Et dans Ovide, *immedicabilis, inattenuatus.* Et dans Salluste, *importuosus.* Et dans Velleïus, *indissimillimus.* Et dans des vers de Mécénas, *irremediabilis.* Et dans Sénéque,

Sénéque, *inemendabilis*, *indefatigabilis*, *infrunitus*. Et dans Columelle, *inexputabilis numerus*. Et dans Aulugelle, *inaverſabilis*, pour *inévitable* : *incohibilis*, *indeſes*, *indiſſimulabilis*, *infacundia*, *infortunitas*, *invaletudinarius*. Et dans Papinien, *immemoria*, pour *oubli*. C'eſt en la loi 44. *de acquirenda vel amittenda poſſeſſione*. Et dans Arcadius, en la loi 21. *de Teſtibus*; *incunctabilis*. Et dans l'Epître de S. Pierre, *immarceſſibilis*. Et dans les Gloſes de Philoxéne, *indevotus*, *indiſpoſitus*. Et dans Palladius, *inobſervare*.

※

Pour achever de convaincre le P. Bouhours, il faut lui alléguer l'autorité de ſon Oracle & de ſon Héros. M. de Vaugelas ne permet pas ſeulement de dire dans le diſcours *impoliteſſe & inaction* ; il permet de plus de faire de ſemblables mots. C'eſt dans le chapitre du Barbariſme. Que s'il eſt permis dans la chaleur du diſcours de faire de ces ſortes de mots, pourquoy ne ſera-t'il pas permis de ſe ſervir de ceux qui ſont déja faits ?

Je finis ce chapitre par où j'ay fini celui de la prémiére partie de ces Obſervations, de la juſtification duquel il s'agit. *Enfin, tous ces mots François qui commancent par* in *dérogatif, peuvent trouver leur place en quelque endroit*. *Non tam refert quid dicas, quàm quo loco.*

Remarques de l'Auteur sur la Remarque du P. Bouhours, touchant les mots d'Infidiateur, & d'Infidiatrice.

CHAPITRE LXXXV.

BOUHOURS.

UN des plus célébres Traducteurs de noftre temps femble avoir entrepris d'établir les mots d'*infidiateur* & d'*infidiatrice*. Il s'en fert plufieurs fois dans un de fes livres. Il dit, *L'Infidiateur & l'ennemi de lui-mefme : Les Démons, ces Infidiateurs de nos ames: Cette ennemie domeftique qui eft fon Infidiatrice perpétuelle : C'eft une Infidiatrice, & une ennemie domeftique, qui veut ravir le trefor de nos vertus.*

MENAGE.

Je ne fay qui eft ce célébre Traducteur! mais quel qu'il foit, il a mon approbation pour *Infidiateur* & *Infidiatrice*, dans les endroits où il les a employez. *Les Démons, ces Infidiateurs de nos ames : Cette ennemie domeftique, qui eft fon Infidiatrice perpétuelle :* tout cela eft tres-bien dit.

BOUHOURS.

Si *infidieux*, que Malherbe vouloit introduire, avoit paffé, il auroit frayé le chemin à *infidiateur* : mais comme on a rebuté *infidieux*, je crains qu'on ne reçoive pas *infidiateur*.

MENAGE.

Le P. Bouhours a pris ce raifonnement de fon Maiftre Vaugelas : INSIDIEUX, dit ce grand Maiftre de la Langue, *eft un mot purement Latin, que M. de Malherbe a tafché de faire François : car il eft le premier que je fçache qui en ait ufé. Ie voudrois bien qu'il fuft fuivi : parceque nous n'avons point de mot qui fignifie celui-là ; outre qu'il eft beau & doux à l'oreille ; ce qui me fait augurer qu'il fe pourra établir. Il n'auroit pas grand' peine à s'introduire parmy ceux qui entendent la fignification & la force du mot, & qui fçavent le Latin : mais pour les autres qui n'en ont aucune connoiffance, ils ne lui feront pas fi favorables: acaufe que, ny* infidieux *; ny* infidiæ *d'où il vient, n'ont rien qui approche d'aucun mot de noftre Langue, qui fignifie cela, & qui luy fraye le chemin : tellement qu'il faudroit du temps pour le faire connoiftre. Les exemples tirez de M. de Malherbe, en feront voir la fignification & l'ufage. Il dit en un lieu,* Ces fubtilitez qui femblent infidieufes. *Et en un autre :* C'eft uue infidieufe façon de nuire, que de nuire en forte qu'on en foit remercié. *I'ajouteray un troifiéme exemple, qui le fera entendre encore plus clairement :* Il ne faut pas fe fier aux careffes du monde : elles font trompeufes, & s'il faut uſer de ce mot, *inſidieuſes. C'eſt à dire, que ce ſont autant de piéges, & d'embuſches que le monde nous dreſſe. Car pour l'introduire au commancement, je voudrois l'adoucir avec ce correctif,* s'il faut uſer de ce mot, *ou s'il faut ainſi dire, ou quelque autre mot ſemblable: ou bien l'expliquer devant, ou après, par quelque mot ſynonime, qui l'appuie, & lui ſerve d'introducteur. Vn vers qui commanceroit ainſi,* Inſidieux amour, qui, &c. *n'auroit pas mauvaiſe grace. Ce mot y ſeroit bien placé.*

Il n'eſt point vray que Malherbe ait eſté le prémier qui ait uſé d'*inſidieux*. Vous trouverez ce mot dans le Tréſor de la Langue Françoiſe. Ce mot au reſte n'a point eſté tellement rebuté, qu'il ne puiſſe encore trouver ſa place en quelque lieu: comme en cet endroit de Malherbe : *Il ne faut pas ſe fier aux careſſes du monde : elles ſont trompeuſes, & s'il faut uſer de ce mot*, inſidieuſes.

Le P. Bouhours, qui dit icy qu'il appréhende qu'on ne reçoive pas *inſidiateur*, dit à la page 364. qu'il ne vaut pas mieux qu'*inallié*, qui, ſelon lui, ne vaut rien du tout.

BOUHOURS.

En recherchant la raiſon, pourquoy certains mots ne s'introduiſent point, quelque utiles qu'ils paroiſſent, & quelque puiſſans protecteurs qu'ils ayent ; j'ay remarqué que nous ne recevons guéres de nouveau un mot tout Latin, à-moins que nous n'en ayions déja un qui lui reſſemble en quelque façon, & qui aide à le faire connoiſtre. *Le mouvement de trépidation n'a pas eſté peuteſtre inutile à l'établiſſement d'intrépide.*

MENAGE.

Et moi, j'ay remarqué, que toutes les reigles de Grammaire du Pére Bouhours ſont fauſſes. Il eſt tres-faux, que nous ne recevions guére de nouveau un mot Latin, que nous n'en ayions un autre qui lui reſſemble. Nous ne diſons point *aduler*, & nous diſons *adulateur*. M. Des-Préaux :

D'un Tyran ſoupçonneux paſles adulateurs.
Car ce mot eſt tres-François : n'en déplaiſe à nos Maiſtres, qui prétendent qu'il eſt écorché du Latin. Nous avons demeſme reçu *trépidation*, ſans que nous uſſions, ny *trépide*, ny *trépider*. Et nous avons reçu *ſagacité*, *aménité*, *urbanité*, *ſécurité*, ſans recevoir *ſagace*, *améne*, *urbain*, *ſécure* :

Il eſt auſſi tres-faux que *le mouvement de trépidation* ait aidé à établir *intrépide*. *Trépidation* ne pourroit ſervir qu'à établir *trépide*, *trépider*, & *intrépidation*.

BOUHOURS.

Deplus, nous rejetons d'ordinaire les mots dérivez d'un mot que nous n'avons point. Par exemple : *inſidiæ*, qui ſignifie *embuſches*, eſt l'origine d'*inſidieux* & d'*inſidiateur*. C'eſt de ce premier mot que les deux autres ont pris naiſſance. Il eſt, ſi j'oſe ainſi parler, comme le pére & le chef de la famille. Nous n'avons point pris du Latin ce premier mot, comme nous en avons pris tant d'autres : & c'eſt pour cela ſans doute, que nous n'avons pu nous accommoder d'*inſidieux*, & que nous aurons de la peine à nous accommoder d'*inſidiateur*. Il ſemble que n'ayant point receu le pére, nous n'oſions recevoir les enfans. Et ce qui rend ma conjecture aſſez probable, c'eſt que l'Italien, qui a formé *inſidie* du Latin *inſidiæ*, a fait enſuite *inſidioſo* & *inſidiatore*.

MENAGE.

Je ne croy pas le P. Bouhours un grand Théologien : mais je le croy encore plus grand Théologien que Grammairien : & dans cette créance, je lui conſeille d'écrire pluſtoſt de Théologie que de Grammaire. *Inſidiæ*, eſt l'origine d'*inſidioſus* & d'*inſidiator* ; mais non pas d'*inſidieux* & d'*inſidiateur*. Ces mots viennent directement d'*inſidioſus* & d'*inſidiator*. Et quoyque nous n'ayions point dit *inſidies*, cela n'empeſche pas que nous ne diſions *inſidiateur* & *inſidieux*. Nous avons dit de meſme *gratitude*, *ingrat*, *ingratitude* ; de *gratitudo*, *ingratus*, *ingratitudo* : & nous n'avons point dit *grat*; quoyque les Latins uſſent dit *gratus* : duquel mot *gratus* on a fait *gratitudo*, & *ingratus*. ¶ Il n'eſt point vray aureſte, que les Italiens ayent fait les mots *inſidioſo* &

infidiatore du Latin *infidia* : ils les ont fait du Latin *infidiofus* & *infidiator*.

BOUHOURS.

Aurefte, quand nous dirions *infidiateur*, il ne s'enfuivroit pas qu'on puft dire *infidiatrice*, non plus qu'*exterminatrice, tentatrice, dominatrice, difpenfatrice*, dont quelques Ecrivains fe fervent. On ne fait pas de ces féminins-là autant qu'on veut : & il n'eft permis d'employer que ceux que l'ufage a autorifez : tels que font *actrice, Ambaffadrice, Coadjutrice, fondatrice*, & quelques autres.

MENAGE.

Exterminatrice, tentatrice, dominatrice, difpenfatrice peuvent trouver leur place : auffibien que *bienfaictrice, confolatrice, conductrice, confervatrice, débitrice, détentrice, introductrice, motrice, protectrice, féductrice*. M. de Balzac a fouhaité qu'on dift *Iudicatrice*. Si j'avois affez de credit, j'introduirois en noftre Langue le mot de Judicatrice : parceque celui de Critique effarouche le peuple qui ne l'entend pas. Mais il a dit *divinatrice*. En attendant que je vous envoye un fecond chapitre de Mécénas, employez là deffus la faculté divinatrice de M. Ménage : autrement, fa fagacité Scaligérienne. Et *traductrice*. Pour celui qui donne rang à Mademoifelle de Gournay entre les Autheurs modernes, & l'appelle Poëte

& Philosophe, il me semble qu'il n'a pas commis une telle incongruité que l'on s'imagine : ny celui qui lui a demandé depuis quand elle avoit changé de sexe, n'a pas dit un si bon mot qu'on ne puisse lui répondre. C'est une régle posée pour certaine par le Grammairien Théodose, & alléguée par un vieux Interpréte d'Ovide, que les noms qui signifient quelque dignité ou quelque profession, ne sont pas moins féminins que masculins : comme dux, tyrannus, philosophus. Et de ce principe de Grammaire Servius demeure d'accord avec Théodose : ajoustant aux trois exemples précédens, auctor, Senator, balneator, fullo ; qu'il dit estre du genre commun ; & semblablement tous les autres noms de mesme nature. Vous avez veu femina dux dans le premier de l'Eneïde de Virgile, & dans la Vie d'Agricola de Tacite. Saint Ambroise, au livre des Vefves, a dit femina judex Vlpian, mulier defensor, en la loi 2. Digest. de Senatusconsulto Velleiano. Cassian livre 8. mulier persuasor. Et un tres-ancien Auteur des Annales de France, publié par M. Pithou, Erena Imperator. Les Grecs parlent de la mesme sorte : & on peut voir dans Eschyle, τὰς προφήτας : dans Saint Athanase, γυνὴ συκοφάντης : & γυνὴ διδάσκαλος dans Saint Chrysostome. Vous me demanderez peut-estre si le Latin & le Grec doivent donner loy aux autres langues, & s'il faut suivre en cecy l'analogie. A quoy, MONSIEUR, je vous répondray, qu'en mon particulier j'ay jusques icy suivi l'usage ; & que je dis bien qu'une femme a esté conseillére d'une telle action,

LANGVE FRANÇOISE.

mais non pas jugesse : *qu'elle a esté mon* Avocate, *mais non pas qu'elle a esté mon* Orateur. Je dis bien, qu'un tel soldat est de la Compagnie Colonelle ; mais non pas qu'un tel est de la Mestresse de Camp. Je dis la Galére Capitainesse : mais je n'appelle pas Capitainesse une femme, quoy qu'elle soit femme d'un Capitaine. Que si l'usage d'une Langue naissante, ou a tout-le-moins peu cultivée, n'est pas encore bien asseuré : & si nous ne sommes pas assez confirmez dans une chose nouvelle, comme l'est nostre Grammaire, & nos régles de parler : en ce cas-là, à mon avis, il faut prendre conseil de l'oreille, & choisir ce qui la choque le moins, & qui est le plus doux à la prononciation. Par exemple : je diray plustost que Mademoiselle de Gournay est Poëte, que Poëtesse, & Philosophe, que Philosophesse. Mais je ne diray pas si-tost qu'elle est Rhetoricien que Rhetoricienne ; ny le Traducteur, que la Traductrice de Virgile. Nostre Langue est encore vague, & dans les irrésolutions & les doutes. Elle n'a point de loix établies sur lesquelles nous puissions nous asseurer : & la régle mesme de Théodose n'a pas esté observée par tous ceux qui se sont meslez de parler Latin. Car dans le déclin de l'Empire Sidonius Apollinaris s'est servi de clienta, aulieu de cliens : & Tertullian, devant lui, a mieux aimé dire auctrix, par une témérité Africaine, que se conformer à la divine Eneïde, dans laquelle Iunon dit de soi-mesme, auctor ego audendi. Et bien que le mot de tyrannus soit particuliérement allégué pour estre de l'un & de l'autre *genre, & se prendre aussibien de la femme que de l'homme ; néanmoins Trebellius Pollio dans les Vies des Trente Tyrans, avoue que les rieurs de son temps se moquoient de lui, pour y avoir inséré celles de Zenobia & de Victoria, qui n'estoient pas, à leur dire, des Tyrans, mais des Tyrannes, ou des Tyrannides. Comme en effet, au livre d'Esthêr, de l'Interprétation des Septante, il y a τυραννίδα pour la femme du Roi: & τυραννίδες, dans des anciennes Gloses, fort estimées, pour des femmes qui regnent avec une puissance tyrannique. Cette innovation de mots, & ces changemens de genre, se trouvent encore dans les Novelles de Justinian : & les derniers Grecs n'ont point suivi l'Ordonnance des Grammairiens Latins.*

J'ay produit ce passage tout de son long, a cause des remarques curieuses qu'il contient.

Captif, captivité.

CHAPITRE LXXXVI.

Remarque du P. Bouhours : *On ne dit pas qu'un homme est* captif, *pour dire qu'il est prisonnier. On se sert cependant du mot de* captivité, *au lieu de* prison. *Exemple:* Il a esté prisonnier plusieurs années, & sa captivité ne lui a point abatu l'esprit.

Cette remarque n'est pas véritable. On ne diroit pas d'un homme qui auroit esté long-tans en prison, pour crime ou pour detes ; *Il a esté prisonnier plusieurs années dans la Conciergerie, & sa captivité ne lui a point abatu l'esprit.* Il faudroit dire, *& sa prison ne lui a point abatu l'esprit.* Et on diroit fort bien d'un homme qui auroit esté fait prisonnier des Turcs au Siége de Candie : *Il est prisonnier des Turcs ; Il est captif entre les mains des Turcs.*

Méchanceté.

CHAPITRE LXXXVII.

AUtre remarque du P. Bouhours : *Le mot de méchanceté signifie quelquefois un mauvais office* Il m'a fait une méchanceté : On lui a fait mille méchancetez. *Mais cette façon de parler n'est guéres que du discours familier : & on ne s'en sert point trop dans les livres. Car c'est le destin des dictions nouvelles de demeurer long temps dans la conversation, avant que de passer outre. Il y en a mesme plusieurs, qui y demeurent toujours, & qui n'entrent tout au plus que dans les billets & dans les lettres.* Cependant un de nos Maistres croit que méchanceté, *pour* mauvais office, peut dés-à-cette-heure trouver sa place par tout.

Je suis pour ce Maistre de la Langue, contre le P. Bouhours. Méchanceté peut-estre employé dans un Sermon, dans un

Plaidoyé, dans une Harangue : & particulièrement lorsqu'il eſt accompagné de quelque épithéte qui le reléve. *une inſigne méchanceté : une méchanceté horrible : une méchanceté étrange : une méchanceté abominable: une méchanceté épouvantable.*

Mais que veut dire le P. Bouhours, en diſant que c'eſt le deſtin des dictions nouvelles de demeurer long-tans dans la converſation ? C'eſt tout le contraire. La pluſpart des mots nouveaux ; je parle de ceux qui ſont beaux, pompeux, & magnifiques; demeurent long-tans dans les écrits avant que de deſcendre dans la converſation : témoin, *ſublimité, perſpicacité, célébrité, urbanité, vénuſté, aménité.*

Trouver mauvais. Il eſt dommage.

CHAPITRE LXXXVIII.

LE P. Bouhours a fort bien repris dans M. de Balzac, *Ie ne trouve point mauvaiſe voſtre liberté*, aulieu de *Ie ne trouve point mauvais voſtre liberté*. Mais il a pris cette remarque de mes Obſervations, comme pluſieurs autres. Voyez mes Obſervations au chapitre 293. de la prémiére partie. ¶

Comme cette façon de parler *Il eſt dommage*, eſt purement Gaſconne, j'avois crû que M. de Balzac l'avoit miſe exprês dans la bouche du Philosophe Pitard, & du Président de la Cour des Aydes, dont il se moque dans les passages que j'ay rapportez au chapitre de mes Observations dont je viens de parler. Le P. Bouhours a cru la mesme chose. *M. de Balzac*, ce sont ses termes, à la page 156. de ses Remarques, *a bien la mine de faire dire à Théophile*, Je ne trouve point mauvaise vostre liberté, *pour* Je ne trouve point mauvais : *aussi bien qu'il est dommage*. Mais j'ay depuis trouvé que M. de Balzac parle ainsi de son chef en un autre endroit. *Il est grand dommage qu'il ne soit aux gages de l'Académie.* C'est dans une de ses lettres à M. Chapelain, qui est la 33. du livre 18.

Justification de l'Auteur sur plusieurs de ses Observations. Remarques puériles du P. Bouhours.

CHAPITRE LXXXIX.

JE n'ay pas l'honneur de connoistre M. Bérain, Avocat au Parlement de Paris. Je ne l'ay jamais vu, & n'ay point lu son livre. Mais comme je le croy un fort honneste homme, j'estime à honneur le paralelle que le P. Bouhours a fait de lui & de moi. Ce n'a pourtant pas esté l'intention du bon Pére de me faire honneur en cette occasion. En fesant mon portrait, il m'a chargé d'une étrange façon. Mais voyons si ce portrait me ressemble : ou s'il ne ressemble point pluftost au P. Bouhours. Voicy les paroles du bon Pére.

M. Bérain a beaucoup du génie de M. Ménage, ou M. Ménage a beaucoup du génie de ce M. Bérain. Outre qu'ils ont l'un & l'autre la mesme ortographe : segond, segret : a u; pour a eû : ils ont à peu prés les mesmes veüës, & font les mesmes questions dans leurs Remarques. Par exemple : M. Ménage demande s'il faut dire pimpinelle, pimpenelle, pimpernelle, *ou* pimprenelle : araigne, areigne, araignée, aragnée, arignée, iragnée, *ou* iranteigne : mithridat, *ou* méthridat. *Et M. Bérain demande de son costé, s'il faut dire* sycomore, cycamore, chycomore, *ou* chycamore : chataigne, chátagne, *ou* châtigne : oxycrat, *ou* obsecrat. *M. Ménage est en peine si on dit* aiguile, *ou* aigule ; aiguillon, *ou* aigulon : Suisses, *ou* Souisses : *& M. Berain, si l'on dit,* lequel, laquelle ; *ou* lequeul, laqueulle : effigie, *ou* effugie. ¶ *M. Ménage se cite tres-souvent lui-mesme : & M. Bérain ne cite guéres que M. Ménage, qu'il copie presque tout entier. M. Ménage & M. Bérain se fondent sur l'autorité des vieux Dictionnaires, pour terminer les différends de la Langue. Ils disent plus d'une fois l'un & l'autre,* Je ne suis pas de l'avis de M. de Vaugelas : Ce mot se dit & s'écrit incontestablement. *Voilà une grande sympathie. Deux esprits aussi conformes que ceux-là devroient estre toujours d'accord : & néanmoins ils ne s'accordent pas* *toujours* : & M. Bérain *commence presque ses Remarques par faire un procés à* M. Ménage *sur* benaistier. M. Ménage, *dit-il*, prétend à la fin de la neuviéme de ses Observations, qu'il faut dire *benaistier.* Je ne suis pas de son avis : il faut dire & écrire *benitier. Et pour battre* M. Ménage *de ses propres armes, il ajoute* : On ne trouve que *benitier* dans plusieurs Dictionnaires. *Après tout*, M. Bérain *a raison. Aussi* M. Ménage *semble avoir profité de la remarque du nouvel Auteur : car quoyqu'il soit toujours pour* benaistier, & *que selon lui il faille parler de la sorte, en prononçant doucement la seconde syllabe ; bien loin de condamner absolument* benîtier, *il l'approuve en quelque façon dans les Additions* & *Changemens de son édition nouvelle, en disant que* M. Pavillon, Evesque d'Alet, *dans son Rituel*, & M. Des-Préaux *dans son Lutrin, se sont servis du mot de* benîtier. *Ces deux autorités jointes ensemble, en valent mille autres. A la vérité* M. Des-Préaux *n'a point mis* benîtier *dans son Lutrin, mais il l'a mis ailleurs :* & *cela suffit.* M. Ménage *a peuteftre cru que le Rituel de* M. d'Alet & *le Lutrin de* M. Des-Préaux *feroient une opposition agréable : peuteftre aussi qu'il l'a fait innocemment,* & *que ce n'est qu'une simple béveue. Il est sujet à se méprendre en ces sortes de choses : soit qu'il ne fasse pas beaucoup de réflexion sur ce qu'il lit : soit que ceux qui lisent pour lui, le servent mal. Et c'est sans doute pour cela qu'il cite l'Entretien des Médailles d'Ariste* & *d'Eugéne, au lieu de l'Entretien des Devi-*

I i ij

ses : & qu'en citant Horace, il lui fait dire, producere verbum, *au lieu de* producere nomen.

RÉPONSE.

Il n'est point vray que j'aye demandé, s'il faloit dire *araigne, areigne, araignée, aragnée, arignée, iragnée,* ou *iranteigne.* Mais nostre Pére Goguenard, qui ne cherche qu'à faire rire ses Lecteurs, a cru qu'il les feroit rire en leur fesant croire que j'avois fait cette demande. Voicy mes termes : *Du-Bartas dans sa Semaine a dit* araigne. *Motin dans ses Stances sur une Courtisane, a dit* areigne, *qui est la mesme chose. Villon dans son Petit Testament, a dit* iraignée. *Les Angevins disent* iranteigne, *d'*aranei tinea. *Le peuple de Paris dit* arignée. *Il faut dire* araignée, *comme a dit Nicod.* Est-ce là estre en doute de savoir, s'il faut dire *araigne, arignée, iragnée,* ou *iranteigne?* Selon cette Logique du P. Bouhours, je pourrois dire, qu'il est en doute s'il faut dire *incharitable & inamissibilité*, qu'il a blasmez dans les livres de Messieurs de Port-Royal. Le Pére Bouhours qui veut juger de tout, n'a point de jugement.

Il n'est point vray non plus, que j'aye esté en peine s'il faloit dire *Suisses*, ou *Souisses*. J'ay dit, sans hésiter, qu'il faloit dire *Suisses*: mais j'ay remarqué que nos Anciens disoient *Souisses*, & que plusieurs personnes le disent encore dans les Provinces.

A l'égard des mots de *pimpenelle*, &c. Voicy comme j'en ay parlé : *Nicod a écrit* pimpernelle. *Nous difons en Anjou* pimpenelle. *On dit à Paris* pimprenelle. *C'eſt donc comme il faut parler. Le véritable mot eſtoit* pimpenelle, *ou* pimpinelle ; *de* pimpinella ; *acauſe de ſa reſſemblance à une plume.* Pinna, pipinna ; *par reduplication* ; pipinnella, pimpinella, PIMPINELLE, PIMPENELLE. *Ceux qui le dérivent de* bis pinna, *ſe trompent, comme je le fais voir dans mes Botaniques. Y a t'il rien-là qui mérite la raillerie de noſtre Docteur Goguenard ?*

Voyons s'il eſt mieux fondé à ſe moquer de mon Obſervation de *méthridat*. La voicy : MÉTHRIDAT *&* MITHRIDAT *ſe trouvent dans Nicod. Le plus grand uſage eſt aujourdhuy pour* mithridat. Un vendeur de mithridat. *Et c'eſt auſſi comme il faut parler ſelon l'étymologie.* ¶ Ne faut-il pas eſtre ridicule pour trouver cette remarque ridicule ? Comme le P. Bouhours n'a lu des Auteurs François que les modernes, & qu'il traite Nicod de barbare, il a cru que *méthridat* ne ſe trouvoit que dans des livres Gothiques. Cependant il eſt certain que c'eſtoit le mot uſité il n'y a pas encore cent ans, comme il paroiſt par cet endroit du Recueil de Henri Eſtienne, *des mots François qui ſont pris du Grec* : MÉTHRIDAT, *pour* mithridat. μιθριδυτική. *ſubauditur* ἀντίδοτος.

Je paſſe à la juſtification de ma Remarque ſur le mot *d'aiguile*. Je ne puis mieux la justifier qu'en la rapportant icy telle qu'elle est dans mon livre. La voicy : *On dit à Paris* aiguile, *& non pas* aigule, *comme nous disons en Anjou. Il faut donc dire* aiguile. *Et c'est comme disoient nos Anciens. Marot dans sa Complainte sur la mort de Louise de Savoie :*

L'autre à l'aiguille ouvroit choses nouvelles.
Il faut dire desmesme aiguillon , *& non pas* aigulon, *comme on dit en Anjou. Mais quoy-qu'on dise à Paris* aiguille *&* aiguillon , *on y dit néanmoins* aigulletier *&* aigulette , *& non pas* aiguiletier *&* aiguilette. *Ainsi, quoy-qu'on y dise* escuier, *on y dit* escurie, *& non pas* escuirie, *&c.* ¶ Où est le ridicule de cette Remarque ? Mais le P. Bouhours n'est-il pas ridicule lui mesme, de me dire sans cesse que je me suis contredit , en disant icy & ailleurs , *comme nous disons en Anjou* ? parceque j'ay dit au chapitre 313. de la prémière partie de ces Observations , qu'il y avoit 43. ans que je demeurois à Paris, & que les Jurisconsultes appeloient *provinciaux,* ceux qui demeuroient dans les Provinces , & non pas ceux qui estoient des Provinces. Le P. Bouhours ne sait-il point, qu'il y a deux sortes de patrie ? l'une, de la demeure , & l'autre , de la naissance ? *Ego mehercule, & Catoni , & omnibus municipibus, duas esse censeo patrias : unam naturæ, alteram civitatis : ut ille Cato , cùm esset Tusculi natus , in Populi Romani civitatem susceptus est. Itaque , cùm ortu Tusculanus esset, civitate Romanus , habuit alteram loci pa-*

triam, alteram civitatis. Vt vestri Attici, priusquam Theseus eos demigrare ex agris, & in astu, quod appellatur, omnes se conferre jussit, & Sunii erant iidem, & Attici: sic nos, & eam patriam dicimus, ubi nati, & illam quâ excepti sumus, dit Cicéron dans le segond livre des Loix.

Il me reste à répondre aux railleries que le Père Goguenard fait de ma remarque sur le mot de BENOISTIER. Comme c'est aussi la justifier que de la rapporter, je demande permission à mes Lecteurs de la rapporter.

Plusieurs à Paris disent BENÎTIER, *acause qu'on dit* de l'eau benite *Nos Anciens disoient* benoistier. *Marot dans son* Temple de Cupidon:

Le benoistier se trouve en un grand plain.

C'est aussi de la sorte que Nicod a écrit ce mot. Depuis on a dit benaistier: *& on le dit encore présentement dans toutes les Provinces de France: mais en prononçant doucement la segonde syllabe: & c'est, selon moi, comme il faut parler. Mais comme plusieurs Parisiens disent* benîtier, *on ne peut pas dire que ce mot soit mauvais. Pour ce qui est de celui d'*eaubenîtier, *dont M. le Laboureur s'est servi dans la Vie du Mareschal de Castelnau, peu de personnes s'en servent, & je ne voudrois pas m'en servir. Il me reste à remarquer, que M. Pavillon, Evesque d'Alet, dans son Rituel; M. d'Andilly, dans la Vie de Sainte Thérèse; & M. Des-Préaux, dans son Lutrin, se sont servis du mot de* benîtier.

Je ne say si c'est l'amour que j'ay pour mes ouvrages, qui m'aveugle : mais j'avoue que je ne voy point ce que le P. Bouhours voit de ridicule dans cette remarque. J'ay dit que nos Anciens disoient *benoistier*. Cela n'est-il pas véritable ? Je l'ay prouvé par l'autorité de Marot, & par celle de Nicod. J'ajoute à ces autoritez les passages suivans. L'Auteur des Satires Chrétiennes:

Des benoistiers & guipillons.

Rabelais, IV. 45. *En la chapelle entrés, & prenant de l'eau beniste, aperceusmes dedans le benoistier un homme vestu d'estolles, & tout dedans l'eau caché, comme un canard au plonge.* Dans le Cérémonial de France de Théodore Godefroi, page 98. de l'édition in quarto : *Et au plus près avoit deux benoistiers & aspergès d'argent.* Et page 100. *Et les benoistiers & aspergès, comme devant est dit.* Et page 347. *Et entre ladite effigie & lesdits Sieurs, estoit un banc pour le benoistier.* Et page 550. *En laquelle Chambre fut préparé un autel à main droite, garny de croix & chandeliers dorez, avec escussons aux armes dudit Seigneur* (François Duc d'Anjou, frère unique de Henri III.) *où se célébroit la Messe. Au pied dudit lieu dudit trespas, y avoit un benoistier avec son guépillon doré, pour donner par toutes personnes de l'eau beniste au corps dudit Seigneur.* Et page 554. *Au milieu dudit carré, & vis à vis de l'entrée, estoit un petit siége couvert de sarge noire, sur lequel estoit posé un benoistier d'argent doré, avec le guépillon.* Le Continuateur de l'Histoire de

France de Jean de Serres : *Hors la lice, un escabeau, couvert de noir, sur lequel on posa le benoistier.* C'est à l'endroit où il parle de la mort de Henri IV. En un mot, tous les livres généralement, qui sont imprimez au dessus de 50. ou de 60. ans, ont *benoistier*, qu'on prononce *benaistier*. Et c'est comme parlent, non seulement tous les Provinciaux, mais la plusparr des Parisiens. Et c'est aussi comme il faut parler selon l'étymologie : car BENOISTIER a esté fait de *benedictarium*, comme BENOIST de *benedictus*. Mais parce qu'on dit de l'*eau beniste*, quelques-uns ont cru qu'il faloit dire *benitier*. C'est dont je suis demeuré d'accord de bonne foi dans mon Observation. A quoy j'ay ajouté que M. Pavillon, Evesque d'Alet, dans son Rituel, M. d'Andilly dans la Vie de Sainte Thérese, & M. Des-Préaux dans son Lutrin, s'estoient servis de ce mot, & que comme plusieurs Parisiens s'en servoient en parlant, on ne pouvoit pas dire qu'il fust mauvais. Mais parceque j'ay cité M. Des-Préaux dans son Lutrin, aulieu de le citer dans son Epitre à M. Arnaud, nostre Pére Goguenard me tourne là dessus en ridicule. *M. Ménage*, dit-il, *a peuteftre cru que le Rituel de M. d'Alet, & le Lutrin de M. Des-Préaux feroient une opposition agréable? Peut-estre aussi qu'il l'a fait innocemment, & que ce n'est qu'une simple léveue.* Quelle impertinence ! Peut-on appeler du nom de béveue une aussi légére méprise qu'est celle d'avoir cité un poëme de M.

Des-Préaux pour un autre ? Qui est l'Auteur à qui il n'est point échapé de ces fautes de mémoire ? Sénéque attribue à Ovide ce vers de Tibulle,

Arida nec pluvio supplicat herba Iovi.
Saint Mathieu ; si les éditions de son Evangile ne sont point fautives, cite le Prophéte Jérémie, aulieu du Prophéte Zacharie. Il y a tant d'autres exemples de ces sortes de méprises dans les livres des plus doctes & des plus judicieux Ecrivains, qu'on en pourroit faire un volume entier.

Ce n'est donc pas une béveue que d'avoir cité un Poëme de M. Des-Préaux pour un autre : & particuliérement dans un ouvrage que je compose rapidement, & dans le cours de l'édition. Mais ce qui mérite le nom de béveue, c'est ce qu'a dit le P. Bouhours dans son Entretien des Dévises, à la page 416. de la prémiére édition ; qu'Alexandre de Médicis estoit Grand Duc de Toscane. Du tans d'Alexandre de Médicis, il n'y avoit point de Grans Ducs de Toscane. Ce fut Cosme, son successeur, qui fut le prémier Grand Duc de Toscane ¶ Ce qui mérite le nom de béveue, c'est ce qu'il a dit au mesme Entretien, à la page 339. de la mesme édition; que le vers ïambe avoit esté inventé par les Grecs & par les Latins. Non seulement les Latins n'ont point inventé ce vers, mais ils n'ont jamais inventé aucun genre de vers. Mais comment les Grecs & les Latins auroient-ils pu inventer conjointement un genre de vers ?

Après cela ne peut-on pas dire que le jugement n'eſt pas la partie dominante de noſtre Docteur ¶ Ce qui mérite le nom de beveue, c'eſt ce qu'il a dit dans ſon Entretien de la Langue, que de toutes les Langues il n'y a que la Françoiſe qui ait l'E muet. Car à la reſerve de l'Eſpagnole & de l'Italienne, la pluſpart des Langues de l'Europe ont cette ſorte d'E : l'Allemande, la Flamande, la Hollandoiſe, l'Angloiſe, la Suédoiſe, la Danoiſe. Et c'eſt de la Langue Allemande, que nous avons cette lettre dans noſtre Langue. ¶ Ce qui mérite le nom de béveue, c'eſt ce qu'il a dit au meſme Entretien, qu'on ne dit point un *mantelet* pour dire un petit manteau, ſi ce n'eſt en parlant de celui que les Eveſques portent les jours de cérémonie. Les Eveſques de France ne portent point de mantelet : ils portent un camail : & les Eveſques d'Italie, qui portent un mantelet, ne le portent point les jours de cérémonie. ¶ En un mot, ce qui mérite le nom de béveue, c'eſt un nombre infini de fautes groſſiéres, énormes, horribles, épouventables, que j'ay remarquées cy-deſſus dans les livres de noſtre petit Précieux.

La mépriſe d'*Entretien des Médailles*, au lieu d'*Entretien des Deviſes*, eſt encore plus légére que celle de *Lutrin*, au lieu d'*Epitre à M. Arnaud*. Car ayant cité ſouvent les Entretiens du P. Bouhours ; lui ayant donné avis des fautes que j'avois remarquées dans ce livre ; le P. Bouhours ne peut pas douter que je n'aye lu ce livre : Et comme il n'a point fait d'Entretien des Médailles, il ne peut pas douter aussi que cette faute ne soit une faute d'édition. Le P. Bouhours, à la page 224. de ses Doutes, reprent de mesme *trophée* au lieu de *triomphe*, dans cet endroit de la Traduction de M. de Sassy d'une des Homélies de S. Jan Chrysostome sur S. Mathieu : *L'avarice nous méne par tout en trophée, comme les ames vénales, & comme des esclaves qu'elle a achetez avec de l'argent.* Et là dessus il goguenarde à son ordinaire. *Voilà la prémiére fois*, dit-il, *que j'ay veu* mener en trophée, *pour* mener en triomphe. *Mais je ne vois pas comment* mener en trophée *se peut dire. J'aimerois autant dire* mener en statue, *ou* en obélisque : *car un trophée est un monument dressé à la gloire du victorieux, aussi bien qu'une statue & un obélisque.* Qui peut douter que cette faute ne soit une faute d'édition ? car qui pourroit croire que M. de Sassy, qui est un des plus savans hommes de l'Europe, ust ignoré la différence de *triomphe* & de *trophée*, que ceux qui ne sont que médiocrement savans, n'ignorent pas ? Et à propos de ces fautes d'édition que le P. Bouhours reprent dans les Auteurs, M. Courtin, l'auteur du livre de la Civilité ; a dit agréablement, que le public avoit obligation au P. Bouhours, de ce qu'il fesoit les errata des livres.

 Mais voyons si les Remarques de nostre Censeur sont plus curieuses que mes Observations.

LANGVE FRANÇOISE. 385

Il dit à la page 124. de ses Remarques, qu'il faut dire *Les Médecins m'ont ordonné de prendre l'air*, & non pas *de prendre de l'air*.

Il dit à la page 81. qu'il faut dire, *Il y a des gens qui plaisent, quelques defauts qu'ils ayent au corps & à l'esprit*. & non pas, *quelques defauts qu'ils ayent dans le corps & dans l'esprit*.

Il dit à la page 115. que *véhément* & *véhémence* sont de bons mots.

Il dit à la page 127. qu'on ne dit point, *il en agit mal*.

Il dit à la page 7. qu'il y a différence entre *sage femme* & *femme sage*.

Il dit à la page 175. qu'il y a aussi de la différence, entre ces façons de parler, *estre d'humeur* & *estre en humeur*.

Il dit à la page 62. qu'il faut dire *Je ne l'aime, ni ne l'estime*, & non pas, *Je ne l'aime pas, ni ne l'estime pas*.

Il dit à la page 72. qu'on ne peut pas dire *se laver les mains de la boue*; *se laver le visage de la poussiére*.

Il dit à la page 94. que ce seroit mal parler que de dire, *faites la recherche de la montre que j'ay perdue*.

Il dit à la page 114. qu'il y a de la différence entre *il est mort au Siége de Mastric*, & *il a esté tué au Siége de Mastric*.

Il dit à la page 69. qu'on ne dit point, *C'est une grande femme*, pour dire, *une femme de grand mérite*.

En un mot; car c'est trop ennuier mes

Tome II. K k

Lecteurs; la pluspart des remarques du P. Bouhours sont puériles.

Fautes de Langue du Livre des Remarques du P. Bouhours.

CHAPITRE LXXXX.

IL y a beaucoup de fautes de Langue dans les Entretiens & dans les Doutes du P. Bouhours. Il y en a peu dans les Remarmarques : ce qui me fait croire, comme je l'ay dit cy-dessus, que M. Patru, à qui il les a dédiées, y a mis la main. En voicy quelques-unes qui ont échapé à la diligence du correcteur.

Page 292.

Il est vray que M. Ménage parle un peu de soi dans son Epitre à M. le Chevalier de Méré.

Il faut, *parle un peu de lui.* Voyez la Remarque du P. Bouhours sur *soy* & *lui.*

Page 293.

Mais ce qui marque en général la modestie de M. Ménage, c'est qu'il confesse humblement aux gens qui le viennent voir, que depuis plusieurs années il n'est plus à la mode.

Il faut, *aux gens qui le vont voir.* Voyez le chapitre 88. de la prémiére partie de mes Observations.

Page 156.

M. de Balzac a bien la mine de faire dire

à *Théophile*, Je ne trouve point mauvaise voſtre liberté, *pour Ie ne trouve point mauvais; auſſi bien qu'*il eſt dommage, *pour* C'eſt dommage. *Il a meſme la mine de ne ſe point moquer des faſcheux qui le venoient voir, quand il leur met en bouche ces paroles,* Qu'il ne doit trouver mauvaiſe une ſi juſte & ſi honneſte curioſité que la leur. ¶
On dit *ſortir balle en bouche*: mais on ne dit point *mettre des paroles en bouche*. Il faut dire *en la bouche*. ¶ IL A MESME LA MINE. Ce mot de *meſme* n'eſt pas icy en ſon lieu: ce que le P. Bouhours dit en cette période, eſtant contraire à ce qu'il a dit dans la précédente.

Page 385.

On dit à un homme, dont le ſecours nous eſt neceſſaire, pour nous venger par la plume, ou par l'épée, Preſtez-moi voſtre main; preſtez-moi voſtre bras: *Mais ſans cela, je ne ſçay que ſignifie en noſtre langue,* Preſtez-moi voſtre main. ¶

Aulieu de *mais ſans cela*, il faut *mais hors cela.*

Page 74.

On peut mettre dans le meſme rang tous les mots compoſez qui viennent des autres Langues, ou directement, ou par altération, & dont les ſimples ne ſe diſent point en François: ou s'ils s'y diſent, c'eſt pour exprimer, &c. ¶

S'ils s'y diſent, n'eſt pas dit agréablement.

Page 143.

Sous le regne de Henri le Grand, & meſme

sous celuy de Louis XIII. il ne se faisoit guéres de discours, qui ne parlast d'Epaminondas & de Cambyzés. ¶

Ce *discours qui parle*, n'est pas dit non-plus agréablement.

Page 139.

Le Latin, l'Italien & l'Espagnol sont riches en diminutifs, si c'est richesse à une Langue d'en avoir. ¶

Le P. Bouhours devoit dire, *si c'est richesse à une Langue d'avoir des diminutifs*. Voyés sa Remarque, qui a pour titre Si on peut mettre le, après un mot qui n'a point d'article.

Page 198.

Les gens de robe, qui ont un de *à leur nom, le conservent d'ordinaire, lors qu'ils signent : comme s'ils craignoient, en le retranchant, de perdre un des titres de leur noblesse. Car ce n'est pas d'aujourd'huy que les François se sont fait honneur d'avoir un* d *à leur nom.* ¶

Cela est exprimé imparfaitement. Un homme qui s'appelle *Denis*, a un *de* à son nom : & un homme qui s'appelle *Daufin*, a aussi un *d* à son nom.

Page 56. & 175.

Quand les noms viennent tous entiers du Latin. ¶ *La raison est que les mots composez qui viennent tous entiers du Latin.* ¶

Selon la reigle de M. de Vaugelas, il faut dire *tout entiers*. Et c'est comme parle d'ordinaire M. de Balzac. *A la fin, après dix mois tout entiers de delais & de remises* C'est en la lettre 27. du livre 27. Ces Messieurs ne rendent jamais d'offices tout purs. C'est au livre 18. lettre 16. M. de Saſſy a dit de meſme dans ſa Traduction des Homélies de S. Jan Chryſoſtome ſur S. Mathieu, chapitre 10. Sermon 34. *Que ne feroient-ils point, s'ils pouvoient conſerver, & voir devant eux leurs corps tout entiers.* Et M. Doujat dans ſon Hiſtoire du Droit Canon, page 150. *Il faut donner les bénéfices tout entiers, & ſans retranchement, ny partage.* Et le P. Bouhours dans ſon Entretien du Bel-Eſprit, page 216. de la 1. édition : *L'étude de la Politique les occupe tout entiers.* Mais la reigle de M. de Vaugelas eſt fauſſe, comme je l'ay fait voir au chapitre 15. de la prémiére partie de ces Obſervations. Et ce que je remarque icy, que le P. Bouhours a dit *tous entiers*, n'eſt que pour faire voir qu'outre les choſes qu'il a remarquées, dans leſquelles il ne faloit pas ſuivre M. de Vaugelas, il y en a encore d'autres dans leſquelles il ne le faut pas ſuivre : car parmy ces choſes il n'y a point fait mention de la remarque de M. de Vaugelas ſur le mot de *tous*. *Hors ces changemens, dit-il, qui ne ſont pas fort conſidérables, comme on voit, les Remarques de M. Vaugelas, ont aujourd'huy la meſme autorité qu'elles avoient il y a trente ans. C'eſt le ſentiment de nos Maiſtres : & il n'y a que Dupleix, M. de la Mote le Vayer, M. Ménage & M. Bérain, qui ſoient d'une autre opinion.*

Je vous demande excuse.

CHAPITRE LXXXXI.

J'Ay remarqué au chapitre 66. de la premiére partie de ces Obfervations, qu'il faut dire *Je vous demande pardon*, & *Je vous fais excufe*, & non pas *Je vous demande excufe*. Le P. Bouhours a fait enfuite la mefme remarque dans fes Nouvelles Remarques. Et il a deplus rendu la raifon pourquoy il faut parler de la forte : qui eft, que nous ne demandons à un autre que ce qu'il peut nous accorder, & qu'on accorde un pardon, mais non pas une excufe. J'ajoute à cette raifon du P. Bouhours, qu'on ne demande pas à un autre ce que l'on doit faire foi-mefme : & que la perfonne qui a fait l'offenfe, devant faire l'excufe, elle ne doit pas la demander à la perfonne offenfée, qui ne la doit pas faire. Mais nonobftant ces raifons, qui me femblent tresbonnes, cette façon de parler *Je vous demande excufe*, eft aujourdhuy fi univerfellement établie par tout le royaume dans le difcours, que je ne puis apppouver la fureur avecque laquelle le P. Bouhours s'eft déchaifné contre M. Courtin, pour s'eftre fervi de cette phrafe dans fon livre de la Civilité. Et quand elle ne feroit pas fi univerfellement établie dans le difcours, le P. Bouhours qui eft un Preftre & un Religieux, n'a pas dû parler avecque cette fureur d'un homme du mérite de M. Courtin. *Tanta ne animis celestibus ira?* Ce qu'il dit, est d'ailleurs tellement hors de propos, qu'il ne faut que cet endroit seul de son livre des Remarques, pour justifier ce que j'ay dit souvent dans ces Observations, que le P. Bouhours est toutafait dépourvu de jugement. Le Lecteur en jugera. Voicy les termes de nostre furieux :

Car enfin il n'y a que les Bourgeois & la populace, qui disent Je vous demande excuse : *& celui qui s'est meslé de donner des régles de la Civilité comme elle se pratique en France parmi les honnestes gens, ne sçait pas trop ce qu'il dit dans le chapitre de l'Audience d'un Grand, en disant que si la nécessité nous obligeoit de le contredire, il ne le faut faire qu'après lui en avoir demandé excuse. La belle civilité Françoise, de ne contredire qu'après avoir demandé excuse ! C'est parmi les honnestes gens de la rue S. Denys que cette civilité se pratique. Et c'est là sans doute que ce maistre des bien-séances a appris un si beau précepte : car s'il avoit consulté les honnestes gens qui sçavent vivre, & qui parlent poliment : s'il sçavoit vivre, ou s'il parloit poliment lui mesme, il ne se seroit jamais avisé d'instruire de la sorte ceux qui approchent les personnes de qualité. Ce seul article du livre de la Civilité ne rend suspect tout le reste. Néanmoins il faut avouer que ce livre n'est pas mauvais pour tous les peuples du Nort. Il leur apprendra du moins à connoistre les bons* morceaux, & à manger proprement : mais il est tout propre à gafter les provinciaux & les campagnards. Ils n'ont qu'à étudier le chapitre des Complimens, pour eftre des provinciaux & des campagnards achevez. Car ce nouveau maiftre enfeigne la méthode de faire des complimens en toutes rencontres : & il ne lui refte plus qu'à donner des régles pour rire à propos. Au refte, la converfation du jeune Cavalier & de la jeune Demoifelle qui peint dans fon cabinet, eft une chofe admirable, & l'Auteur a raifon de la propofer pour modéle. Ie crains feulement que ce modéle ne foit au deffus de l'imitation, comme ces originaux dont on ne peut faire que des copies imparfaites. Ce refpect qu'on doit au temple des Mufes : ce temple qu'on a peur de profaner : ces Mufes qui eftoient neuf, quoyque la Demoifelle foit toute feule : cette Demoifelle, qui toute feule les vaut toutes neuf; qui en fçait plus que toutes ces neuf fçavantes enfemble, & cent autres chofes de cette force, m'ont fait croire d'abord que c'eftoit un extrait du Secretaire de la Cour, ou des Complimens de la Langue Françoife. Mais on m'a affeuré, que ce n'eftoit ni le mefme tour, ni les mefmes termes; & qu'il n'y avoit que les penfées qui fuffent femblables. Après tout, je ne croy pas que l'Auteur de la Civilité ait volé Nervéze, ou La-Serre. Il arrive tous les jours que deux Ecrivains fe rencontrent : & quand on a le mefme caractére d'efprit, on penfe d'ordinaire la mefme chofe.

Il y a de bonnes réponfes à faire à tout ce qu'a dit dans cette Remarque le P. Bouhours contre M. Courtin. Mais il n'eſt pas icy queſtion de défendre M. Courtin : il n'eſt queſtion que de faire remarquer à mes Lecteurs combien cette digreſſion du P. Bouhours eſt hors de propos.

Mais pour revenir à noſtre façon de parler *Ie vous demande excuſe*, quoyque nous ne diſions pas, en la perſonne de celui qui a commis quelque faute, *ſe pardonner*, dans le meſme ſens que nous diſons *s'excuſer*; cela n'empeſche pas, que nous ne diſions auſſibien en la perſonne de celui de qui l'indulgence eſt implorée, qu'il *excuſe* celui de qui il avoit ſujet de ſe plaindre, comme nous diſons qu'il lui *pardonne*. Deſorte, qu'il n'y auroit guére plus d'inconvénient, que *demander excuſe* à quelqu'un, ſignifiaſt prier quelqu'un d'excuſer celui qui feroit cette demande, qu'il y en a de faire ſignifier à DEMANDER PARDON, *prier de pardonner*. C'eſt ce que diſent en faveur de cette façon de parler *Ie vous demande excuſe*, ceux qui ſont pour cette façon de parler : car pour moy, je ſuis toujours contre.

Justification de l'Auteur touchant plusieurs de ses Etymologies, contre les railleries du P. Bouhours. Véritable étymologie du mot d'archive.

CHAPITRE LXXXXII.

LE P. Bouhours est toutafait ignorant de l'art étymologique. Il n'en sait pas les prémiers élémens, comme je l'ay fait voir cy-dessus au chapitre 35. & au chapitre 57. Et cependant cet homme qui ne sait ce que c'est qu'étymologies, se mesle de réprendre les miennes, & de les tourner en ridicule. Voicy comme il en parle dans ses Remarques, apropos du mot d'*urbanité*, cestadire apropos de botes :

M. Ménage est sans doute un des premiers Grammairiens du Royaume : car quoiqu'il ait l'esprit universel, & que ce soit une des plus grandes mémoires du monde, il s'est attaché toute sa vie à la Grammaire. Mais c'est particuliérement dans les Etymologies où il excelle. Il semble avoir l'esprit fait tout exprés pour cette science. Il semble mesme quelquefois inspiré : tant il est heureux à découvrir d'où viennent les mots. Par exemple, n'a-t'il pas eu besoin d'une espéce d'inspiration pour trouver la véritable origine de jargon *& de* baragouin. JARGON, *selon lui, vient de* barbaricus. *Et voicy sa généalogie en droite li-*

gne : barbarus, barbaricus, baricus, vaticus, üaricus, guaricus, guargus, gargus, gargo gargonis, JARGON. BARAGOUIN *est le proche parent de* JARGON. barbarus, barbaracus, barbaracuinus, baracuinus, baraguinus, BARAGOUIN. *Il n'y a rien de plus clair & de plus net : Et je ne doute pas que M. Ménage ne se sache tres-bon gré de cette nouvelle découverte : car autrefois il ne croyoit pas que* jargon *&* baragouin *fussent originaires du mesme païs, ny qu'ils sortissent de la mesme tige. Il veut dans ses Origines de la Langue Françoise que* JARGON *soit Espagnol, &* BARAGOUIN *Bas-Breton. Il fait descendre l'un de* gerigonza, *& l'autre de* bara *&* guin, *qui signifient en Bas-Breton pain & vin : tant il est vray que les mots, comme les hommes, viennent d'où l'on veut. Quoyqu'il en soit, nous devons à M. Ménage une infinité de connoissances semblables : & c'est lui qui avec cette faculté divinatrice que M. de Balzac lui attribue, a découvert que* laquais *venoit de* verna. Vernula, vernulacus, vernulacaïus, lacaïus, LAQUAY, LAQUAIS : *Que* boire à tirelarigot *venoit de* fistula. Fistula, fistularis, fistularius, fistularicus, laricus, laricotus. LARIGOT. *De là, dit-il, boire à tire-larigot. Tout cela est beau & curieux. M. Ménage triomphe en ces sortes de matières. C'est son fort que les Etymologies. Aussi dans ses Observations sur la Langue il réussit admirablement, quand il s'agit un peu d'étymologies, comme on peut juger par les chapitres de* jargon, *de* baragouin, *de* laquais, *de* larigot ; *& par les chapitres où il demande s'il faut dire* trou de chou, *ou* tronc de chou ; letrin, lutrin, *ou* lieutrin ; falmigondin, falmigondis, *ou* falmigondi, *&c. Dés qu'il fort de l'étymologie, il fort en quelque façon de fon caractére. Et c'est pour cela peutestre qu'il ne raisonne pas si juste dans le chapitre* 230. *de fes Obfervations nouvelles, où il entreprend de confondre l'Auteur des Doutes.*

Puifque c'eft mon fort que les Etymologies, noftre Révérend Pére Goguenard ne devoit pas m'attaquer dans mon fort. Mais pourveu qu'il bouffonne, & qu'il faffe rire fes Lecteurs, il ne fe foucie pas de paroiftre ignorant : & il ne fe foucie pas mefme d'offenfer le monde. J'ay oui parler de plufieurs perfonnes qui aimoient mieux perdre un bon ami, que de perdre un bon mot. *Effugere autem fi velim nonnullorum acutè aut facetè dictorum offenfionem, fama ingenii mihi eft abjicienda*, dit Cicéron dans une de fes lettres à Papirius Pétus. Mais je ne fache que le Révérend P. Bouhours, qui aime mieux perdre un bon ami, que de perdre un mauvais mot.

Je fuis tres-perfuadé aurefte, nonobftant toutes fes railleries, que toutes mes étymologies qu'il a ridiculifées, font tres-véritables, ou du moins tres-vrayfemblables: car comme je l'ay déja dit ailleurs, il eft difficile de parler avecque certitude de l'origine de tous les mots. *De originibus verborum, qui multa dixerit commodè, potiùs boni*

boni consulendum, quàm qui aliquid nequiverit, reprehendendum: præsertim cùm dicat Etymologice, non omnium verborum posse dici causas, dit Varron. *Magnam molestiam suscepit Chrysippus, reddere rationem omnium vocabulorum,* dit Cicéron. Et comme je l'ay dit aussi ailleurs, les Etymologies ont esté l'écueuil de la pluspart des Auteurs qui en ont écrit : de Platon, de Varron, des Stoïciens, des Jurisconsultes.

Mais pour revenir aux étymologies que le P. Bouhours a traitées de ridicules, je prétens faire voir dans ce chapitre qu'elles sont toutes tres-raisonnables, & que le P. Bouhours est ridicule de les avoir ridiculisées.

Pour l'intelligence des choses que j'ay à dire, il est à remarquer que les Italiens, les Espagnols & les François, ont souvent retranché les prémiéres syllabes des mots Latins dans la formation de leurs mots. C'est ainsi que les Italiens ont fait LUI d'*illius*; & LUI, qui signifie *un roitelet*, de *regalius*; & LISCA, qui signifie *une areste*, de *spinulisca*, diminutif de *spinula*. C'est ainsi que les Espagnols ont fait *ruin*, qui signifie *mauvais*, d'*ærugo. ærugo, æruginis, ærugine, rugin, ruin.* Horace : *Hic nigra succus loliginis : hæc est Ærugo mera.* Martial, x. 33.

Vel tu, si viridi tinctos ærugine versus
Fortè malus livor dixerit esse meos.

Et 2. 61.
Vteris ore aliter, nimiaque ærugine captus,
Ad latras nomen, quod tibi cumque datum est.

C'est ainsi qu'ils ont fait SANA (c'estadire *colére*) d'*insania* : & SANDIO, qui signifie *un fou*, d'*insanus. Insanus, insani, insanius, sanius, sandius*, SANDIO. Nous avons fait demesme RIS d'*oryza* ; & GUÉRE d'*avaré*. ¶ Il est encore à remarquer, que nostre Langue, comme l'Italienne & l'Espagnole, qui sont ses sœurs ; *Facies non omnibus una, Nec diversa tamen, qualem docet esse sororum.* Il est dis-je à remarquer, que nostre Langue, comme l'Italienne & l'Espagnole, a esté formée du Latin-Barbare ; & que dans ce Latin-Barbare il se trouve un nombre infini de formations de mots, par le moyen de cette allonge, que les Latins appellent *production*, & les Grecs *paragoge*. Ainsi de *spina*, on a dit *spinula*, & de *spinula*, *spinulisca*, d'où les Italiens ont fait LISCA, pour dire *une areste*. De *cacus*, on a fait *cacacus*: & de *cacacus*, *cacaciosus* & *cacacicarus*, comme le témoignent les mots Espagnols MURCIEGACO, CECAJOSO, & CECACICARO. De *farcio, farci, sartum*, on a dit *fartaceus* & *fartacius* ; & *fartacium*, au substantif, d'où nous avons fait FATRAS. De *fustis, fustus,* (d'où nous avons fait FUST ; *un fust de pressoir*) on a dit *fustellus* ; d'où nous avons fait FOUTEAU : & *fustarellus*, & *fustarellum*; d'où nous avons fait FUSTEREAU. De *murus*, on a dit *muralis*, & de *muralis, muralius,* & *muralia*, d'où nous avons MURAILLE, & les Espagnols MURALLA. De *batuere*, on a dit *batualia*, & de *victus, victualia*; d'où nous avons fait BATAILLE, & VITUAILLE. ¶

Il est à remarquer en troisiéme lieu, que dans la Basse-Latinité on a souvent changé les genres des mots: ce que les Grammairiens appellent *métaplasme*. Ainsi aulieu de *refugium*, au neutre, on a dit *refugia*, au féminin, comme le témoigne nostre mot de FUIE, en la signification de *colombier*. *refugia, fugia*, FUIE. La fuie est le refuge des pijons, ou, comme parloient nos Anciens, le refui. Le Blason des Fausses Amours: *Son dernier refui, ce sont larmes*. Aulieu de *gramen* & de *volumen*, on a dit demesme *grama* & *voluma*, comme le témoignent les mots Espagnols *grama* & *balumba*. ¶ Mais ce qui est particuliérement à remarquer, ce sont les changemens, les additions, & les substractions des lettres: car sans la connoissance de ces choses, il ne se peut qu'on ne soit choqué des plus véritables étymologies. *Discat puer*, dit Quintilien, *quid in literis proprium, quid commune, quæ cum quibus cognatio: nec miretur cur ex* scamno *fiat* scabellum. Et c'est l'ignorance de ces choses qui a fait que le P. Bouhours a traité de ridicules mes étymologies.

Ces principes ainsi posés, voyons maintenant si les étymologies que nostre Révérend Pére Goguenard a ridiculisées, sont aussi ridicules qu'il le prétent.

Justification de l'étymologie de baragouin.

Les Grecs & les Latins ont appelé *barbare* celui de qui le langage n'estoit pas entendu.

Barbarus hic ego sum, quia non intelligor ulli, dit Ovide, en parlant du lieu de son exil. *Nisi sciero vim vocis, ero ei qui loquitur barbarus; & qui loquitur, apud me barbarus,* dit S. Paul dans sa prémiére épitre aux Corinthiens.

De *barbarus barbara*, on a fait, par production, *barbaracus*; comme de *verna*, VERNACUS. De *barbaracus* on a fait ensuite, par autre production, *barbaracuinus* : comme de *sus*, SUINUS : *maris sus*, *maris suinus*, MARSOUIN : & d'*Aldus*, & de *Baldus*, (noms propres d'homme) *Alduinus* & *Balduinus* ; d'où nous avons fait AUDOUIN & BAUDOUIN. Et de *barbaracuinus*, en ostant la prémiére syllabe, on a dit enfin *baracuinus*; d'où nous avons fait BARAGOUIN.

De *barbaracus*, on a fait *barbaracettus*; d'où les Italiens, en ostant les deux prémiéres syllabes, ont fait *raguette*. C'est ainsi qu'ils appellent leur langage estropié par les Etrangers : *Linguaggio storpiato da' Forestieri.*

De *barbarus barbari*, on a fait *barbaricus*; qui se trouve : & comme d'*Vrbicus* on a fait *Vrbicarius*, de *barbaricus* on a fait *barbaricarius*; qui se trouve aussi. Aulieu de *barbaricus*, on a dit *baricus*, par retranchement de la prémiére syllabe : & par le changement ordinaire du B en U consone, (comme en COUVER de *cubare*) on a dit *varicus* : d'où *uaricus*, par autre changement ordinaire de l'U consone en U voyelle : comme en HÉDARD, (espéce de cheval) de *veredar-*

dus; & en *hagard*, de *vagardus*. *Veredus*, *veredardus*, *üeredardus*, *huedardus*, HEDARD. *Vagus*, *vagardus*, *üagardus*, HAGARD. Et d'*üaricus*, on a dit enfin *guaricus*, en y prépofant un G : comme en GAGE, GARANTIR, GUESPE, GUE', GUERE, GASCON. *Vas vadis*, *vadium*, *üadium*, *guadium*, GAGE. *Vas vadis*, *vadans vadantis*, *vadante*, *üadante*, GARANT : *vadantire*, *üadantire*, *guadantire*, GARENTIR. *Vefpa*, *üefpa*, *guefpa*, GUESPE. *Vadum*, *üadum*, *guadum*, GUE'. *avarè*, *varè*, *üarè*, *guarè*, GUERE. *avarè*, *avariùs*, *variùs*, *üariùs*, *guariùs*, GUARI, mot Italien. *Vafco*, *Uafco*, *Guafco*, GASCON. De *garicus*, on a dit enfuite, par contraction, *garcus* & *gargus*. Et de *gargus*, on a dit enfin, par métaplafme, *gargo gargonis* : d'où nous avons fait JARGON, & GERGON : comme CHARDON de *carduus*; & GARDON, de *leucardus*.

Aulieu de *barcus*, on a dit *bargus* : & de *bargus bargi*, BARGINUS, & BARGINNUS ; qui fe trouvent en la fignification de *barbarus*. Le Gloffaire de M. Voffius : BARGINÆ. *peregrinæ*. Flavius Caper, le Grammairien: BARGINA, *non* bargenna. *Id eft, homo vitiofæ gentis : quia* barbarus *interpretatur* vitiofus : *unde & * barbarifmus *dicitur vitium*. Les Glofes Anciennes : *Bargina*. προσφώνησις βαρβαρική. BARGINNA. προσφορά βάρβαρος. προσφώνησις βαρβάρου. C'eft ainfi qu'il faut lire en cet endroit, comme je l'ay remarqué dans mes Notes fur ces Glofes, & non pas προσφόρος βάρβαρος. προσφώνησις βαρβάρου.

comme il y a dans toutes les éditions. Aldhelmus, en parlant de S. Jérome :

Nam rudis & prisca legis patefecit abyssum,
Septuaginta duos (recludens bargina) biblos.

Et ailleurs, *in Eustochio* :

Thesaurosque simul librorum fortè Pelasgos,
Edidit in lucem , quos bargina texerat umbra,
Clavibus Ausoniis verbis clustella resolvens.

C'est ainsi que ces vers, selon le témoignage de Gronovius au chapitre 20. de ses Observations Ecclésiastiques, se trouvent représentés dans le manuscrit de la Bibliothéque d'Oxfort : avecque cette interprétation : *Id est*, PEREGRINUS : *Id est*, PEREGRINA. RECLUDENS BARGINA : c'est à dire, *recludens τὰ peregrina, & minùs intellecta.* QUOS BARGINA TEXERAT UMBRA : c'est à dire, *qui delituerant apud homines barbaros, & insulsos.*

De *barbaricus* on a fait *barbaricuntius*, d'où les Espagnols ont fait *gericonza*. *Barbaricuntius, baricuntius, varicuntius, varicuntia, baricuntia, guaricontia, garicontia, GERICONZA*.

Ce sont les raisons qui m'ont persuadé que *baragouin* venoit de *barbaracuinus*. Le P. Bouhours au reste a raison de dire qu'il ne doute point que je ne me sache bon gré de cette découverte. Je m'en say bon gré en effet : car je tiens cette étymologie indubitable. Mais comme toutes les choses que je viens de dire, passent le bon P. Bouhours, je lui pardonne de ne pas comprendre comment je me say bon gré de cette découverte.

Iuſtification de l'étymologie de laquais.

Les Latins ont appelé *verna* un ſerviteur né à la maiſon : que les Grecs appellent οἰκογενής; *domi natus*; à la différence de celui qui a eſté acheté, qu'ils appellent ὠνητός; *emptus, pretio comparatus*: d'où vient le nom d'Epictéte, le Philoſophe : car Epictéte, le Philoſophe, eſtoit ſerf. *Verna* & οἰκογενής ſignifient donc la meſme choſe : & c'eſt-pourquoy en cet endroit du livre prémier de l'Empereur Marc-Antonin, ᾖ τὸ, μήτε ἀν ἵνα εἰπεῖν, μήτε ὅτι σοφιστής, μήτε ὅτι οἰκογενής ὑπεράχλος, le mot οἰκογενής eſt une gloſe, qui a paſſé de la marge dans le texte. Le Latin *verna*, pour le marquer en paſſant, a eſté fait ; non pas de *ver*, comme dit Feſtus. VERNÆ, *qui in villis vere nati: quod tempus, duce natura, fetura eſt* : ny de *ver ſacrum*, comme dit Nonius Marcellus. VERNAS *Veteres appellarunt, qui vere ſacro fuerant nati: & habebatur nomen hoc pro vitabili, & maledicto*: mais du Grec ἔρος: mot ancien, inuſité, qui ſignifioit *ſervus*, & d'où le mot de *ſervus* a eſté formé, ſelon l'opinion de Scaligèr ſur Varron. ἔρος, ἔρϝος, *ſervus*. ἔριθος ſe trouve dans Héſiode pour *ſerva, famula* : & εἴρερος dans Homére, pour *ſervitus*. Et ces deux mots ont eſté faits d'ἔρος, en cette maniére : ἔρος, ἔριος, ἔριθος, ἔρις, ἔρως, ἔρεος, εἴρερος. εἴρερος & εἴρεος ſe trouvent dans Héſychius : εἴρερον, δουλείαν. εἴρων, δουλείαν, αἰχμαλωσίαν. D' ἔρος, ἔαρος, on a fait ἔαρνος: & de là le mot Latin *vernus*, en la signification de VERNA: car le mot *vernilis* ne nous permet pas de douter qu'on n'aye dit *vernus* en cette signification. *vernus*, *verni*, VERNILIS: & de *vernus*, on a fait *verna*. Mais il n'est pas icy question de l'étymologie de *verna*: il est question de celle de *laquais*.

De *verna*, on a fait *vernacus*: car le diminutif *vernaculus* ne nous permet pas non-plus de douter qu'on n'aye dit *vernacus*. Martial:

Vernaculorum dicta, sordidum dentem.

Et c'est de ce mot *vernaculus* que le Grec οὐερνάκλος a esté fait. Et comme de *verna* on a fait *vernacus*, on a fait demesme de *vernula*, VERNULACUS. Et de *vernulaca* (féminin de *vernulacus*) on a fait ensuite *vernulacaius*. De *vernulacaius*, on a dit *lacaius*, en ostant les deux prémiéres syllabes: d'où nous avons fait LAQUAY: (comme de *Maius*, MAY, & de *gaius*, GAY) car nous prononcions anciennement *laquay*: & c'est ainsi que ce mot se trouve écrit dans tous les anciens livres. Nous avons dit ensuite *laquais*, comme je l'ay remarqué au chapitre 254. de la prémiére partie de ces Observations. Les Italiens disent *lachè*, & les Espagnols *lacayo*, & les Anglois *lackey*: ce qui fait voir que *laquay* est l'ancien mot François.

De *vernulacus vernulaca*, on a dit *vernulacacius*: d'où les Italiens ont fait *ragazzo*, qui signifie un valet, & un jeune garçon.

Vernulacacius, *lacacius*, *racacius*, *ragacius*, *ragatius*, RAGAZZO.

De *lacacius*, on a dit *gacius*, & de *gacius*, GASSIUS : d'où nous avons fait GAS. C'est ainsi que nos païsans appellent encore aujourdhuy un garçon. De *gassius*, on a dit, par métaplasme, *gassio gassionis* ; d'où nous avons fait *Gassion*, nom de famille.

De *vernulacus vernulaca*, on a fait *vernulacanus*, & *vernulacarus*. De *vernulacanus* les Allemans ont fait *laken*, qui signifie laquais. *Vernulacanus*, *lacanus*, LAKEN. De *vernulacarus*, on a dit *vernulacardus* : d'où *lacardus*, *lacartus*, *lacartius* : *cartius*, *gartius*, ou *garsius* : & de là nostre mot de *gars*. Montagne : *Ieune gars de l'Isle de Chio*. De *gartius*, ou *garsius*, on a dit par métaplasme, *garsio garsionis* ; d'où les François ont fait GARÇON, & les Italiens GARZONE.

De *vernulus*, pour *vernula*, comme *vernus* pour *verna*, on a fait le diminutif *vernulettus* : & de là, par contraction, *verlettus* ; d'où nous avons fait VARLET ; qu'on a depuis prononcé VALET, pour en adoucir la prononciation. Ainsi de *merx mercis merciarius*, d'où on a fait MERCIER, on a dit *merx*, *mercis*, *mercissius*, *mercissiarius*, d'où on fait *mégissier*, au lieu de *mergissier* : comme MECREDI ; au lieu de *Mercredi*; de *Mercurii dies*. ¶ *Garsio* se trouve en plusieurs livres Latins : dans Pierre de Blois : dans Richardus : dans Guillaume le Breton : & dans les Annales de Charles de Boëme, Empereur. ¶ De *garsius*, on a fait le diminutif *garsiellus* ; d'où nous avons fait *Garsiau*, nom de famille. ¶ De *garcio garcionis*, on a dit, par contraction, *garzo garzonis*: d'où l'Italien *garzone*, & le François *Garçon*, comme je l'ay déja remarqué. ¶ De *garzo garzonis*, on a dit *garzonius*: d'où le Grec-Barbare γαρζύνιον. Le Scholiaste de Cédrénus: γαρζύνιον, ώδη, λατίνοις τὸ παιδίον: & γαρζοναστάσιον, pour le lieu du grand temple de Constantinople, où estoient les jeunes enfans. Voyez le Vocabulaire Grec-Barbare de Meursius.

De *vernacettus*, diminutif de *vernacus*, on a dit *nacettus*; d'où nous avons fait *naquet*: qui signifioit originairement *serviteur*, mais qui a esté dit ensuite d'vn valet de tripot, que nous appelons aujourdhuy *un Marqueur*. Henri Estienne dans son livre de la Précellence du Langage François: *Du jeu de paume est pris aussi le mot* naquet *en cette façon de parler*, Il pense faire de moy son naquet. *Et de ce nom* naquet, *vient le verbe* naqueter: *duquel on use, quand on dit*, Vous me faites naqueter aprés vous. Le Président Fauchet livre 1. de l'Origine des Armoiries, chapitre 1. *Par l'Histoire & Mémoires de Philippes de Commines, il se voit que les Pages servans les Princes & Seigneurs de son temps, estoient nobles enfans, qui par tout suivoient leurs maistres pour apprendre la vertu & les armes. En France, il y a cent ans, que les Pages vilains allans à pied, ont commencé d'estre nommez* Laquets *&* Naquets, *pour la mesme raison que dessus:* à sçavoir d'aller à pied. Par cet endroit du Président Fauchet, il semble que le mot de laquay, ou laquais, ne soit pas ancien dans nostre Langue. Covarruvias dans son Tresor de la Langue Castillane, dit aussi que le mot lacayo n'est pas ancien dans la Langue Espagnole. LACAYO. *El moço de espuelas que va delante del senor, quando va a cavallo. Es vocablo Alleman, introduzido en Espana por la venida del Rey Filipo, que antes no se avia usado. Tambien usa deste mesmo nombre el Frances*, un laquai. Les Allemans disent *ein laken*. L'Auteur des Antiquitez de Cahors, dit que laquais est un mot Basque, qui signifie *serviteur*. Et comme les meilleurs Laquais nous viennent de Biscaye, j'ay dit dans mes Origines de la Langue Françoise, qu'il y avoit apparence que nostre mot de laquais venoit de ce païs là. Les Biscains appellent un laquais *lecaioua*. Mais soit que ce mot laquay soit Basque d'origine, ou Alleman, ou François, il y a toute sorte d'apparence qu'il a esté fait de *vernulacus Lacus, lacanus*, LAKEN. *Lacaius, lecaius*; d'où, avecque la terminaison Basque en *a*, LÉCAIOUA. Et à ce propos il est à remarquer, que dans la Langue Allemande, & dans la Langue Basque d'aujourdhuy, il y a un nombre infini de mots Latins.

Justification de l'étymologie de larigot.

Larigot est un ancien mot François, qui

signifie *un flageolet* ; qui est une espéce de fluste. Ronsard dans son Eglogue 5.

Herbes, qui boutonnés, vertes ames sacrées,
Si sous mon larigot reverdir je vous voy, &c.

Comme nostre Langue a esté formée de la Latine, j'ay cru que ce mot pouvoit estre venu de *fistula*, en cette maniére : *fistula, fistularis, fistularius* : comme *epistola, epistolaris, epistolarius*. *Fistularius* se trouve. Les Botanistes appellent *herba fistularia* l'herbe qu'ils appellent autrement *crista galli*. Et on appelle *Epistolier* dans plusieurs Eglises de France, celui qui dit l'Epitre à la Grand'-Messe : ce qui fait voir qu'on a dit *epistolarius*. De *fistularius* on a fait ensuite *fistularicus* : d'où, par retranchement des deux prémiéres syllabes, on a dit *laricus*. De *laricus* on a dit enfin *laricotus* : d'où nous avons fait *larigot* : comme *falot* de φάνος, & TRICOT de *ridica*. Φάνος, *fanus, fanulus, fanulotus,* FALOT. *Ridica, rica, trica,* TRIQUE. *Trica, tricum, tricotum,* TRICOT. *Tricotum, tricotare,* TRICOTER. On y a préposé un T, comme en *tante* : car qui doute que *tante* n'ait esté fait d'*amita* ? *Ridica* dans sa prémiére signification, a esté dit d'un baston, ainsi que *rudis*, d'où il vient. *Rudis, rudicus, ridicus,* RIDICA : & *rudis* a esté fait de ῥάβδος, qui signifie *une verge*. *Ridica* dans sa segonde signification, a esté dit d'un baston servant d'échalas : & il se trouve en cette signification dans Varron, dans Columelle, dans Pline & dans le Digeste. Or comme nous avons de grans verres, faits en forme de flustes, nous avons dit *flufter*, pour dire *boire à lons traits* : & ce mot est encore aujourdhuy usité parmy le peuple en cette signification. Et parcequ'en beuvant, on atire la liqueur qu'on boit; on a dit aussi *boire à tire larigot*, pour dire *boire à lons traits*. A TIRE LARIGOT; cestadire, *trahendo vinum quod est in cyatho* : le contenant pour le contenu : comme quand on dit *boire un verre de vin*. Les Latins ont usé de *trahere* en la signification d'*haurire*, comme il paroist par cet endroit de Cicéron, *Ex puteis jugibus aquam calidam trahi*: & par nostre façon de parler *boire à lons traits*, qui vient de la Latine *longis tractibus bibere*.

Iustification de l'étymologie de trou de chou, *& de celle de* lutrin.

J'ay dit au chapitre 12. de la prémiére partie de ces Observations, que *trou de chou*, selon Nicod, avoit esté dit par corruption aulieu de *tronc de chou*; & que j'ay connu plusieurs savans, qui par cette raison d'étymologie, disoient tousiours *tronc de chou*, & reprenoient ceus qui disoient *trou de chou*. A quoy j'ajoute présentement, que *troncs de chou* se trouve dans le Théatre de l'Agriculture d'Olivier de Serres, livre 2. chapitre 3 & *tronc de chou* dans le Dictionnaire de Rimes de M. Fremond d'Ablancourt. J'ay dit ensuite, qu'il faloit dire *trou de chou* : ce que j'ay prouvé par cet endroit de Rabelais ; *En sa dextre tenoit un gros trou de chou* : & que *trou*, en cette façon de parler, ne venoit pas de *truncus*, mais de *thyrsus* ; qui avoit esté dit aulieu de *thyrsus* ; comme *lacruma*, aulieu de *lacryma* : & que *thyrsus* se trouvoit en la signification de *caulis* dans les Gloses Anciennes : *thyrsus*. καυλός. Tout cela n'est-il pas tres-véritable ? & nostre Révérend Pére Goguenard n'est-il pas ridicule de me ridiculiser au sujet de cette étymologie ?

Celle de *lutrin* mérite encore moins la raillerie du Pére Goguenard, que celle de *trou de chou*. J'ay dit que l'ancien mot François estoit *letrin* : ce que j'ay prouvé par ce passage de Rabelais ; *Perrin Dandin, homme honnorable, bon laboureur, & bien chantant au létrin* : & par cet endroit de la Vie de Guillaume le Maire, Evesque d'Angers ; *Tunc erat luminare novum, & recenter factum, circa corpus, circumquaque chorum, & circa leterinum, sive pulpitum.* J'ay dit ensuite, que ce mot avoit esté fait de *lectrinum*, diminutif de *lectrum* : & que *lectrum* se trouvoit dans la signification de *pupitre*, dans les Gloses d'Isidore : LECTRUM, *analogium, super quo legitur* : & que comme d'ἀναλέγω, on avoit fait *analogium*, on avoit fait demesme *lectrum*, de λέγω : duquel mot λέγω, ou *lego*, on avoit fait aussi les mots de *legium* & de *lectorium*, qui se trouvent dans la mesme signification : le premier, dans Leo Marsicanus ; & le second, dans Anastase le Bibliothécaire Ne faut-il pas estre le P. Bouhours, cestadire toutafait enfant en matiére d'étymologies, pour trouver cette étymologie ridicule ?

Justification de l'étymologie de salmigondi.

Les Latins ont appelé *salgamum*, des pommes, des poires, des figues, des raisins, des raves, des chous, des concombres, du pourpié, & autres choses semblables, confites ensemble, avecque du sel. Ils ont appelé ensuite du mesme mot toutes sortes d'assaisonnemens & de ragousts, composez de différens morceaux : qui est ce que nous appelons *un pot pouri.* J'ay dit que nostre mot de *salmigondi* pouvoit avoir esté fait de *salgami-conditus* : (comme MARI de *maritus* ; INFINI, d'*infinitus* ; ESTOURDI, de *stoliditus*) ou de *salmyria conditus* : en cette maniére : *salmyria conditus, salmiconditus,* SALMIGONDI. J'ay remarqué ensuite, qu'aulieu de *salmigondi* on avoit dit *salmigondin* : ce que j'ay prouvé par Rabelais, qui se sert de ce mot, livre 3. chapitre 2. & livre 4. chapitre 59. A quoy j'ajoute maintenant, cet endroit des Satires Chretiennes, produit par M. Borel dans ses Antiquités Gauloises, au mot *hastereaux* :

Hastereaux & salmigondins,

Saulsisses, cervelats, boudins.

Et j'ay remarqué enfin, que l'N avoit esté ajoutée à *salmigondi,* comme à *ainsi:* car on prononce *ainsin* en plusieurs Provinces ; & particuliérement en celles d'Anjou & du Maine. A quoy j'ajoute présentement, que les Parisiens prononçoient aussi autrefois *nánin*, aulieu de *náni* : comme il paroist par cet endroit de la Grammaire Latine-Françoise de Robert Estienne, page 89. NA'NI, *vel* NA'NIN, *usui est in responsione*. As-tu fait cela ? *Respondetur*, NA'NIN. Où est le ridicule de cette Observation ?

Justification de l'étymologie de feu *en la signification de* défunt.

Ce mot, en cette signification, vient constamment de *felix*, comme je l'ay remarqué au chapitre 336. de la prémiére partie de ces Observations. F*elice*, *felce*, FEU. Et le P. Bouhours est plus que ridicule d'avoir ridiculisé cette étymologie. Voyés cy-dessus au chapitre 57.

Etymologie du mot archive.

Après avoir tiré du ridicule toutes mes étymologies, ridiculisées par nostre Révérend Pére Goguenard, il me reste à rectifier celle d'*archive*. Ce mot vient d'*archivum*, qui se trouve en la signification d'*archive* dans l'Apologétique de Tertullien, & dans plusieurs endroits de l'ancienne Version de Joséphe, attribuée faussement à Rufin. Je rapporteray cy-dessous les endroits de cette Version. Et ce mot Latin *archivum* a esté fait du Grec ἀρχεῖον, ou

LANGVE FRANÇOISE. 413

ἀρχεῖον; comme *Achivi* d'Ἀχαῖοι, & *Argivi* d'Ἀργεῖοι. ἀρχαῖον, ou ἀρχεῖον, a esté dit en la signification d'*archives*. Eusèbe, livre v. de son Histoire Ecclésiastique, chapitre 18. tome 3. en parlant de l'Hérésie des Marcionistes, raporte ces paroles d'Apollonius: ἔχουσι δὲ τὰ τῆς Ἀσίας δημόσια ἀρχεῖα. *In archivis publicis apud Ephesum gesta servantur*. C'est comme Rufin a traduit ces paroles d'Apollonius. Saint Epiphane, livre 1. tome 3. en parlant de la mesme Hérésie: ὅταν ῥᾳδιεργήσωσί τινες βασιλικὰ προστάγματα, ἀπὸ τῶν ἀρχαίων τὰ αὐτίγραφα προφερόμενα ἠσφαλισμένως ἔχοντα, ἐλέγχει τοὺς ἄφρονας. C'est à dire; selon la traduction du P. Pétau; *Imperatoris edicta, si qui corrumpere, aut depravare conentur, prolata ex archivis fidelissima exemplaria, insanos illos arguunt*. Joséphe, livre 2. de la Guerre Judaïque, chapitre 31. μεθ' ἃ τὸ πῦρ ἐπὶ τὰ ἀρχεῖα ἔφερον, ἀφανίσαι σπεύδοντες τὰ συμβόλαια τῶν δανεισάντων. *Post quod, ignem archivo intulerunt, volentes omnia creditorum documenta disperdere*. Et livre VI. chapitre 35. τῇ ὑστεραίᾳ, τό, τε ἀρχεῖον, καὶ τὴν ἄκραν, καὶ τὸ βουλευτήριον, καὶ τὸν ὀφλᾶν καλούμενον, ὑφῆψαν. *Postero die, Archivum, Acram, & Curiam, & qui vocatur* Ophla, *succenderunt*. Et livre VII. chapitre 9. συνέβη καταπρησθῆναι τὴν τετράγωνον ἀγοράν, ἀρχεῖά τε, καὶ γαμμαλοφυλάκιον, καὶ τὰς βασιλικάς. *Quadratum forum exuri contigit, & archiva, monumentorumque receptacula publicorum: itemque basilicas*. C'est comme l'ancien Interpréte de Joséphe a traduit cés endroits. Hésychius: ἀρχεῖα.

ἔνθα οἱ δημόσιοι χάρται· ἢ χαρτοφυλάκια. Suidas; ἀρχεῖα. ἔνθα οἱ δημόσιοι χάρται ἀπόκεινται. χαρ-τοφυλάκια.

Fidel : fidelle. *S'il faut dire* puéril, *ou* puérile.

CHAPITRE LXXXXIII.

Nos Anciens difoient *fidel*, au mafculin. Nous difons préfentement *fidelle*, auffibien au mafculin qu'au féminin : & ce feroit une faute que de dire *fidel* au mafculin.

On demande s'il faut dire, au mafculin, *puéril*, ou *puérile*. L'ufage eft pour *puérile*. M. de la Mote le-Vayer dans la Préface de fon Tubertus Ocella : *Il y a des perfonnes qui ne fçauroient endurer la moindre allufion, ou le moindre jeu de paroles : trouvant qu'il y a je ne fçay quoi de trop puérile en cela.* J'ajoute à l'autorité de l'ufage, celle de Meffieurs de l'Académie, qui ont décidé qu'il faloit dire *puérile* au mafculin. Mais la reigle eft pour *puéril* : car la reigle eft que les adjectifs Latins terminés en *ilis*, font IL au mafculin, lorfque la prémiere fyllabe de cette terminaifon *ilis* eft longue : & qu'ils font ILE, lorfqu'elle eft bréve. Ainfi d'*agilis, debilis, facilis, fragilis, labilis, mobilis, fterilis, utilis*, nous avons fait AGILE, DÉBILE, FACILE, FRAGILE, LABILE, MOBILE,

UTILE : comme aucontraire, nous avons fait CIVIL, GENTIL, VIL, VIRIL, de *civilis, gentilis, vilis, virilis*. M. de Vaugelas en excepte *servile* : car on dit *un métier servile*. Ajoutez *puérile* à l'exception de M. de Vaugelas. ¶ Le Duc de Rohan, page 92. de ses Mémoires, a dit *passe-temps puérils* : & *armemens inutils*, page 141.

Qu'il ne faut point appeler les Peres de l'Eglise Messieurs ; *& qu'il les faut appeler Saints, s'ils sont canonisez.*

CHAPITRE LXXXXIV.

C'Est ce qu'a dit tres-judicieusement & tres-élégamment M. de Balzac dans le Socrate Chretien ; en ces termes : *Les Ministres commancent à estre plus honnestes, & à traiter les Péres de l'Eglise plus civilement. Depuis quelque temps ils s'accoustument à S. Hiérome, à S. Augustin & à S. Ambroise. De dire, comme ils disoient autrefois, Hiérome, Augustin, & Ambroise, il me semble que c'est dégrader les Pérès, en les alléguant. Mais non-seulement c'est les dégrader, & leur oster une qualité que l'Eglise & le consentement des peuples leur a donnée : c'est deplus leur dérober une partie de leur nom. c'est en retrancher la prémiére & la plus importante syllabe. Saint est tellement joint & lié ; tellement collé & incorporé à* Ambroise, *à* Hiérome, & à Augustin, qu'il en fait comme un membre essentiel. Il en fait mesme la teste: & le reste n'est plus que son tronc. Ce seroit donc les décapiter que de leur ravir ce titre, sans lequel ils ne sont pas reconnoissables au monde Chretien. A mon gré, ils ne seroient pas plus défigurez, si on les appeloit Broise, Rome, & Gustin, que si on les appeloit simplement Ambroise, Hiérome, & Augustin. Mais avouons la vérité toute entière : comme c'est estre trop Huguenot que de nommer ainsi les Saints Péres, aussi c'estoit faire trop le Catholique, & vouloir estre trop opposé aux Huguenots, que d'ajouter le nom de Monsieur à celui de Saint, & d'appeler Monsieur S. Ambroise, Monsieur S. Hiérome, & Monsieur S. Augustin. Dans la lumière de la gloire qui les environne & qui les pénétre de tous costez : dans la souveraine grandeur dont ils sont en possession ; ils sont élevez d'une distance infinie au dessus de nos qualitez & de nos titres : au dessus de nostre Monsieur ; de nostre Monseigneur ; & mesme de nostre Sire. Neanmoins au temps de nos Péres, les Eglises de Paris retentissoient de pareils Messieurs. Le Barreau suivoit l'exemple des Chaires : Et l'Avocat Général de la Sainte Ligue, le célébre Louis d'Orléans, n'alléguoit jamais les Péres d'une autre façon Ce Ligueur zélé pensoit par là faire honneur aux Saints, & faire dépit aux Huguenots. Ce que le Cardinal Du-Perron dît un jour au sujet d'un Prédicateur, qui n'alléguoit jamais les Péres de l'Eglise sans leur donner du *Monsieur*, ou du *Monseigneur*, est plaisamment dit : & le mot mérite d'estre rapporté en ce lieu. On voit bien, dit-il, que ce Prédicateur n'a guére de familiarité avecque les Péres, puisqu'il les traite avecque tant de cérémonie. M. Costar, dans quelqu'une de ses lettres, fait mention de cette histoire ; qu'il a prise du Pére Goulu, Général des Fueillans : dont voicy les termes, qui sont de la lettre 26. de la seconde partie de ses Lettres de Phyllarque à Ariste : *Ie concluray ce propos par les paroles assez gracieuses du grand Cardinal Du-Perron : qui assistant un jour au Sermon d'un Prédicateur, qui citoit les Péres, & à tout propos disoit* Monseigneur S. Augustin, *en tel lieu;* Monseigneur S. Ambroise; Monseigneur S. Hiérome, *&c. On voit bien, dit le Cardinal, que nostre Prédicateur n'a pas pris beaucoup de connoissance ny de familiarité avecque les Péres de l'Eglise, puisqu'il leur donne encore du* Monseigneur.

Enfermer : renfermer.

CHAPITRE LXXXXV.

LE P. Bouhours avoit dit dans son Entretien de la Mêr : *Quoyque les coquilles que la Mêr jette sur le rivage, ne soient pas si précieuses que les perles qu'elle enferme dans son sein.* Ce qui estoit bien dit. Cependant dans son livre des Doutes, il trouve que c'est mal dit : & il prétent qu'il faut dire qu'elle *renferme dans son sein. Enfermer*, dit-il, *se dit des choses qu'on met dans un coffre, ou dans un cabinet : & renfermer des choses que la Nature fait naistre dans la terre, ou dans la mèr.*

Il est vray qu'on dit *enfermer son argent dans un coffre ; enfermer ses papiers dans un cabinet :* & que *renfermer* en ces sortes de locutions seroit mal dit, s'il n'estoit question d'une action réïterée. Mais on dit indifféremment *enfermer* & *renfermer*, en parlant des choses que la Nature produit. M. Godeau, Evesque de Vence, tome 2. de ses Poësies Chrétiennes :

On conteroit plustost tous les sablons volans,
Qu'enferme la Lybie en ses deserts brulans.

Monsieur de Sassy dans ses Priéres tirées de l'Ecriture Sainte, page 314. *Vous avez fait le ciel & la terre, & tout ce que l'un & l'autre enferme dans son étendue. Enfermer* se dit élégamment pour *contenir*. Le mesme Auteur dans l'Epitre Dédicatoire du mesme livre : *La connoissance & la pratique de ces choses, qui enferment les prémiers devoirs de l'homme envers Dieu.* Et dans l'Explication de sa Traduction des Proverbes de Salomon, chapitre 13. 1. *Cette sentence, selon qu'elle a esté traduite, enferme un sens clair.* Et dans celle du chapitre 16. 1. *La seconde vérité qui est enfermée dans cette parole du Sage.*

S'il faut dire, en parlant d'une femme, Poëte, *ou* Poëteſſe ; Philoſophe, *ou* Philoſopheſſe ; proprietaire, *ou* propriétaireſſe ; dépoſitaire, *ou* dépoſitaireſſe.

CHAPITRE LXXXXVI.

MR de Méziriac, qui eſtoit de l'Académie Françoiſe, a dit *Poëteſſe* ; *C'eſt cette meſme Rhodopis, qui fut douée d'une ſi rare beauté, qu'ayant eſté menée du depuis en Ægypte, elle donna de l'amour à Chiraxus, frére de la Poëteſſe Sapho.* C'eſt dans la Vie d'Eſope. Pierre de Bourdeille, Abbé de Brantoſme, a dit *Poëte. Elle ſe meſloit d'eſtre Poëte : & compoſoit des vers.* C'eſt dans ſon Diſcours de Marie Stuart, Reine d'Ecoſſe. M. de Balzac, à l'endroit cy-deſſus rapporté à la page 369. eſt auſſi pour *Poëte. Ie diray, dit-il, pluſtoſt que Mademoiſelle de Gournay eſt* Poëte, *que* Poëteſſe, *&* Philoſophe ; *que* Philoſopheſſe. Pour moi, je dirois auſſi pluſtoſt *Mademoiſelle de Gournay eſt Poëte*, que *Mademoiſelle de Gournay eſt Poëteſſe : La Reine d'Ecoſſe ſe meſloit d'eſtre Poëte*, que *la Reine d'Ecoſſe ſe meſloit d'eſtre Poëteſſe*. Mais je dirois pluſtoſt *la Poëteſſe Sapho, & la Poëteſſe de Gournay*, que *la Poëte Sapho, & la Poëte de Gournay* Et je dirois auſſi pluſtoſt *une Poëteſſe*, qu'*une*

Poëte. Mais comme ces mots de *Poëteſſe*, & de *Poëte* au féminin, ne ſont pas uſitez, il eſt bon de les éviter.

Pour ce qui eſt du mot de *Philoſophe* au genre féminin, il eſt ſuffiſamment uſité, pour ne point faire difficulté de s'en ſervir.

Il faut dire, au féminin, *propriétaire* & *dépoſitaire*, & non pas *propriétaireſſe* & *dépoſitaireſſe*.

Devancier : devanciére. Avant-propos.

CHAPITRE LXXXXVII.

Nous pourions nous paſſer du mot de *devancier* : car nous avons *prédéceſſeur*, qui eſt plus beau & plus uſité. Mais nous ne ſaurions nous paſſer de celui de *devanciére* : car *prédéceſſeur* n'a point de féminin. On ne dit point *prédéceſſerice*. Ce mot de *devancier*, non-plus que celui d'*avant-propos*, n'eſt pas aureſte ancien dans noſtre Langue, ſi on en croit Paſquier. *De mon temps*, dit-il, *j'ay veu pluſieurs mots mis en uſage, qui n'eſtoient reconnus par nos devanciers. Et peut-eſtre le meſme mot de devancier. Le prémier qui miſt en œuvre avant-propos, pour prologue, fut Louis le Charond, en ſes Dialogues ; dont on ſe moquoit du commencement. Et depuis je voy cette parole receue ſans en douter. Non ſans cauſe : car nous avons pluſieurs mots de meſme parure : avant-garde ; avant-jeu ; avant-bras : & croy qu'il y auroit*

LANGVE FRANÇOISE. 421

y auroit plus de raison de dire avant-chambre, *que ce que nous disons* antichambre. C'est au chapitre 3. du livre 8. de ses Recherches.

S'il faut dire faux du corps ; fort du corps ; fois du corps ; *ou* fais du corps.

CHAPITRE LXXXXVIII.

Pasquier, livre 8. de ses Recherches, chapitre 62. veut qu'on ait dit par corruption *saisir un homme par le faux du corps,* aulieu de *par le fort du corps* : ce qui fait voir que de son tans on disoit à Paris *le faux du corps* : car Pasquier estoit Parisien. C'est aussi comme parle le Maréchal de Monluc au livre 4. de ses Mémoires. *Tous les Princes vinrent voir nostre besongne : & Monsieur d'Anguien, me prenant par le faux du corps, me dit, Vous avez esté mon soldat autrefois ; à présent, je veux estre le vostre.* On dit aujourdhuy à Paris plus communément *fois du corps.* Nous disons en Anjou *fais du corps* : ce qui me fait croire que ce mot a esté formé de *fascis* : le faux, ou le fois du corps, ressemblant à un faisceau. De *fascis*, nous avons dit FAIS : comme FAISCEAU de *fascellus*, diminutif de *fascis*. Aulieu de *fascis*, on a dit *fascius*, d'où les Italiens ont fait *fascio. Far fascio d'ogn' erba.* De *fascius*, nous avons fait *fau*, dans la signification de *faisceau* ; comme FAU, nom d'arbre, de *fagius*, qu'on a dit au lieu de *fagus*. De *fau du corps*, on a dit ensuite FAUS DU CORPS : & de *fais du corps*, FOIS DU CORPS. En Bresse, on dit *le defaut du corps*.

Mais pour revenir à nostre question, je dirois *fois du corps* ; puisque c'est ainsi qu'on parle à Paris ; & que le langage de Paris est préférable à celui des Provinces : mais sans blâmer ceux qui disent *faux du corps*: lesquels sont en grand nombre.

Covendeur, convendeur. Cosseigneur, Conseigneur.

CHAPITRE LXXXXIX.

IL faut dire *covendeur*, & non pas *convendeur* : & il faut dire au contraire *Conseigneur*, & non pas *Cosseigneur*. C'est ainsi que parlent ceux qui parlent bien.

Brouillas : brouillarts.

CHAPITRE C.

M^R d'Ablancourt, dans sa Version de la Retraite des Dix Mille de Xénophon, page 152. & dans ses Notes sur cette Version, page 470. a dit *brouillas* : & c'est comme on parle en plusieurs Provinces : & particulièrement en celles d'Anjou & du Maine. Il faut dire *brouillars*, comme on dit à Paris.

A mesme temps : au mesme temps : en mesme temps : dans le mesme temps.

CHAPITRE CI.

Toutes ces quatre façons de parler sont tres-bonnes, & tres-naturelles.

Charles Chauve : Charles le Chauve: Charles Quint : Charles le Quint.

CHAPITRE CII.

Il faut dire *Charles le Chauve*, & non pas *Charles Chauve* : quoyqu'on dise *Charles-Magne*. C'est comme parlent ceux qui parlent correctement. Les Italiens disent aussi *Carlo il Calvo*.

En parlant de l'Empereur *Charles*, cinquiéme du nom, il faut dire *Charles-Quint*. Mais en parlant du Roi de France, il faut dire *Charles Cinquiéme*; & non pas *Charles le Quint*, comme disent quelques Antiquaires : car c'est ainsi que parloient nos Anciens. Brantosme dans son Discours de la Reine Marguerite, prémière femme de Henri IV. *Le Roi Charles le Quint, traitant du mariage de Madame Marie de France, sa fille, avec Guillaume Comte de Hainaut.* Ils disoient de mesme *Philippe le Quart.* Jan de Meun dans la Dédicace de sa Traduction du livre de Boëce, au Roi Philippe Quatriéme: *A ta royale Majesté, noble Prince, par la grace de Dieu, Roi de France, Philippe le Quart*, &c.

Comparoistre : comparoir.

CHAPITRE CIII.

IL faut dire *comparoistre*, & non pas *comparoir*.

Conquéreur : Conquérant.

CHAPITRE CIV.

COëffeteau dans son Histoire Romaine, dit toujours *Conquéreur* : & c'est comme parloient nos Anciens. Vous trouverez dans Nicod, CONQUÉREUR, *ou* CONQUÉRANT. On ne dit plus présentement que *Conquérant* : & ce seroit tres-mal dit, que de dire *Conquéreur*.

Mais apropos du mot de *Conquérant*, il me souvient que le P. Bouhours a remarqué dans son Entretien de la Langue, que les Latins du bon siécle n'avoient point de

mot pour exprimer ce mot. Il eſt vray que *Conqueſtor*, qui ſignifie *Conquérant*, n'eſt pas de la belle Latinité : mais dans le tans meſme de la belle Latinité on a dit *quaerere*, pour *conquérir*. Ovide :
Non minor eſt virtus, quàm quaerere, parta tueri.
Properce :
Hic ubi mortalis dextrâ quum quaereret urbes.

Monſieur mon pére. Madame ma mére.

CHAPITRE CV.

Toutes ſortes de perſonnes, à la reſerve des gens de tres-baſſe condition, peuvent écrire à leurs péres & à leurs méres, *Monſieur mon pére*, *Madame ma mére*. Mais il n'y a que les Princes, qui puiſſent dire, en parlant de leurs péres & de leurs méres, *Monſieur mon pére*, *Madame ma mére*.

Ferré d'argent. Coup de mouſquetade. L'art militaire de la guerre. Secours auxiliaire. Paroles verbales.

CHAPITRE CVI.

ON peut fort bien dire *un cheval ferré d'argent* ; le mot de *ferré* en cette lo cution, ne regardant que la chose, & non pas la matiére. Les Grecs ont appelé de mesme πυ'ξις, & les Latins *pyxis*, des bouëttes de toutes sortes de matiére. Saint Epiphane dans son Discours de l'Hérésie 73. ὥσπερ γὰρ πυξίον μὲν λέγεται κυρίως τὸ ἐκ πύξου κατεσκευασμένον, κοινότερον δὲ ἢ καταχρηστικῶς ἀπ' ἐκείνου, ἢ ἄλλης τινος ὕλης, γεγονός. Sénéque, livre v. des Bienfaits, chapitre 13. *Quædam etiam si vera non sint, propter similitudinem, eodem vocabulo comprehensa sunt. Sic* pyxidem, *& argenteam, & auream dicimus.* Quintilien, VIII. 6. *Eò magis necessaria* κατάχρησις, *quam rectè dicimus* abusionem, *qua non habentibus nomen suum, accommodat quod in proximo est. Sic,* equum divina Palladis arte ædificant. *Et apud* Tragicos, Et jam leo pariet. *At pater est. Mille sunt hæc. Et* acetabula, *quicquid habet. Et* pyxides, *cujuscumque materia sint.*

Mais on ne peut pas dire *un coup de mousquetade*, ny *l'art militaire de la guerre*, comme disent quelques-uns : ny *un secours auxiliaire*, comme a dit le Duc de Rohan dans son Parfait Capitaine.

On demande si on peut dire *un quadre*, en parlant de la bordure d'un tableau fait en ovale. Je croy qu'on le peut dire : & qu'on le peut dire avecque d'autant plus de raison, que les Italiens, de qui nous avons emprunté ce mot, appellent *quadro* la bordure de toutes sortes de tableaux, tant rons que carrés.

Nous appelons en Anjou, par raillerie,

paroles verbales, des paroles qui ne sont suivies d'aucun effet : des paroles, qui ne sont que paroles : des discours, qui sont vuides de choses.

Escarmouche : écarmouche.

CHAPITRE CVII.

IL faut dire *escarmouche* & *escarmoucher*, & non pas *écarmouche* & *écarmoucher*.

Les Gardes Françoises : Les Gardes François.

CHAPITRE CVIII.

ON demande s'il faut dire *le Régiment des Gardes Françoises*, ou *le Régiment des Gardes François*. J'ay toujours oui dire *les Gardes Françoises*, excepté depuis cinq ou six ans, que le Gazetier s'est avisé de dire *les Gardes François* : en quoy il a esté suivi par quelques personnes, qui prétendent, que parcequ'on dit *un Garde du cors*, au masculin, (comme on dit, *un Cornette*, *un Trompette*) il faut dire aussi *les Gardes François*. Il n'y auroit pas d'inconvenient de parler de la sorte : mais comme ce mot n'est pas encore assés établi, le plus sûr est de continuer à dire *les Gardes Françoises*, comme on dit *une Sentinelle*, *une Vedette*. On dit demesme *la Garde Prétorienne* : *la Garde du Louvre*. Malherbe :

> Le pauvre en sa cabanne, où le chaume le couvre,
> Est sujet à ses lois :
> Et la Garde qui veille aus barrières du Louvre,
> N'en défent point nos Rois.

Bohéme : Bohémiens.

CHAPITRE CIX.

Remarque du P. Bouhours : *Nous ne disons guéres les Bohémes, ni les Bohémiens, pour dire les peuples qui habitent la Bohéme. Ces mots sont consacrez à ces coureurs de profession, qui disent la bonne-aventure. On dit, les peuples de Bohéme : & si on veut parler d'un homme, ou d'une femme en particulier, il faut dire* un homme de Bohéme ; une femme de Bohéme ; *& non pas*, un Bohémien ; une Bohémienne.

Cette remarque est toutafait fausse. On appelle fort bien *Bohemes, & Bohémiens*, les peuples de Bohéme. M. de Balzac dans son Aristippe, page 171. de l'édition in folio : *Que pour cet effet il seroit apropos de trouver quelque moyen, qui obligeast les Bohémes à commancer les prémiers cette pratique*, &c.

M. du Puy dans son Traité de la Pragmatique Sanction, a usé demesme du mot de *Bohémiens*, en parlant de la Secte de ceux de Bohéme. Et dans une Histoire du Royaume de Bohéme, ou dans un Discours de la Secte des Bohémiens, où ces mots de *Bohémes* & de *Bohémiens* ne peuvent faire d'équivoque avecque ces coureurs de profession, il seroit ridicule de dire toujours *les peuples de Bohéme*.

Hongres : Hongrois.

CHAPITRE CX.

AUtre Remarque du P. Bouhours : *Nous disons* les Hongrois, un Hongrois, *quand il s'agit des hommes de Hongrie : mais quand il s'agit des chevaux qui ne sont pas entiers, nous disons* Un Hongre, Un cheval Hongre.

Il seroit à souhaitter que cette Remarque fust pratiquée, afin d'oster l'équivoque du mot de *Hongres*. Mais la pluspart de nos Historiens se sont servis de ce mot, en parlant des peuples de Hongrie. Brantosme dans son Discours sur les deux Jeannes, Reines de Naples, page 353. *Quant à Andréasse qu'elle fit mourir, on dit que c'estoit un Hongre, yvrogne,* &c. Et page 364. *Aussi Dieu, juste vengeur des morts innocentes, vengea la sienne, & sur le Hongre,*

& *sur Charles Durazzo.* Du Haillan, dans son Abregé de l'Histoire d'Anjou, page 560. *D'autre costé, Vrban attiroit à son secours les Hongres à la ruine de Ieanne, Roine de Naples,* &c. Cette femme accusée par les Néapolitains, ses sujets, d'avoir fait mourir André d'Hongrie, son mari, & craignant la vengeance & fureur des Hongres, &c. Pasquier dans ses Recherches, livre VI. chap. 26. page 543. *Les Hongres ne pouvoient bonnement gouster que leur Couronne tombast en quenouille.* M. de Mézeray dans son Histoire de France, tome I. page 313. de l'édition in folio : *Les Hongres lui vinrent aussi-tost tailler de la besongne.* Et dans sa Traduction de Chalcondyle, livre 6. page 137. *Et là dessus Bulc sceut si bien gagner les volontez des Hongres,* &c. Mais encore une fois, il seroit à souhaitter qu'on dist toujours *Hongrois*, en parlant des peuples de Hongrie, comme a dit M. de Mézeray, livre 19. page 20. de la mesme Traduction.

Principauté : principalité.

CHAPITRE CXI.

ON dit *la Principalité d'un Collége*, & non pas *la Principauté d'un Collége*.

Juste au cors : Juste à cors.

CHAPITRE CXII.

IL faut dire *Iuste au cors*, comme on dit à Paris ; & non pas *Iuste à cors*, comme on dit dans les Provinces.

Réfutation des Remarques du P. Bouhours, intitulées Deux On *dans la mesme période,* & Deux avec *de suite.*

CHAPITRE CXIII.

LE P. Bouhours, page 168. de ses Remarques, après avoir allégué ces paroles d'un Auteur qu'il ne nomme pas, *On peut à peu prés tirer le mesme avantage d'un livre intitulé* Roma Subterranea ; & *des autres, où on a gravé ce qui nous reste des Antiquitez de cette première Ville du monde,* ajoute: Ce n'est pas écrire nettement, que de mettre ainsi deux *on*, qui ne se rapportent pas à la mesme personne. Le premier *on* tient la place de Maistres : car il s'agit en cet endroit des Maistres qui instruisent les enfans, en leur mettant devant les yeux des livres de figures : & c'est comme si on disoit, Les Maistres peuvent tirer le mesme avantage, &c. Le second on *n'a point de rapport aux Maiſtres qui inſtruiſent les enfans* : car ce ne ſont pas eux qui ont gravé dans ces livres ce qui nous reſte des antiquitez Romaines. Pour éviter cet embaras, il faut oſter le ſecond on ; & dire : *où eſt gravé ce qui nous reſte des Antiquitez de cette prémiére Ville du monde.*

Et à la page 124. il dit : *C'eſt une négligence vitieuſe de mettre deux* avec qui *ſe ſuivent, & qui ont des rapports différens ; dont l'un regarde la perſonne, & l'autre la choſe. Par exemple* : Elle veſcut avec lui avec la meſme bonté qu'elle avoit accouſtumé.

Ces deux Remarques ſont ſi viſiblement ridicules, que c'eſt les avoir ſuffiſamment réfutées, que de les avoir rapportées.

Et après cela le Pére Bouhours trouve mauvais que j'aye dit, au ſujet de ſemblables remarques, que l'Eloquence n'eſt point vetilleuſe.

Serment déciſif ; ſerment déciſoire. Exhéréder : deshériter. Chicanier : chicaneur.

CHAPITRE CXIV.

ON dit plus communément au Palais *ſerment déciſoire*. *Serment déciſif* n'eſt pourtant pas mauvais.

On peut dire *exhéréder* dans le Palais : mais ailleurs, il faut dire *deshériter*.

Chicanier

Chicanier se dit : mais *chicaneur* se dit plus élégamment.

S'il faut dire boulevart, *ou* boulevert,

CHAPITRE CXV.

LE peuple de Paris dit *boulevert* : & c'est comme parlent Nicod, dans son Dictionnaire ; Turnébe, dans ses Commentaires sur les Oraisons de Cicéron ; M. de Saumaise, sur l'Histoire Auguste, page 140. & Madelénet, dans une de ses Odes Françoises, au Connestable de Luines. Cette prononciation est d'ailleurs appuiée de l'étymologie : ce mot estant dérivé de l'Alleman *bolverck*, qui signifie ouvrage fait de poutres ; comme je l'ay remarqué dans mes Origines de la Langue Françoise ; & qui est composé de *bol*, qui signifie *poutre*, & de *verk*, qui signifie *ouvrage*. Mais l'usage des honnestes gens est pour *boulevart*. C'est donc comme il faut dire incontestablement : car il ne faut point contester contre l'usage. Les Italiens disent demesme *baloardo*, & les Gascons *balouart*.

Décrire, *pour* transcrire.

CHAPITRE CXVI.

Décrire, en la signification de *transcrire* & de *copier*, ne se dit point par ceux qui parlent correctement.

En , dans.

CHAPITRE CXVII.

Le P. Bouhours a fait une Remarque sur ces prépositions, dans laquelle il y a beaucoup de bonnes choses : mais il y en a aussi quelques-unes de mauvaises. *On dit cependant tousjours*, dit-il, à la page 48. Il est allé en l'autre monde, *pour dire qu'il est mort : & ce seroit mal dit*, Il est allé dans l'autre monde, *quoyqu'on dise également*, Nos bonnes œuvres nous suivent en l'autre monde, *&* dans l'autre monde. *Si par l'autre monde on entendoit la partie du monde nouvellement découverte, & que nous appellons* le nouveau monde, *on diroit bien*, Il est allé dans l'autre monde.

Nostre Docteur se trompe icy étrangement. On ne dit point *aller dans* : on dit *aller en*, ou *aller à*. Il est allé en Espagne;

LANGVE FRANÇOISE. 435

en Italie : & non pas, *Il est allé dans l'Espagne ; dans l'Italie. Il est allé aux Indes ; au Pérou* : & non pas, *Il est allé dans les Indes ; dans le Pérou.*

Il dit à la page 54. *L'Auteur de l'Art Poëtique dit,*

Soyez vif & pressé dans vos narrations :
Soyez riche & pōpeux dãs vos descriptions.
Il met dans *à narrations* & *à descriptions, parceque narrations* & *descriptions sont de mesme espéce,* & *dans le mesme ordre. Que s'il dit, en faisant la peinture d'un jeune homme,*

Est vain dans ses discours, volage en ses desirs,

Il en use ainsi pour la mesure du vers : & *c'est proprement dans ces occasions que les Poëtes peuvent faire ce qu'il leur plaist.*

L'Auteur de la Poëtique n'a point esté contraint par le vers à dire *dans ses discours* & *en ses desirs* : car il pouvoit dire,

Est vain en ses discours, volage en ses desirs :

oubien,

Est vain dans ses discours, léger dans ses desirs.

Mais il a cru qu'on pouvoit se servir indifféremment de ces deux prépositions de la sorte qu'il s'en est servi. Et c'est aussi de cette sorte que M. Patru les a employées dans une de ses lettres à Olinde. *Ce cher parent, que vous regretez, n'est point à plaindre. Sa carriére, qui pouvoit estre plus longue, ne pouvoit estre, ny plus belle ny plus hureuse. Il fut hureux dans sa naissance : hureux dans son mariage, en ses enfans, en ses emplois.*

Oo ij

Noſtre Docteur allégue cependant ce paſſage, pour confirmer ſon opinion. *Monſieur Patru, dit-il, qui ſçait admirablement toutes les régles de l'exactitude, n'y a pas manqué, en diſant,* Ce cher parent, &c. *Car naiſſance & mariage, qui ont du rapport, & pour la nature du ſubſtantif & pour le nombre ſingulier, ſont ſous la prépoſition* dans; *comme* enfans & emplois, *qui ſe reſſemblent, (au moins par leur nombre) ſont ſous la prépoſition* en. *Dans, ou* en, *par tout, ne feroit pas un ſi bel effet: & c'eſt en de ſemblables rencontres qu'un peu de varieté a bonne grace.*

Noſtre Docteur ne ſait ce qu'il dit. *Naiſſance* & *mariage*, *enfans* & *emplois*, n'ont point de rapport pour la nature de la choſe : & *mariage* & *enfans* en ont. Et ce qu'il dit que ces deux mots ont du rapport pour le nombre, eſt dit ridiculement : *diſcours* & *deſirs* en ayant demeſme, pour le nombre, dans le vers de M. Des-Préaux que le P. Bouhours a traité de licencieux. Et ſi M. Patru avoit dit, *Il fut hureux dans ſa naiſſance; dans ſes études; dans ſes emplois: hureux en ſon mariage, en ſes enfans, en ſes alliances,* il ne laiſſeroit pas d'avoir parlé, comme il a fait, tres-correctement.

Je demeure pourtant d'accord de ce que dit le P. Bouhours, que ce qui eſt demeſme nature s'exprime le plus ſouvent de meſme maniére.

Turlupinades. Quolibets.

CHAPITRE CXVIII.

LE Révérend P. Bouhours, Prestre & Théologien de la Compagnie de Jésus, a fait dans ses Nouvelles Remarques sur la Langue Françoise un traité des Turlupinades & des Quolibets. Ce traité est curieux, & rempli d'observations qui ne se trouvent point ailleurs. Celles-cy, entr'autres, sont remarquables : *Un Ecrivain qui aura l'esprit tourné au quolibet, pensera estre fort agréable, en disant, pour se moquer d'une exclamation que son adversaire aura faite,* Son grand O n'est qu'un O en chiffre. *Il pensera dire un bon mot, en l'avertissant de ne pas suivre le grand nombre, depeur d'estre* un Docteur à la douzaine. *Un homme à quolibet,* (je dirois *à quolibets*) *ne manquera pas de jouer sur un nom dans des écrits injurieux. Il intitulera un Libelle,* La Sausse au Verjus : *& dira ensuite :* Les raisins qui ne peuvent jamais meurir, sont bons à faire du verjus. La France approuve ces desseins par son Ministre à la Cour de Brandebourg, & la sausse court risque de n'estre pas des meilleures, puisqu'on y met trop de verjus. *Il faut avoir le goust bien méchant, pour trouver bon un mot de cuisine. Rien ne fait plus mal au cœur, que ces allu-*

sions fades, qui n'ont ni sel, ni grace. Et je ne sçay si je n'aimerois point autant la plaisanterie de ce Prédicateur si fameux, qui preschant devant un grand Prince, & ayant pris pour son texte, OMNIS CARO FOENUM, commença par dire: Monseigneur: foin de vous; foin de moi; foin de tous les hommes: OMNIS CARO FOENUM. Mais à parler serieusement, la turlupinade du Ministre de Vienne, & celle du Prédicateur de Paris se valent bien. ¶ Tout cela est docte, tout cela est ingénieux, tout cela est judicieux.

Mais comme il n'y a rien de parfait dans les productions de l'esprit, non-plus qu'en celles de la Nature, ce qui suit, n'est pas dit judicieusement. Ce n'est pas qu'il n'y ait des occasions où un quolibet ne puisse absolument trouver sa place. Mais ces occasions sont rares: & il faut que le quolibet soit spirituel & délicat, s'il peut y avoir de l'esprit & de la délicatesse en quolibets. M. de Voiture ne réussit pas moins en quolibets qu'en proverbes. Estant en Afrique, il mande à Mademoiselle Paulet: (Je dirois, *il écrit à Mademoiselle Paulet*): L'air de ce païs m'a déja donné je ne sçay quoy de felon, qui fait que je vous crains moins: & quand je traiteray desormais avecque vous, faites estat que c'est de Turc à More.

Ce quolibet de M. de Voiture, que le P. Bouhours trouve tres-bon, est tres-mauvais. More, dans cette locution, *Je traiteray desormais avecque vous de Turc à More*, tombe sur M. de Voiture, qui estant en Afrique, peut bien eſtre conſidéré comme More. Mais le mot de *Turc* n'a point de rapport à Mademoiſelle Paulet ; laquelle n'eſtant point en Turquie, ne peut eſtre appelée *Turque*. Il eſt vray que les Turcs ſont des Infidelles, & que les Amans traitent d'ordinaire leurs Maitreſſes d'Infidelles : mais cela ne fait pas qu'un Amant puiſſe donner le nom de *Turque* à ſa Maitreſſe. Ajoutez à cette objection que M. de Voiture diſant qu'il traitera deſormais de Turc à More avecque Mademoiſelle Paulet ; il faudroit, pour la juſteſſe du quolibet, que M. de Voiture uſt eſté alors en Turquie, & non pas en Afrique.

 Les Critiques ſévéres trouvent auſſi quelque choſe à dire à cette expreſſion : *S'il peut y avoir de l'eſprit & de la délicateſſe en quolibets.* Ils voudroient qu'on diſt, *S'il peut y avoir de l'eſprit & de la délicateſſe dans les quolibets* : ou, *en matiére de quolibets* : ou, *à dire des quolibets.*

 Ils trouvent auſſi ce mot du P. Bouhours; *Il faut avoir le gouſt bien méchant pour trouver bon un mot de cuiſine*, un tres-mauvais mot : un mot de cuiſine pouvant eſtre fort bon ; comme il paroiſt par ce quolibet de Monſieur de Voiture, dans la lettre de la Carpe au Brochet ; & que le Pére Bouhours approuve lui-meſme ; & avecque raiſon : *Quoyque vous ayiés eſté excellent juſques icy à toutes les ſauſſes où l'on vous a mis, il faut avouer que la ſauſſe d'Allemagne vous donne un grand gouſt, & que*

*les lauriers qui y entrent, vous relévent mer-
veilleusement. Les gens de l'Empereur qui vous
pensoient frire, & vous manger avec un grain
de sel, en sont venus à bout comme j'ay le
dos.*

Hautesse. Hautain. Rabaissement.

CHAPITRE CXIX.

Nostre Révérend Pére Goguenard, dans son Entretien de la Langue & dans ses Doutes, a ridiculisé M. de Sassy, pour s'estre servi du mot de *hautesse* en la signification de *grandeur* & d'*élévation*. Voicy l'endroit de l'Entretien de la Langue:

A la vérité, je ne trouve dans l'Imitation de Iésus-Christ, ny des expressions hyperboliques, ny des périodes démesurées. Cependant, à ne vous rien déguiser, j'y trouve je ne sçay quoy qui me fait de la peine. Ce sont peut-estre des scrupules. Vous en jugerez s'il vous plaist. I'ay le livre sur moi: & j'ay marqué les endroits qui m'ont arresté. Ie commence par l'Epitre Dédicatoire: Tant s'en faut que ce glorieux rabaissement soit indigne du courage des personnes de vostre naissance. *Ie vous avoue que ce glorieux rabaissement, pour dire* humilité généreuse, *ne me plaist guéres. Il ne me plaist point du tout, dit Ariste. & je doute fort que rabaissement soit François en ce sens-là. I'ay bien oüi dire le* rabaissement des monnoies, & peuteſtre le rabaissement d'une personne à qui on fait perdre sa dignité & son rang : mais je n'ay pas oüi dire rabaissement pour humilité : & ce glorieux n'y revient pas trop, selon mon sens.

Il y a dans l'Avertissement au Lecteur un mot qui m'a surpris, continua Eugéne. Le voicy: Il égale la hauteſſe & la magnificence des ouvrages des Saints Péres. Que dites-vous de hauteſſe? I'avois cru jusqu'à cette heure, dit Ariſte, que la hauteſſe eſtoit affectée au Grand Seigneur : & je ne croyois pas qu'on deuſt jamais donner de la hauteſſe aux Saints Péres. J'aimerois autant leur donner de l'Alteſſe : & je trouverois auſſi bon l'Alteſſe de leurs ouvrages, que la hauteſſe. Raillerie à part : la hauteſſe me choque encore plus que rabaissement.

Il dit ensuite, après avoir cité cet endroit de la mesme Traduction, TOUTE LA HAUTESSE ET L'ÉCLAT DU MONDE ESTANT COMPARÉ A VOSTRE ETERNELLE GLOIRE, N'EST QUE FOLIE ET QUE VANITÉ: A ce que je vois, dit Ariſte, le Traducteur a la hauteſſe fort en teſte : & il ne tiendra pas à lui que toutes les grandeurs de l'Vnivers ne partagent avecque le grand Turc un titre qui lui eſt propre, & que personne ne lui a encore disputé. Si le Traducteur en eſt cru, on dira bien-toſt la hauteſſe des Rois ; la hauteſſe des Papes ; la hauteſſe des Anges; la hauteſſe de Dieu ; comme on dit la hauteſſe du Monde, & la hauteſſe des Saints Péres.

Voicy l'endroit des Doutes : *J'ay veu dans des livres fort estimez, hautesse, en un certain sens qui me met en peine.* Toute la hautesse & l'éclat du monde, estant comparé à vostre eternelle gloire, n'est que folie & que vanité. ¶ Quoyque la veuë de l'ennemi si proche l'eust rendu un peu plus moderé pour écouter les conseils qu'on lui donnoit, elle n'avoit néanmoins diminué en aucune sorte la hautesse & la fermeté de son cœur. *Souffrez, Messieurs, qu'en vous consultant, je vous dise quelquefois mes pensées & mes goufts. Hors Sa Hautesse, quand il s'agit du Grand Seigneur, hautesse me déplaist & me choque étrangement. C'est peut-estre une bizarrerie & un caprice : car les aversions que l'on a pour les mots, ne sont pas quelquefois plus raisonnables que celle que l'on a pour les personnes.*

Ce glorieux rabaissement, que le P. Goguenard reprent dans le passage de M. de Sassy, (car c'est M. de Sassy qui est l'Auteur de la Traduction de l'Imitation de Jésus-Christ) est tres-bien dit. Vous trouverez dans Nicod *rabaissement d'estat*. Et *rabaissement des monnoies*, qu'il approuve, est tres-mal dit. On dit *le rabais des monnoies*, & non pas *le rabaissement* : comme je l'ay remarqué au chapitre 153. de la prémiére partie de ces Observations. Et il est tellement véritable qu'on ne dit point *le rabaissement des monnoies*, que le P. Bouhours en est lui-mesme demeuré d'accord à la page 10. de son livre des Doutes : où il m'a fait l'honneur de me citer.

Pour ce qui est du mot de *hautesse*, il n'est pas vray non-plus qu'il ne se soit jamais dit que du Grand Seigneur. Outre M. de Saſſy, qui s'est servi de ce mot en la signification de *grandeur* & *d'élévation* aux passages allégués ; car c'est aussi M. de Saſſy, qui est l'auteur du livre de la Vie de Dom Barthelemi des Martyrs, d'où ce passage, *Quoyque la veue de l'ennemi*, &c. est tiré. Outre dis-je M. de Saſſy, tous nos Anciens l'ont employé en la mesme signification. Marot, dans son Séaume 115.

Enfans, qui le Seigneur servez,
Louez-le, & son nom élevez.
Louez son nom, & sa hautesse.

Théodore de Béze dans son Hymne à l'Eglise de Nostre Seigneur :

Petit Troupeau, qui en ta petitesse
Vas surmontant du Monde la hautesse.

Et dans son Séaume 92.

O Dieu, quelle hautesse
Des œuvres que tu fais.

Vous trouverez dans Nicod : *La hautesse d'un grand Roi* : SUBLIMITAS. Et par tous ces endroits, il paroist que nostre Pére Goguenard, qui a voulu tourner en ridicule M. de Saſſy, en disant de cet excellent Traducteur, *Si le Traducteur de l'Imitation de Iesus-Chrit en est cru, on dira bien-tost la hautesse des Rois ; la hautesse de Dieu; comme la hautesse du monde ; est lui-mesme ridicule.*

Nos Anciens se sont servis aussi du mot

de *hautain*: non-seulement pour *haut*: comme en ces vers de Malherbe,

> *En cette hautaine entreprise*
> *Commune à tous les Beaux-Esprits*, &c.

& en celui-cy de Gombaud,

> *Voilà bien les Forests, dont les cimes hautaines*, &c.

mais pour *superbe*. Comme en cet endroit de Marot,

> *Venez son mignon, Borderie,*
> *Grand espoir des Muses hautaines.*

Malherbe a employé le mesme mot dans le mesme sens.

> *Les Muses hautaines & braves*
> *Tiennent le flater odieux,*
> *Et comme parentes des Dieux,*
> *Ne parlent jamais en esclaves.*
> *Et tous ces grans Tombeaux, où leurs ames hautaines*, &c.

Et ce mot, dans ce sens, peut encore aujourdhuy estre employé dans la haute Poësie.

Mais pour *haussaire*, dont Marot s'est servi dans le Séaume 17.

> *Sa main d'en haut icy bas me tendit,*
> *Et hors des eaux sain & sauf me rendit:*
> *Me recourut des puissans & haussaires,*
> *Et plus que moi renforcés adversaires;*

il est absolument hors d'usage en toutes sortes de compositions.

Si l'adjectif doit suivre, ou précéder le substantif.

CHAPITRE CXX.

Mr de Balzac a touché cette question dans une de ses lettres, qui est la 2. du livre 13. mais sans la décider. Voicy ses termes : *Vous estes un trompeur insigne, ou un insigne trompeur. Ie dis l'un & l'autre, pour contenter deux Grammairiens de mes amis, qui ne sont pas d'accord sur la presséance de l'adjectif.* Et c'est avecque raison que M. de Balzac ne l'a pas décidée : l'adjectif en quelques endroits devant suivre le substantif, & le devant précéder en d'autres. On dit, par exemple, *le haut stile*, & *le stile sublime* ; & non pas *le stile haut*, & *le sublime stile*. Il faut donc consulter l'Usage en ces sortes d'occasions. Pour ne l'avoir pas consulté, le P. Bouhours a fait plusieurs fautes. Il a dit, *Descendus en ligne droite : Ils jugérent d'une voix commune : Les Ebreux qui ont esté les dépositaires de la divine parole.* Il faut dire : *Descendus en droite ligne : Ils jugérent d'une commune voix : Les Ebreux qui ont esté les dépositaires de la parole divine.* Voyez cy-dessus au chapitre 65. & au chapitre 59. page 113.

Indisposer.

CHAPITRE CXXI.

INDISPOSÉ, dit le P. Bouhours, à la page 28. de ses Doutes, *signifie-t'il autre chose en nostre Langue, que* malade ? *Le Sieur de Beüil lui donne une signification toute nouvelle, dans l'Imitation de Iesus-Chrit.* Ainsi vous pourriez, *dit-il*, différer long-temps de communier, & vous y trouver plus indisposé dans la suite. *Il fait-là* indisposé *participe ; comme vous voyez : & afin qu'on n'en doute pas, il fait un verbe d'*indisposer. Celui qui aprês m'avoir receu, se répand aussi-tost en des satisfactions extérieures, s'indispose beaucoup pour me recevoir. *Cet* indisposer *me paroist, si je l'ose dire, quelque chose de monstrueux en nostre Langue.*

Le P. Bouhours, qui trouve aujourdhuy indisposer monstrueux, ne le trouvoit autrefois que gaillard. *Cet* indisposer *est gaillard, répondit Ariste : & je suis bien trompé si ce mot-là fait fortune.* C'est ce qu'il dit, dans son Entretien de la Langue, au sujet de l'endroit de l'Imitation de Jésus-Chrit cy-dessus rapporté. Mais M. de G. qui prent soin de faire la Gazette, ne le trouve, ny gaillard, ny monstrueux : l'ayant employé en l'article de la Haye, du 8. May 1676. *Le Sieur Grot a esté amené à la Cour de Iusti-*

ce, *pour répondre aux chefs d'accusation qu'on lui impute: principalement touchant la négociation de 1672.* On l'accuse aussi d'avoir esté toujours de sentiment contraire au Prince d'Orange: *& mesme au gouvernement: d'avoir tenu des discours pour indisposer le peuple contre ce Prince.* L'adjectif *indisposé* dans l'endroit de M. d'Andilly ne me déplaist pas: mais je ferois difficulté de me servir du verbe *indisposer*.

Finesses.

CHAPITRE CXXII.

LE Précieux Pére Bouhours, dans son Entretien de la Langue, dit que *finesse*, au singulier, a présentement une signification plus étenduë qu'il n'avoit au tans passé: qu'il ne signifioit autrefois qu'*artifice, subtilité, fausse prudence*; & qu'il signifie maintenant *délicatesse, perfection*: mais qu'au plurier, il n'a toujours que son ancienne signification d'*artifice*, de *subtilité*, & de *fausse prudence*.

Cette remarque est absolument fausse: & le P. Bouhours a esté obligé de s'en dédire dans ses Nouvelles Remarques. Nous disons tous les jours, *les finesses de la Langue*: à l'imitation des Italiens, qui disent de-mesme *le finezze della Lingua*.

Infatiable.

CHAPITRE CXXIII.

SA Prétiofité dit au mefme Entretien, que le mot *infatiable* eſt de ceux qui n'ont point de queüe : ceſtadire, qui ne régiſſent rien. Cette Remarque n'eſt pas plus véritable que la précédente. On dit fort bien *infatiable d'honneur ; infatiable d'argent; infatiable de carnage.*

Defireux.

CHAPITRE CXXIV.

Mr de Balzac s'eſtant ſervi de ce mot, dans ſon Entretien du Faux Critique, le P. Bouhours l'en a repris en ces termes: *M. de Balzac eſt aſſeurémens un grand Maiſtre ; & noſtre Langue lui doit beaucoup : mais il ne laiſſe pas de s'égarer quelquefois comme un autre : & on peut auſſi quelquefois ſe diſpenſer de le ſuivre.* C'eſt à la page 10. de ſes Nouvelles Remarques.

Il eſt vray que ce mot a vieilli : mais c'eſt un beau vieillard, qui peut encore trouuer ſa place. On peut dire, par exemple : *Tous les hommes ſont naturellement deſi-*

veux d'apprendre. C'est comme on traduit d'ordinaire, en François, ce mot d'Aristote ; qui est le commancement de sa Métaphysique ; πάντες ἄνθρωποι τῷ εἰδέναι ὀρέγονται φύσει.

Précis. Fermeté de stile.

CHAPITRE CXXV.

LE P. Bouhours a dit dans son Entretien de la Langue, à la page 63. de l'édition in quarto : *Thucydide, qui est de tous les Historiens Grecs le plus serré & le plus précis.* Je doute fort qu'on puisse se servir de *précis* en la signification de *concis* : ou plustost, je suis certain qu'on ne s'en peut servir en cette signification.

Le P. Bouhours, ayant dit aumesme endroit, *Mais parmi nous, ceux qui écrivent le mieux, ont un stile également serré, & poli. Ils joingnent, dans le François, la pureté de César, & la fermeté de Tacite* ; il s'en est dédit dans ses Doutes. *Le mot de* fermeté, dit-il, *ne regarde-t'il pas plustost l'humeur que le stile ? Ne signifie-t'il pas plustost résolution & constance, que force d'expression & de pensée ? On dit bien un stile ferme : mais je doute que fermeté de stile soit François.*

Pour moi, je n'en doute point. Et d'un autre costé, après avoir parlé d'Ecrivains qui ont un stile également poli & serré, je ne ferois point aussi de difficulté de dire, *Ils joingnent, dans le François, la pureté de César, & la fermeté de Tacite*: ces mots de *pureté* & de *fermeté*, préparez de la sorte, ne pouvant faire aucun équivoque.

Bornes & limites.

CHAPITRE CXXVI.

LE P. Bouhours, à la page 242. de son livre des Doutes, met ces deux mots au rang des synonimes inutiles, dans cet endroit de la Défense de Voiture de M. Costar: *Ce n'est pas seulement pour estre le plus grand & le plus bel Esprit de vostre siécle que vous ressemblés à Cicéron; ny pour avoir étendu, presque à l'infini, les bornes & les limites de l'éloquence de vostre nation.* M. de Sassy a dit de mesme, au chapitre dernier de sa Traduction de l'Imitation de Jésus-Christ: *Dieu, qui est éternel, & dont la puissance est sans bornes & sans limites.* Et les Latins ont dit aussi de mesme *fines & terminos.* Cicéron: *Certos mihi fines, terminosque constituam.* ¶ M. Patru a dit aussi dans sa Traduction de l'Oraison de Cicéron pour le Poëte Archias: *Si nous renfermions toutes nos pensées dans les mesmes bornes qui limitent nostre vie.* Tout cela est tres-bien dit. *Bornes,* c'est la marque des limites.

Tous mes defirs foupirent vers vous.

CHAPITRE CXXVII.

LE P. Bouhours, qui n'a lu la Traduction de l'Imitation de Jésus-Chrit de M. de Saſſy, que pour la reprendre, en a repris cet endroit, qui eſt du chapitre 48 du livre 3. *Tous mes defirs foupirent vers vous.* C'eſt le cœur, dit-il dans ſon Entretien de la Langue : *c'eſt la perſonne qui foupire : mais les defirs ne foupirent point : ce ſont eux qui font foupirer.*

MES DESIRS SOUPIRENT, eſt tres-bien dit. Les Poëtes ſont pleins de ſemblables locutions. Mais c'eſt d'ailleurs comme a parlé l'Auteur de l'Imitation de Jéſus-Chrit, dont M. de Saſſy eſt le Traducteur. *Confolare exilium meum : mitiga dolorem meum : quia ad te fuſpirat omne defiderium meum.*

S'en prendre aux aſtres. Aſtronome. Aſtrologue.

CHAPITRE CXXVIII.

NOſtre Révérend Pére Précieux a dit dans ſon Entretien du Bel-Eſprit : *D'où vient, interrompit Eugéne, qu'un ſiécle* est plus spirituel que l'autre. Si vous faisiez cette demande à un Astrologue, répondit Ariste, il ne manqueroit pas de s'en prendre aux astres : Et il vous diroit, sans doute, que la révolution & le concours de certaines étoilles est l'unique cause de cette différence.

S'EN PRENDRE AUX ASTRES, est tres-mal dit en ce lieu-là. S'en prendre, se dit en mauvaise part, comme le P. Bouhours luimesme l'a remarqué à la page 74. de son livre des Doutes : où il avoüe de bonne foi qu'il s'est mépris dans le passage cy-dessus rapporté. Mais il ne s'est pas seulement mépris en ce passage, touchant cette façon de parler *s'en prendre aux astres*; il s'est encore mépris en se servant du mot d'*Astrologue* aulieu de celui d'*Astronome*. Voyez le chapitre 172. de la prémiére partie de ces Observations.

Grand. Grande Femme.

CHAPITRE CXXIX.

LE P. Bouhours, à la page 169. de ses Nouvelles Remarques, dit que *Grand* tout seul, signifie *Grand Seigneur*. J'ajoute à la remarque de ce savant Critique, que les Latins ont usé du mot de *Magni* en la mesme signification. Horace : —— *tamen me*
  Cum Magnis vixisse invita fatebitur usque
  Invidia.

Martial :

Parva rogas Magnos: sed non dant hæc quoque Magni.

Ut pudeat leviùs te, Matho, magna roga.

Ce savant Critique a remarqué au mesme endroit, qu'on ne dit point, *C'est une grande femme*, pour dire *une femme de grand mérite*: & qu'on ne diroit pas *Les grandes femmes de l'Antiquité*, comme *Les grands hommes de l'Antiquité*. Ce qui est tres-véritable. Mais le P. Bouhours qui a fait cette Remarque, ne l'a pas suivie : comme il paroist par cet endroit de son Entretien des Devises : *Une Dame de qualité, qui n'a que de hautes pensées, & que de nobles sentimens, a pris pour sa Devise un oiseau de paradis, avec ce mot* DESPICIT IMA. *Aureste, vous jugez bien, que puisque les grandes Dames portent des Devises, les grands Seigneurs & tous les grands hommes en portent aussi* : Car opposant, comme il fait, les *grans Seigneurs* & les *grans hommes* aux *grandes Dames*, il est sans doute que par *grandes Dames* il a entendu, & les femmes de grande qualité, & les femmes de grand mérite.

Cette Devise aureste, pour le marquer en passant, estoit la Devise du Tasse. Et M. Chapelain, pour le marquer encore en passant, a pris pour la sienne, le mesme cors, avec ce mot *viamque affectat olympo*. *Viamque affectat olympo* estant de Virgile, est sans doute plus beau que *despicit ima*, qui n'est, je croy, d'aucun Auteur célébre. Mais l'oiseau de paradis, ne s'élevant point dans les nuës, & évitant seulement la terre; le mot de Virgile ne convient point à cet oiseau. Pour ajuster le mot au cors, M. Chapelain devoit prendre une aigle.

Plus je lui fais de bien, & moins je fais de bruit.

CHAPITRE CXXX.

C'Est un vers d'un quadrain que le P. Bouhours a fait pour une de ses Devises, rapportée à la page 320. de l'édition in quarto de ses Entretiens.

Plus je lui fais du bien n'est pas François. Il faut dire, *Plus je lui fais de bien.*

Décroire.

CHAPITRE CXXXI.

MAlherbe, dans sa prose, s'est servi de ce mot. Nous nous en servons dans le discours familier, en cette façon de parler, *Je ne le croy, ny ne le décroy.* Les Latins ont dit demesme *discredere* : car c'est ainsi que l'Auteur de l'ancienne Version des Antiquités Judaïques de Joséphe, attribuée faussement à Rufin, a traduit en plusieurs endroits le mot Grec ἀπιστεῖν.

Fausse reigle du P. Bouhours touchant l'usage des participes passifs dans les prétérits.

CHAPITRE CXXXII.

LE Révérend P. Bouhours a fait en ses Nouvelles Remarques un chapitre de l'usage des participes passifs dans les prétérits. Il dit entr'autres choses en ce chapitre, que lorsque la prononciation n'est pas assés soustenue, on donne des nombres & des genres aux participes, afin de la soustenir : & qu'on dit pour cela, *La lettre que j'ay receue.* Ce qui est tellement véritable, ajoute-t'il, que lorsqu'on met quelque chose après le participe, ce participe estant suffisamment soustenu par ce qui suit, redevient indéclinable. Ainsi, selon lui, il faut dire, *La lettre que j'ay reçu depuis deux jours.* Et il allégue à ce propos cet exemple, qui est de la Préface de Iphigénie : *Ces approbations m'ont confirmé dans l'estime & dans la vénération que j'ay toujours eu pour les ouvrages qui nous restent de l'Antiquité.*

Cette reigle est absolument fausse. Il est indubitable qu'il faut dire, *La lettre que j'ay reçue depuis deux jours : L'estime & la vénération que j'ay toujours eues pour les ouvrages de l'Antiquité.* C'est comme parlent tous ceux qui parlent bien ; à la reserve de M.

Patru. Et c'eſt auſſi comme avoit toujours parlé le Révérend P. Bouhours dans tous ſes livres, imprimés avant ſes Nouvelles Remarques. Mais par la paſſion qu'il a de me reprendre, (car dans la ſegonde édition de la prémiére partie de mes Obſervations, j'ay cenſuré l'opinion de M. Patru) il s'eſt aviſé de ſouſtenir dans ſes Nouvelles Remarques cette opinion inſouſtenable.

Pour ce qui eſt de ces exemples, *Le commerce la rendu puiſſante*, en parlant d'une Ville : *Ie l'ay veu partir*, en parlant d'une femme : *C'eſt une fortification que j'ay apris à faire* : *La peine qu'il a pris de faire cela* : *La peine que m'a donné cette affaire* : *Elle s'eſt venu aſſeoir* : *Elle s'eſt fait peindre* : *Elle s'eſt fait admirer* : *Elle s'eſt fait belle* : *La liberté que je me ſuis donné de vous écrire* ; que le P. Bouhours allégue pour la confirmation de ſon opinion ; ils ſont toutafait différens de ceux dont eſt queſtion : *La lettre que j'ay reçu depuis deux jours* ; *L'eſtime & la vénération que j'ay toujours u pour les ouvrages de l'Antiquité*. Mais comme je me ſuis amplement expliqué touchant ces exemples, au chapitre 32. de la prémiére partie de ces Obſervations, je prens la liberté d'y renvoyer mes Lecteurs.

Fortuné

Fortuné.

CHAPITRE CXXXIII.

MR de Vaugelas a décidé que ce mot estoit bas, dans la signification de *malheureux*. Il n'est pas seulement bas en cette signification ; il est mauvais : & si mauvais, que le P. Bouhours a esté obligé d'abandonner M. de Vaugelas en cette occasion FORTUNE', dit-il, dans ses Nouvelles Remarques, *ne se dit plus en mauvaise part : & à peine se dit-il en bonne part dans la prose, que pour signifier les Isles de l'Océan Atlantique.*

Je remarqueray icy en passant une faute de Langue de nostre Docteur en Langue vulgaire, que j'ay oublié de remarquer au chapitre 90. de ce volume, en parlant des fautes de Langue du livre des Nouvelles Remarques. *Et à peine se dit-il en bonne part dans la prose, que pour signifier*, &c. Il faloit dire : *si ce n'est pour signifier*. Oubien : *Et il ne se dit en bonne part dans la prose, que pour signifier.*

Le mot de *fortuné* aureste, se diroit encore aujourdhuy fort bien en prose dans le stile sublime. *Vn Prince fortuné : un Amant fortuné.* Et particuliérement estant opposé à *infortuné*. *Le plus fortuné de tous les Princes est devenu l'homme du monde le plus infortuné.*

Turbulemment.

CHAPITRE CXXXIV.

Ce mot, que le Précieux Pére Bouhours, à la page 46. de ses Doutes, n'approuve pas dans cet endroit des Annales du Tacite de M. d'Ablancourt, *Aussi n'agissoient-ils point turbulemment, comme dans une émeute populaire*, est excellent en cet endroit-là.

Il n'est point vray aureste, que cet adverbe soit un mot de la façon de M. d'Ablancourt, comme le prétent sa Prétiosité.

Vers : envers. Vers où.

CHAPITRE CXXXV.

Ces *deux prépositions* VERS, ENVERS, *dit* M. de Vaugelas, *ne veulent pas estre confondues.* VERS *signifie le* versùs *des Latins: comme*, vers l'Orient ; vers l'Occident : & ENVERS *signifie l'*erga : *comme*, la pieté envers Dieu ; envers son pére ; envers sa mére. VERS *est pour le lieu,* & ENVERS *pour la personne*.

Tout cela est véritable dans les exemples alleguès. Mais il n'est pas véritable que *vers* ne se dise que du lieu. Il se dit aussi de la personne. On dit, *Ambassadeur vers le Pape* ; *vers la République de Venise* : & qui diroit *Ambassadeur envers le Pape* ; *envers la République de Venise*, parleroit ridiculement. On dit, *Ie l'ay envoyé vers vous*, *Il s'est tourné vers moi*. Mais M. de Vaugelas prétent que *vers* en ce dernier exemple, regarde le lieu pluſtoſt que la perſonne. Ce qui peut ſervir à juſtifier *tous mes deſirs ſoupirent vers vous*, que le P. Bouhours a condanné dans la Traduction de l'Imitation de Jéſus Chriſt de M. de Saſſy.

Pour ce qui eſt de *vers où*, que M. de Vaugelas condanne en cette façon de parler, *Il ſe rendit à un tel lieu*, *vers où l'armée s'avançoit*, je ſuis abſolument de l'avis de M. de Vaugelas.

Chiorme : chiourme : chourme.

CHAPITRE CXXXVI.

MR de Balzac, dans ſes Oeuvres Diverſes, à la page 4. de l'édition in quarto, a dit *chiorme*. La pluſpart des Provinciaux diſent *chourme*. Il faut dire *chiourme*, comme on dit à Paris. Les Italiens, de qui nous avons emprunté ce mot, diſent auſſi *ciurma* ; qu'ils ont fait du Latin *turma*.

Trouveray : trouverray.

CHAPITRE CXXXVII.

Trouverray est un badaudisme. Dites *trouveray*.

Chemin fesant : En chemin fesant.

CHAPITRE CXXXVIII.

L'Un & l'autre est bon : mais *chemin fesant* est le meilleur.

Les noms de famille n'ont point de plurier.
Il est mort : Il a esté tué.

CHAPITRE CXXXIX.

Les noms de famille n'ont point de plurier. Il faut dire, *Messieurs Montbelon, Messieurs Fouquet, Messieurs Colbert, Messieurs Ayrault, Messieurs Lanier*: & non pas, *Messieurs Montbelons, Messieurs Fouquets, Messieurs Colberts, Messieurs Ayraults, Messieurs Laniers.* M. Patru dans son Placet à la Reine ; *Il est frère des fameux Mercy, qui moururent avecque tant de gloire dans les batailles de Fribourg.*

Le Lecteur remarquera, s'il lui plaiſt, en paſſant, que M. Patru s'eſt ſervi du mot de *mourir*, en parlant des Mercy, qui avoient eſté tués dans les Batailles de Fribourg. Mais comme leur mort n'eſtoit pas récente, cette expreſſion n'eſt pas contraire à la Nouvelle Remarque du P. Bouhours ; qui porte, qu'on ne dit point d'un homme de guerre, tué à un Siége ou dans une Bataille, *qu'il eſt mort* à ce Siége ou dans cette Bataille : ſi ce n'eſt qu'on parle de ſa mort, comme d'une choſe arrivée depuis quelque tans.

Dorénavant : doreſenavant. Derechef. Partant.

CHAPITRE CXL.

DORENAVANT, eſt le bon.
DERECHEF, eſt vieillot : & je ferois difficulté de m'en ſervir dans un diſcours fleuri. M. de Balzac s'en eſt pourtant ſervi dans une de ſes plus belles Lettres, qui eſt la 1. du livre XI. *Nous avons perdu dans le meſme ami un Mathématicien, un Orateur, & un Poëte : Ie vous l'avoue derechef.*

M. de Vaugelas a remarqué que PARTANT commançoit à vieillir & à n'eſtre plus bien reçu dans le beau ſtile. Et j'ay eſté de ſon avis au chapitre 186. de la prémiére partie de ces Observations : aprés avoir remarqué néanmoins, que M. de Balzac s'en estoit servi dans le sixiéme de ses Entretiens *Et partant je ne violeray point le vœu que j'ay fait de ne faire jamais d'hyperbole.* J'ajoute à ces paroles des Entretiens de M. de Balzac, celles-cy de son Prince, qui sont à la page 110. de l'édition in quarto : *La conscience troublée présume choses cruelles. La malice est craintive, & donnée à l'homme en condannation. Et partant un Prince, qui n'a que de saintes intentions, ne sauroit avoir que de bonnes espérances.* M. Patru, qui est pour la Langue un des Héros du P. Bouhours, & à qui le P. Bouhours a dédié ses Nouvelles Remarques, s'est aussi souvent servi de ce mot. Vous trouverez à la page 720. de son Oraison de Cicéron pour le Poëte Archias, *Tous ces trophées, tous ces glorieux exploits, tous ces triomphes, sont des fruits de nostre vertu, aussibien que de la conduite, & de l'incroyable hardiesse de Lucullus. Et partant ces divins esprits, qui en consacrent la mémoire dans leurs ouvrages, consacrent au mesme temps le nom, & l'incomparable valeur du Peuple Romain.* Il s'en sert encore en plusieurs autres endroits de son livre. Il seroit également inutile & ennuieux de rapporter ces endroits. Voyez à la page 726. & à la page 361. & à la page 740. Tout cela me fait croire présentement que *partant* peut encore aujourdhuy trouver sa place.

S'il faut dire Indiquer, *ou* Indire un Concile.

CHAPITRE CXLI.

LA raison est pour *Indire un Concile* : car on dit *indicere*, & non pas *indicare Concilium*. Et c'est comme parle toujours M. du Puy dans son Traité de la Pragmatique Sanction. M. de Mézeray dans son Abregé de l'Histoire de France, en la Vie de Charles VII. a dit demesme, *Le Concile de Constance avoit par la Session 44. indit un Concile à Pavie.* Mais l'usage, qui l'emporte sur la raison, est aujourdhuy pour *indiquer*. C'est donc comme il faut dire.

Décrépitude. S'immoler à la risée publique.

CHAPITRE CXLII.

J'Apprens de M. Sorel, à la page 123. de la seconde édition de sa Bibliothéque Françoise, que M. de Balzac a blâmé le mot de *décrépitude*. Voicy les termes de M. Sorel: *On a imputé à M. de Balzac cette licence excessive d'avoir méprisé de fort grands hommes, & d'avoir allégué par dérision quelques passages de leurs écrits : comme lors qu'il* a reproché à de certains *Auteurs les mots* d'anxiété ; décrépitude ; irritamens du deespoir: *& d'avoir dit*, s'immoler à la risée publique, *& naviger sur l'Océan ès bourasqueuses saisons de l'année: d'avoir pris les Fleurs de Lis pour la France*, *& le mauvais sort pour la mauvaise fortune : & d'avoir usé de beaucoup d'autres termes qui lui sembloient impropres.* On tenoit qu'en cecy il prétendoit se moquer de *Messieurs du Vair, Coëffeteau, Malherbe, & autres*; lesquels avoient encore retenu ces façons de parler de l'ancien temps, mais qui faisoient paroistre tant d'excellence dans le reste de leurs ouvrages, qu'ils méritoient bien d'estre épargnez. On disoit, que ce qu'il y avoit à admirer, estoit, que dans la mesme lettre où M. de Balzac leur avoit fait ce reproche, le hazard avoit voulu, que lors qu'il entreprenoit de critiquer le langage des autres, on trouvoit dequoi lui rendre le change : ayant dit, que ses écrits sentoient beaucoup plus à l'ambre & au muscq, qu'à l'huile & à la sueur : *& ayant mis ailleurs*, que les paroles des prémiers Consuls sentoient aux aux & aux oignons, & à la viande mal cuite. De vray, c'estoit-là des phrases Gasconnes, qui s'estoient échapées. Mais c'est peu de chose de mettre un article pour l'autre. Cela pouvoit mesme arriver par une faute d'impression : *& peuteftre l'aura-t'on corrigé aux derniéres éditions.*

Je ne say si dans le tans que M. de Balzac se moquoit de ceux qui s'estoient servis du mot de *décrépitude*, ce mot estoit mauvais : mais aujourdhuy c'eſt un tres-bon mot, & tres-uſité.

Pour ce qui eſt de s'IMMOLER A LA RISE'E PUBLIQUE ; qui eſt un mot de Coeffeteau; M. de Vaugelas a fait de grans efforts pour juſtifier cette façon de parler de ſon Héros : mais tous ſes efforts ont eſté inutiles. *Magno conatu magnas nugas egit.* Voyez ſa Remarque.

Surement, *pour* aſſurément.

CHAPITRE CXLIII.

SVrement, pour *aſſurément*, ne ſe dit pas par ceux qui ſe piquent de bien dire. Les Italiens ſont en cela moins ſcrupuleux que nous : car ils diſent élégamment *ſecuramente* en l'une & en l'autre de ces ſignifications.

Conſeiller d'honneur. Conſeiller honnoraire.

CHAPITRE CXLIV.

IL y a grande différence entre ces deux mots, que pluſieurs confondent. *Conſeiller honnoraire*, c'eſt un Conſeiller qui a des Lettres de Vétéran. *Conſeiller d'honneur*, c'eſt un Conſeiller Extraordinaire, qui dans les Compagnies Souveraines précéde les

Conseillers Ordinaires, & les Maistres des Requestes.

Façons de parler contraires les unes aux autres, qui signifient la mesme chose.

CHAPITRE CXLV.

Nous avons dans nostre Langue plusieurs façons de parler qui sont contraires les unes aux autres, & qui signifient néanmoins la mesme chose. Exemples. *C'est un homme de la prémiére qualité : C'est un homme de la derniére qualité.* ¶ *Prenés garde de tomber : Prenés garde de ne pas tomber.* ¶ *Ie vous dis adieu pour toujours : Ie vous dis adieu pour jamais.* ¶ *Cette tasse tient une fois autant que ce verre : Cette tasse tient deux fois autant que ce verre. Il a une fois autant de revenu : Il a deux fois autant de revenu.* ¶ *Il a un pié de nés : Il est demeuré camus.*

Il est difficile de rendre la raison de ces deux derniéres façons de parler. Henri Estienne, dans son Dialogue du Langage François Italianisé, a tasché de la rendre. Voicy ses termes : PHILAUSONE. *Quant à cette maniére de parler,* Il est demeuré bien camus, *ou* tout camus, *je vous averti, qu'aujourdhuy on use d'un Italianisme, qui est du tout contraire quant aux mots (lesquels sont Francés) & toutefois a la mesme significa-*

tion. CELTOPHILE. *Comment est-il possible.*
PHIL. *Oyez-le prémiérement. C'est qu'aulieu qu'on diset*, Il est demeuré bien camus, *on dit maintenant*, Il est demeuré avec autant de nés : *ou*, avec un pan de nés : *ou* avec un pié de nés ; *ou*, deux piés de nés : *ou*, trois piés de nés ; *selon la discrétion & libéralité de chacun.* CELT. *Vous avez bien raison de dire que cette façon de parler n'est pas seulement différente de l'autre, mais du tout contraire.* PHIL. *Si est-ce qu'il faut ainsi parler aujourdhuy en la Cour.* CELT. *Pourquoy?* PHIL. *Pource que la coustume est de quiter icy nostre Gallicisme, & user de l'Italianisme. Or vous sçavez que l'Italien dit*, è restato, cu rimasto, con tanto di naso. *Il est vray qu'aucuns, aulieu de dire*, Il est demeuré avec autant de nés, (*qui est interpréter le langage Italien mot pour mot*) *& aulieu qu'il faut quand & quand monstrer de la main quelle grandeur on entent, se dispensans un peu, disent*, Il est demeuré avec un pan de nés : *ou*, avec un pié de nés : *ou*, deux piés : *ou*, trois, *comme je viens de dire.* CELT. *Mais comment est il possible exprimer une mesme chose par deux façons de parler, qui sont du tout contraires?* PHIL. *Il faut bien qu'il soit possible, puisqu'il est vray : mais quant à la raison, je ne sçay pas si on la trouverêt ès Problémes d'Aristote.* CELT. *N'auray-je de vous pour payement que ce petit trait de moquerie.* PHIL. *Vous ne me demanderiez pas autre chouse, si vous aviez souvenance de ce que je vous ay dit.* CELT. *Quoy?* PHIL. *C'est que*

les Courtisans usent de plusieurs façons de parler, ou il ne faut chercher ny rime ny raison, &c. Orsus donc, pour parler maintenant sans allégorie, vous trouvez estrange qu'on signifie une mesme chouse par deux façons de parler contraires. CELT. Ouy. PHIL. Et toutefois vous sçavez bien, que deux ayans pris deux chemins contraires, se peuvent entrerencontrer, après avoir fait chacun son circuit. CELT. Cela sçay-je bien. Ie vous di qu'ainsi est-il de ces deux phrases, & qu'elles ne sont pas contraires, à parler proprement, mais seulement prennent deux chemins contraires. Et toutefois posons le cas qu'elles soient contraires, n'en en avez-vous pas qui le sont pareillement, & toutefois se rapportent à une mesme chouse. CELT. Ie n'en sçache point. PHIL. C'est que vous n'y avez jamais pensé : car je vous allégueray des exemples de mots, dont vous-mesmes usez ordinairement. Ne dites-vous pas tous les jours, Sur peine de la vie, & Sur peine de la mort, (ou bien, apeine, comme les autres parlent) pour une mesme chouse ? CELT. Ouy. PHIL. Et toutesfois vous sçavez qu'il n'y a rien plus contraire que la vie & la mort. CELT. Cette grande contrarieté se void par expérience. Mais ce qui fait que ces phrases s'accordent, c'est qu'on entend sur peine de perdre la vie, & sur peine d'estre mis à mort : & ces deux choses se rapportent à une. PHIL. Vous le prenez bien. CELT. Or veci un autre exemple. Le feu & l'eau ne sont-ce pas aussi deux choses fort contraires ? CELT. Ouy. PHIL. Et toutesfois l'un crie au feu,

feu, & l'autre crie à l'eau : tous demandans un mesme secours. Il me souvient aussi qu'Aulus Gellius propose deux choses de locutions Latines, lesquelles estans du tout contraires, de prime face, se trouvent signifier une mesme chouse, quand elles sont bien considérées. La prémiére sorte est de ces deux, quoad vivet, & quoad morietur : la seconde sorte est de ces autres deux, quoad Senatus habebitur, & quoad Senatus dimittetur. Or quant à la prémiére sorte, qui est de ces deux, quoad vivet, & quoad morietur, elle vient fort à propos de ces exemples que j'ay alléguez, sur peine de la vie, & sur peine de la mort. CELT. Je trouve tous ces exemples tant François que Latins, fort propres pour prouver ce que vous avez entrepris : & me semble comprendre les raisons pour lesquelles ces façons de parler s'entrerencontrent, encore qu'elles prennent un chemin contraire. Mais il faut que je vous confesse ne pouvoir pas dire le mesme touchant ces deux qui ont meu cette dispute : car je ne voy raison aucune, par laquelle on puisse dire qu'elles tendent à un mesme but. PHIL. Souvenez-vous de ce que vous m'avez promis, de prendre ma monnoye en payement, encore qu'il y eust des piéces fausses. Car suivant cela, je vous déclare que je vous diray, non pas, peuteftre, ce qui en est, mais pour le moins ce que j'en pense. CELT. Ce me sera assez. PHIL. Veci donc mon opinion, quant à la raison, pour laquelle ces deux maniéres de parler signifient une mesme chouse ; quand on dit, Il est demeuré bien camus, ou tout camus, & quand on dit, Il est demeuré avec autant de nés ; & que ce n'est ne plus ne moins que si on disêt, Il est demeuré tout confus, ou tout peneux, ou tout honteux; & ne demandêt qu'à se cacher. Veci, dis-je, mon opinion touchant la raison par laquelle les deux façons de parler dont il est question, s'accordent. C'est que quand on dit, Il est demeuré bien camus, on a esgard à ce que les camus sont fort moquez en France, & tellement, qu'ils ont comme honte de leur imperfection, encore qu'ils n'en puissent mais. Et quand on dit, Il est demeuré avec autant de nés, on considére la façon de faire d'un homme qu'on rend soudainement tout honteux: car il baisse la teste, tournant le visage contre terre, comme aussi fait volontiers la personne qui vient à se contrister. Or pour exprimer cela par une hyperbole, on dit, Il est demeuré avec deux piés de nés : comme si on voulêt dire, qu'il a presque baillé du nés en terre. Mais alors il faut imaginer, non pas un qui baisse bien fort la terre, pour se taire, mais qui a le nez si grand, qu'en se baissant tant soit peu, son nés rencontre la terre. CELT. Que n'ay-je autant d'escus qu'il a de personnes qui usent de cette façon de parler, sans en sçavoir rendre telle raison. PHIL. Mais que sçavez-vous si cette raison est la vraye. CELT. Ie sçay pour le moins qu'elle a grande apparence. Ie pense bien toutesfois qu'aucuns se contenteroient d'une raison plus simple, & où il ne faudroit pas tant philosopher. PHIL. Quelle? CELT. Que comme le camus est honteux pour son ellipse de nés, aussi est celui qui l'a si exorbitamment grand, qu'on peut dire d'autre costé, que c'est une hyperbole de nés, &c.

Le Mans.

CHAPITRE CXLVI.

M'Entretenant un jour avecque le P. Bouhours des bizarreries de nostre Langue, je lui fis remarquer une chose tout-afait remarquable : qui est, que nous disons *Le Mans*, avecque l'article ; quoyque tous les autres noms propres de Villes n'ayent point d'article. *Paris, Lyon, Toulouse, Bordeaux, Roüan, Troye, Tours, Rénnes, Angers, Dijon,* &c. Le bon Pére qui fait profit de tout, a mis cette remarque dans ses Nouvelles Remarques, sans dire qu'il la tenoit de moi. *Nous disons,* dit-il, *le Kaire, la Méque, le Mans ; quoyque selon la régle, les noms propres de Villes n'ayent point d'article.* En quoi la bizarrerie de l'usage me paroist assez plaisante, d'avoir esté choisir entre toutes les villes du Royaume, la capitale du Maine, pour la mettre en pararelle avec les deux plus fameuses Villes de l'Egypte & de l'Arabie.

Mais outre *le Mans*, nous disons aussi *le Lude*. Il est vray qu'à l'égard de ce mot, on peut dire que ce n'est pas un nom propre. *Le Lude*, c'est *Ludium* : un lieu où l'on jouë.

Pour ce qui est du *Mans*, la raison pour laquelle on y a mis l'article, c'est parceque le peuple a cru que *Manum*, qu'on a dit par retranchement des deux prémiéres syllabes, pour *Cenomanum*, venoit du verbe Latin *manere*, & qu'il signifioit *un manoir, une demeure* ; & qu'ainsi on la confondu avecque *mansum*. *Maneo, manere, manerium*, MA-NOIR. *Maneo, mansi, mansum*, MANS. *Mansum, masum*, MAS. *Monsieur du Mas*. *Mansum, mansa, massa* : d'où l'Italien MASSA. *Le Prince de Masse*. *Masa, massa*, MASSARA : lieu en Italie. *Masum, masurum, masura*, MASURE. Ce mot, dans sa prémiére signification, a signifié une petite habitation : *tugurium*. ¶ *Maneo, mansi, mansum, mansio, masio, masionis, masione*, MAISON. *Masum, masinum, masinile, masnile*, MESNIL. *Masinia*, MAISNIE. *masinio, masinionis, masinione*, MAISGNON. Voyez mes Origines de la Langue Françoise.

C'est aussi de moi que le P. Bouhours tient sa Remarque *d'aller à la Chine*, aulieu *d'aller en Chine* : & plusieurs autres, dont je feray mention en quelque autre lieu, en réfutant cet endroit de sa Préface : *Il arrive souvent que deux Ecrivains se rencontrent, sans s'estre communiqué leurs pensées, comme il paroist par quelques-unes des nouvelles Observations de M. Ménage, & de ces Nouvelles Remarques, qui ont assez de rapport ensemble. Si la seconde édition du livre de M. Ménage eust veu le jour avant le mien, j'au-*

vois retranché ce que nous avons de semblable sur les mots de nombre, sur les noms de ville, de province, & de royaume : sur les verbes, supplier & commander, &c. Mais comme l'impression de ces Remarques estoit déja fort avancée, quand la seconde édition des Observations a paru, je n'ay pas jugé à propos de perdre ce qui estoit imprimé. Ioint que nous n'allons pas toujours par la mesme route, quoyque nous bations le mesme païs. M. Ménage fait bien d'autres découvertes que moy. Et puis, si nous nous rencontrons en deux ou trois choses, nous nous écartons assez dans le reste. Mais cependant je me sens obligé de remarquer icy que le P. Bouhours impose à ses Lecteurs. Outre qu'il a u les fueilles de la segonde édition de mes Observations à mesure qu'on les imprimoit ; (j'en ay la preuve constante par le témoignage d'une personne digne de foi) mes remarques sur les mots de nombre, sur les noms de ville, de province & de royaume, & sur les verbes *supplier* & *commander*, se trouvent dans la prémiére édition de mes Observations, publiée plusieurs années avant l'impression de ses Nouvelles Remarques.

Hésiter.

CHAPITRE CXLVII.

LE P. Bouhours a aspiré l'H au mot *hésiter*. C'est une erreur, dit-il à la page 6, de sa Traduction du livre du Marquis de

Pianesse, *de hésiter à prendre parti du costé où il y a plus d'évidence.* L'aspiration dans ce mot est contre la Remarque de M. de Vaugelas ; qui porte en termes exprès, qu'à la reserve de *héros, hennir, hennissement, harpie, hargne, hargneux,* & *haleter ;* tous les mots généralement qui commancent par une H, & qui viennent du Latin où il y a aussi une H au commancement, n'aspirent point cette H. Il est vray que la reigle de M. de Vaugelas souffre beaucoup d'autres exceptions, comme je l'ay fait voir au chapitre 101. de la prémière partie de mes Observations. Mais selon moi, ce mot *hésiter* n'est point compris dans ces exceptions. J'ay tousiours oui dire, *Ie n'hésite point à cela.* J'ay dit que selon moi ce mot n'estoit point aspiré : car M. Chapelain le tenoit aspiré : & M. Corneille est de l'avis de M. Chapelain. Quoyqu'il en soit, il est à remarquer que le P. Bouhours a encore abandonné en cet endroit son Maistre Vaugelas ; nonobstant la déclaration qu'il a faite à la page 374. de ses Nouvelles Remarques, qu'à la reserve de quelques locutions que M. de Vaugelas a approuvées, qui ont vieilli, & de quelques autres qu'il a condannées, qui se sont introduites depuis peu ; qu'il dit estre en petit nombre ; toutes les Remarques de M. de Vaugelas subsistent. Car dans la Liste qu'il a donnée dés ces locutions, il n'y a point fait de mention de *hésiter* aspiré ; non-plus que de *tous entiers,* dont j'ay par-

lé ailleurs. Ces locutions aurefte qu'il dit
eftre en petit nombre, font en tres-grand
nombre dans fa Lifte. Elles vont à prés de
cinquante.

Ambitionner.

CHAPITRE CXLVIII.

CE mot déplaift à M. de Vaugelas &
au P. Bouhours. Pour moi je le trouve
beau : & je ne ferois point difficulté de
m'en fervir dans le ftile fublime : à l'imitation de M. Corneille, qui vient de l'employer dans fa Traduction de la belle Ode
Latine du Pére Lucas, Jéfuite, fur la Campagne du Roi, de cette année 1676.

Amaffer des préparatifs.

CHAPITRE CXLIX.

MR de Balzac a dit dans fon Prince, à
la page 363. de l'édition in quarto :
*Pourquoy donc ne diront-ils pas que l'Efpagnol
qui amaffe fes préparatifs de fi longue main
pour les ataquer*, &c.
Cette phrafe *amaffer des préparatifs*, n'eft
pas naturelle. On dit *faire des préparatifs*.

Gérondifs.

CHAPITRE CL.

Les gérondifs sont ordinairement plus élégans que les participes. Il faut donc dire, pour parler élégamment, *A comparu par devant nous, Notaire Royal, Haute & puissante Princesse, &c. demeurant à Paris;* & non pas, *demeurante à Paris*, comme disent les Notaires. ¶ Nos Anciens se servoient ainsi souvent du participe aulieu du gérondif. Le Duc de Rohan, page 33. de ses Mémoires : *Depuis, les difficultez de la prise de Montauban croissantes, le Connestable se repentoit*, &c. Voyez les Remarques de M. de Vaugelas.

De la prononciation de plusieurs noms propres étrangers.

CHAPITRE CLI.

On dit *Monster, Munster, & Munstre.* Le premier est le meilleur. *Le Traité de Monster.* C'est ainsi qu'on parle.

On dit *Ruiter*, & non pas *Ruitre*, ny *Reutre*.

Il faut dire demesme, *Volfanbutel*, & non pas *Volfanbutle*.

Il faut dire aucontraire, *Vrangle*, & non pas *Vrangel*.

LANGVE FRANÇOISE. 477

On dit *Amſtredam*, *Amſterdam*, *Anſterdan*, & *Anſtredan*. *Amſtredam* eſt le meilleur.

Il faut dire *Stocolme*, & non pas *Stockolm*, comme diſent pluſieurs perſonnes ſavantes.

Chifler. Sifler.

CHAPITRE CLII.

MR de Balzac, page 126. de ſes Oeuvres Diverſes, de l'édition in quarto, au Diſcours du Caractére de la Comédie, a dit *chifler*. *Ce ſont des enfans qu'on a chiflés pour un jour de cérémonie.* Et M. de Girac, page 205. de ſa Réplique à M. Coſtar. *Ce perroquet qui ne dit jamais que ce qu'on lui a chiflé.* Et c'eſt comme on parle en pluſieurs Provinces : où l'on dit auſſi *chiflet*. Mais on dit à Paris *ſifler*, & *ſiflet* : & c'eſt comme il faut parler. L'étymologie favoriſe d'ailleurs cette prononciation : SIFLER eſtant dérivé de *ſibilare* ; & SIFLET, de *ſibilettus*, diminutif de *ſibilus*.

Nonante.

CHAPITRE CLIII.

MR de Vaugelas, qui eſt, en matiére de Langue, le prémier Héros du P. Bouhours, a décidé que *nonante* eſtoit mal dit,

& qu'il faloit dire *quatre-vints*. Monsieur Patru, qui est son segond Héros pour la mesme matière, s'est servi de ce mot dans l'Argument de l'Oraison de Cicéron pour le Poëte Archias. *Cicéron plaida cette Cause à l'âge de quarante-deux ans, ou environ, l'année d'après son Consulat, & l'an six cens nonante-deux de la Fondation de Rome.* C'est au P. Bouhours à voir, pour lequel de ses deux Héros il veut se déclarer.

Avoir coustume. Avoir de coustume.

CHAPITRE CLIV.

Tous les deux sont bons. *Avoir de coustume* est le plus usité.

Délecter. délectation. délectable.

CHAPITRE CLV.

LE P. Bouhours, à la page 39. de son livre des Doutes, a condanné ces trois mots. *Croyez-vous*, dit-il, Messieurs, en parlant à Messieurs de l'Académie, *que délecter soit un mot du bel usage, & qu'on le puisse dire sérieusement ? N'a-t'il point vieilli depuis que M. Balzac l'a employé ? N'estoit-il point déja vieux, lorsque cet illustre Ecrivain* composoit ces belles Lettres, où il a mis : Sçachant, Monsieur, que vous avez une exquise connoissance de la délicatesse des Arts, & que vous vous délectez de belles figures, j'ay crû que vous ne seriez pas fasché de voir celle-cy ; & qu'une maison qui est sçavante dedans & dehors, & qui a des Sphéres pour ses giroüettes, méritoit d'avoir un tel hoste que vostre esprit. *Pour moi, à vous parler franchement, je ne puis souffrir, ni* délecter, *ni* délectation, *à moins qu'on ne les dise en riant. Ie haïrois mesme* délectable, *si M. de la Chambre ne l'aimoit, & ne s'en servoit quelquefois. Chacun a ses aversions & ses inclinations dans le langage, aussi bien que dans le reste.*

Comme je me suis servi du mot de *délectable*, en cet endroit de la seconde de mes Elégies,

Ouy, l'amour est un mal : mais un mal agréable :
Vne douce amertume : un tourment *délectable* ;

je me sens obligé de le défendre. Je soutiens donc qu'il est tres-bon. Et je le soutiens par l'autorité de M. Des-Marets, qui a dit dans sa Traduction de l'Imitation de Jésus-Chrit, livre 4. chapitre XI. article I.

Qu'elle douceur à l'ame appellée à ta table,
Jésus, à ton banquet noble & délicieux ?
Où l'on lui donne un mets sur tous mets délectable :
Où rien n'est son mäger que ton corps précieux.

A quoy j'ajoute ces passages de M. de la Chambre : *Et parce qu'il y a trois sortes de biens : l'*Honneste*, le* Délectable*, & l'*Vtile*, qui* font naiſtre autant de ſortes d'amitiez; il faudra après examiner ſi parmi eux il y a des amitiez honneſtes & délectables. C'eſt à la page 5. de ſon Diſcours de l'amitié & de la haine qui ſe trouvent entre les animaux. Quelle fantaiſie au P. Bouhours de trouver à dire à ce mot en cet endroit : Qui eſt l'Ecrivain François, qui en parlant des ſortes de biens, ne ſe ſoit pas ſervi du mot de *délectable* ? Voicy un autre paſſage du meſme Diſcours de M. de la Chambre. *Après avoir montré que la Beauté peut exciter l'amour entre les animaux, il ne ſera pas difficile de perſuader qu'ils ſont ſuſceptibles des amitiez délectables.* C'eſt à la page 23.

Pour ce qui eſt de *délecter* & de *délectation*, comme je ne m'en ſuis point ſervi, je n'ay point d'intereſt à les juſtifier. Je me contenteray donc de remarquer icy, que cette façon de parler *ſe délecter de*, eſt une façon de parler Italienne.

―――――――――

S'il eſt permis en vers de parler aux perſonnes de qualité par tu *&* par *toi.*

CHAPITRE CLVI.

CE volume eſtant fort gros, & ce chapitre eſtant fort long, je remets à faire imprimer cette Obſervation dans la troiſiéme partie de ces Obſervations.

ADDITIONS
ET
CHANGEMENS.

Depuis quelques années à son égard. Ajoŭ- Page 32
tez : Monsieur Chanut, Ambassadeur
du Roi en Suëde, tome 3. page 480. de
ses Mémoires. *La Reine Christine estoit à
Anvers ; d'où elle écrivit au Roi de Suëde,
pour le prier de la vouloir vanger du peu de
respect que le Conte de Steimberg avoit eu
pour elle par les chemins. A cet effet, elle man-
doit au Roi de Suëde qu'elle le lui dépescheroit
sous prétexte de quelque affaire en la Cour de
Suëde ; & que pour lui oster les défiances qu'il
pouvoit avoir, qu'elle lui donneroit une lettre
à Sa Majesté, fort obligeante, & fort à son
avantage : à laquelle elle le prioit de n'ajoŭ-
ter aucune foi, & de considérer qu'elle ne l'a-
voit faite en ces termes que pour se défaire
honnestement de lui, & pour l'obliger de re-
tourner en Suëde : où elle espéroit que Sa Majesté lui feroit ressentir la part qu'elle prenoit à
la mauvaise satisfaction qu'elle avoit de son
procédé envers elle.*

Page 9. *Moi qui ne suis que cendre & que poussière.* AJOUT. M. Des-Marets l'a traduit de mesme. *Parleray-je à mon Dieu, quoyque poussière & cendre?*

Page 18. que nostre mot *frais* a esté formé. AJOUT. *frigidus, frigidiscus, friscus, frescus,* (d'où l'Italien *fresco*) FRAIS.

Page 19. qu'à la reserve d'un de ses Entretiens que j'ay cité pour un autre, LISEZ: qu'à la reserve de l'Entretien des Médailles que j'ay cité pour son Entretien des Devises,

Page 26. *arcem obtinebat.* AJOUT. Et dans la Poëtique de Scaligér, *Rex Poëtarum Homerus.*

Page 27. Mais c'est parceque l'usage n'a pas reçu cette façon de parler. AJOUT. J'entens nostre usage: car les Grecs ont dit *le Prince de la peinture.* Anacréon:

Ἄγε, ζωγράφων ἄριστε,
Ῥοδίης τύραννε τέχνης.

Page 28. appelle la Langue Grecque *la Reine des Langues.* AJOUT. A LINEA:
On dit *la Reine des citez.* Martial a dit, *Terrarum Dea, gentiumque Roma: La Déesse des terres; des habitations.* Virgile a dit de-mesme, en parlant des vins: *Et rex ipse Phanæus.* Et Lucillius: χῖός τε δυναςής.

Page 34. *Mais la raison des Amoureux, est une autre raison que celle des Sages.* AJOUT. ET LISEZ: Et le P. le Moine, page 130. de l'Art des Devises: *Ie sçay bien qu'un Poëte amoureux & Précepteur des Amoureux, a écrit il y a long-temps, que l'Amour avoit son camp & ses guerres.* Et *amoureux* n'est pas mal en tous ces endroits-là.

ET CHANGEMENS. 483

Le plus grand ufage eft pour *ton de voix*. AjouT. M. de Girac, page 495. de fa Réplique à M. Coftar: *Et ce beau ton de voix, qui eft particulier à ceux qui naiffent dans noftre cité.*

Page 38. *après avoir donné tant de marques de voftre prodigieufe fécondité*: AjouT. Et l'Auteur de l'Hiftoire du Vieux & du Nouveau Teftament, page 201. *L'harmonie des chants de mufique & des inftrumens de toutes fortes de manières y fut ordonnée avec un foin prodigieux. De fix en fix pas on immoloit un bœuf, ou un belier : & David reveftu d'un éphod de lin, y danfoit, comme dit l'Ecriture, de toutes fes forces. On fit entrer ainfi en triomphe l'Arche Sainte dans Iérufalem : & on l'alla porter au-travers d'une foule prodigieufe de monde dans le lieu que David lui avoit fait préparer.* Vous trouverez *prodigieux effet* à la page 116. du premier tome des Mémoires du Sieur de Pontis.

Page 46. *eft toutafait remarquable à ce propos.* AjouT. comme auffi cet endroit d'Homére, Τρῶάς τε ἢ Ἕκτορα.

Page 514. *ou qu'il uft mefme fens.* AjouT. Et c'eft ce qui a efté tres-véritablement obfervé par M. de Vaugelas.

Page 531. *irarumque omnes effundit habenas.* AjouT. Mais c'eft d'ailleurs comme parle l'Ecriture Sainte. Dans le Séaume 68. *Effunde fuper eos iram tuam.* Et dans le 78. *Effunde iram tuam in gentes.* Et dans l'Eccléfiafte, chap. 16. *Potens exoratio & effundens iram.* Et dans le chapitre 4. des Lamentations de Jéré-

Sf ij

mie : *Complevit dominus furorem suum ; effudit iram indignationis.* Tous ces endroits de la Bible confirment ce que j'ay dit cy-dessus, au chapitre 3. que nostre bon Religieux n'a jamais lu la Bible.

Page 54. elles n'en soient beaucoup mieux receuës parmy nous. AJOVT. Et c'est par cette raison que M. de Balzac, dans son Apologie contre le Docteur de Louvain, justifie cette façon de parler *se calomnier soi-mesme.*

Page 57. C'est au chapitre 1. du livre 4. AJOVT. Le Pére l'Alleman dans la Préface qu'il a mise devant le Testament Spirituel de M. Barillon de Morangis, Conseiller d'Estat, a dit demesme : *Ce petit ouvrage doit estre consideré plustost comme une effusion de cœur, que comme une production d'esprit.* Et M. de Morangis dans sa Traduction des Priéres de l'Eglise pour les agonisans : *Et toi, mon ame, sors du monde,* &c. *au nom du S. Esprit, qui a fait sur toi une riche effusion de ses graces.* M. d'Andilly, page 444. des Confessions de S. Augustin, a dit aussi, *effusion de miséricorde.* Et le P. le Moine dans son Art des Devises, *effusion de vanité.* Et M. de Balzac dans une de ses Lettres au Cardinal de Richelieu, *effusion de la grace.* Et l'Auteur de l'Avertissement du Discours de S. Athanase contre ceux qui jugent de la vérité par la seule autorité de la multitude, *effusion de douleur.* Et M. Nicole, page 28. de la 3. partie des Essais de Morale, *effusions de malignité.*

Page 66. rapporté par Cassiodore dans son livre

ET CHANGEMENS. 485

de l'Orthographe. AJOUT. Vous trouverez dans Phédrus, à la page 66. de l'édition de M. Rigaud,

Quem spes delusit, huic querella convenit.

pour un Campagnard Bas-Breton. Page 87. AJOUT. Et à la page 34. *Ils n'ont qu'à étudier le chapitre des complimens pour estre des* PROVINCIAUX *&* des CAMPAGNARDS *achevez. Il est tout propre à gaster des* PROVINCIAUX *& des* CAMPAGNARDS. *Et à la page* 235. *Croit-il qu'il n'en faille point avoir avec des* PROVINCIAUX *& des* CAMPAGNARDS?

dont l'énumération seroit ennuieuse. Page 90. AJOUTEZ A LINEA:

Le P. Bouhours ayant lu dans quelque Commentateur ce passage des Topiques de Cicéron, *Præpositio enim* IN *privat verbum ea vi quam haberet, si* IN *præpositum non fuisset: ut dignitas, indignitas; humanitas, inhumanitas, & cetera generis ejusdem*; il a cru que cette particule IN ne marquoit une négation que dans les noms, parceque dans les exemples rapportez par Cicéron, il n'y a que des noms.

De fol Iuge, bréve Sentence, dit le Proverbe. AJOUT. Vous trouverez à la page 178. de l'Art Poëtique de Charles Fonteine: *Excuse donc, Lecteur, la brévité estudiée en ta faveur.* Page 91.

à trois briefs jours. AJOUT. *Bonne & briéve justice.* M. Des-Marets a dit à la page 245. de sa Traduction de l'Imitation de Jésus-Chrit,

Enseigne-moy, Seigneur, quelque bréve pratique, &c.

Et dans l'Avertissement au Lecteur : *J'ay donc suivi le dessein de l'Auteur, qui tasche à émouvoir, plustost par la solidité des sentimens & par la bréveté du style, que par la douceur & la pompe des termes.*

Pag. 108.
Page 97. *di, dire*, DE DIRE Ajout. Robert Estienne a trompé M. de Vaugelas : *Pour désarmer, nous écrivons* desarmer, *interposans S*. Ce sont les termes de la Grammaire Françoise de Robert Estienne, à la page 114.

Renaut, &c. LISEZ : *Renaut, retrait*, &c.

Page 112. *l'ardeur que j'ay pour eux.* AJOUT. *Et il me dit à moi-mesme, dans une Lettre qu'il m'a fait l'honneur de m'écrire, qui est la* 28. *du livre* XVI. *Vous voyez que je vous avoue par ces vers ce que m'a dit vostre prose de ma vie & de la beauté de ma demeure. Mais quand à cette oisiveté de village je pourrois ajouter toutes les délices du siécle d'or. Quand je resverois, ou pour parler plus proprement, quand je méditerois dans un Palais enchanté, & que l'Arioste l'auroit basti de ses propres mains. En un mot,* MONSIEUR, *quand mon desert seroit aussi beau que vos paroles sont belles, je n'y saurois estre hureux, puisque je n'y suis pas avec vous. Il n'y a point de félicité pour moi en l'absence de deux ou trois personnes que je ne voy plus : & je marque de noir les journées qui seroient icy tres-douces & tres-agréables, si je n'avois pas mon cœur ailleurs.*

Pag. 114. *L'Histoire que vous nous avez promise.* AJOUT. Il parle à M. Bouchart, Clerc du Sacré Collége ; car c'est ce M. Bouchart

ET CHANGEMENS. 487

qui est l'auteur de cette Oraison Funébre :

l'an mille six cens quinze. AJOUT. Et à Page 116. la page 425. *Philippe le Bon, Duc de Bourgogne, institua à Bruges l'an mille quatre cens trente l'Ordre de la Toison d'or.*

quàm mendicarier. AJOUT. Térence dans Pag. 120. l'Eunuque : *Risu omnes qui aderant, emoriri.*

& dans mes Origines de la Langue Italienne. AJOUT. Mais *moriri* se trouve aussi dans Ovide, livre 14. de ses Métamorphoses, Fable 5.

— *mortemque timens, cupidusque moriri.*

Externus, exterior, extremus, EXTREMUS. Pag. 124. *Superus, superior, superimus,* SUPREMUS. LISEZ : *Exter, exterior, exterimus, exterissimus,* EXTREMUS. *Superus, superior, superissimus,* SUPREMUS. *Exter* se trouve dans Stace.

M. de Balzac l'a employé en deux en- Pag. 129. *droits.* LISEZ : *M. de Balzac l'a employé, aureste, en deux endroits*

selon le témoignage de M. de Balzac. Pag. 130. AJOUT. ny de *tres*, Latin, comme dit Robert Estienne en sa Grammaire Françoise : ny du Grec τεἰς, comme prétendent ceux qui prétendent que la Langue Françoise est dérivée de la Grecque.

à l'imitation du Neronior de je ne say Page 131. *qui.* LISEZ : à l'imitation du *Neronior* de Pierre, Roi d'Arragon. *Tu Nerone Neronior, & Sarracenis crudelior.* C'est qu'écrivit ce Roi à Charles Comte d'Anjou, qui avoit fait couper la teste à Conradin.

pour Monsieur & pour Mademoiselle de Pag. 132.

Scudéry. AJOVT. Marot, dans une de ſes Epitres au Roi François I.

J'abandonnay, ſans avoir commis crime,
L'ingrate France; ingrate; ingratiſſime
A ſon Poëte.

Page 135. par un de nos plus célébres Académiciens. AJOVTEZ A LINEA:

M. de Saſſy dans ſa Traduction des Hymnes de l'Egliſe a ſouvent néanmoins employé des ſuperlatifs. Page 393.

Grand Dieu, nous l'avouons, nous ſommes tres-coupables.

Et page 395.

Dieu tout puiſſant: mais Dieu tres-doux.

Il a dit auſſi, à la page 411.

Fils égal au Tres-haut, Roi d'éternelle gloire.

Mais *Tres-haut* en cet endroit-là ne paſſe pas pour ſuperlatif.

Page 139. On dit *une plante épineuſe*. AJOVT. Et le P. Bouhours lui-meſme a dit *if épineux*. C'eſt dans ſon Entretien des Deviſes, page 416. de l'édition in quarto.

Page 153. par le Cavalier Marin. AJOVT. Mais à l'égard du mot *Idylle*, avant que le Cavalier Marin vint en France, la Freſnaye Vauquelin, Pére de M. des Yveteaux, avoit intitulé *Idyllies*, (qui eſt la meſme choſe qu'*Idylles*) quelques-uns de ſes Poëmes.

Pag. 165. S'il en avoit, il ſe ſeroit ſouvenu: LISEZ: S'il en avoit, il ſe ſeroit ſouvenu de cet endroit de M. de Vaugelas, qui eſt de la Remarque de *S'immoler à la riſée : Qu'on ne m'allégue pas qu'aux Langues vivantes, non-plus qu'aux mortes, il n'eſt pas permis d'in-*

venter de nouvelles façons de parler, & qu'il faut suivre celles que l'usage a établies. Car cela ne s'entend que des mots : estant certain qu'il n'est pas permis à qui que ce soit d'en inventer : non pas mesme à celui qui d'un commun consentement de toute la France, seroit déclaré le Pére de l'Eloquence Françoise : parceque l'on ne parle que pour se faire entendre : & personne n'entendroit un mot qui ne seroit pas en usage. Mais il n'en est pas ainsi d'une phrase entiére ; qui estant toute composée de mots connus, & entendus, peut estre toute nouvelle, & neanmoins fort intelligible. Desorte qu'un excellent & judicieux Ecrivain peut inventer de nouvelles façons de parler, qui seront receues d'abord, pourveu qu'il y apporte toutes les circonstances requises : c'est à dire, un grand jugement à composer la phrase claire & élégante ; la douceur que demande l'oreille ; & qu'on en use sobrement, & avec discrétion. S'il avoit de la mémoire, il se seroit souvenu de cet autre endroit de M. de Vaugelas, qui est de la Remarque sur le Barbarisme : *Non pas*, &c.

Pag. 171. au passage de sa Remarque du Barbarisme, cy-dessus rapporté. LISEZ : aux passages cy-dessus rapportez.

Page 181. par l'exemple de Ronsard & de Joachin du Bellay. AJOVT. M. Perrault, s'estant servi du mot de *guindage*, à la page 320. de sa Traduction de Vitruve, n'a point fait de difficulté de dire dans ses Notes, que ce mot estoit de sa façon. *I'ay forgé*, dit-il, *ce nom qui n'est point en usage : mais qui vient de* guinder ; *ceſtadire, élever en haut, par le moyen d'une machine.* Ce paſſage de M. Perrault réfute admirablement ces paroles du P. Bouhours, qui ſont de la page 289. de ſes Nouvelles Remarques : *Mais je trouve qu'il y a un peu à dire entre le procédé de Ronſard & celui de M. Ménage. Ronſard déclare qu'il avoit fait* Ode, *après que le Public eut receu* Ode, *ſans ſavoir préciſément qui eſtoit le Pére de ce mot. Aucontraire, avant que le Public ait receu* proſateur, *M. Ménage dit qu'il l'a fait : & le Provincial n'a peut-eſtre pas trop mauvaiſe raiſon de dire, que c'eſt ce qui nous a empeſché de le recevoir.*

Pag. 202. *Mademoiſelle de Montchas.* AJOUT. M. Oger, page 100. de ſon Apologie pour M. de Balzac, a dit de meſme, *Tous les perroquets & tous les ſinges du Louvre, & qui ne ſont pas moins de la Cour qu'en eſtoit feue Maturine.* Et M. de Balzac, dans une lettre qu'il m'a écrite, qui eſt la 13. du livre XI. *Si enſuite vous ne connoiſſez pas Vranie, cette Nymphe que j'ay tant louée, & que je pleure ſi amérement, je vous avertis, que c'eſt feue ma bonne amie Madame des Loges.* Et Paſquier, dans ſes Recherches, livre 6. chap. XI. *Eu égard meſmement à ſon contrat de mariage, & teſtament de feue ſa femme.* Vous trouverez auſſi dans le Cérémonial de France, page 229. de l'édition in 4°. à l'article de l'Ordre tenu au Sacre & au Couronnement d'Eléonor d'Auſtriche, ſœur de l'Empereur Charles-Quint, & femme de François I. *Feue de tres-recommendable mémoire,*

ET CHANGEMENS. 491
Madame l'Archiduchesse d'Autriche.

de la Chasse, de la Fauconnerie. Ajov- Pag. 211.
tez a linea :
Mais d'où vient, &c. que les femmes en France parlent si bien. N'est-ce pas qu'elles parlent natvrellement et sans etvde.] Cette raison est une véritable raison du P. Bouhours : cestadire une raison ridicule : car ce qu'il dit là des femmes de France, se peut dire généralement de toutes les Femmes du monde.

ce que le Duc vouloit dire. Ajovt. Et à Pag. 213.
la page 264. *La Dame d'Italie dont la mule, de douce qu'elle estoit, devint si fascheuse, après avoir porté le Pape, qu'on n'en pouvoit approcher, eust pu dire, Ma mule a changé d'humeur depuis que le Pape l'a montée.* Et à la page 300. *Ie ne voudrois pas condanner ces phrases. Elles sont peutestre bonnes pour la Chaire. Ie ne dis pas cela dans le sens de l'Italien*, Questo è buon per la predica.

que de dire *ma patrie*, ou *mon païs*. Pag. 214.
Ajovt. Quelle impertinence, aureste, de dire que *mon quartier* est une expression du grand air & du bel usage ?

C'est une nation redoutable à tout le Pag. 220.
monde. Ajovt. Et dans sa Dissertation, intitulée Reponse a qvelqves qvestions av Reverend Pere Dom Andre' : *Au siécle d'or c'eust esté un sacrilége, ou un parricide. En celui-cy, c'est une action bien éloignée de la vie innocente des prémiers Poëtes. Autrefois cette nation desinteressée se contentoit des fueilles & des fleurs de la campa-*

gue. Et dans son Entretien VIII, *Concluons donc, que l'exemple de M. Desportes est un dangereux exemple: qu'il a bien causé du mal à la nation des Poëtes.*

Pag. 226.   à la page 284. de son livre des Devises s'en est aussi servi. AJOUT. Et le Duc de Rohan, à la page 189. de ses Mémoires.

Pag. 241.   *Mais d'où vient*, dit il, LISEZ: *Mais d'où vient*, ajoute-t'il,

Pag 242.   qu'il ne sait pas quand il raille. AJOUTEZ A LINEA:

Il me resteroit à répondre à ce que dit le P. Bouhours à la page 55. de ses Doutes, que puisque les Ebreux, qui sont les dépositaires de la parole de Dieu, n'ont pas dans leur Langue le mot de *piété*, les François peuvent bien se passer du mot de *vénusté*. Mais cette objection est si impertinente qu'elle ne mérite point de réponse.

Pag. 248.   M. de Vaugelas veut qu'on mette *l'on* après *où*. AJOUT. Mais cette reigle de M. de Vaugelas n'est pas suivie. Vous trouverez dans le quatorziéme Plaidoyé de M. Patru, page 358. *Mais dans ces maximes du siécle, où on regarde un Bénéfice comme un héritage.*

Pag. 259.   en cheveux gris. AJOUT. ou à cheveux gris.

Page 260   Ronsard, selon le témoignage de Nicod, s'en est servi. AJOUT. A LINEA: Le Duc de Rohan s'est demesme servi dans ses Mémoires du mot de *criminaliser*. Mais ce mot, pour le marquer en passant, est présentement hors d'usage.

Vous doit un jour admettre au nombre des Pag. 270. *grans Dieux,* &c. AJOUT. M. Perrault dans sa Traduction de Vitruve a de mesme rendu le mot Latin *Cæsar*, par le François *César*; & non pas par le mot d'*Auguste*.

ne sait comment définir. AJOUT. Et celui- Pag. 288. cy du P. Rapin, qui est de son livre de la Comparaison de Démosthéne & de Cicéron, page 135. *Rome avoit insensiblement perdu cette ancienne férocité par le commerce des autres nations, & par les soins du jeune Scipion, & de Lélius, qui commencérent à introduire cet air d'urbanité : & mesme à donner au peuple du goust pour les belles choses.*

Et la Remarque de M. de Balzac est véri- Pag. 297. table au fond. AJOUT. Et apparemment le P. Bouhours ne l'a combatuë, que parce-qu'il s'estoit lui-mesme servi de ce mot. C'est dans la Préface de sa Traduction du livre du Marquis de Pianesse. *Voyant que le parti des Religionnaires devenoit le maistre*, &c. Mais quand je dis qu'on ne dit point *Religionnaires*, je veux dire que ce mot ne se dit point ordinairement : car je say qu'il se trouve en quelques livres : dans les Mémoires du Sieur de Pontis, tome 1. page 108. dans la Bibliothéque Françoise de M. Sorel, page 333. de la seconde édition, & dans l'Histoire de France in folio de M. de Mézeray.

car ce mot vient d'habere. AJOUT. Et Pag. 303. nos Anciens écrivoient *ha*, en la signification d'*habet*. Robert Estienne dans sa Grammaire Françoise : J'AY, TU AS, IL HA, &c.

Tome II.   T t

Scribimus HA *in tertia persona, ut distinguamus eam à præpositione.*

Pag. 304. au lieu d'*ipsi*. AJOUT. Ainsi de *necromantia* & de *necromantianus*, nous avons fait NÉGROMANTIE & NÉGROMANTIEN.

Pag. 323. *Cordon-Bleu*, AJOUT. *Coupe-chous*,

Pag. 328. comme je le feray voir dans mon Traité de l'Orthographe. AJOUT. *Z semper initium syllaba facit, numquam finem*, dit Scaliger dans son Traité des Causes de la Langue Latine, livre 2. chap. 50. Ce qui est véritable, non seulement à l'égard de la Langue Latine, mais de la Françoise.

Pag. 332. Exemple de *Stoïcien*, dit de la personne. AJOUT. Amyot dans la Table de son Plutarque, volume 2. *Stoïciens repris touchant la cause prémiére de toutes choses. Les Stoïciens, avec leur sagesse, moquez à toute outrange,* &c.

D'une vertu masle & solide. AJOUT. M. de Balzac dans son Discours du Caractére de la Comédie : *Quel monstre, bon Dieu, d'écouter une Nourrice Sroïcienne, qui soustient que tous les péchez sont égaux.*

Ie n'ay point besoin du fèr & du feu de la Philosophie des Stoïques. AJOUT. Et dans son Prince : *Vn Stoïque & un Epicurien ; cest-à-dire, deux hommes qui faisoient profession d'une philosophie toute contraire,* &c.

On voit dans mes discours, on voit dans vos répliques

La secte d'Epicure, & celle des Stoïques,

dit M. de Scudéry dans sa Tragédie de la Mort de César. M. Soreau dans sa belle

ET CHANGEMENS. 495

Préface fur les Lettres de Brutus à Cicéron & de Cicéron à Brutus : *Il n'y a pas de doute que Brutus embraſſa particuliérement la ſecte des Stoïques.* Et dans ſa Traduction d'une lettre de Brutus à Cicéron, page 148. *Car vous cédiez, mon cher Brutus, à la néceſſité du temps & des affaires : parceque vos Stoïques diſent, que le Sage ne doit jamais fuir.*

des poules & des perroquets. Ajovt. Et Pag. 335. dans ſon Diſcours du Caractére de la Comédie : *La Philoſophie ; & particuliérement la Philoſophie Stoïque ; eſt une ſource écartée, où le menu peuple ne puiſe point.*

Des landes ſtériles, infertiles, infécondes. Pag. 346. Ajovt. Le Cardinal Du-Perron dans ſa Traduction, en vers, de l'Epitre de Pénélope à Ulyſſe : *Quand il t'alla chercher vers Pyle l'inféconde.*

C'eſt dans une de ſes Lettres à Appius Pag. 358. *Pulchêr.* Ajovt. Et Diogéne le Cynique n'a-t-il pas dit auſſi τεχπζοίης & χυαθοίης ? Et Proclus, ὁπότης, pour *entitas* ? Et Aſinius Pollio, *Patavinitas* ? Vous trouverez *terreſtréité* dans le chapitre 30. de l'Architecture Françoiſe de Savot. Et *inflammabilité* dans les Notes de M. Perrault ſur le chapitre 9. du livre 2. de Vitruve.

à la merci des Seigneurs qui l'avoient aſ- Pag. 359. *ſiégé.* Ajovt. Et *inaccouſtumé*, au chap. 26. du meſme livre, page 542.

par M. l'Abbé de Faverolles du Pleſſis. Pag. 360. Ajovt. Et *inſalubrité* dans l'Architecture Françoiſe de Savot, chap. 3. Et *inintelligible*

T t ij

dans M. Coſtar. Voyez la Réplique de M. Girac, page 522. Et *incertainement* dans le Vitruve de M. Perrault. Et *innavigable* & *incoupable* dans Marot : celui-cy dans ſa Traduction des Commandemens de Dieu : & l'autre, dans ſon Poëme de Léandre. Le Maréchal de Monluc, livre 7. de ſes Commentaires, a dit demeſme *incoupable*.

Pag. 376. Le P. Bouhours qui veut juger de tout, n'a point de jugement. AjoUT. Mais il n'a pas non-plus de bonne foi. Et à ce propos, il me permettra de lui rendre ſes paroles. Le P. Bouhours a-t'il u droit d'altérer mes paroles, & d'en changer meſme le ſens ? Le P. Bouhours, qui eſt un homme d'honneur, ſemble oublier la bonne foi en cette rencontre. Croit-il qu'il n'en faille point avoir avecque les Provinciaux ?

le diſent encore dans les Provinces. AjoUT. Et vous le trouverez dans les Recherches de Paſquier, livre VI. chap. 28. page 554.

Pag. 379. *Le benoiſtier ſe trouve en un grand plain.* AjoUT. Et dans ſon Dialogue des deux Amoureux :

Quand elle venoit au moutier,
Ie l'attendois au benoiſtier,
Pour lui donner de l'eau benite.

de Jean de Serres : AjoUT qui eſt un Miniſtre, nommé *Monliard* : lequel a continué cette Hiſtoire depuis Louis XI. juſqu'à Henri IV.

Page 381. de la mort de Henri IV. AjoUT. Pierre Du-Chaſtel, dit *Caſtellanus*, Eveſque de de Tulle, de Mascon, & d'Orléans, & Grand Aumosnier de France, dans la Relation qu'il a faite des Obséques de François I. publiée par M. Baluze : *Et un peu plus bas, sur une haute escabelle, une croix d'or ou d'argent doré : & sur une autre escabeau, plus bas que le precédent, un benoistier d'argent doré.*

qui ont échapé à la diligence du cor- Pag. 386. recteur. AJOUT.

Page 10.

Nous disons, le Kaire, la Méque, le Mans, quoyque selon la régle, les noms propres de ville n'ayent point d'article. En quoi la bizarrerie de l'usage me paroist assez plaisante, d'avoir esté choisir entre toutes les villes du Royaume, la capitale du Maine, pour la mettre en paralléle avec les deux plus fameuses villes de l'Egypte & de l'Arabie. ¶

Cela est dit desorte, qu'il semble que le Kaire soit une ville d'Egypte & de l'Arabie, & que la Méque soit aussi une ville d'Egypte & de l'Arabie.

Le P. Bouhours qui parle sans cesse contre les équivoques & qui en accuse sans cesse Messieurs de Port-Royal, en fait lui-mesme sans cesse. Il dit dans son Entretien des Devises, à la page 360. de l'édition in 4°. *On a réprésenté une femme fort laide qui vouloit estre aimée, par un épouventail.* ¶ Et à la page 430. *Les* INFOCATI *de Siéne ont une lame de fer sur l'enclume, toute rouge, & qu'une main bat avec le marteau.* ¶ Et à la page 431. *Les* ACCORDATI, *un livre de Musique ouvert avec des instrumens.* ¶ Et à la page 360. *Quand Charles-Quint leva le siége de devant Mets, on railla fort sur sa retraite, dans le monde.* Et à la page 406. *J'ay fait une devise pour le fils d'un pére fort illustre. Et pour faire entendre que ce fils a tous les traits de son pére sur le visage, & qu'il imite ses vertus, j'ay peint un tournesol sous un Soleil, avec ce mot*, JE LUI RESSEMBLE, ET JE LE SUIS. ¶ Et à la page 349.

Tout ce qui vient à moi par un ordre suprême
Fait que je crois à tout moment. ¶

Il dit dans son Entretien de la Mêr, à la page 17. *Il s'en faut peu que je ne la compare à ces animaux que la fiévre ne quite point, & dont elle imite sibien les rugissemens.* ¶ Il dit dans son Entretien du Segret, à la page 184. *Le Prince doit écouter les avis de son Conseil, sans dire le sien. Aprés qu'une affaire a esté examinée meurement en sa présence, c'est à lui à décider : & il doit quelquefois cacher à son Conseil mesme, la résolution qu'il prend, à l'exemple de Tibére.*

Tous ces équivoques ont esté tres-judicieusement remarqués par Cléanthe. De mon costé, j'en ay aussi remarqué plusieurs autres du P. B dont je feray mention ailleurs.

Pag. 389. *qui soient d'une autre opinion.* AJOVT. M. Patru, page 437. de ses Plaidoyés, a dit demesme, *tous entiers*. Le chapitre cent-douziéme, & le cent-treiziéme, sont les deux discours tous entiers de la Vie des Ecclésiastiques. Le P. Bouhours a néanmoins dit *tout purs. Je vous avoue franchement, que je ne* puis souffrir ces synonimes tout purs. C'est a la page 244. de ses Doutes.

un fust de pressoir. Ajout. *le fust de la Croix.* Pag. 398.

d'où nous avons fait FOUTEAU. Ajout. selon l'opinion de M. Guyet : car d'autres dérivent ce mot de *fagutellus*, diminutif de *fagus*.

il semble que le mot de laquay, ou laquais, ne soit pas ancien en nostre Langue. Ajout. Je me souviens de l'avoir lu dans Marot ; en son Adieu à la Cour ; mais je ne me souviens point de l'avoir lu dans des Auteurs plus anciens. Pag. 407.

attribuée faussement à Rufin. Ajout. Car outre que les Versions de Rufin sont bien différentes de cette ancienne version; celles là tenant de la paraphrase, & celle-cy estant litérale ; outre que selon le témoignage de Gennadius, Rufin avoit de coustume de mettre quelque Préface, ou quelque Dédicace devant ses Versions, & qu'il n'y en a point devant celle-cy ; Gennadius, en fesant mention des Traductions de Rufin, n'a point fait mention de cette ancienne version de Joséphe. Pag. 412.

qui ont décidé qu'il faloit dire puérile au masculin. Ajout. ayant esté consultez là-dessus, à ma prière, par M. Huët. Pag. 414.

Vous trouverez dans Nicod rabaissement d'estat. Et *abaissement* dans M. Sorel, à la page 378. de la seconde impression de sa Bibliothéque Françoise : *Les grands éloges que M. Dupleix a donnés à ceux qui estoient en* Pag. 442.

faveur, & l'abaissement qu'il a fait de quelques autres qui estoient en disgrace, ont excité plusieurs à chercher dequoy reprendre en son ouvrage.

Pag. 445.   Il faut dire : Descendus en droite ligne : AJOUT. quoyqu'on dise *descendre en ligne directe*.

Pag. 449.   ὀρέγονται Φύσει. AJOUT. Et c'est aussi comme M. Des-Marets a traduit cet endroit de l'Imitation de Jésus-Christ, *Omnis homo naturaliter scire desiderat*; qui est du chapitre second du livre premier;
L'homme par sa nature est desireux d'apprendre.

Pag. 451.   *quia ad te suspirat omne desiderium meum.* AJOUT. Et un Traducteur d'un livre de dévotion, tel que l'Imitation de Jésus-Christ, le doit traduire presque à la lettre. C'est ce qu'a dit excellemment Monsieur Des-Marets dans la Préface de la Traduction en vers qu'il a faite de ce livre. *Ceux qui ne cherchent que la beauté des vers & les ornemens poëtiques, doivent chercher les ouvrages de vanité, & non celui-cy; qui ne les peut contenter; n'estant pas fait pour plaire à l'oreille; mais pour toucher le cœur. Et ceux qui ont une grande pratique de l'Ecriture Sainte, verront bien que, ces préceptes sont presque tous composés de citations de l'Evangile, & des autres livres sacrés, pour lesquels on doit avoir tant de respect, que l'on n'oseroit quiter leurs termes propres, & divins, pour en chercher d'autres qui sembleroient plus élégans. S'il paroist quelquefois de la rudesse en la rencontre de quelques syllabes pour avoir pressé les mots, il sera facile de connoistre que j'ay mieux aimé abandonner la douceur du vers, que la force du sens, qui porte avec soi une beauté, à laquelle nulle politesse ne peut estre comparable. La délicatesse du style n'est point considérable, si on l'oppose à la majesté d'un sens divin. La couronne des Muses profanes est de fleurs : celle de Iésus-Christ est d'épines. Les Fidelles ont besoin de choses, non qui leur plaisent, mais qui les piquent : & tous ces livres sont pleins d'avis contre la vanité des belles paroles, que le Saint Esprit méprise.*

Ainsi, selon lui, il faut dire, *la lettre que j'ay reçu depuis deux jours.* AJOUT. *La lettre que j'ay reçu aujourdhuy.* Pag. 455.

Il est indubitable qu'il faut dire, *La lettre que j'ay reçue depuis deux jours.* AJOUT. *La lettre que j'ay reçue aujourdhuy.*

cette opinion insoustenable. AJOUT. J'oubliois à remarquer, que ce que dit le P. Bouhours, qu'on dit à la fin de la période, *la lettre que j'ay receue*; afin de soustenir la prononciation ; qui ne seroit pas assez soustenue, si on disoit *la lettre que j'ay reçu* ; est toutafait impertinent. Car il s'en suivroit de là, que quand on dit à la fin de la période, *le livre que j'ay reçu*, la prononciation de la derniére syllabe de ce dernier mot ne seroit pas suffisamment soustenue : ce qui n'est pas véritable. Pag. 456.

Je suis absolument de l'avis de M. de Vaugelas. AJOUT. C'est pourtant comme parloient nos Anciens. Robert Estienne, Pag. 457.

502 ADDITIONS ET CHANG.
page 88. de fa Grammaire Françoife, écrite en Latin : Vers *utimur pro versùs Latino : veluti*, Je m'en vay vers Orléans. Vers où vas-tu ? *vel*, vers quel coſté ?

Pag. 455. parleroit ridiculement. Ajovt. M. Des-Marets a dit dans fa Traduction de l'Imitation de Jéſus-Chrit, 2. 1. 11.

N'attache ton amour qu'à ton Maiſtre ſu-
préme,
Et ſans ceſſe vers lui dreſſe ſa volonté.

F I N.

TABLE
DES MATIERES.

A

Acacia. pag. 29
Achante. 308
Adjectif. Si l'adjectif doit suivre, ou précéder le substantif. 445
A droiture. 145
Adverbes terminez en *ment*. 103. 104
Æ. *Diphtongues* æ *&* œ. 324
Aiguile, aigule. 377. 378
Amaranthe, amarante. 308
Amasser des préparatifs. 475
Ambitionner. 475
A mesme temps : au mesme temps. 423
Aménité. 233. 240
Amoureux, Amant. 33
Amstredam, Amsterdam, Anstredan, Ansterdan. 477
Aprêsdemain. 49
Araigne, areigne, araignée, aragnée, arignée. 376
Arangée. Vne femme fort arangée. 185
ARCHIVE. *Etymologie de ce mot.* 412
Astronome, Astrologue. 451

TABLE

Atrabile. 157. 339
Avanthier, avanhier, avanshier. 49
Avant-propos. 420
Avec. Deux AVEC de suite. 431

B

Bacha, Baſſa. 137
Baragouin. 399
Benoiſtier, benaiſtier, benitier. 379. 380. 381
Bienfacteur, bienfaicteur, bienfaiteur. 225
Blanc. Etymologie de mot. 305
Bohémes : Bohémiens. 428
Bouhours. Le P. Bouhours n'a point lu la Bible. 7. 484. ¶
   Ne ſait ce que c'eſt que propre & que figuré. 57. 58. ¶
   Antipode de M. de Vaugelas. 80 ¶
   Fauſſes Reigles de Grammaire du P. Bouhours. 87. 310. ¶
   Le P. B. ne ſait pas l'Italien. 95. 446. ¶
   Ignorant des étymologies. 115. ¶
   Mauvais Logitien. 95. 170. ¶
   Ne ſait ce que c'eſt que reigle de Grammaire. 150 ¶
   Ne ſait ce que c'eſt que juſteſſe. 183. ¶
   Bévuë du P. B. dans un paſſage de Varron. 191. 192. ¶
   Remarques ſur les endroits des Livres de Langue du P. B. qui regardent les Dames. 204. ¶
   Fautes de Langue du livre des Doutes du P. B. 241. ¶
   Fauſſe delicateſſe du P. B. 260. ¶

DES MATIERES.

Remarques puériles du P. B. 373.
Fautes de Langue du Livre des Remarques du P. B. 386
Fausse reigle du P. B. touchant l'usage des participes passifs dans les prétérits. 455
Ελίπω. Etymologie de ce mot. 304
Bon Seigneur. 329
Bornes & limites. 450
Boulevart, boulevert. 433
Bref, brief. Bréveté, briéveté. 91. 92
Brouillas : brouillarts. 422

C

Calvitie, chauveté. 54
Campagnard. Mot favori du P. Bouhours. 86. 87. 485
Camus. Il est demeuré bien camus. 466
Captif, captivité. 370
Cendre & poussiére. 6
César. Rendez à César ce qui est à César. 265
Chapelain. Devise de M. Chapelain. 453
Charles Chauve: Charles le Chauve. 423
Charles Quint: Charles le Quint. 423
Chauveté. 54
Chemin fesant : En chemin fesant. 460
Chifler, chiflet. 477
Chicanier : Chicaneur. 432
Chiorme : chiourme : chourme. 459
Cisterne : citerne. 115
Commancer à : commancer de. 83
Comédienne. Ie n'ay jamais vu une si grande

TABLE

Comédienne.	208. 216
Commodément.	104
Communément.	103
Commune voix, voix commune.	246
Comparoiſtre : comparoir.	424
Conduire, reconduire.	311
Conformément.	103
Conopée.	289 291. 293
Conquéreur : Conquérant.	424
Conſeiller d'honneur, Conſeiller honnoraire.	465
Coſſeigneur, Conſeigneur.	422
Covendeur, convendeur.	422
Coup de mouſquetade.	425
Criminaliſer.	492

D

Dans, en.	434
Débaucher. Etymologie de ce mot.	99
Debonnaire. Etymologie de ce mot.	118. 119
Décrépitude.	463
Décrire, pour *tranſcrire.*	434
Décroire.	454
Défrayer. Etymologie de ce mot.	99
Délecter, délectation, délectable.	478
Dépoſitaire, dépoſitaireſſe.	419
Derechef.	461
Deſaccoutumer, deſarmer, deſeſperer, & autres mots ſemblables.	96. 97
Deſireux.	448
DESIRS. *Tous mes deſirs ſoupirent vers vous.*	451
Devancier, devanciére.	420

DES MATIERES.

Devanthier.	49
Diphtongues. Des diphtongues æ & œ.	324
Diminutifs.	313
Disculper.	334
Donner la main.	146
DROITURE. A droiture.	145

E

Ecurie, écuirie.	378
Effusion de colére.	52. 484
EGLOGUE.	151
ENCHANTÉ. Un portrait enchanté: un habit enchanté.	265
En, dans.	414
En chemin fesant.	460
Encore bien que.	249
Enfermer, renfermer.	417
En mesme temps, dans le mesme temps.	423
Enormément.	104
ENTERRÉ. Elle s'est enterrée.	207
Entractes.	104. 105. 106
Entremets.	105. 106
EPIGRAMME.	151
Epineux.	139
Equivoques du P. B.	497
Escarmouche, écarmouche.	427
Etymologies. Fausses étymologies du P. Bouhours.	115
Etymologies de l'Auteur justifiées contre les railleries du P. Bouhours.	394
Eu. Il a eu: il a u.	307
EUR. De la prononciation de la derniére syllabe des mots terminez en *eur*.	221
EXCUSE. Je vous demande excuse.	392

TABLE

Exhéréder.	432
Exlaquais.	339
Extrémement, extrémément.	103

F

Façons de parler contraires les unes aux autres, qui signifient la mesme chose. 466

Fatuité.	22
Fatras. Etymologie de ce mot.	398
Faux du corps; fort du corps; fois du corps fais du corps.	421
Feu, pour *deffunct.* Etymologie de ce mot.	412
Feu *La feuë Reine.*	198
Fertiliser.	260
Fermeté de stile.	449
Ferré d'argent.	425
Fidel, fidelle.	414
Fierté.	207. 215
Finesses.	447
Fortuné.	457
Fouteau. Etymologie de ce mot.	398. 499
Fustereau. Etymologie de ce mot.	398. 499
Fuye. Etymologie de ce mot en la signification de *coulombier.*	399

G

Gage. Etymologie de ce mot.	401
Garant, garantir. Etymologie de ces mots.	401

Gardes. *Les Gardes Françoises: Les Gardes*

DES MATIERES.

François. 427
GARDON. Etymologie de ce mot. 304
GARS, GARÇON. Etymologie de ces mots. 405
Géans d'une taille énorme, & d'une hauteur prodigieuse. 6
GENS. *Dix jeunes gens.* 263
GENTIL; GENTILHOMME. Etymologie de ces mots. 117
Gentillesse. 57
GERGON. Etymologie de ce mot. 401
Gérondifs. 476
γλαυκός. Etymologie de ce mot. 306
Goute crampe, goute grampe, goute grappe. 149
Gracieux. Mal gracieux. 10
Grand. Grande femme. 452
Griéveté. 250
GUERE. Etymologie de ce mot. 401
Guindage. 489

H

HAGARD. Etymologie de ce mot. 401
Hautesse, hautain. 440
Hébreu, Ebreu. 309
HE'DARD. Etymologie de ce mot. 400, 401
Hésiter. 473
Homére, expliqué. 144
Hongres, Hongrois. 429
Horace, corrigé. 136
Horace, expliqué. 144
Horace, restitué. 166
Hydrie. 289. 291. 293

TABLE

Hyperbole. De l'hyperbole. 297

I

Iargon. Etymologie de ce mot. 401
Idylle. 151
IE. Le pronom perſonel *je*, & le pronom démonſtratif *le*, ne ſe mangent point après un verbe. 138
Ie n'en puis plus de laſſitude & de ſommeil. 143
Ie ſuis accablé de ſommeil. 143
Ie vous ſays à regret de tant d'attraits pourveuë. 39
Il eſt mort. Il a eſté tué. 460
Il eſt dommage. 372
Imiter un exemple. 223
Immangeable. 359
Immortifié. 342
Impardonnable. 110.346
Impaſſibilité. 360
Impécunieux. 337
Impénitent. 360
Impitoyable. 88
Impoliteſſe. 361
Impréciable. 359
Improbation. 360
IN marque auſſibien une négation dans les verbes que dans les noms. 90.485
Inaction. 361
Inamiſſibilité. 354.355
Inattention. 351
Incharitable. 88.106.352
Inclémence. 57

DES MATIERES.

Incommunicable.	359
Incomplaisant.	359
Inconnoissable.	360
Indéfensable.	359
Indélébile.	102
Indécrotable.	359
Indiquer un Concile. Indire un Concile.	463
Indisposer.	89. 446
Indisputable.	347
Indolence.	155
Inexprimable.	359
Inexpugnable.	347
Injudicieux.	337
Inracinable.	359
Inramenable.	349. 350
Inrasasiable.	359
Infatiable.	448
Insidiateur. Insidiatrice. Insidieux.	362. 363
Insurprenable.	88
Interméde.	105
Invaincu.	346
Ioli, jolie.	209. 216. 217. 218
Etymologie de ce mot.	218
Iouïr des douleurs.	39
Iouïr l'un de l'autre.	41
Iouïr de la mêr.	41
Irantaigne.	376
Iuste au corps. Iuste à corps.	431

L

LAQUAIS. Etymologie de ce mot. 403. 407
LARIGOT. Etymologie de ce mot. 407. 408

TABLE

Leart, liart. Etymologie de ces mots. 305

Le Mans. 471

Le. Le pronom démonstratif *le*, & le pronom personel *je*, ne se mangent point après un verbe. 138

Les roses & les fleurs. 42

Le Soleil, que les Mathématiciens disent qu'il est plus grand que la terre. 150

Lettres Royaux. 81

Libertin, libertine. 208

Liége, à Liége : au Liége. 32

Ligne. Descendre en ligne droite : descendre en droite ligne. 247

Ligne directe. 500

λευκός. Etymologie de ce mot. 304

Lucréce, expliqué. 144

Lutrin. Etymologie de ce mot. 410

M

Magnanime. 59

Mais. Deux *mais* en une mesme période. 50

Mal gracieux. 10

Malhabile. 135

Malfaicteur : malfaiteur : malfacteur. 225. 233

Mantelet. 383

Marier la plume avec l'espée. 20

Méchanceté. 371

Mégissier Etymologie de ce mot. 405

Mériter. Bien mériter de nostre langue. 56

Meusnier, mounier, monnier, meunnier, musnier. 23

DES MATIERES.

Messieurs les Estats des Provinces Vnies. 39
MIEUX. *C'est l'homme du monde que j'aime le mieux.* 158
Mignon. 207. 214. 215
Mil, mille. 116
Minucies. 248
Mithridat, méthridat. 377
Monsieur mon pére. Madame ma mére. 425
MONSIEUR. *Monsieur S. Ambroise. Monsieur S. Augustin.* 415
Monstêr, Munstêr, Munstre. 476
MORIRI. 119. 120. 487
MOTS. Les mots nouveaux ne doivent point estre marquez d'un caractére different des autres. 110
   S'il est permis de faire des mots. 161
Mots composez de deux noms. 321
Mots composez d'un nom & d'un verbe. 321
Mots qui commancent par *in* déplaisent au P. Bouhours. 348 349
Et ceux qui finissent en *ment*. 348. 349
Mots consacrez. 265
Mots qui commancent par *in* dérogatif, justifiez contre la critique du P. Bouhours. 336
MOURIR. Etymologie de ce mot. 119. 120

N

NAQUET. Etymologie de ce mot. 406
NATION. *La nation des Poëtes.* 219
Nicot. 73. 74
NOMS. De la prononciation de plusieurs

TABLE

noms propres étrangers. 476
Les noms de famille n'ont point de pluriel. 460
Nonce du Pape. 4
Nonante. 476
Nous tenons aujourd'huy le 15. du mois. 50
Ny. La particule negative *ny* doit estre accompagnée d'une autre négative. 246

O

Obcénité. 55
Oe. De la diphtongue œ. 324
Oisif, oiseux. 141. 229
On. Deux on dans la mesme période. 431
Ordonnances Royaux. 81
Orgueuil : orgueilleux. 116
Où on : où l'on. 248. 492

P

Pain de munition, pain d'amonition. 23
Pains de proposition, pains exposez. 267
Paralelle. 61
Partant. 460
Participes passifs dans les prétérits. 455
Philosophesse. 419
Pimpenelle, pimprenelle, pimpernelle. 377
Plus je luy fais du bien. 454
Poëtesse. 419
Précis. 449
Presbytére, prébytére. 115
Prince des Poëtes, Prince des Orateurs. 24
Prince des Apostres. 27. 213
Principalité. 430

DES MATIERES.

Prodige de Science. 35
Profondément. 103
Propriétairesse. 419
Prosateur. 93. 94. 182. 188. 189
Puéril, puérile. 414

Q

Quadre de tableau. 426
Quartier. Nostre quartier : mon quartier. 214
Quel quantiesme. 50
Querella. 66
Quolibets. 437

R

Rabaissement. 440. 499
R e. Verbes commançant par *ré* : comme réhabiliter, réiterer, récapituler, &c. 106. 107
Mots simples, commençant par *re* : comme récent, réale, régale, &c. 107. 108
Reconduire. conduire. 311
Religionnaire, pour Huguenot. 295 493
Renfermer. 417
Ridica. Etymologie de ce mot Latin. 408
Ridiculiser. 260
Ruitêr. 476

S

Sagacité. 204. 210
Sage femme, femme sage. 108. 109
Salmigondi Etymologie de ce mot. 411
Second, segond. 301

TABLE

Secret , segret. 301
Sécurité. 204.221
Segretaire d'Estat. 4
Selon moy , n'est point un terme de vanité. 495
S'en prendre aux Astres. 451
Serment décisif : serment décisoire. 432
Servile. 415
S I. Deux S I en une mesme periode. 50
S'immoler à la risée publique. 463
Somme tout. Somme toute. 141
Sommeil, pour *envie de dormir.* 143.144
Son de voix : ton de voix. 34
Stile fleuri. 139
Stocolme. 477
Stoïques, Stoïciens. 330.494
Sublimité. 110
Suisses, Souïsses. 376.496
Superlatifs. 121
Sur & tant moins : sur estant moins. 158
Surement, pour *assurément.* 465
Synonimes. 47

T

Tasse. Devise du Tasse. 453
Thuilerie, tuilerie. 308
Tibulle, expliqué. 144
Vers de Tibulle attribué par Sénéque à Ovide. 382
Ton de voix : son de voix. 34
Tour de vers : tourner un vers. 135.136
Tout de bon, tout à bon. 33
Tout entiers : tous entiers. 388.389

Tous

DES MATIERES.

Tous, redoublé.	19. 67. 68
Trique, tricot, tricoter. Etymologie de ces mots.	408
Trouverray.	460
Trouver mauvais.	372
Trou de chou.	409
Turbulemment.	458
Turlupinades.	439

V

Valet, varlet. Etymologie de ces mots.	405
Vaugelas.	70. 71. 72. 73. 74. 75
Vénusté.	233
Vers, envers, vers où.	458
Vimar, Vismar.	32
Vingt : vint.	309
Virgile, restitué.	306
Volfanbutel.	476
Vrangle, Vrangel.	476
Vrbanité.	270

Z

Du z final.	324

F I N.

ERRATA.

FAUTES.	CORRECTIONS.
A La prémiére page de la Table, au lieu de Sous, *redoublé*. LISEZ:	Tous, *redoublé*.
1. *M. le Cardinal Sermonése*	M. le Cardinal Sermonette
2. dans ses Mémoires de la Régence de Marie de Médicis, &c.	Ostez, &c.
14. *éparts*.	*épars*.
27. si ce n'est pas par opposition	si ce n'est par opposition
30. Ætius,	Äëtius,
42. Deffense	Défense
52. Chanteresme	Chanteresne
53. une Latinisme.	un Latinisme.
55. l'Ecole des Maris	l'Ecole des Femmes
57. *le bon Monsieur Saint Cyran*	le bon Monsieur de Saint Cyran
69. d'ũς : d'ὑποδοχά :	de ũς : de ὑποδοχά :
74 *egstate*	*egestate*
78. *elévé*	*élevé*
79. *ou qu'il ne sert*	*ou qui ne sert*
86 de se retracter, quand il reconnoist ses fautes.	de se rétracter, quãd on reconnoist ses fautes.
91. *comme* BIEN, *de bene*; *deffendre* *neveu*,	*comme en* BIEN, *de bene*; *défendre* *neveu*,

FAVTES.	CORRECTIONS.
véneur,	veneur,
96 deesperer,	desesperer,
98. degustare,	disgustare,
107. tout différent de celui de *réformer* & de *capituler*.	tout différent de celui de *réformer*, & de celui de *récapituler*.
129. M. de Balzac l'a employé	M. de Balzac l'a employé au reste
130. laquelle, pour n'avoir manié depuis cinq ou six ans que fort rarement le Breviaire, & endossé la chape, a oublié	Pour n'avoir manié depuis cinq ou six ans que fort rarement le Breviaire, & endossé la chape, il a oublié
149. un des plus beaux qu'il ust jamais fait.	un des plus beaux qu'il ust jamais faits.
163. hautment	hautement.
187. λέξαι.	λέξαι.
189. plus de trente après que	plus de trente ans après que
192. *crapidarum species?*	*capidarum species?*
195. acquérir,	acquerir,
197. Il faut, dire	Il faut dire,
214. ou mon païs.	ou mon païs.
233. Venusté. amenité. *venuste,* ὁ ῥωμαλός	Vénusté. aménité. *vénuste,* ὁ ῥωμαλός
237 *car* vénusté *que M. Ménage*	*car* vénusteté *que M. Ménage*
238. de ce Claude de Seysset	de ce Claude de Seyssel
239. de ce mot dans le figuré.	de ce mot, dans le figuré.

X ij

FAUTES. CORRECTIONS.

241. Car vénusté que M. Ménage	Car vénusteté que M. Ménage
249. Minucie	Minucies
251. qu'il n'ait son mot favori.	qui n'ait son mot favori.
261. il y en eut qu'ils soutinrent,	il y en eut qui soustinrent,
269. urbesne invisere	urbisne invisere
271. urbis appellationem,	Vrbis appellatione,
277. que le dit P. Bouhours,	que dit le P. Bouhours,
278. Mais aulieu d'acquérir	Mais aulieu d'acquerir
279. salmigondis.	salmigondi.
291. imprimez en 1522.	imprimez en 1552.
297. qu'Hercule fut moins Hercule que lui.	qu'Hercule est moins Hercule que toi
298. quòd naturâ	quòd natura
300. Lucinius,	Lucinius, ou Licinius,
301. flamma est, omnia qua video.	flamma est omnia, qua video.
303. conster, épouser,	conster, éponser,
310. Theudiscus; Dieu de Celtes.	Teudiscus; Dieu des Celtes.
323. pesche-noix : porc-épi : porte-chape :	pesche-noix : porte-chape :
324. le B. Bouhours :	le P. Bouhours :
335. M. de la Garde,	M. de Sainte Garde,
338. Il y aussi tel endroit,	Il y a aussi tel endroit.
341. IRRELIGIEUX.	se contredire luimesme
342. se contredire soimesme	IRRELIGIEUX.
363. uue insidieuse	une insidieuse

FAVTES.	CORRECTIONS.
371. pour crime ou pour detes ;	pour crime ou pour dettes ;
378 aiguile	aiguille
382. Devises,	Devises,
391. *Tanta ne animis cælestibus*	*Tantane animis cælestibus*
ne rend suspect	me rend suspect
394. réprendre	reprendre
413. chapitre 18. tome ; en parlant	chapitre 18. en parlant
προφερόμενα	προφερόμενα
420. Mais comme ces mots de *Poëtesse*, & de *Poëte* au féminin , ne sont pas usitez,	Mais comme ce mot de *Poëtesse*, & celui de *Poëte*, au féminin , ne sont pas usitez,
422. brouillarts.	brouillars.
428. Bohéme : Bohémiens.	Bohémes : Bohémiens.
454. Plus je lui fais de bien,	Plus je lui fais du bien ,
455. de Iphigénie:	de l'Iphigénie :
460. *Trouveray* est un badaudisme	*Trouverray* est un badaudisme
464. irritamens du de-espoir :	irritamens du desespoir :
468. n'en en avez-vous pas	n'en avez-vous pas
470. un qui baisse bien fort la terre,	un qui baisse bien fort la teste,
474. des ces locutions,	de ces locutions,

L'interprétation Latine des passages Grecs doit estre mise à la marge.

PRIVILEGE du Roy.

OUIS PAR LA GRACE DE DIEU, ROY DE FRANCE ET DE NAVARRE; A nos amez & feaux Conseillers, les Gens tenans nos Cours de Parlemens, Maistres des Requestes ordinaires de nostre Hotel, Prevost de Paris, Baillifs, Seneschaux & autres Prevosts, leurs Lieutenans Civils, & autres nos Justiciers & Officiers qu'il appartiendra; SALUT. Nostre amé & feal Conseiller & Aumosnier le Sieur MENAGE, Nous a fait tres-humblement remonstrer qu'il avoit composé un Livre intitulé *Observations sur la Langue Françoise*, qu'il desireroit faire imprimer & donner au public, Requerant sur ce nos Lettres de Privilege necessaires qu'il nous a tres-humblement fait supplier luy octroyer : A CES CAUSES voulant favorablement traiter ledit Exposant, Nous luy avons accordé, permettons, & accordons par ces presentes, de faire imprimer ledit Livre par tel Libraire ou Imprimeur, en tel volume, tomes, marges, caracteres, & autant de fois que bon luy semblera, pendant le temps de dix années consecutives, à commencer du jour qu'il sera achevé d'im-

primer ; Iceluy vendre & debiter par tout noſtre Royaume, Païs & Terres de noſtre obeïſſance : FAISONS deffenſes à tous Libraires, Imprimeurs & autres, d'imprimer, faire imprimer, vendre & diſtribuer ledit Livre, ſous quelque pretexte que ce ſoit, meſme d'impreſſion Eſtrangere, ny autrement, ſans le conſentement dudit Expoſant, ou de ſes ayans cauſe, ſur peine de confiſcation des exemplaires contrefaits, amende arbitraire, deſpens, dommages & intereſts : à la charge d'en mettre deux exemplaires en noſtre Bibliotecque publique, un autre en noſtre Cabinet des Livres de noſtre Chaſteau du Louvre, & un en celle de noſtre tres-cher & feal Chevalier, Chancelier de France, le Sieur Seguier, avant que de l'expoſer en vente, à peine de nullité des preſentes, du contenu deſquelles vous mandons & enjoignons faire jouïr ledit Expoſant & ſes ayans cauſe plainement & paiſiblement ; ceſſant & faiſant ceſſer tous troubles & empeſchemens au contraire VOULONS qu'en mettant au commencement ou à la fin dudit Livre l'extrait des preſentes, elles ſoient tenuës pour deuëment ſignifiées, & qu'aux copies collationnées par l'un de nos amez & feaux Conſeillers Segretaires, foy ſoit adjoûtée comme au preſent Original : MANDONS au premier noſtre Huiſſier ou Sergent ſur ce requis, faire pour l'execution des preſentes toutes ſignifications, deffenſes, & autres actes requis & neceſſaires, ſans demander autre permiſſion: CAR tel eſt noſtre plaiſir. DONNE' à Paris le dixiéme jour de May l'an de grace mil ſix cens ſoixante & unze: Et de noſtre Regne le vingt-huitiéme. Par le Roy en ſon Conſeil. Signé BERAUD. Et ſcellé.

Ledit Sieur MENAGE a cedé & tranſporté ſon droict de Privilege à CLAUDE BARBIN Marchand Libraire, pour en jouïr ſuivant l'accord fait entre-eux.

Regiſtré ſur le Livre de la Communauté des Imprimeurs & Marchands Libraires de cette Ville, ſuivant & conformément à l'Arreſt du 8. Avril 1653. & celuy du Conſeil Privé du Roy du 5. Fevrier 665. le premier Avril 1672. Signé D. THIERRY, Syndic.

Achevé d'imprimer pour la premiere fois, le ſegond Volume, le trentiéme Juillet 1676.

www.ingramcontent.com/pod-product-compliance
Lightning Source LLC
Chambersburg PA
CBHW070828230426
43667CB00011B/1715